Unsere Psyche aus kosmischer Sicht

Unsere Psyche aus kosmischer Sicht

von

Carol K. Anthony und Hanna Moog

Bibliografische Information der Deutschen Nationalbibliothek
Die Deutsche Nationalbibliothek verzeichnet diese Publikation in der Deutschen Nationalbibliografie; detaillierte bibliografische Daten sind im Internet über http://dnb.d-nb.de abrufbar.

Aus dem Englischen übersetzt von Hanna Moog

Kontakt zu den Autorinnen:
www.ichingoracle.com

Foto in Kap. 3 mit freundlicher Genehmigung von Sandra Aldana, London

Illustration in Kap. 5 von Tilman Michalski aus Sibylle Sailer (Hrsg.). Ich hör dir zu und denk mir was. Abdruckgenehmigung des Arena Verlags, Würzburg, 2003

Printed in Germany.

ISBN 978-3-95631-255-7

Shaker Media GmbH • Postfach 101818 • 52018 Aachen
Telefon: 02407 / 95964 - 0 • Telefax: 02407 / 95964 - 9
Internet: www.shaker-media.de • E-Mail: info@shaker-media.de

Inhalt

Vorwort zur deutschen Übersetzung

Seit dem Erscheinen dieses Buches in englischer Sprache sind zwei Jahre vergangen. Als Mitautorin war es mir ein Anliegen, einige der in der Zwischenzeit gesammelten neuen Erkenntnisse in der deutschen Fassung zu berücksichtigen. Dadurch erklären sich bestimmte Abweichungen gegenüber dem englischen Original.

Stow, im Februar 2012 Hanna Moog

Einleitung

Die Geburtsstunde der Psychologie schlug nicht in der westlichen Welt, wie häufig angenommen, sondern vor mehr als dreitausend Jahren im alten China. Dies musste sich der Schweizer Psychoanalytiker C.G. Jung eingestehen, nachdem er auf das altchinesische I Ging aufmerksam geworden war. Er lernte, es als Orakel in schwierigen Situationen zu befragen, und stellte mit Erstaunen fest, dass es, in seinen eigenen Worten, "das Unbewusste widerspiegelte".

C.G. Jung, ein Schüler Freuds, erfuhr erstmals vom I Ging durch seinen Freund Richard Wilhelm, der das Buch in den 1910er Jahren ins Deutsche übersetzt hatte.

Jungs Interesse am I Ging sollte einige Jahrzehnte später den Geist Hundertausender in der ganzen westlichen Welt für etwas öffnen, das "funktionierte", obwohl es mit wissenschaftlichen Methoden nicht bewiesen werden konnte: die Befragung des I Ging als Orakel. Wie kann es sein, dass ein auf dem Zufall beruhendes System, das aus 64 Zeichen besteht, den Ratsuchenden auf genau das Zeichen hinweist, das die Antwort zu seinem Problem enthält? Die Treffsicherheit der Antworten war verblüffend und rational nicht erklärbar. Jung, der sich der wissenschaftlichen Gemeinschaft verpflichtet fühlte, erklärte dies mit einem Prinzip, das er "Synchronizitätsprinzip" nannte: Es fand zeitgleich etwas im Unsichtbaren und im Sichtbaren statt. Mit demselben Prinzip ließ sich auch das völlig "zufällige" Zusammentreffen von Ereignissen erklären, an deren Bedeutung es keinen Zweifel gab.

Inzwischen sind über achtzig Jahre vergangen. Die Wissenschaft ist zu neuen Erkenntnissen über Phänomene gelange, die mit den damals bekannten physikalischen Gesetzen nicht erklärbar waren. Die Rede ist von der Atomphysik, der Quantentheorie und der String-Theorie. Jede dieser Entdeckungen erlaubt uns, die Orakelsprüche des I Ging in neuem Licht zu sehen. Wir können heute mehr denn je sagen, dass die Metaphern, in denen das I Ging spricht, seit Jahrtausenden den Schlüssel zum Verständnis des Universums enthalten haben. Dies ist nicht zuletzt der Grund, warum sich die Menschen noch heute in den Sprüchen des Orakels wiedererkennen.

Unsere Psyche, so zeigt uns das I Ging, ist jener Teil unserer Persönlichkeit, der nicht den Begrenzungen von Zeit und Raum unterliegt. Diese Grenzenlosigkeit hat sie mit dem unsichtbaren

Teil des Kosmos gemein. Daher können wir sagen: Je besser wir unsere Psyche verstehen, desto besser verstehen wir die Natur des unsichtbaren Kosmos. Wir möchten an dieser Stelle klar stellen, warum wir in diesem Buch nicht das Wort “Seele” zusätzlich zu dem Begriff der Psyche verwenden. Der Grund ist, dass dieses Wort zuviele unbrauchbare Konnotationen besitzt, um das Wesen unserer Psyche und ihre natürlichen Funktionen korrekt zu definieren. Aber, so mögen Sie als Leser einwenden, ist es dann nicht vermessen zu behaupten, es sei möglich, unsere Psyche “aus kosmischer Sicht” zu beschreiben, wie es der Titel dieses Buches verspricht?

Ohne die jahrzehntelange Erfahrung der Autorinnen in der Anwendung des I Ging würde das wohl stimmen. Doch eben diese Anwendung auf das tägliche Leben hat es ihnen ermöglicht, die Untrennbarkeit des Unsichtbaren vom Sichtbaren konkret zu erfahren. Diese Erfahrung ist zuallererst eine gefühlte und erst in zweiter Linie eine auch rational erklärbare. Für unsere heutige Zeit ist es wichtig, dass sie auch erklärbar ist, und das verdanken wir der metaphernhaften Sprache des I Ging.

Ein wirkliches Verständnis der Psyche ist einem “Abstieg in die innere Tiefe” vergleichbar. Dies ist eine Anspielung auf die Reise, die unser Verstand unternehmen muss, wenn er die Verbindung wieder herstellen will, die er durch seine Abkehr von der Quelle, die tief in unserem Inneren sprudelt, verloren hat. Das I Ging nennt diese Quelle unsere “innere Wahrheit”. Sie enthält den “Stein der Weisen”, der kein Stein in der konkreten Bedeutung dieses Wortes ist, sondern die Fähigkeit zur Transformation, die alles Leben ermöglicht. Das I Ging ist das *Buch der Transformation.* Leider ist diese Bedeutung bereits vor dreitausend Jahren verdeckt worden, indem man das Prinzip der Transformation, welches sich auf der Ebene des Bewusstseins, also im Unsichtbaren, abspielt, mit sichtbarer Veränderung gleichsetzte. Auf diese für das Verständnis des Kosmos und des Lebens alles entscheidende Unterscheidung wurden die Autorinnen vor etwa zwölf Jahren aufmerksam. Als Folge davon entstand ihr Buch *I Ging – Das Kosmische Orakel*. Das hier vorgelegte Buch *Unsere Psyche aus kosmischer Sicht* beruht auf den Erkenntnissen, die dem *Kosmischen Orakel* zugrunde liegen. Wie sehr diese Erkenntnisse das nötige Licht für den Abstieg in die eigene innere Tiefe bereitstellen, erschließt sich beim Lesen dieses Buches.

Es ist vielleicht kein Zufall, dass C.G. Jungs “Rotes Buch” fast zur selben Zeit der Öffentlichkeit zugänglich gemacht wurde wie die englische Fassung dieses Buches. In seinem Roten Buch enthüllt Jung die gefährliche Reise in seine eigene Psyche. Aus Furcht, seine Botschaft könne grob missverstanden werden, hatte seine Familie das Buch jahrzehntelang unter Verschluß gehalten. Die Erkenntnisse, die dem vorliegenden Buch zugrunde liegen, werfen nun das nötige Licht auf die Ursache der dämonischen und grotesken Gestalten, die Jungs innere Reise zu einem so gefährlichen Unternehmen gemacht hatten. Im Licht dieser neuen Erkenntnisse verlieren sie ihren Schrecken: Bei näherem Hinsehen entpuppen sie sich als Gestalten, die ihre Existenz dem unreflektierten Gebrauch von Sprache verdanken – dem Gebrauch von Wörtern und Bildern, die im Widerspruch zu unserer wahren Natur stehen. Sie sind aus unwahren Ideen und Glaubensvorstellungen entstanden, denen wir Menschen Leben eingehaucht haben, indem wir sie als "wahr" akzeptiert haben. Dieses Buch zeigt, wie wir unsere Psyche von diesen dämonischen Gestalten befreien können, indem wir die betreffenden Gedankenformen mit kosmischer Hilfe *deprogrammieren.*

Ein Wort zu uns, den Autorinnen

Als Ratsuchende habe ich, Carol Anthony, in den 1970er Jahren begonnen, das I Ging zu befragen, um meine persönlichen Probleme zu lösen. Schon bald zeigten mir meine täglichen Befragungen, dass das I Ging ein uraltes psychologisches System war. Binnen kurzer Zeit lernte ich mit seiner Hilfe eine Methode des Meditierens, die es der Stimme, die durch das I Ging spricht, ermöglichte, sich mir als mein kosmischer Lehrer vorzustellen. Ich nannte ihn den "Weisen". Das I Ging beschreibt die Beziehung zwischen dem Schüler und diesem inneren Lehrer in einem Hexagramm, das den Namen *Die Jugendtorheit* trägt. Darin erfahren wir, dass er nur demjenigen Antwort gibt, der sich dem Orakel mit einem offenen Geist und dem ernsthaften Wunsch nähert, etwas Neues zu lernen. Seit Menschengedenken bestand der Zweck der Orakelbefragung darin zu lernen, wie wir unser Denken und unsere Einstellung zu den Dingen mit dem Kosmos in Einklang bringen können. Der Weise fungiert dabei als "Übersetzer" unserer inneren Wahrheit, die ein *gefühltes* Wissen ist, in eine Sprache, die unser Verstand verstehen kann.

Als Hanna Moog 1998 in meinen Verlag eintrat, brachte sie siebzehn Jahre Erfahrung als Lektorin, Autorin und Seminarleiterin auf dem Gebiet des I Ging mit. Sie hatte für den Eugen Diederichs

Verlag gearbeitet, jenen Verlag, der erstmals im Jahr 1924 Richard Wilhelms Übersetzung veröffentlicht hatte. Während ihrer Tätigkeit für diesen Verlag hatte sie auch meine ersten vier Bücher zum I Ging ins Deutsche übersetzt.

Gemeinsam pflegten wir den Tag mit einer I-Ging-Befragung zu beginnen. Dabei stellten sich unsere völlig verschiedenen Erfahrungshintergründe als unentbehrliches Kapital für einen Lernprozeß heraus, er uns schon bald in eine völlig neue Sichtweise hineinkatapulieren sollte.

Eine Entdeckung, die ich 1994 gemacht hatte, sollte unserer Fähigkeit, mit dem Weisen zu kommunizieren, außerordentliche Dienste leisten. Es war eine Methode, die es erlaubte, Hypothesen darüber aufzustellen, was uns der Text des I Ging im Einzelfall bedeuten wollte. Unser anschließender Münzwurf zeigt durch Ja oder Nein an, ob wir die Botschaft zutreffend verstanden hatten oder nicht. Ich nannte diese Methode die "Drei-Münz-Rückfrage-Methode", abgekürzt DMR-Methode. Sie ermöglichte es uns, einen fortgesetzten, sinnvollen Dialog mit dem Weisen zu führen und uns zu vergewissern, dass wir die zahlreichen Metaphern, die das I Ging benutzt, ausreichend verstanden hatten. Ein Beispiel dafür war die Metapher vom "Teufelsland". Der Weise erklärte mir, dass sie sich das eine Mal auf einen falschen Weg, den ich eingeschlagen hatte, bezog, während sie sich ein anderes Mal auf Glaubensvorstellungen bezog, die im Widerspruch zum Kosmos standen. Da diese Vorstellungen von Generation zu Generation weiter gereicht worden waren, hatte niemand sie jemals in Frage gestellt, sodass sie auch nie berichtigt worden waren.

Die Kommunikation mit dem Weisen mit Hilfe der DMR-Methode führte zu dramatischen Verschiebungen unserer bisherigen *menschenzentrierten* Perspektive hin zur *kosmischen* Perspektive. Es war ein ähnliches Erlebnis wie das des Kopernikus im 16. Jahrhundert, als er erkannte, dass die Erde nicht das Zentrum des Universums ist. Auf seine sanfte Art machte uns der Weise klar, dass wir Menschen den Irrtum begangen haben, uns als Mittelpunkt des Kosmos zu betrachten. Die darauf beruhende Sichtweise, so wurde uns bedeutet, sei die Wurzel allen Leidens und aller menschlichen Konflikte, unter denen auch unsere Beziehungen zur Natur, zur Erde und zur unsichtbaren Seite des Kosmos leiden. Sobald wir aus der menschenzentrierten Sichtweise aussteigen, können wir uns als Teil des Kosmos erleben. Diese Korrektur unserer Sichtweise untergräbt nicht etwa die soziale Ordnung, in der wir leben, sondern befreit sie von Ideen, die sie bisher mit dem Kosmos in Konflikt gebracht haben. Als Autorinnen möchten wir ausdrücklich klar stellen, dass wir durch unsere Hinweise auf fehlgeleitete Ideen und Glaubensvorstellungen, die von den gesellschaftlichen, kulturellen und religiösen Institutionen akzeptiert und gefördert worden sind, nicht unterstellen, diese Institutionen seien die Ursache der Störungen, die wir beschreiben; vielmehr wollen wir damit sagen, dass diese Institutionen ebenfalls unter dem Einfluß der genannten falschen Vorstellungen leiden und dass diese berichtigt werden können.

Die Erkenntnis, dass die menschenzentrierte Sichtweise unzutreffend ist, öffnet unseren Blick für die *inneren* Bedingungen, unter denen Harmonie, Frieden und Gedeihen nicht nur für die Menschheit, sondern für die ganze Welt möglich sind. Diese Bedingungen existieren bereits in der DNA aller Lebensformen auf der Erde. Wir brauchen uns nur daran zu erinneren, dass wir Menschen die Mehrzahl unseres genetischen Materials mit anderen Tierarten gemein haben, und dass wir unseren gemeinsamen Ursprung im unsichtbaren Teil des Kosmos haben. Lange bevor Wissenschaftler die DNA entdeckt haben, beschrieb das I Ging diesen inneren Wissensspeicher als unsere "innere Wahrheit". Eingebettet in jede Körperzelle enthält sie die Sammlung all dessen, was wir wissen müssen, um unser Leben glücklich und in Freuden zu leben; darüberhinaus stellt sie uns das *gefühlte Wissen* zur Verfügung, was es bedeutet, im Einklang mit kosmischer Harmonie zu leben. Unsere geistige, emotionale und körperliche Gesundheit hängt davon ab, ob unser Denken und unsere Einstellungmit den Kosmischen Harmonieprinzipien in Einklang sind, welche die Grundlage unserer Existenz bilden.

Die wichtige Rolle, die unserem Denken in der Erschaffung unserer Wirklichkeit zukommt, haben wir erstmals in unserem Buch *I Ging – Das Kosmische Orakel* dargelegt; die praktische Anwendung dieser Erkenntnis war Gegenstand des zweiten Buches unter dem Titel *Heile dich selbst im Einklang mit dem Kosmos.* Es macht auf Ideen und Glaubensvorstellungen aufmerksam, die körperliche Krankheiten verursachen, und es zeigt auch Methoden, die uns helfen, gesund zu werden, indem wir den krankmachenden Ideen oder Glaubensvorstellungen ihre Gültigkeit absprechen. Die betreffenden Ideen, die wir uns irgendwann zu eigen gemacht haben, werden in der Psyche gespeichert und wirken von dort wie ein negatives "Programm", das sich unserem Gefühlsprogramm der inneren Wahrheit, welches uns normalerweise gesund erhalten würde, überstülpt. Der Umstand, dass die krankmachenden Ideen mit Hilfe des Weisen identifiziert und ein für alle Mal aus unserer Psyche entfernt werden können, hat unsere Aufmerksamkeit auf bestimmte Funktionen unserer Psyche gelenkt, die einerseits eine Rolle beim Speichern negativer Programme spielen, die aber andererseits auch aktiviert werden können, um uns von solchen Programmen zu befreien.

Das Thema dieses dritten Buches ist die genauere Darstellung der Rolle, die unsere Psyche in der gesunden Persönlichkeit spielt. So zeigt es zum Beispiel die Psyche als den Ort, an dem sich normalerweise unser Verstand und Körper treffen. Unser Körper bringt dem Verstand das Geschenk seiner gefühlten Lebenserfahrungen und körpereigenen Weisheit, während unser Verstand dem Körper das Geschenk seiner Fähigkeit macht, die vom Körper gefühlte innere Wahrheit in Sprache auszudrücken. Unsere Psyche besitzt wunderbare Funktionen, die diesen Austausch zwischen Körper und Verstand möglich machen. Die meisten davon werden in diesem Buch beschrieben.

Außerdem hat unsere Psyche auch die wichtige Funktion, die Fäden unserer Erfahrungen so miteinander zu verweben, dass wir rückblickend das Muster erkennen können, das unserem Leben Sinn gibt.

Leider ist es so, dass unverarbeitete erschütternde oder traumatische Erlebnisse uns daran hindern können, den Sinn unseres Lebens zu erfüllen. Ihr Vorhandensein erzeugt unbewusste schädliche Verhaltensmuster, die es uns unmöglich machen, die wunderbaren kosmischen Gaben, mit denen wir geboren wurden, zu genießen. Doch glücklicherweise können wir uns von den Ursachen solcher psychischen Wunden ebenso befreien wie von den Ideen, die Krankheiten verursachen. Der Weise in seiner Eigenschaft als unser kosmischer Lehrer hat auch die Fähigkeit, uns Zugang zu kosmischer Hilfe zu ermöglichen, um unsere Psyche vollständig zu befreien.

Wie oben bereits angedeutet, war es eine weitere wichtige

Erkenntnis in unserem Lernprozess, dass das I Ging nicht auf dem Prinzip von “Wandlungen” beruht, wie es jahrhundertelang gelehrt worden ist. Diese irrtümliche Annahme hat in China zu einer Philosophie der passiven Akzeptanz von Widrigkeiten geführt; man hielt es für die beste Einstellung, sich dem “Auf und Ab des Lebens” anzupassen. Inzwischen haben wir gelernt, dass alles Leben vom *Kosmischen Prinzip der Transformation* regiert wird, dem es auch seine Erneuerung verdankt. Diese Transformationen finden auf der Zellebene statt und werden von einem Bewusstsein initiiert, das im Einklang mit dem Kosmos ist. Das vorliegende Buch, ebenso wie seine beiden Vorgänger, beruht auf dem Verständnis, dass wir Krankheiten nur durch das Initiieren von Transformationsvorgängen heilen können. Dasselbe gilt für die Lösung von Konflikten und das Erreichen inneren Friedens. Die notwendigen Transformationsprozesse müssen von unserem Denkbewusstsein angestoßen werden, indem es seine konflikteschaffenden Ideen berichtigt.

Wenn wir auf all die Jahre zurückblicken, in denen wir unsere Lernerfahrungen mit dem I Ging weitergegeben haben, dann können wir sagen, dass die meisten Menschen in Augenblicken großer Not zum I Ging kommen: wenn eine wichtige Beziehung zerbrochen ist, eine Krankheit sie bedroht, eine finanzielle Krise eingetreten ist oder wenn sie sich so weit von sich selbst entfremdet haben, dass sich psychische Störungen eingestellt haben. Dann sind sie bereit, nach den wahren Ursachen ihres Unglücks zu suchen. In diesem Zusammenhang ist es interessant zu wissen, dass das chinesische Ideogramm für “Krise” gleichzeitig die Bedeutung “neue Möglichkeit” hat. Dies ist leichter zu verstehen, wenn wir wissen, dass in Augenblicken großer Not der Weise in unterschiedlichem Gewand an uns heran tritt, um uns das positive Potential, das in der Krise steckt, zu enthüllen; gleichzeitig zeigt er uns auch die schädliche Gedankenform, die unser Dilemma verursacht hat. Um das positive Potential zu erfahren, das in der Krise verborgen ist, müssen wir uns zunächst auf die innere Reise in unsere Psyche begeben, wo wir die Ideen beziehungsweise Glaubensvorstellungen finden, die für unsere Krise verantwortlich sind.

Obwohl wir, die Autorinnen, viele Jahre gebraucht haben, um zu dem Verständnis der menschlichen Psyche zu gelangen, wie wir es hier beschreiben, braucht dies nicht in gleicher Weise für den Leser zu gelten, der seine Psyche von negativen Programmen befreien möchte. Dieses Buch enthält viele Wegweiser, die ihm die Richtung weisen, in der er die innere Freiheit finden kann.

Ursprünglich war es unsere Absicht, alles Material, das wir zu diesem Thema gesammelt hatten, in einem Band zu veröffentlichen. Doch mit zunehmender Zahl der Kapitel mußten wir einsehen, dass dies nicht möglich war. Das vorliegende Buch vermittelt einerseits ein umfassendes Verständnis der Natur unserer Psyche im Verhältnis zu unserem Körper und unserem Geist; andererseits zeigt es uns die besondere Rolle unserer Psyche, was die Integration unserer Existenz in den Gesamtkosmos angeht. Die Erklärungen und Übungen im Anhang sollen es dem Leser ermöglichen, zahlreiche weitverbreitete emotionale Probleme zu lösen. Das zweite geplante Buch wird dem tieferen Verständnis der Ursachen bestimmter innerer Konflikte gewidmet sein, die sich in schwerwiegenderen geistigen, emotionalen oder psycho-logischen Störungen manifestieren. Es soll auch dem Leser, der die im vorliegenden Buch dargelegten grundlegenden Konzepte verstanden hat, die Möglichkeit eröffnen, sich selbst oder andere von solchen Störungen zu befreien.

Zum Abschluß möchten wir anmerken, dass wir keinen Versuch unternehmen wollen, uns für die in diesem Buch gemachten Aussagen zu entschuldigen oder diese zu verteidigen. Sie beruhen auf unseren über viele Jahre mit dem I Ging gesammelten persönlichen Erfahrungen. Wir haben sie niedergeschrieben, um sie mit allen zu teilen, die dafür offen sind.

Das Buch zeigt, wie wir zu innerem Frieden und Harmonie als dem wahren Quell aller Harmonie und Freiheit in unseren Außenbeziehungen zurückkehren können. Es handelt auch davon, wie wir wahre Sicherheit in unserem Inneren finden können. Dort, in unserer inneren Wahrheit, sind wir eins mit dem Kosmos. Diese Gewißheit und diesen Besitz kann uns niemand nehmen. Wir tragen unser Zuhause mit uns, wohin auch immer wir gehen.

Sachte kommt die Freude

— I Ging, das Kosmische Orakel —
(Hexagramm 47, *Das Unterdrücken/das Erschöpfen*, Platz 5)

Kapitel 1

In höchster Not kommen Freunde

Dieses Buch begann mit unseren persönlichen Reisen in unsere Psyche mit Hilfe des alten chinesischen Orakelbuches I Ging. Es kam in der Stunde höchster Not zu uns, als wir nicht mehr wußten, wer wir waren, und uns fragten, ob unser Leben noch einen Sinn hatte.

Wie war es möglich, dass uns das I Ging einen Ausweg aus unserer schwierigen Lage zu eröffnen vermochte? Nun, als Orakelbuch vermag es, uns diejenigen Gedanken und Bilder widerzuspiegeln, die uns ins Unheil geführt haben. Doch damit nicht genug – wir durften an uns selbst erfahren, dass es uns nicht nur die Ursachen unserer Krise zeigte, sondern auch den Weg zur Rückkehr in den Einklang mit unserer wahren Natur.

Wir haben dieses Buch geschrieben, um das, was wir aus eigener Erfahrung gelernt haben, mit allen Menschen zu teilen, die dafür offen sind. Wir möchten ihnen zeigen, dass es einen Weg zu Freude und innerem Frieden gibt und dass die Hilfe, die uns zuteil wurde, auch für sie bereit steht. Diesen Weg zu gehen, erfordert, dass wir die Grenzen dessen, was wir allein zu tun imstande sind, erkennen, und dass wir unseren Geist für die unsichtbare Hilfe öffnen, die uns der Kosmos in seiner Liebe und Güte schenkt. Das I Ging bietet uns Menschen einen direkten Zugang zu dieser Hilfe.

Unsere Geschichten

Der Blick in den Abgrund, von Hanna Moog

Es war im Jahr 1981, als alles, wonach ich gestrebt hatte, in einer Sackgasse endete. Ich war 35 Jahre alt. Meine Ehe war gescheitert, und damit endete auch meine berufliche Laufbahn, die an das von meinem Ehemann geleitete Geschäft geknüpft war. Selbst meine Mutter wandte sich gegen mich, als sie erfuhr, dass ich meine Ehe beenden wollte. Plötzlich war ich nicht mehr die Ehefrau, die erfolgreiche Geschäftsfrau, die geliebte Tochter. Wer war ich dann?

Ein Freund, der mir helfen wollte, fragte mich: "Was würde dir denn wirklich Spaß machen?" Bis dahin hatte ich mich mit meiner Arbeit und mit den gesellschaftlichen Rollenbildern identifiziert. Nie war es mir in den Sinn gekommen, mich zu fragen, was mir "Spaß" machen würde. Als ich in meinem Inneren nach einer Antwort suchte, blickte ich in einen tiefen, dunklen Abgrund. Ich erschrak zutiefst.

Genau zu diesem Zeitpunkt schenkte mir ein anderer guter Freund das I Ging. Ich hatte erlebt, wie andere meiner Freunde jedes Jahr zu Sylvester das I Ging befragten, um einen Spruch für das Neue Jahr zu erhalten; die Worte des Orakels klangen jedoch wie Rätsel, die Zeit brauchten, um ihre Bedeutung zu enthüllen. Doch mit keiner anderen Lösung meiner schwierigen Lage in Sicht, beschloß ich, einen Versuch zu machen. Ohne eine bestimmte Frage zu stellen, entwickelte ich ein Hexagramm.[1] Es war überschrieben mit: *Die Entschlossenheit/Der Durchbruch*. Die darin beschriebene Metapher bezog sich auf gestautes Wasser, das im Begriff war, den Damm zu durchbrechen. Die Metapher hätte meine damalige Gefühlslage nicht treffender beschreiben können. Ich spürte klar, dass ich den Durchbruch zu etwas ganz Neuem machen mußte. Das Bild von Wasser, das im Begriff war, einen Damm zu durchbrechen, gab mir das Gefühl, dass der pechschwarze Abgrund vielleicht doch nicht bodenlos war, sondern eher ein Tunnel, an dessen Ende das Licht wartete.

Ich beendete die Anstellung bei meinem Ehemann, ohne einen neuen Arbeitsvertrag in der Tasche zu haben. Das Einzige, das ich wußte, war, dass ich eine Pause in meiner Beschäftigung brauchte – eine Zeit zum Ausruhen und Herausfinden, was mich anziehen würde. Ich verließ meine Anstellung ohne Ersparnisse und finanzielle Unterstützung in Sicht. Schon nach wenigen Tagen wurde mir vom Arbeitsamt eine Stelle angeboten. Äußerlich betrachtet, erschien sie wie maßgeschneidert. Es wurde genau das verlangt, worin ich gut war: Sprachen, organisatorisches Talent, der Umgang mit Menschen, die geeignet gewesen wären, die nötigen Verbindungen herzustellen, um mich in meiner Karriere voranzubringen. Doch irgendetwas fühlte sich nicht richtig an. Ich gab mir ein paar Tage, um das Angebot zu überdenken.

Hilfe kam von unerwarteter Seite. Das nächste Treffen meiner Gestalttherapiegruppe stand für das Wochenende an. Ich meldete meinen Bedarf an. Es sollte eine der effizientesten 15-Minuten-Therapiesitzungen meines Lebens werden.

Der Therapeut forderte mich auf, der Gruppe die Vorteile aufzuzählen, die mir winkten, wenn ich die angebotene Stelle annehmen würde.

“Ein Gehalt, das höher ist als alles, was ich bisher verdient habe,” antwortete ich, “eine Arbeit, die mir als Sprungbrett in eine Karriere dienen und mir Prestige verleihen könnte.” Und dann formulierte ich die Schattenseiten: “Auf der anderen Seite würde es bedeuten, dass ich mir neue Sachen zum Anziehen und ein Auto kaufen müßte (weil die Stelle außerhalb der Stadt und nicht durch öffentliche Transportmittel zu erreichen war); kurz gesagt, die Arbeit würde mir einen Lebensstil aufzwingen, der sich für mich nicht richtig anfühlte.

“Okay,” antwortete der Therapeut, “fasse jetzt einmal in Worte, was es bedeuten würde, wenn du das Angebot nicht annehmen würdest.”

“Kein Geld, Unsicherheit, keine Arbeit,” sagte ich.

“Und bei welcher dieser Alternativen, denkst du, könntest du mehr wachsen?” hörte ich ihn fragen.

“Bei der zweiten,” entfuhr es mir spontan, und das Bild vom Durchbruch, von dem das I Ging gesprochen hatte, gab meiner Stimme eine Festigkeit, die alle potentiellen Einwände ausschloss.

“Gut,” fuhr mein Gegenüber fort, “dann möchte ich jetzt, dass du die Dinge, die du zuletzt gesagt hast, positiv umformulierst. Was würde es zum Beispiel bedeuten, “nicht zu arbeiten”?

“Ferien machen,” entfuhr es mir ohne nachzudenken, doch sofort merkte ich, dass sich das nicht ganz richtig anfühlte. “Nein,” korrigierte ich mich, “es müßte länger sein als Ferien.”

“Wie lange?” fragte der Therapeut.

“Vier Monate,” entfuhr es mir.

“Und wohin möchtest du gehen?”

“Zu den Kanarischen Inseln,” hörte ich mich sagen, und das Bild von Sonne, Bergen und Meer – meine Traumkombination – stieg dabei vor meinem inneren Auge auf.

“Und wie bezahlst du das?” hörte ich die Stimme des Therapeuten.

“Ich könnte einige meiner Antiquitäten verkaufen,” erwiderte ich, und schon schossen mir die Namen mehrerer möglicher Interessenten durch den Kopf.

“Wann geht es los?” war seine nächste Frage.

“In sechs Wochen,” hörte ich mich sagen.

Das Bild, ohne Geld, ohne Arbeit und in ungesicherter Lage zu sein, hatte sich in wenigen Minuten in “neue Möglichkeit” transformiert – die Möglichkeit, einen lang gehegten Traum wahr zu machen.

Ich verließ die Sitzung wie auf Flügeln. Eine nie gekannte innere Klarheit hatte alle Zweifel weggefegt. Ich hatte ein Ziel, ich wußte, dass es machbar war, und ich war entschlossen, es zu verwirklichen.

Die Entschlossenheit/Der Durchbruch – die Antwort des I Ging nahm bereits eine praktische Bedeutung an. Das aufgestaute Wasser begann bereits, sich einen Weg zu bahnen.

Mehr darüber sollte ich in den darauf folgenden Wochen erfahren, in denen die Klarheit darüber, was zu tun war, um meinen Traum zu verwirklichen, nicht von mir wich. Anstatt mein Organisationstalent für andere einzusetzen, nutzte ich es nun, um meine eigene Unternehmung zu fördern. Es war das erste Mal, dass ich mir dies erlaubte. Und, zu meinem Erstaunen, kam Hilfe von allen Seiten: Da waren Freunde, die bereit waren, meine Möbel aufzubewahren, ein Nachmieter für meine Wohnung wurde gefunden, es gelang mir, meine Antiquitäten zu verkaufen und alles für meine Reise vorzubereiten. Auf den Tag genau sechs Wochen, nachdem ich meine Entscheidung gefällt hatte, begann ich meine Reise.

Obwohl ich ein genaues erstes Ziel anpeilte, war es doch eine Rucksackreise ins Unbekannte. Mehr noch als das Übergewicht meines Rucksacks begann mich ein bestimmter Gedanke auf meiner Reise zu bedrücken: Was würde ich tun, wenn die vier Monate um wären? Wo würde ich leben wollen? Doch für den Augenblick mußte ich ihn beiseite schieben.

Bereits auf der Fähre, die das spanische Festland mit den Kanarischen Inseln verbindet, sollte meine "einsame" Reise eine unerwartete Wende nehmen. Ich traf vier junge Leute, die zur gleichen Insel wollten wie ich, die aber kein genaueres Ziel im Auge hatten. Würde es mir etwas ausmachen, so fragten sie, wenn sie sich mir anschlössen? "Nein, überhaupt nicht," antwortete ich.

In unserer kleinen Gruppe war ich die Einzige, die eine Karte besaß, die Wege durch das Gelände zeigte. Wir beschlossen, von dem Ort, an dem unsere Fähre angelegt hatte, zu dem Ort, den ich als erstes Ziel erwählt hatte, zu wandern. In der Gewißheit, dass wir noch am selben Tag dort ankommen würden, nahmen wir nur einen Tagesvorrat an Wasser mit.

Unser Weg führte über einen hohen Berg, während die Sonne am Himmel höher und höher stieg. Als die Hitze ihren Höhepunkt erreichte, wurde uns plötzlich klar, dass wir den Weg verloren hatten. Bei näherem Hinsehen erkannten wir, dass die Wege, die auf der Karte verzeichnet waren, in den 1940er Jahren (das Erscheinungsdatum der Karte!) vom Militär benutzt worden waren; doch inzwischen waren sie mangels Nutzung überwachsen. Nach längerer Suche fanden wir den Weg wieder und setzten unsere Wanderung in der eingeschlagenen Richtung fort. Aber die Hitze war gnadenlos, und keiner von uns war es gewohnt, stundenlang mit schwerem Rucksack zu wandern. Unsere Wasservorräte gingen zur Neige, unsere Mägen knurrten, und das Gefühl, nicht zu wissen, wie weit es noch bis zu unserem Ziel war, warf einen dunklen Schatten auf unsere kleine Gruppe.

Wir mußten unter offenem Himmel übernachten und uns eingestehen, dass wir es noch nicht besonders weit gebracht hatten. Zum Glück fanden wir am nächsten Morgen eine Stelle mit Trinkwasser. Wir teilten miteinander, was jeder von uns an Vorräten übrig hatte. Es war ein spärliches Frühstück.

Gegen Mittag wurde uns bewußt, dass wir in den eineinhalb Tagen, die wir unterwegs waren, noch keiner Menschenseele begegnet waren und auch kein einziges Haus gesehen hatten. Überrascht stellten wir fest, dass wir beim ersten Studium der Karte der Topographie der relativ runden Insel, deren Zentrum aus einem alten Vulkan bestand, keinerlei Beachtung geschenkt hatten. Im Laufe der Zeit hatten die Erosionskräfte tiefe Täler in die Flanken des Vulkans gegraben. Diese Täler nannte man *barrancos.* Was uns als die kürzeste Entfernung zwischen dem Ort, an dem wir mit der Fähre angekommen waren, und unserem Zielort erschienen war, war in Wirklichkeit die längste, denn wir mußten jeweils die Hänge zwischen den Barrancos hinauf- und wieder hinabsteigen.

Am Nachmittag des zweiten Tages, als Hoffnungslosigkeit begann, sich breit zu machen, sahen wir plötzlich eine Ansammlung kleiner Häuser in der Ferne. Erleichtert atmeten wir auf. Doch je näher wir kamen, desto deutlicher wurde, dass die Häuser verlassen waren. Nun erinnerten wir uns daran, gelesen zu haben, dass viele Menschen die Insel in den 1950er Jahren verlassen hatten, um nach Südamerika auszuwandern, weil sie keine Möglichkeit mehr zum Überleben sahen. Die Aussicht, ein Geisterdorf vor uns zu haben, ließ unseren Mut sinken. Doch unser Weg ließ uns keine andere Wahl – wir mußten in jedem Fall durch den Ort hindurch.

Wir befanden uns noch in beträchtlicher Entfernung, als wir plötzlich einen Hund aus einem Haus kommen sahen, gefolgt von einem alten Mann. Der Mann signalisierte uns: “Keine Angst, er beißt nicht”, und winkte uns mit einer einladenden Geste. Auf den letzten Metern des Weges hatte ich den Gedanken: “Das Einzige, worum ich ihn bitten möchte, ist ein Glas Wasser. Wasser wäre etwas Wunderbares.” Was uns stattdessen geschenkt wurde, übertraf alle Erwartungen: Der alte Mann und seine Frau bestanden darauf, dass wir uns auf die einzigen fünf Stühle setzten, die es im Haus gab. Die Frau brachte einen frischen Ziegenkäse so groß wie ein Teller, dazu Trockengebäck, Wasser im Überfluß und … eine Flasche Wein! Sie drängten uns, zu essen und zu trinken.

Währenddessen unterhielten wir uns mit Händen und Füßen und den bescheidenen Spanischkenntnissen, die ich mir in den wenigen Wochen vor meiner Abreise angeeignet hatte. Worauf es ankam, war die Verständigung von Herz zu Herz. Zum ersten Mal in meinem Leben erschien mir das Wort “Demut” meine Gefühlslage passend zu beschreiben. Der alte Mann versicherte uns, dass wir unser Ziel noch vor dem Abend erreichen könnten. Behende wie ein Ziegenbock sprang er über die Felsen und zeigte uns den Weg. Er sollte recht behalten. Wir erreichten den Ort vor Einbruch der Dunkelheit.

Die Erfahrung dieser ersten beiden Tage auf der Insel war ein Durchbruch zu Demut. Weggeblasen war die arrogante Idee, *ich* wüßte den Weg, weil ich eine Karte besaß. Diese kleine Portion Demut, so sollte ich lernen, war die wichtigste Voraussetzung, die ich benötigte, um auf eine zwanzig Jahre dauernde innere Selbstfindungsreise zu gehen.

Diese Erfahrungen und viele, die darauf folgen sollten, zeigten mir, dass, ganz gleich, welche Schwierigkeiten sich vor mir auftürmten, ich entschlossen sein mußte, die Möglichkeit eines Durchbruchs zu sehen, weil Hilfe in unerwartetem Gewand niemals fern ist.

Die dunkelste Stunde meines Lebens, von Carol Anthony

Als ich 41 Jahre alt war, verließ mein Mann unsere Ehe. Er ließ mich mit vier Kindern zurück, ohne jede Form der Unterstützung. Was mich damals am meisten bedrückte, war das Gefühl, persönlich versagt zu haben, weil meine Ehe gescheitert war. Ich erlebte ihren Zusammenbruch, als habe sich der Boden unter allen meinen “Gewißheiten” – jenen Dingen, denen ich den höchsten Wert eingeräumt hatte – geöffnet, und ich hing darüber am Ende eines Seils.

Ich war ratlos, wohin ich mich um Hilfe wenden sollte. Weder ein psychologischer noch ein Glaubensberater würde die Antworten besitzen, die dich brauchte. In meiner Verzweiflung rief ich "welche hilfreichen Kräfte auch immer da draußen sein mochten", an, mir zu helfen. Als ich am nächsten Tag Besuch von einer Freundin bekam, die ein Exemplar des I Ging in den Händen hielt, ahnte ich nicht, das dies die Antwort auf meine Bitte war.

Ich hatte bereits von zwei anderen hoch in meiner Achtung stehenden Freundinnen vom I Ging gehört, aber als sie mir sagten, es sei ein Orakel, das man durch Münzenwerfen befragt, hatte ich es verworfen. Diesmal jedoch, aus Respekt vor dem aufrichtigen Wunsch meiner Freundin, mir zu helfen, willigte ich ein, mir zeigen zu lassen, wie es funktionierte.

Die ersten Worte des Orakels an mich lauteten: "Inmitten der größten Hemmnisse kommen Freunde ..."

Diese Worten warfen das Licht positiver Möglichkeit in meine innere Finsternis. In den Tagen und Jahren, die dieser ersten Begegnung mit dem I Ging folgen sollten, sprach das Orakel ein Problem nach dem anderen an. Es zeigte mir den harmonischsten Umgang mit den verschiedensten Situationen, so zum Beispiel, wie ich durch Meditieren meine Schlaflosigkeit beenden oder die Probleme mit meinen Kindern im Teenager-Alter lösen konnte; es zeigte mir auch den besten Umgang mit meinem Ehemann und den Anwälten während der Zeit unserer Scheidung. Es gab mir sogar Anleitungen, wie ich eine geschäftliche Gelegenheit am besten nutzen konnte, die "zufällig" meines Weges gekommen war. Jedes Mal, wenn ich auf diese Zeit zurückblicke, ist es mir ein Rätsel, wie ich ohne die Hilfe des I Ging da hindurch gekommen wäre.

Damit will ich nicht sagen, dass ich jedes Hexagramm verstand. Weit davon entfernt. Ich mußte mir die Bedeutungen der Metaphern "erfühlen". Und dann geschah oft etwas Seltsames: Ganz von allein kam mir ein Bild oder eine Idee in den Sinn, die klärten, was mir das I Ging in seiner altertümlichen Sprache hatte sagen wollen.

Im Laufe der Zeit hatte ich das klare Gefühl, dass die Hilfe, die ich erhielt, von einer "Wesenheit" kam. Hexagramm 4, *Die Jugentorheit*, handelt davon, wie wir uns dem "Weisen", der durch das I Ging lehrt, am besten nähern. Mir wurde klar, dass es dieser Weise war, der mir die Botschaften erhellte. Es war seine Stimme, die durch das Buch sprach. Er gab mir zu verstehen, dass ich der jugendliche Tor war, der an den Lehrer herantrat; dass ich unwissend in den Angelegenheiten meiner eigenen inneren Welt war und dass ich, wenn ich diese innere Welt verstehen wollte, alles zur Seite stellen sollte, was ich über mich wußte.

Wenn ich heute auf die über vierzig Jahre zurückschaue, in denen ich von diesem weisen und überaus wohlwollenden Lehrer gelernt habe, dann ragen zwei Dinge besonders heraus: Er war stets für mich da, wenn ich in Selbstzweifel verfiel und wenn ich Hilfe brauchte. Damit meine ich, dass mir der Weise nicht nur die Antworten gab, die meine Zweifel zerstreuten, sondern auch das Gefühl, geliebt und versorgt zu werden, so, als sei ich Mitglied einer größeren, kosmischen Familie. Doch machte ich auch die Erfahrung, dass immer dann, wenn ich begann, mich allzu bequem einzurichten und mich zu fragen, ob ich mir dies alles "einbildete", die Hexagramme plötzlich rätselhaft und nicht zu entziffern waren. Dann wurde das Gefühl, getragen und geliebt zu werden, schwächer und schwächer, bis ich mich einsam und verlassen fühlte. Oft kam es vor, dass diese Gefühle mit dem Auftreten von Schwierigkeiten einher gingen, die das I Ging als "Unheil" bezeichnete. Wenn ich die Ursache dieser Veränderung erfahren wollte, erhielt ich Hexagramme, die mir meine Selbstzweifel als Überheblichkeit zeigten, worauf der Weise mit Rückzug reagiert. Allmählich verstand ich, dass meine innersten Gedanken und Haltungen meine Wirklichkeit erzeugten.

Es sollte noch viele Jahre dauern, bis mir bewußt wurde, dass das I Ging ein Geschenk des Kosmos an die Menschen ist, um ihnen dabei zu helfen, sich selbst zu erkennen und den Kosmos als unsere wahren "Eltern" zu begreifen . Wie es in dem Hexagramm *Der Brunnen* heißt, ist das I Ging eine reine, erfrischende Quelle, die jeden nährt, der zu ihr kommt. Was wir erhalten, wenn wir dieses Wasser heraufziehen, ist unsere tiefste *innere Wahrheit.* Doch bevor wir aus der klaren Quelle trinken können, müssen wir, so erfahren wir aus dem Text dieses Hexagramms, zuerst den "Schlamm" entfernen, der sich am Grunde des Brunnens angesammelt hat. Gemeint damit ist die gesellschaftliche Konditionierung, die uns durch fehlgeleitete Ideen dazu gebracht hat, an unserer inneren Wahrheit und an den enormen Ressourcen, die wir in unserem Inneren besitzen, zu zweifeln.

Mein persönlicher Weg führte mich zu den Unwahrheiten, die meine Selbsterkenntnis blockiert hatten, und zu Methoden, mich von ihnen zu befreien. Was in den ersten Jahren noch eher ein Balanceakt wie auf einem gespannten Seil war, machte mit der Zeit

Platz für ein Wandern auf einer breiten Straße, die mich durchs Leben führte in dem Wissen, dass mein wahres Zuhause in mir ist und dass ich meinen wichtigsten Besitz mit mir führe, wohin auch immer ich gehe.

Die Freunde, die kamen

Es dauerte eine geraume Zeit, bis wir beide im Rückblick erkennen konnten, dass uns Hilfe von allen möglichen Seiten zuteil wurde, nachdem wir uns erst einmal auf unsere innere Reise begeben hatten. Für beide von uns hatte der Strom von Hilfe damit begonnen, dass uns Freunde das I Ging schenkten. Was Hanna anging, so kam die nächste Hilfe in Gestalt ihres Gruppentherapeuten, in Freunden, die anboten, ihre Sachen aufzubewahren, einem Fremden, der ihr Appartment anmietete, und Käufern für ihre Antiquitäten. Auf der Insel angelangt, erfuhr sie Hilfe von dem alten Mann und seiner Frau. Was Carol anging, so kam Hilfe, indem sie lernte, auf bisher unbekannte Weise zu meditieren. Dies befreite sie von ihrer Schlaflosigkeit und half ihr, die Botschaften des Weisen zu verstehen. Hilfe kam auch als Gelegenheit, ein Geschäft zu eröffnen, das es ihr erlaubte, die nächsten dreizehn Jahre alle anfallenden Lebenskosten zu bezahlen und finanziell unabhängig zu sein. Dadurch, dass wir das *Prinzip Möglichkeit* im Auge behielten, zogen wir die Helfer an uns heran, die in Carols erstem Hexagramm erwähnt worden waren. Mit ihrer Hilfe konnte sie die Hemmnisse erfolgreich bewältigen. Erst Jahre später wurde uns klar, dass diese Helfer auf natürliche Weise durch unsere aufrichtige Bitte um Hilfe angezogen worden waren. Diese Art der Hilfe kommt vom Kosmos und ist, wie wir später lernen sollten, mit dem *Kosmischen Prinzip der Anziehung* zu erklären.

Die Erweiterung unserer Perspektive

Mehr als nur ein Führer zur Erkenntnis, wer wir sind, führt uns das I Ging auch zur Erkenntnis des Kosmos. Dieses Wissen fühlen wir am tiefsten Grunde unseres Daseins. Es bedarf dazu keines Glaubens und keiner rationalen Begründung, weil wir seine Wahrheit fühlen. Sie schwingt durch unser ganzes Sein.

Dass der Kosmos nicht das große Unbekannte ist, mag überraschen, weil man uns das Gegenteil gelehrt hat. Man hat uns sogar weisgemacht, seine unsichtbare Seite sei ein Abgrund, in dem wir verloren gehen können. Unsere persönliche Erfahrung hat uns gezeigt, dass sich der Kosmos in der vollkommenen Güte unserer wahren Natur widerspiegelt. Diese Güte kann sich allerdings erst dann zeigen, wenn wir uns von der Konditionierung durch fehlgeleitete Ideen befreit haben, die besagen, die Tiernatur des Menschen sei sündhaft und böse. Es ist auffällig, wie sich die Verleumdungen, mit denen die wahre Natur des Menschen belegt wurde, in den Verleumdungen widerspiegeln, mit denen die wahre Natur des Kosmos belegt wurde. Damit meinen wir die Behauptung, der Kosmos bestehe aus einer guten und einer bösen Seite.

Der Mangel an Wissen über uns selbst hatte ein widriges Schicksal für uns erschaffen – ein Umstand, den das I Ging als "Unheil" bezeichnet. Das nächste Kapitel zeigt, wie sich selbst das widrige Schicksal als kosmischer Freund entpuppen sollte, der gekommen war, uns zu helfen, zu unserer wahren Natur zurückzukehren.

Kapitel 2

“Der Schock kommt: Hu, Hu! Lachende Worte: Ha, Ha!”[2]

Widriges Schicksal im Licht des Kosmischen Prinzips von Ursache und Wirkung

So sehr es uns zunächst erschreckt, wenn uns ein widriges Schicksal trifft, unsere persönlichen Erfahrungen haben uns gelehrt, die Sache anders zu sehen: Unser widriges Schicksal war in Wirklichkeit Hilfe in unerwartetem Gewand – Hilfe, zu unserer wahren Natur, die im Einklang mit dem Kosmos ist, zurückzukehren.

Widriges Schicksal, so sollten wir lernen, ist die Folge davon, dass wir unser Leben auf Ideen und Glaubensvorstellungen gegründet haben, die unserer Natur widersprechen. Diese Ideen haben ihren Ursprung in uralten Vorstellungen, die fälschlicherweise davon ausgehen, erstens, wir Menschen besäßen eine Sonderstellung im Kosmos, weil wir die Fähigkeit besitzen, in Sprache zu denken, und zweitens, wir hätten die unbegrenzte Freiheit zu denken, was immer uns beliebt. In Wahrheit ist unsere Sprache ein kosmisches Geschenk, das dazu bestimmt ist, die kosmischen Wahrheiten, denen alles Leben unterliegt, in Sprache auszudrücken. Da der Kosmos ein System aus Harmonieprinzipien ist, bringt es uns Freude, wenn wir unsere Sprache zu diesem Zweck benutzen. Erleben wir hingegen Angst oder Leiden, so ist dies ein Hinweis darauf, dass wir Worten Gültigkeit zusprechen, die nicht auf kosmischen Wahrheiten gegründet sind.

Das Prinzip des Widrigen Schicksals

Die Gabe der verbalen Sprache an den Menschen ist mit der Freiheit verbunden, das *Kosmische Prinzip von Ursache und Wirkung* zu erfahren. Im Laufe der Jahrtausende hat der Mensch das Gesetz von Ursache und Wirkung bereits im Bereich der physikalischen Gesetze erkannt. Was noch aussteht, ist die Erkenntnis, dass dieselbe Art von Beschränkungen auch für das Prinzip von Ursache und Wirkung im Bereich unseres Sprachgebrauchs gilt.

Das I Ging lehrt uns, dass alle Gedanken eine Form von Energie sind. Gedanken, die mit dem Kosmos im Einklang sind, haben eine segensreiche Wirkung. Gedanken, die den kosmischen Wahrheiten widersprechen, verletzen die Grenzen, die uns Menschen gesetzt sind, und haben daher eine destruktive Wirkung. Sie fügen uns sowohl physisch wie psychisch Schaden zu. Wenn sie auf andere Menschen, Lebewesen oder auf die Erde projiziert werden, richten sie auch dort Schaden an und rufen Störungen hervor.

Da der Kosmos ein sich selbst regulierendes System ist, das auf Harmonieprinzipien beruht, kehrt die negative Energie von unharmonischen Gedanken unweigerlich irgendwann wie ein Bumerang zu ihrem Verursacher zurück. Wenn uns der Bumerang trifft, erleben wir ein widriges Schicksal. Dieser Vorgang zeigt uns, dass widriges Schicksal eine Manifestation des Kosmischen Prinzips von Ursache und Wirkung ist.

Der Kosmos schützt seine Dauer durch das *Prinzip des widrigen Schicksals.* Es ist wie eine unsichtbare Mauer aus Energie, gegen die wir stoßen, wenn wir ein Kosmisches Harmonieprinzip verletzen. Dies geschieht immer dann, wenn wir unsere wahre Natur verleugnen oder gegen sie verstoßen. Die Tatsache, dass widrige Schicksale sich physisch manifestieren, zeigt uns, dass es eine direkte Verbindung zwischen unserem Bewusstsein und der Wirkung, die es auf die Welt der Formen hat, gibt. Die moderne Physik hat erkannt, dass die Gedanken des Forschers nicht ohne Wirkung auf den Ausgang seiner Experimente sind, doch leider hat diese Erkenntnis noch nicht die gebührende Anwendung auf alle Bereiche der Wissenschaft gefunden.[3]

Das Prinzip vom widrigen Schicksal gehört nicht nur zu den Kosmischen Harmonieprinzipien, es gehört auch zu den physikalischen Gesetzen. Genauso wie wir beim Versuch, in einem Flugzeug ohne Flügel zu fliegen, aus der Luft fallen würden, stoßen wir gegen diese energetische Wand, wenn wir die kosmischen Beschränkungen missachten, die für uns Menschen gelten. An dieser Wand prallen unsere schädlichen Gedanken und Taten ab und kehren wie ein Bumerang zu uns zurück.

So verletzen wir die kosmische Harmonie, wenn wir Wörter erfinden und benutzen, die die Dinge bei falschen Namen nennen. Wenn wir andere mit Verleumdungen belegen, kehrt der Schaden, den wir ihnen zufügen, unweigerlich als widriges Schicksal zu uns zurück. Widriges Schicksal wird auch durch den Gebrauch einer Sprache erzeugt, die den Kosmos in seiner unsichtbaren wie sichtbaren Form verleumdet. Unter der sichtbaren Form verstehen wir die Natur, einschließlich der Natur des Menschen. Wenn wir die unsichtbare Hilfe, die uns vom Kosmos zur Verfügung steht, aus unserem Bewusstsein ausblenden, dann besteht unser widriges Schicksal darin, dass wir diese Hilfe verlieren. Wenn wir das Wesen von widrigem Schicksal recht verstehen, dann wird uns klar, dass die große Gabe an uns Menschen – die der Sprache und der Fähigkeit, in Worten zu denken – Grenzen hat. Wir haben nicht die Freiheit, schädliche Gedanken zu hegen oder sie auszusprechen. Ebenso hat es schädliche Folgen, wenn wir Mythen bilden, die das Wesen der Dinge verfälschen. Unwahrheiten haben ihren Preis.

Woran wir unharmonische Gedanken erkennen

Gefühle von Unwohlsein sind die ersten Warnsignale, dass wir unharmonische, destruktive Gedanken hegen. Ein Beispiel ist der nur allzu bekannte Satz: “Wir (Menschen) müssen alles selber tun.” Wenn wir darauf achten, wie uns dieser Satz niederdrückt, dann wird uns klar, dass er unharmonisch und damit unwahr ist. Der Grund für das bedrückende Gefühl ist die in diesem Satz enthaltene Annahme, es gebe für uns keine Hilfe vom Kosmos. Wenn wir an dieser Sichtweise festhalten, entgeht uns die Tatsache, dass sie eine sich selbst verwirklichende Prophezeihung ist, weil sie nämlich die Tür zu den unsichtbaren kosmischen Helfern verschließt. Dann sind wir in der Tat uns selbst überlassen; das Leben wird hart, und es entsteht der verbreitete Glaube, das Leben auf der Erde sei ein “Jammertal”, was eine weitere Verleumdung der liebenden und fürsorglichen Natur des Kosmos ist.

Was hatten wir, Carol und Hanna, getan, um ein widriges Schicksal zu erzeugen?

Carol war fest der Überzeugung gewesen, die Rolle der Mutter, Ehefrau und guten Bürgerin erfüllt zu haben. Doch bei genauerer Betrachtung musste sie einsehen, dass sie sich ein heldenhaftes Selbstbild zugelegt hatte: das Bild der Frau, die im Namen des Wohls der Familie Härten, Beleidigungen, Verletzungen und Unrecht länger ertragen konnte als andere. Dieses heldenhafte Selbstbild hatte sie magisch in eine Ehe hineingezogen, die ihrer Fähigkeit, widrige Behandlungen zu erdulden, perfekt entsprach. Als dann die Härten einsetzten, hatte sie das Gefühl, dass ihre Opferbereitschaft nicht genug gewürdigt wurde. Sie fragte sich, ob sie vielleicht versagt hätte, weil sie nicht genügend Bereitschaft besass, Härten zu ertragen. Doch das I Ging zeigte ihr, dass der Vertrag, den sie mit sich geschlossen hatte, Härten unter allen Umständen zu ertragen, nicht im Einklag mit der Würde ihrer wahren Natur war.

Vom Weisen haben wir inzwischen gelernt, dass unsere Würde als Individuum unser einziger unveräußerlicher Besitz ist. Der Kosmos verlangt von niemandem, Härten als Beweis für Tugendhaftigkeit zu ertragen.

Darüberhinaus hatte Carol ihren Selbstwert verraten, indem sie es versäumt hatte, ihren persönlichen Raum vor Grenzüberschreitungen durch andere zu schützen. Solche Grenzüberscreitungen kamen in Form von Erwartungen der Menschen in ihrer Umgebung, ihre Werte, Energie und ihren Selbstrespekt zum Nutzen anderer zu opfern. Letztlich musste sie einsehen, dass der Zusammenbruch ihrer Ehe die Folge ihrer eigenen Schwäche gewesen war, die sie irrtümlich für Stärke gehalten hatte. Ihr Mann wiederum hatte sein eigenes widriges Schicksal dadurch erschaffen, dass er von Beginn der Beziehung an daran gezweifelt hatte, ob Carol die richtige Partnerin für ihn sei.

Was Hanna betraf, so war sie aus ihrer Sicht eine gute Ehefrau gewesen, die sich mit ganzer Kraft bemüht hatte, die Karriere ihres Mannes zu unterstützen und nichts Selbstsüchtiges zu tun. Wie konnte es dann dazu kommen, dass sie so ausgebrannt war? Das Bild der unterstützenden Ehefrau musste etwas Selbstzerstörerisches an sich haben. In der Tat war dieses Selbstbild so monumental, dass es ihr wahres Selbst zum Verschwinden gebracht hatte. Sie war sich nicht bewusst, dass solche Selbstopfer auf die Dauer nicht tragbar sind. Erst später wurde ihr in ihrer Arbeit mit dem I Ging klar, dass sie bereits in ihrer Jugend eine Heilige hatte werden wollen. Längst vergessen, hatte dieses Bild, das in ihrer Psyche gespeichert geblieben war, eine entscheidende Rolle für die Erschöpfung ihrer Lebensenergie gespielt.

Der Sinn und Zweck von widrigem Schicksal

Mit der Zeit wurde uns klar, dass widriges Schicksal ein verkannter Segen ist, weil es die negative Bahn, die wir durch unsere unharmonischen Gedanken erzeugt haben, zu einem abrupten Ende bringt. Immer geht es dabei um einen Weg, der uns von der Erfüllung unseres kosmischen Schicksals weggeführt hat (siehe Kapitel 3).

Der Wert des abrupten Endes und des Schocks, der mit einem widrigen Schicksal einhergeht, liegt darin, dass sie uns zur Besinnung bringen. Dann können wir uns fragen, welche Idee oder Glaubensvorstellung uns in diese Sackgasse geführt hat. Der Schock bringt uns auch wieder auf die Erde – weg von Ideen, die uns eine falsche Selbstwichtigkeit gegeben hatten. Dieses Wieder-auf-die-Erde-Gebrachtwerden wird als ungewohnte Demut empfunden, die vorübergehend eine Öffnung erzeugt, durch die wir mit unserem wahren Selbst in Kontakt kommen können. Durch den Schock kommt uns die Erkenntnis, dass unser wahres Selbst eine innere Stärke besitzt, die sich deutlich von der Wichtigtuerei unterscheidet, die unharmonisches Denken kennzeichnet. Das Erlebnis der Demut ist begleitet von dem Gefühl, dass wir Teil von etwas sind, das größer ist als wir, und dem wir in diesem Augenblick der Krise vertrauen können. Die Erfahrung, dass es da etwas Festes gibt, auf das wir uns verlassen können, hat nichts mit der Idee vom "bedrohlichen Unbekannten" gemein, mit der uns als Kind Angst gemacht wurde. Demut erwächst aus dem Gefühl, im Augenblick höchster Not mehr als reichlich vom Kosmos beschenkt zu werden.

Das Ungeheuer reckt noch einmal sein häßliches Haupt

Leider ist die Demut, die der Schock ausgelöst hat, häufig nur von kurzer Dauer. Aus dem Hintergrund melden sich Sätze wie diese: "Du hast dich nicht genug bemüht. Hättest du es getan, dann wäre alles gut gegangen." Sobald wir ihnen Gehör schenken, geben wir die Kontrolle über uns an sie ab.

Damit beginnt eine längere Auseinandersetzung zwischen unserem aufkeimenden wahren Selbst und unserem alten, unharmonischen Denken. Das alte Denken wird von Ängsten und Rationalisierungen geschützt, die den Zweck haben, es an der Macht zu halten. Diese Abwehrmechanismen treten auf den Plan, sobald wir ernsthaft überlegen, unsere alten Denkgewohnheiten aufzugeben. Daher ist die Zeit, in der unser wahres Selbst versucht, seinen Platz als wahrer Führer unserer Persönlichkeit einzunehmen, eine Zeit widerstreitender innerer Stimmen. Zum Glück hilft uns das I Ging, wenn wir es befragen, unsere Ängste zu verarbeiten, indem es uns die fehlgeleiteten Ideen und Glaubensvorstellungen vor Augen hält, die diese Ängste hervorgebracht haben. Außerdem hilft es uns dabei, Gedanken, die zum alten Denken gehören, von solchen zu unterscheiden, die von unserer inneren Wahrheit kommen.

Wie kommt es, so mögen wir uns fragen, dass ein falsches Denken, nachdem es einmal in die Welt gekommen ist, sich so schützen kann, dass es alles, was wir tun, beherrscht? Wie kann es wieder an die Macht kommen, nachdem es durch den Schock eines widrigen Schicksals vom Thron gestoßen wurde? Man könnte annehmen, Denkgewohnheiten seien so mächtig, dass sie uns vollständig beherrschen können. Tatsache ist jedoch, dass keine Denkgewohnheit dauerhaft die Kontrolle über uns haben muss, es sei denn, wir lassen sie gewähren. Das alte Denken ist einem Komputerprogramm vergleichbar, das in frühestem Kindesalter in unserer Psyche installiert wurde; es funktioniert mechanisch mit Hilfe von Schaltern, die sich in unserem Gehirn einschalten. Wenn wir das Erwachsenenalter erreichen, haben wir uns so an dieses Denken gewöhnt, dass sich die Schalter automatisch einschalten, sobald wir eine Bedrohung wahrnehmen. Sie geben uns das falsche Gefühl, die Dinge seien nun einmal so, wie sie erscheinen.

Allmählich wird uns klar, dass das alte Denken, das uns bereits in früher Kindheit aufgedrückt wurde, unserer wahren Natur vollkommen fremd ist. Es hat den Platz unseres wahren Selbst eingenommen und trägt den Namen "*individuelles Ego*".[4] Das Ego benutzt jede Menge von Sprachtricks, um uns über seine falsche Natur hinweg zu täuschen, wie zum Beispiel, indem es als "ich" in unserer Psyche spricht. Da das Ego nicht Teil des Kosmos ist, besitzt es auch keine eigene Energie. Es muss vielmehr ständig unsere Lebensenergie stehlen, um zu existieren. Dieser Umstand führt letztlich zu seinem Fall, denn seine unablässigen Forderungen und der Missbrauch unserer Energie führen letztlich zu unserer Erschöpfung und damit zum Zusammenbruch des Ego.

Auf dem Weg unserer Erholung vom Zusammenbruch des Ego brauchen wir Schutz für unser zerbrechliches und verunsichertes wahres Selbst, das nun den Weg aus seinem inneren Gefängnis heraus antreten kann. Mit Hilfe des I Ging ist es uns, Carol und Hanna, gelungen, diesen Weg zu gehen. Es ist ein Weg, den jeder von uns gehen kann, der den ernsthaften Wunsch hat, sich selbst kennenzulernen und sein wahres Selbst zu befreien. Um dieses Ziel zu erreichen, ist es hilfreich, mehr Kenntnis über unsere wahre Natur und ihre Ressourcen zu erlangen, die vom Denken in Ego-Begriffen entweder in ihrer Existenz geleugnet oder verteufelt worden sind.

Kapitel 3

"Der Besitz von Großem. Erhabener Erfolg"

Unsere wahre Natur

"Der Besitz von Großem" ist der Name eines Hexagramms, durch das uns das I Ging auf unsere kosmische Mitgift für ein nach allen Maßstäben erfolgreiches Leben in unserem Körper aufmerksam macht.

Das I Ging lehrt uns, dass alles, was sich als Form manifestiert, zunächst als *Bild* im Kosmischen Bewusstsein existiert. Dies gilt für alle Dinge in der Natur, einschließlich dem reinen Urbild jedes einzelnen Menschen. Wenn wir aus unserer Heimat im Kosmischen Bewusstsein in einen Körper eintreten, um Lernerfahrungen auf der Erde zu sammeln, dann wird unser Urbild in unserer Psyche gespeichert. Unter normalen Umständen ist unsere DNA ständig mit diesem Bild verbunden und erhält von ihm alle Informationen, die sie benötigt, um unsere Körpersysteme und Körperzellen aufzubauen. Auf diese Weise soll sichergestellt werden, dass unser Körper der vollkommene Ausdruck unseres Urbildes ist. Wenn die Gefahr droht, dass wir das Gefühl dafür verlieren, wer wir sind, hilft uns das unbeschädigte Urbild, das in unserer Psyche gespeichert ist, zu unserer wahren Natur zurückzukehren, indem es wie ein Leuchtturm Signale aussendet.

Unsere wahre Natur ist vollkommen gut und ungeteilt. Sie ist mit einer Fülle kosmischer Besitztümer ausgestattet. "Gut" heißt hier *im Einklang mit der harmonischen Ordnung des Kosmos.* "Ungeteilt" bedeutet, dass sie in einer positiven symbiotischen Beziehung zu ihrer kosmischen Quelle steht.

Wenn wir mit unserer wahren Natur im Einklang sind, dann sind wir im vollen Besitz unserer selbst, wir sind souverän, das heißt wir fühlen uns vollständig und vom Kosmos beschützt und gefördert. In diesem Zustand helfen uns die harmonischen Kräfte des Kosmos bei allem, was wir tun; mühelos tragen sie uns durchs Leben. Wir erleben diese positive Symbiose als Einssein mit allem. Sie geschieht einfach, wenn wir bescheiden und demütig sind. Wenn wir uns jedoch anderen

Aspekten des Kosmos entweder als überlegen oder unterlegen sehen, dann fallen wir aus diesem Zustand der natürlichen Bescheidenheit heraus.

Unser kosmischer Besitz

Zu der kosmischen Mitgift, mit der wir geboren werden, gehört der Schatz unserer inneren Wahrheit, unsere inneren und äußeren Wahrnehmungssinne sowie eine Gruppe anderer Sinne, die wir als metaphorische Sinne bezeichnen. Ferner umfaßt unser kosmischer Besitz unsere kosmischen Tugenden, unsere Talente sowie unseren automatischen Zugang zu allen kosmischen Helfern. Damit besitzen wir alles, was wir brauchen, um ein glückliches Leben zu führen und unsere Einzigartigkeit zu entfalten.

Der Schatz unserer inneren Wahrheit/DNA

Was das I Ging als unsere "innere Wahrheit" in einem Hexagramm gleichen Namens bezeichnet, ist der gesamte Wissensschatz, der in jeder Körperzelle gespeichert ist und dem die Wissenschaft den Namen DNA gegeben hat. Wie in der Wissenschaft bekannt, enthält die DNA die vollständige Geschichte unserer menschlichen Entwicklung. Darüber hinaus hat sie die Eigenschaft, dass eine einzige Zelle alle Informationen enthält, die nötig sind, um unseren gesamten Körper zu bauen. Die in unseren Körperzellen gespeicherte innere Wahrheit enthält außerdem alles, was wir über den Kosmos, seine Harmonieprinzipien und unsere Beziehung zum Kosmos wissen müssen. Damit wird deutlich, dass jeder von uns einen inneren Maßstab dafür besitzt, welche Gedanken und Handlungen mit dem Kosmos im Einklang sind und welche nicht. Auch unsere Liebe für die Erde als unsere Heimat während unseres Lebens in einem Körper ist Teil unserer inneren Wahrheit. Und schließlich enthält unsere innere Wahrheit auch das Wissen um unser einzigartiges kosmisches Schicksal und stellt uns die nötige Führung zur Verfügung, damit wir es erfüllen können.

Unsere innere Wahrheit ist unser perfektes kosmisches "Betriebssystem", das, wenn es nicht gestört wird, dafür sorgt, dass unser Körper, unsere Psyche und unser Geist auf das Einträchtigste zusammenarbeiten. Dieses Betriebssystem beruht nicht auf Wörtern, Ideen oder Bildern, sondern auf *Gefühlen*, die mit dem Kosmos im

Einklang sind. Es verbindet uns automatisch mit allen kosmischen Kräften, die uns bei der Erfüllung unseres kosmischen Schicksals unterstützen, fördern, nähren und beschützen.[5]

Gaben aus dem kosmischen Segensstrom

Hexagramm 14 zeigt uns auch, dass alle Gaben, die wir in unserem Leben erhalten, kosmische Geschenke sind: eine geeignete Beschäftigung, ein geeigneter Ort zum Leben, eine wahre Liebesbeziehung, Freunde, die uns ergänzen, sowie eine Vielfalt von anderen Dingen, die ihren Weg zu uns finden, wenn wir sie brauchen. Dieser Segensstrom zeigt uns die schenkende und helfende Natur des Kosmos. All dies mag demjenigen, der in eine dysfunktionale Familie hinein geboren wurde oder der keine Freundschaften oder eine wahre Liebesbeziehung in seinem Leben erfahren hat, wie die reinste Fantasie vorkommen. Wir werden in den folgenden Kapiteln die Gründe für solche negativen Erfahrungen darlegen. Vereinfacht ausgedrückt, liegen sie darin, dass sich die menschlichen Gesellschaften vorwiegend in eine Richtung entwickelt haben, die den Einzelnen von seiner Einheit mit dem Kosmos trennt, wodurch die Bedingungen für Leiden geschaffen wurden. Wir werden aber auch aufzeigen, dass wir als einzelne Menschen die Möglichkeit haben, diese Bedingungen in uns zu berichtigen und damit zu unserer positiven symbiotischen Beziehung mit dem Kosmos zurückzukehren.

Unsere körperlichen Sinne und unser gesunder Menschenverstand

Zu unseren kosmischen Besitztümern gehört auch einer unserer größten Schätze – unser gesunder Menschenverstand. Darunter verstehen wir die Übereinstimmung aller körperlichen Sinne, die wir besitzen. Zu diesen gehören unsere inneren und äußeren Wahrnehmungssinne sowie das, was wir als unsere metaphorischen Sinne bezeichnen. Gewöhnlich sind wir uns lediglich unserer fünf äußeren Wahrnehmungssinne bewusst. Doch enthält unsere Sprache auch Hinweise auf die entsprechenden fünf inneren Wahrnehmungssinne, die uns mehr über die innere Wahrheit der Dinge sagen. So meldet uns zum Beispiel unserer innerer Geruchssinn, dass etwas an einer Sache "stinkt"; unserer innerer Geschmackssinn macht sich bemerkbar, wenn etwas einen bitteren Geschmack hinterläßt oder wenn sich jemand "geschmacklos" verhält; unser inneres Hören informiert uns darüber, dass etwas "seltsam klingt"; unser innerer Tastsinn sagt uns, ob etwas "glatt" gegangen ist oder ob sich das Leben "hart" anfühlt. Unser inneres Sehen ermöglicht uns "Einsichten" durch Meditation oder Träume, doch bedarf es zunächst kosmischer Hilfe, um unsere Fähigkeit zu solchen Einsichten zu wecken. Unsere Sprache verweist auf unsere metaphorischen Sinne, wenn sie von unserem Sinn für Würde, Sinn für Angemessenheit, Sinn für Fairness oder Gerechtigkeit, Sinn für Gefahr/Vorsicht, Sinn für Verschwiegenheit, Sinn für Beschränkungen, Sinn für Gelegenheiten oder Ordnungssinn spricht.

Wir erfahren die Hilfe unserer inneren Wahrnehmungssinne, wenn wir sagen, dass wir "noch eine Nacht über etwas schlafen" müssen. Damit erkennt unser Verstand an, dass er noch mehr Klarheit über etwas braucht, bevor er eine Entscheidung treffen kann. Offenbar ist sich der Verstand bewusst, dass er aus dieser Quelle Hilfe erfahren kann. Wenn unser Verstand diese Haltung der Bescheidenheit einnimmt, dann werden unsere inneren Wahrnehmungssinne aktiviert, die benötigte Klarheit zu bringen.

Alle diese Sinne funktionieren gut koordiniert, um uns eine getreue Wahrnehmung nicht nur der sichtbaren Welt, sondern auch der in uns und um uns befindlichen unsichtbaren Welt zu ermöglichen, die von den inneren Gedanken der Menschen beeinflußt ist. Unser gesunder Menschenverstand faßt die Informationen, die von allen Sinnen beigesteuert werden, zusammen, und fungiert als unserer innerer Ratgeber. Sein abschließendes Urteil ist ein inneres Ja, wenn die Situation harmonisch ist, und ein inneres Nein, wenn sie unharmonisch ist. Wenn unser gesunder Menschenverstand "Ja" sagt, dann können wir uns beruhigt einer Sache anschließen; sagt er hingegen "Nein", dann gilt es, dieses Nein bewusst zu bestätigen und uns aus der Sache zurückzuziehen.

Leider müssen wir der Tatsache ins Auge blicken, dass viele dieser Sinne, die alle zu unserer Körpernatur gehören, dadurch gestört sind, dass wir unseren Geist als über unseren Körper erhaben betrachten.

Unsere natürliche Selbstberichtigungsfunktion

Wir besitzen eine natürliche Selbstberichtigungsfunktion, die auf unserem Gewissen beruht. Sie ist dafür verantwortlich, dass wir Reue empfinden, wenn wir gegen unsere Würde und unseren Selbstrespekt verstoßen haben. Diese Funktion zieht uns gewissermaßen zurück zu unserer inneren Wahrheit (siehe die ausführliche Beschreibung dieser Funktion in Kapitel 8 unter "Unsere natürliche Selbstberichtigungsfunktion").

Unsere kosmischen Tugenden

Zu den kosmischen Tugenden, mit denen wir geboren werden, gehören: die Treue zu unserer inneren Wahrheit, unsere natürliche Bescheidenheit, die Unschuld unseres Geistes sowie die Fähigkeit zu Selbstbeschränkung, Selbstehrlichkeit, Integrität, Fürsorge und Liebe. Sie alle sorgen dafür, dass unsere Ganzheit aufrecht erhalten wird.

An erster Stelle steht *die Treue zu unserer inneren Wahrheit.* Diese Treue stellt sicher, dass wir mit dem Kosmos und seinen helfenden Kräften verbunden bleiben.

Unsere *natürliche Bescheidenheit* ist der Ausdruck der Anerkenntnis unseres Geistes, dass wir ein integraler Teil des Kosmos sind, das heißt von gleichem Wert wie jeder andere Teil, nicht mehr und nicht weniger. Wir leben in einer positiven symbiotischen Beziehung zum Kosmos, wenn wir erkennen, dass wir von ihm als der Quelle aller unserer Bedürfnisse – Unterhalt, Förderung, Schutz und allgemeines Wohlergehen – abhängig sind. Dann nehmen wir unseren rechten Platz in der kosmischen Ordnung neben allen anderen Tieren und Lebensformen ein. Weil Bescheidenheit, wie sie hier definiert ist, das Ego in anderen Menschen entwaffnet, ist sie auch die beste Quelle für unseren Schutz und unser Vorankommen.

Die Unschuld unseres Geistes ist eng mit den beiden erstgenannten kosmischen Tugenden verbunden. Unser Geist bewahrt seine Unschuld, wenn er die Tugenden der Bescheidenheit und der Treue zu unserer inneren Wahrheit respektiert. Dann mischt er sich nicht selbstwichtig in die harmonischen Prozesse des Kosmos ein. Im Zustand der Unschuld ist der Geist neutral und eingestimmt auf die Gefühle, die von unserer inneren Wahrheit kommen. Durch dieses Eingestimmtsein werden wir spontan angezogen von dem, was mit dem Kosmos im Einklang ist, und zum Rückzug veranlaßt, wenn sich etwas unharmonisch anfühlt. Das I Ging beschreibt diesen Zustand unseres Geistes als "Keine Projektionen und keine Erwartungen" (Hexagamm 25, *Die Unschuld*). Das heißt, wir halten unseren Geist im Jetzt, anstatt ihn in die Zukunft oder Vergangenheit schweifen zu lassen.

Die Tugend der *Selbstbeschränkung* drückt sich in unserer Weigerung aus, unsere Würde zu verraten. Wenn wir es mit dem Ego in anderen zu tun haben, dann bedeutet es die Weigerung, ein solches Verhalten zuzulassen, indem wir es entschuldigen, tolerieren oder uns darauf einlassen. Wir weisen es innerlich als nicht akzeptabel zurück und meiden den Augenkontakt, während wir gleichzeitig jegliches demonstrative Rückzugsverhalten meiden. Durch Meiden des Augenkontakts geben wir dem Ego keine Energie. Wenn wir die Tugend der Selbstbeschränkung so verstehen, dass sie ausschließlich dazu dient, das Ego in Schranken zu verweisen, dann trägt sie dazu bei, unsere Verantwortung als Menschen neu zu definieren.

Die Tugend der *Fürsorge* ist ebenfalls ein integraler Bestandteil unserer Natur. Wir wissen dies aus unserer natürlichen Scheu, anderen Schaden zuzufügen. Wir wissen es auch aus unserer natürlichen Neigung, ohne jede Vorüberlegung Hilfe zu leisten, wenn sie gebraucht wird. Diese Art von Fürsorge bedarf weder der Anerkennung noch der Belohnung durch andere. Sie ist nicht mit Selbstlosigkeit zu verwechseln, worunter wir ein bewusstes Verhalten verstehen, das der falsch verstandenen noblen Glaubensvorstellung folgt, Fürsorglichkeit sei gleichzusetzen mit Selbstlosigkeit. Wahre Fürsorglichkeit ist eine unwillkürliche Antwort auf ein momentanes Hilfsbedürfnis, etwa wenn wir ein Kind auf die Straße laufen sehen und rasch herbeispringen, um es in Sicherheit zu bringen.

Man könnte erwarten, dass wir an dieser Stelle auch die *Liebe* in die Aufzählung der Tugenden einschließen. Doch bei genauerer Betrachtung gehört sie nicht dazu, denn sie fließt uns als Geschenk vom Kosmos zu, indem sie uns mit anderen, die einfühlsam und empfänglich dafür sind, verbindet (siehe Kapitel 17: "Verwirrte Gefühle").

Keine der genannten Tugenden kann absichtlich produziert werden; sie erscheinen vielmehr spontan, ohne Vorbedacht, wann immer andere Menschen uns in Wahrhaftigkeit entgegentreten, und vorausgesetzt, unsere Konditionierung hat sie nicht verleugnet oder unterdrückt. Sie können nur innerhalb der Selbstbeschränkungen funktionieren, die von unserem Sinn für Angemessenheit und Würde gesetzt werden. Es ist wichtig, unsere kosmischen Tugenden nicht dem Ego in anderen Menschen auszuliefern.

Unsere persönlichen Helfer und Talente

Der erste persönliche Helfer, dem wir begegnen, ist der Weise, unser innerer Lehrer. Jeder Mensch ist mit einem Weisen geboren, der ihm Zeit seines Lebens zur Verfügung steht, um ihn zu lehren.[6] Wenn wir bescheiden und wahrhaftig sind, dann befindet sich der Weise in uns. Wenn wir hingegen dem Ego die Herrschaft überlassen, dann zieht sich der Weise aus unserem Körper zurück und wartet, bis wir uns besinnen und um Hilfe bitten. Der Weise benutzt eine Reihe von Funktionen unserer Psyche, um das Wissen, das als gefühltes Wissen in unserer inneren Wahrheit gespeichert ist, in eine Sprache zu übersetzen, die unser Verstand versteht. Eine weitere Funktion des Weisen besteht darin, uns alle anderen Helfer vorzustellen, die wir für bestimmte Aufgaben brauchen.

Zur Gruppe unserer persönlichen Helfer gehören ferner: die Helfer unseres Immunsystems, die uns das I Ging als unser Persönliches Heer vorstellt; ein Persönlicher Helfer, der uns hilft, unser kosmisches Schicksal zu erfüllen, indem er zum Beispiel dafür sorgt, dass wir genau die Menschen kennenlernen, die uns auf unserem Weg fördern können, und indem er hilfreiche Umstände erschafft, die es uns ermöglichen, unsere Talente zu entwickeln; ferner gehört zur Gruppe unserer persönlichen Helfer unser sogenannter Gefühlsmanager, der unsere verschiedenen Körpersysteme koordiniert, indem er ihnen die entsprechenden Botschaften sendet.[7]

Unsere einzigartigen Talente sind ebenfalls Helfer. Sie helfen uns, Sprachen zu lernen und alle möglichen Fähigkeiten zu entwickeln, seien sie künstlerischer, manueller, technischer, organisatorischer oder intellektueller Natur. Sie spielen auch eine wichtige Rolle bei der Entdeckung und Erfindung neuer Dinge und Prozesse. Der Weise hat uns gelehrt, dass jeder Mensch mit gewissen Talenten geboren wird, die er bereits in früheren Erdenleben gut ausgebildet hat. Sogenannte Wunderkinder wie Mozart oder Beethoven belegen dies. Andere Talente befinden sich noch in den Kinderschuhen und möchten sich in diesem Erdenleben weiterentwickeln. Wenn wir davon sprechen, dass es darum geht, unser kosmisches Schicksal zu erfüllen, dann ist damit gemeint, dass wir unserer Einzigartigkeit Ausdruck geben, indem wir unsere einzigartige Kombination von Talenten entwickeln.

Der Umstand, dass so viele Menschen sich nach dem Sinn ihres Lebens fragen, zeigt, dass viele ihrer einzigartigen Talente entweder noch nicht erkannt oder im Zuge ihrer Kindheitskonditionierung abgewertet worden sind. Die Rollen, die uns von der Gesellschaft vorgeschrieben sind, engen uns dermaßen ein, dass unsere wirklichen Talente keinen Raum zur Entwicklung haben. Glücklicherweise entdecken wir unsere Talente häufig gerade in Zeiten persönlicher oder kollektiver Krisen. Sie sind es oft, die uns den nötigen Fortschritt erlauben.

Ein Beispiel für die einengende Natur gesellschaftlicher Rollen ist eine Frau, deren einziger Zweck dadurch definiert wird, eine "gute Mutter" zu sein. Je nach ihrem Bildungshintergrund kann diese Definition so eng sein, dass ihre einzigartigen Talente nie entwickelt werden. Die Folge ist, dass die ganze Familie darunter leidet. Auch die männliche Rolle kann den betreffenden Mann daran hindern, seine natürlichen Talente zu entwickeln. Die Definitionen von Geschlechterrollen dienen nur dazu, feudale Werte zu fördern und zu schützen. Die durch diese Definitionen bewirkten Beschränkungen beziehen sich auf die Menschen an der Spitze ebenso wie an der Basis der Gesellschaft. Die Folge ist Konformität statt natürliche Vielfalt. Die einzigartigen Talente jedes Einzelnen, die dem Ganzen zugute kommen würden, werden auf diese Weise im Keim erstickt. (Viele Männer, die für ihre Errungenschaften berühmt geworden sind, wie zum Beispiel Abraham Lincoln und Thomas Edison, haben die Tatsache, dass sie ermutigt worden waren, ihre Talente zu entwickeln, ihren "ungewöhnlichen" Müttern zugeschrieben.)

Je mehr wir uns unserer kosmischen Besitztümer bewusst sind, desto mehr empfinden wir Wertschätzung für unsere wahre Natur, haben wir Respekt für uns selbst und Respekt für die Würde, die allen Dingen zu eigen ist.

Zu unserem kosmischen Besitz gehört auch unsere positive symbiotische Beziehung zur Natur. Wenn wir mit uns selbst im Einklang sind, empfangen wir die Qi-Energie der Natur, die uns körperliche und emotionale Stärke gibt. Und da wir dabei sind, von Helfern zu sprechen, sei hier erwähnt, dass diese Qi-Energie von dem Helfer der Natur kommt. Es gibt viele andere Helfer der Natur, die spezifische Aufgaben erfüllen, wie zum Beispiel die Helfer des Wassers und des Feuers und die Helfer der vielfältigen Arten von Tieren, Pflanzen, Mineralien und so weiter. Normalerweise sind alle diese Helfer unsichtbar. Ab und zu zeigen sie sich aber in digitalen Fotoaufnahmen. Sie erscheinen immer als runde Lichtformen, die auch unter dem Namen "Orbs" bekannt sind. Wie uns der Weise versicherte, zeigen alle Orbs in diesem Foto ein und denselben Helfer: den Helfer der Natur.

Der natürliche Drang, unsere Einzigartigkeit auszudrücken

Unsere wahre Natur besitzt große Potentiale und Fähigkeiten, die bei vielen Menschen nie verwirklicht werden. Diese Potentiale sind in unserem Urbild enthalten. Der Wunsch, sie auszudrücken und zu entwickeln, begleitet uns durch unser ganzes Leben. Die großen menschlichen Errungenschaften stammen aus dieser Quelle, denn die natürliche Motivation, unsere kosmischen Gaben zur Anwendung zu bringen, ist die Quelle aller Kreativität. Dieser Prozess unterscheidet sich grundlegend von der Ego-Motivation, weltlichen Ruhm zu erlangen. Ein altes chinesisches Sprichwort sagt: "Der Meistertöpfer hinterläßt keine Spur [das heißt er tut die Dinge um ihrer selbst willen]."

Die Geschichte ist reich an Beispielen dafür, dass das, was ein Mensch für sich selbst erreicht, indem er seinen wahren Neigungen folgt, auch allen in seiner Umgebung zugute kommt. Die Faszination, die Nikolaus Kopernikus für die Astronomie und

Mathematik empfand, hat ihn zu der Entdeckung geführt, dass sich die Erde um die Sonne dreht. Auf ähnliche Weise hat der Wunsch des Physikers David Bohm, das Verhalten von Teilchen innerhalb des Atoms zu verstehen, ihn zu der Entdeckung geführt, dass Materie auf Bewusstsein beruht.[8] Oft sind solche Entdeckungen zu ihrer Zeit angezweifelt worden, doch haben sie später rund um die Welt zu vielen neuen Einblicken in die Natur des Kosmos geführt.

Ähnlich wie es uns selbst ergangen ist, mag auch der Leser die Erfahrung gemacht haben, dass seine Fähigkeit, seiner Einzigartigkeit Ausdruck zu verleihen, blockiert ist. Der Grund dafür ist, dass uns im Rahmen unserer Erziehung die Botschaft gegeben wurde, es sei uns lediglich erlaubt (von seiten einer angeblich allwissenden Autorität), nur eine begrenzte Zahl von Beschäftigungen zu ergreifen, die von unserer Kultur wertgeschätzt werden. Folglich wird uns das Vertrauen genommen, bestimmte Dinge, die uns leicht fallen, weiterzuentwickeln. Der Weise möchte uns darauf aufmerksam machen, dass uns der Kosmos nach Kräften darin unterstützt, unser kosmisches Schicksal zu erfüllen, weil er nur durch die Mitwirkung aller in den jeweiligen Formen der Natur manifestierten Teile seine Kreativität und den Drang, das Ganze zu mehren, verwirklichen kann.

Die Voraussetzung für das Erfüllen unseres kosmischen Schicksals

Die erste Voraussetzung ist, dass wir erkennen, dass wir ein einzigartiges kosmisches Schicksal zu erfüllen haben, ein Schicksal, das ausschließlich positiv und erfüllend im wahrsten Sinne des Wortes ist. Was wir über unser persönliches kosmisches Schicksal wissen müssen, ist in unsere innere Wahrheit eingebettet. Es wird uns auf vielfältige Weise zu Bewusstsein gebracht: durch Gelegenheiten, die die Helfer an uns herantragen, sowie durch plötzliche Eingebungen, Träume oder Meditationserfahrungen. Bisweilen empfangen wir eine Vision von etwas, das durch uns verwirklicht werden möchte, und wenn wir dann unserer inneren Wahrheit folgen, zeigt sie uns Schritt für Schritt den Weg zum Ziel. Während wir auf diesem Weg sind, schützt uns der Kosmos, selbst dann, wenn wir einen Fehler machen. Was zählt, ist unser ernsthafter Wunsch, unser kosmisches

Schicksal zu erfüllen. Wir bleiben mit dem Kosmos verbunden, solange wir unseren kosmischen Besitz, der uns unsere Würde verleiht, respektieren.

Wenn wir jedoch unsere Bescheidenheit und den Respekt für uns selbst verraten, indem wir nach Ruhm streben, dann verlieren wir den Schutz und die Unterstützung durch den Kosmos. Als Folge davon stellt sich irgendwann ein widriges Schicksal ein, das uns den Besitz, den wir auf unharmonische Weise erworben haben, wieder nimmt. Das widrige Schicksal rüttelt uns auf, um uns die Möglichkeit zu geben, auf den Weg unseres kosmischen Schicksals zurückzukehren. Ein Hexagramm im I Ging beschreibt diesen Prozess in den Worten: "Hin und her geht der Weg. Fördernd ist es zu haben, wohin man gehe" (Hexagramm 24, *Die Wiederkehr*). "Zu haben, wohin man gehe", bedeutet, sich nach innen wenden, um die innere Wahrheit darüber zu erfahren, was uns vom Weg abgebracht hat. Auf diese Weise verbinden wir uns wieder mit der Hilfe, die uns der Kosmos zur Verfügung stellt, um zu unserer wahren Natur zurückzukeren. Außerdem bekommen wir Hilfe, aus unseren Fehlern zu lernen und uns von möglicher kosmischer Schuld zu befreien. Wir ziehen uns kosmische Schuld zu, indem wir gegen unsere wahre Natur verstoßen – wenn wir zum Beispiel unsere Würde verraten, um etwas Bestimmtes zu bekommen, oder wenn wir Macht gebrauchen oder unharmonisches Tun billigen oder uns daran beteiligen. Wir können unsere kosmische Schuld jederzeit löschen, indem wir die Angelegenheit zutiefst bereuen.

Unsere Existenz ist vom Kosmos autorisiert

Das Wissen um unsere wahre Natur läßt keinen Zweifel daran, dass unsere Existenz vom Kosmos autorisiert ist und keiner weiteren Autorisierung von seiten gesellschaftlicher Institutionen bedarf. Wir finden den Sinn unseres Leben, indem wir im Einklang mit unserer wahren Natur leben und unsere Einzigartigkeit zum Ausdruck bringen. Alles übrige, das von Wert ist – unser Lebensglück und alles, was wir zum Leben anderer beitragen – ist nur die natürliche Folge davon.

Die Idee, wir müßten auf die Suche nach dem Sinn unseres Lebens gehen, verleugnet unseren kosmischen Ursprung und die Tatsache, dass der Kosmos in seiner Liebe und Fürsorge uns von Natur aus mit allem ausgestattet hat, was wir brauchen.

Die Rolle des Menschen im Kosmischen Plan

Zum Kosmischen Plan, soweit wir ihn mit unserem Verstand begreifen können, gehört das Prinzip des Entdeckens neuer Möglichkeiten und der Mehrung des Ganzen. Jeder einzelne Mensch hat die Gelegenheit, an diesem Plan mitzuwirken, indem er seine Einzigartigkeit erfüllt. Kein Talent ist dabei überflüssig. Jedes Leben birgt das Potential, dem Ganzen Wert und Erfahrungen hinzuzufügen. Unsere negativen Erfahrungen fügen allerdings nur dann etwas von Wert hinzu, wenn wir sie verarbeitet und die Lektionen gelernt haben, die ihnen nachträglich ihren Wert geben.

Die Rolle des Menschen im Kosmischen Plan ergibt sich aus den einzigartigen Gaben, die der Mensch besitzt, insbesondere der Gabe der verbalen Sprache und des Denkens. Wir haben diese Gaben empfangen, um unsere innere Wahrheit auszudrücken, indem wir zum Beispiel die Dinge bei Namen nennen, die ihre wahre Natur widerspiegeln. Wir mißachten unsere kosmische Gabe, wenn wir Wörter erfinden, die uns selbst und andere Dinge daran hindern, ihre Einzigartigkeit zum Ausdruck zu bringen (siehe auch Kapitel 10: "Die Schlüsselstellung der Sprache").

Unsere menschliche Existenz

Damit wir unser Leben auf der Erde im Einklang mit dem ganzen Kosmos leben können, besitzen wir in unserer inneren Wahrheit ein perfekt auf die Erfüllung unseres kosmischen Schicksals eingestimmtes "Betriebssystem". Unsere ganze Existenz – Körper, Psyche und Geist – sind für diesen Zweck auf das Vollkommenste eingerichtet. Jeder dieser Teile spielt eine gleichwertige Rolle; es gibt zwischen ihnen keine hierarchische Ordnung.

Was unsere Körperzellen anbelangt, so besitzen sie, abgesehen davon, dass sie die "Bibliothek unserer inneren Wahrheit" beherbergen, ihr eigenes Bewusstsein. Dieses Bewusstsein ist kein Denkbewusstsein, sondern eine Intelligenz, die auf dem Fühlen beruht. Die Intelligenz der individuellen Körperzellen wird in der Psyche als *non-verbale Körperbewusstheit* erfahren.[9] Die Aufgabe des Geistes in der Dreiheit von Körper-Psyche-Geist ist es, von dem Wissen, das unser Körper besitzt, Gebrauch zu machen, und sich außerdem die Erfahrungen, die unser Körper im Verlauf unseres Lebens macht, zunutze zu machen. Was den Körper anbelangt, so kann er von den Beobachtungen, die der Verstand macht, lernen. Der Verstand drückt sie in Worten aus, die der Körper anhand der Gefühle versteht, die die Worte hervorrufen. Der Körper ist ein Experte darin, Gefühle zu interpretieren.

Die Psyche ist der Ort, an dem sich die unterschiedlichen Arten von Bewusstsein des Körpers und des Geistes treffen. Carol sah dies einmal in einem inneren Bild, das an einen großen Flughafen erinnerte, wo die verschiedenen Terminals zu einem zentralen Punkt führen, an dem sie Informationen austauschen. Die Informationen, die vom Geist kommen, haben die Form von Gedanken und Bildern. Die Informationen, die von unserer Körperintelligenz kommen, haben die Form von Gefühlen. Die Rolle der Psyche als Ort des Zusammentreffens besteht darin, alle Informationen so zu übersetzen, dass sie vom anderen verstanden werden. Die Gefühle des Körpers werden in Worte und Bilder übersetzt, die der Geist verstehen kann, während die Eindrücke und Rückschlüsse, die vom Geist kommen, in Gefühle übersetzt werden, die der Körper versteht. Diese Übersetzungsfunktion ist eine der Hauptfunktionen unserer Psyche. Ihre Bedeutung liegt darin, dass sie die Erfahrungen beider Seiten und das, was jede Seite von der anderen gelernt hat, im Licht der *Kosmischen Harmonieprinzipien* verarbeitet. Das so verarbeitete Material trägt zur Erfüllung unseres kosmischen Schicksals bei.

Es muß an dieser Stelle erwähnt werden, dass die Übersetzungs- und Verarbeitungsfunktion der Psyche leider durch unsere Konditionierung in der Kindheit außer Kraft gesetzt wird. Aus diesem Grund übernimmt der Weise, unser innerer kosmischer Lehrer, diese Funktion, um zu verhindern, dass sich die Menschen geistig, psychisch und körperlich selbst zerstören.

Die Tatsache, dass es möglich ist, diese Funktionen außer Kraft zu setzen, weist darauf hin, dass unsere Ganzheit nicht automatisch erhalten bleibt. Wie wir im nächsten Kapitel erläutern werden, besteht der erste Schritt in unserer frühkindlichen gesellschaftlichen Konditionierung darin, unsere Ganzheit in zwei Teile zu spalten, wodurch wir von unserer kosmischen Quelle getrennt werden.

Kapitel 4

Fünf unwahre Wörter

Die Unterdrückung unserer wahren Natur durch Konditionierung

Im vorangegangenen Kapitel haben wir gezeigt, dass unsere wahre Natur in jeder Beziehung vollständig ist: Sie paßt perfekt in die harmonische Ordnung des Kosmos, die ihrerseits alle Nahrung, Unterstützung und Hilfe bereitstellt, die wir als Individuum brauchen, um unser kosmisches Schicksal zu erfüllen. Damit stellt sich die Frage: Wie kommt es dann, dass wir so aus dieser harmonischen Situation herausgefallen sind, dass wir uns in gefährlichem Ausmaß von uns selbst und unserem kosmischen Ursprung entfremdet haben? Das I Ging gibt uns einen Hinweis auf die Ursache, indem es herausstellt, wie wichtig es ist, dass unsere Worte Substanz haben; nur dann hat unser Leben Dauer (siehe Hexagramm 37, *Die Familie*). Damit die Worte Substanz haben, müssen sie auf unseren wahren Gefühlen beruhen. Diese wiederum verbinden uns mit unserer inneren Wahrheit/DNA, die mit der kosmischen Wahrheit identisch ist.

Die Gabe der Sprache an den Menschen

Wie im letzten Kapitel erwähnt, ist die Gabe der Sprache an den Menschen als Teil des Kosmischen Plans der Evolution zu sehen. Die Rolle, die dem Menschen darin zu spielen bestimmt ist, besteht darin, die kosmischen Wahrheiten in verbaler Sprache auszudrücken. Wenn die Namen, die wir den Dingen geben, deren wahre Natur zum Ausdruck bringen, dann bringen sie uns und den Dingen, die sich erkannt fühlen, Freude. Leiden und Zerstörung sind dagegen die Folgen, wenn wir den Dingen Namen geben, die ihre Natur verleumden oder gar verteufeln.

Der häufige Mißbrauch von Sprache ist ein Indiz dafür, dass die Menschheit noch sehr unerfahren im Gebrauch dieser wunderbaren Gabe ist. Dieser Mißbrauch ist kein Verbrechen, solange wir bereit sind, aus den negativen Folgen zu lernen und unseren Sprachgebrauch zu berichtigen. Dass wir beim Gebrauch einer neuen Gabe Fehler machen, ist dem Laufenlernen eines Kindes vergleichbar – Ungelenkheit und Hinfallen sind Teil des Lernprozesses. Wenn wir lernen wollen, unsere Sprache so zu gebrauchen, dass sie Freude bringt, dann gehört dazu, dass wir Wörter, die Schaden und Leiden verursachen, eliminieren. Unser Erdenleben ist ein ständiger Lernprozeß, die Worte zu finden, die kosmische Wahrheiten ausdrücken, und solche Worte auszusondern, die von dem abweichen, was wir gefühlsmäßig durch unsere tiefste innere Wahrheit als wahr erkannt haben. Der Kosmos, so heißt es im I Ging, gibt uns bei diesem Lernprozeß seine volle Unterstützung. Tatsächlich ist ja das I Ging, wenn wir es als Orakel benutzen, ein Geschenk des Kosmos, um uns durch Sprache das zu vermitteln, was als gefühltes Wissen in unserer inneren Wahrheit gespeichert ist.

Wenn wir uns bewußt machen, welche Fülle an kosmischen Besitztümern unsere wahre Natur besitzt, können wir auch erkennen, in welchem Ausmaß Sprache dazu mißbraucht worden ist, diese Besitztümer vor uns zu verbergen. Behauptungen, wir seien mit Fehlern und Sünde behaftet geboren, das Leben sei ein Kampf und es gebe für uns keine Hilfe außer der, die wir von unserer Familie und der Gesellschaft erhalten, sind Beispiele für den irreführenden Gebrauch der Sprache, mit der wir aufwachsen. Wir werden im Folgenden zeigen, wie uns der Mißbrauch dieser Gabe über nahezu jeden Aspekt unseres Lebens getäuscht hat, und zwar einfach durch das Erfinden einiger weniger unwahrer Wörter.

Die unwahren Wörter, die das kollektive Ego erschaffen haben

Wir benutzen den Begriff "kollektives Ego" für die Gesamtheit aller fehlgeleiteten Ideen und Glaubensvorstellungen einer bestimmten Kultur, die sich über die Jahrhunderte herausgebildet und von Generation zu Generation weitergegeben wurden und die jedem ihrer Mitglieder ein individuelles Ego aufpfropfen. Die Gesamtheit dieser Ideen und Glaubensvorstellungen, die man mit einem Baum mit vielen Zweigen und Blättern vergleichen kann, hat ihren Ursprung in wenige in falschen Keimen – Wörtern, von denen der Stamm sowie alle Zweige und Blätter abgeleitet sind.

Wenn wir von unwahren Wörtern sprechen, dann meinen wir damit Wörter, die die Kosmischen Harmonieprinzipien verletzen. Wir erkennen sie an dem negativen Gefühl, das sie in uns erzeugen.

Wörter, die keine tiefe positive Resonanz in uns hervorrufen, sind Erfindungen eines menschlichen Geistes, der sich von unserer inneren Wahrheit als der Quelle aller Erkenntnis abgewandt hat.

Das Wort “etwas Besonderes”

Der Weise hat uns gelehrt, dass der erste Schritt in die Trennung unseres Denkens von unseren wahren Gefühlen mit der Erfindung des Begriffs der “Besonderheit” gemacht wurde. Der menschliche Geist hat diesen Begriff erfunden, um uns Menschen von der übrigen Natur zu unterscheiden. Anstatt die Gabe der verbalen Sprache und des Denkens als “einzigartig” zu bezeichnen, womit die Anerkenntnis einhergeht, dass jede Spezies einzigartige Gaben besitzt, wurde der Begriff des “Besonderen” eingeführt. Die Überheblichkeit, die mit diesem Begriff einhergeht, hat uns Menschen den Blick auf den Kosmos als die Quelle dieser Gabe verstellt. Bei der Betrachtung der anderen, weiter unten beschriebenen unwahren Wörter wird deutlich werden, dass die überhebliche Haltung eine illusionäre Parallelwirklichkeit erschaffen hat, die mit der kosmischen Wirklichkeit konkurriert. Diese Parallelwirklichkeit hat uns Menschen immer mehr vom Kosmos getrennt. Vor dem Gebrauch des Begriffs der Besonderheit lebten die Menschen in einer positiven Symbiose mit der Natur und dem unsichtbaren Kosmischen Bewußtsein.

Der Begriff der Besonderheit verletzt die *Kosmischen Harmonieprinzipien der Gleichwertigkeit und Einzigartigkeit* jedes Aspekts des Kosmos. Wir können den Unterschied zwischen “besonders” und “einzigartig” fühlen: Während das Wort “besonders” uns ein Gefühl von Überlegenheit, Privileg und “besser sein als” gibt, verleiht das Wort “einzigartig” allen Dingen ihre Würde und stellt klar, dass kein Ding mit einem anderen vergleichbar ist. Die einzigartige Gabe, die jedes Ding besitzt, hat den Zweck, jedem seinen Beitrag zum Kosmischen Plan der Evolution zu ermöglichen.

Das Wort “Macht”

Das nächste unwahre Wort entstand als Folge der Trennung der Menschen vom Kosmos und seinen Myriaden helfender Kräfte, die sie im wahrsten Sinne des Wortes der Hilflosigkeit preisgab. Aus ihrer Hilflosigkeit heraus begannen die Menschen, Gewalt anzuwenden. So entstand die fehlgeleitete Idee, *Der Gebrauch von Macht* sei notwendig, um im Leben erfolgreich zu sein. Diese

Idee verband sich dann mit vielen weiteren Konzepten wie zum Beispiel dem Konzept einer hierarchischen Ordnung, die sich durch Beherrschung und Kontrolle aufrecht erhält. Diese wiederum bildete die Grundlage für die Entstehung von Konflikten, die die Hauptquelle der Energiezufuhr des kollektiven Egos bilden. Das I Ging stellt klar, dass jeder Gebrauch von Macht den Kosmischen Harmonieprinzipien widerspricht und daher ein widriges Schicksal erzeugt. Die Geschichte beweist diese Tatsache immer wieder aufs Neue. In der kosmischen Ordnung kommen Dinge ausschließlich durch das *Prinzip der Anziehung* zustande (vgl. Hexagramm 34, *Der Gebrauch von Macht*).

Es war der Geist, der von den Menschen als etwas Besonderes und als dazu ausersehen, Macht zu gebrauchen, gesehen wurde. Und weil dies so war, wurde dem überlegenen Geist auch die Kontrolle über den Körper zugesprochen.

Das Wort "böse"

Das Wort "böse" bezeichnet alles, was sich entweder dagegen auflehnte, beherrscht zu werden, oder als negative Folge aus dem Gebrauch der oben genannten unwahren Wörter entstand. Durch die Einführung des Wortes "böse" erhielt das Wort "gut" eine neue Bedeutung: Es bezog sich nicht mehr auf die wahre Natur des Menschen und alles, was mit dem Kosmos im Einklang ist, sondern auf das, was mit dem System menschlicher Beherrschung und Überlegenheit konform geht.

Die Wörter "schuldig" bzw. "Schuldiger"

Das Wort "schuldig" wurde erfunden, um unsere wahre Natur zu verurteilen, die dem Tierreich angehört. Dies läßt sich so erklären: Da unser wahres Selbst mit unserer inneren Wahrheit verbunden ist, weiß es, dass die vom kollektiven Ego errichtete hierarchische Ordnung unwahr und prätentiös ist und dass jede Konformität mit dieser falschen Ordnung unser Grundbedürfnis nach Erfüllung unseres kosmischen Schicksals unterdrückt. Dieses Wissen unseres wahren Selbst ist für das kollektive Ego die Bedrohung schlechthin. Um es einzuschüchtern und unter Kontrolle zu halten, erfand das kollektive Ego die Wörter "schuldig" und "der Schuldige". Damit diffamiert es unsere innere Wahrheit und unser wahres Selbst als von Natur aus schuldig (oder "sündig", je nach kulturell geprägtem

Sprachgebrauch). Indem das kollektive Ego unsere Tiernatur als von Anfang an schuldig hinstellte, konnte es seine Urheberschaft für alle Abweichungen von unserer wahren Natur leicht verbergen.

Die Folge dieser Verleumdungen und Sprachtricks ist, dass wir eine höllische Angst davor entwickelt haben, uns schuldig zu machen und einfach wir selbst zu sein. Dies kommt daher, dass der Begriff des Schuldigseins das Bild eines unauslöschlichen Flecks auf unserer Natur enthält. Ein solches Bild widerspricht völlig dem kosmischen Schuldprinzip: Danach machen wir uns schuldig, wenn wir gegen unsere wahre Natur handeln. Unsere kosmische Schuld wird aber automatisch gelöscht, wenn wir unseren Fehler erkannt und bereut haben. Der Kosmos will nicht, dass wir stecken bleiben, wenn wir einen Fehler gemacht haben, weshalb er unsere Natur mit den nötigen Mitteln ausgestattet hat, unser Denken zu berichtigen.

Die Idee, wir seien aufgrund unserer bloßen Existenz schuldig, hat sich für die Unterdrückung unserer wahren Natur als außerordentlich wirksam erwiesen. Die Drohung, schuldig zu werden, wenn wir den Wunsch haben, zu unserer wahren Natur zurückzukehren, dient dem kollektiven Ego zur Aufrechterhaltung der Kontrolle über uns. Doch kann diese Drohung nur solange ihre Wirkung tun, wie wir diese Unwahrheiten als wahr akzeptieren. Der Druck seitens des kollektiven Egos, das, was wir als wahr fühlen, zu leugnen, wird noch durch die Drohung verstärkt, aus der Gesellschaft ausgestoßen zu werden, wenn wir uns ihren Werten nicht anpassen beziehungsweise unterwerfen.

Das Wort "Schuldiger" bezeichnet die Person oder Sache, auf die Schuld projiziert wird. Auch dieses Wort ist mit den verschiedensten Drohungen verbunden: für immer auf die unterste Stufe der gesellschaftlichen Hierarchie verbannt zu werden, in unseren Möglichkeiten eingeschränkt zu werden, von Gegnern verfolgt und von den Hütern der gesellschaftlichen Ordnung überwacht zu werden und ständigem Verdacht ausgesetzt zu sein.

Die Erschaffung einer hierarchischen Gesellschaftsordnung

Es ist bemerkenswert, dass, nachdem die Menschen sich zunächst als Spezies insgesamt für etwas Besonderes erklärt hatten, sich bestimmte Menschen als noch "besonderer" als andere definiert haben. Dies hat zu jener hierarchischen Strukturierung der Gesellschaft geführt, die unauflöslich mit Herrschaftsausübung einerseits und Unterwürfigkeit andererseits verbunden ist. Da

Ungleichheit zu Konflikten führt, wurde die Kontrolle durch Wenige mit dem Argument gerechtfertigt, dieses System sorge für Frieden und Ordnung. Daran läßt sich erkennen, wie das Erfinden des Begriffs der Besonderheit die Grundlage für die Entwicklung einer falschen Gesellschaftsordnung legte, die dann mit Hilfe einer Unzahl weiterer unwahrer Wörter und Erklärungen ein Denken erschuf, das wegen seiner Illogik Abwehrmechanismen erschuf und damit zu jenem sich selbst regulierenden Denken wurde, das wir als das kollektive Ego bezeichnen.

Die Vorherrschaft seiner Illogik hat sich so in den Köpfen der meisten Menschen etabliert, dass sie sie für die natürliche Ordnung der Sprache halten. Doch begann die Erschaffung hierarchischer Systeme erst relativ spät in der Geschichte der Menschheit, als bestimmte Klans die Vorherrschaft über andere zu erringen suchten. Wie uns der Weise versicherte, haben hierarchische Gesellschaftsstrukturen erst seit etwa 4000 Jahren die Erde beherrscht. Obwohl die Zahl der Kaiser und Könige in der jüngeren Vergangenheit abgenommen hat, haben die hierarchischen Strukturen in den heutigen Oligarchien und Demokratien überlebt. Auch wenn sich die Titel geändert haben mögen, sehen wir, wohin auch immer wir blicken, hierarchische Strukturen: in unseren Schulen, Universitäten, im Rechtssystem und in Konzernen ebenso wie in unseren kulturellen, religiösen, wissenschaftlichen und sozialen Einrichtungen.

Das Begriffspaar "Rechte und Pflichten"

Eine Gesellschaftsordnung, die so grundlegend gegen die Natur der Menschen verstößt und ihnen ihre spontane Bereitschaft zur Zusammenarbeit nimmt, muss sich weitere unwahre Begriffe ausdenken, um das Funktionieren des Systems sicherzustellen. Das Erfinden des Begriffs der Rechte und Pflichten hat eine scheinbare Gerechtigkeit hergestellt, die aus einer angeblich "höheren" Ordnung abgeleitet ist: die Rechte und Pflichten des Einzelnen richten sich nach seinem Status in der gesellschaftlichen Ordnung; gehört er zu den Herrschenden, dann hat er Vorrechte, aber auch bestimmte Pflichten gegenüber den niederen Schichten, die diesen das Überleben ermöglichen sollen. Den niederen Schichten werden überwiegend Pflichten aufgebürdet, die wie eiserne Gebote zu erfüllen sind. Mit der Einführung des Demokratiegedankens ist zwar die rechtliche Leibeigenschaft abgeschafft worden, nicht aber das Denken in Rechten und Pflichten. Die innere Leibeigenschaft, die nach wie vor gegenüber dem kollektiven Ego besteht, unter-drückt unser wahres Selbst wie eh und je.

Die Wirkung der fünf Wörter auf das Individuum

Zunächst einmal gilt es, uns klarzumachen, dass Wörter wie "etwas Besonderes" automatisch ihr Gegenteil erzeugen – "nichts Besonders". Dieser Umstand ist äußerst relevant, weil die Idee, nichts Besonderes zu sein, den grundlegenden Zweifel daran, dass Güte und Ganzheit unserer Natur immanent sind, in die Welt gesetzt hat. Seitdem hat dieser Selbstzweifel die Menschheit geplagt. Er ist so sehr Teil unseres alltäglichen Sprachgebrauchs geworden, dass die Psyche jedes Individuums ihn im frühesten Kindesalter absorbiert. Die Folge ist, dass wir alle glauben: "So wie wir beschaffen sind, sind wir nicht besonders genug." So wachsen wir heran mit der Idee, wir seien nicht klug oder nicht brillant genug, unser Platz in der Gesellschaft sei nicht wichtig genug, wir seien nicht reich genug und so weiter. Unsere frühkindliche Konditionierung läßt uns nach draußen in die Welt schauen, um zu sehen, ob wir als jemand Besonderes gesehen werden; wir lernen, unseren Wert an der Anerkennung zu messen, die uns von außen entgegengebracht wird. Unterschwellig bewegt uns die ständige Sorge, wir könnten am Ende doch "ein Nichts" sein.

Wir wachsen auf in dem Glauben, der einzige Ausweg aus unserer "natürlichen" Minderwertigkeit bestehe darin, unserem Verstand die Aufgabe zu übertragen, etwas zu finden, das uns besonders macht. Abgeschnitten von der Führung durch unsere innere Wahrheit wird unser Verstand damit vor eine Aufgabe gestellt, die es vor der Erfindung des Begriffes "etwas Besonderes" nie gab. Da dieses Wort keine Substanz hat, ist, bei genauerer Betrachtung, auch das Ziel eine Illusion. Das Verfolgen einer Illusion führt unweigerlich zu einem Punkt, an dem unser Wille streikt und wir krank werden – sei es körperlich, geistig und/oder emotional. Das Versagen kann sich auch im Zusammenbruch unseres Willens oder in der Auflehnung gegen jenes System äußern, das die Idee vertritt, wir müßten etwas Besonderes werden. Und weil wir so konditioniert sind, an die Überlegenheit des Verstandes zu glauben, schenken wir dem Mißbrauch von Sprache als der möglichen Ursache unseres Scheiterns die geringste Beachtung.

Unser Versagen hat seinen Grund darin, dass unserem Verstand die Aufgabe übertragen wurde, unsere Persönlichkeit zu managen, eine

Aufgabe, die er unmöglich erfüllen kann und die ihm auch niemals zu erfüllen bestimmt war. Durch das Erheben unseres Verstandes über unseren Körper wurde er von seinen wichtigsten Ressourcen getrennt, die in der Weisheit unseres Körpers liegen; darüber hinaus verursacht die arrogante Haltung unseres Verstandes einen nicht zu unterschätzenden inneren Konflikt und Wut im Körper über die Beherrschung durch den Verstand. Leider wird diese Wut aus Angst, vom kollektiven Ego für schuldig befunden zu werden, rasch in eine Kammer in unserer Psyche gesperrt, wo die Wutenergie ihrem ursprünglichen Zweck entfremdet und vom Ego dazu benutzt wird, seine ehrgeizigen Ziele zu verwirklichen.

Wenn wir uns den Ausdruck "nicht besonders genug" anschauen, dann fällt auf, dass "genug" eine undefinierbare Menge ist. Wieviel ist genug, wenn wir uns an einem nicht definierbaren Maßstab von Perfektion messen? Außerdem müssen wir uns fragen: "Genug von was?" Wegen seines Mangels an Definierbarkeit wird der abstrakte Maßstab zu einem nie erreichbaren Zuckerbrot. Mit solchen Tricks verführt uns das kollektive Ego zu ständiger Anstrengung. Nie können wir gut genug sein, ob als Eltern, Kinder, Lehrer, Angestellte und so weiter.

Außerdem verursacht dieser Mangel an Definition im Körper einen Dauerstress, weil der Körper Worte anders hört als der Verstand. Das Bild des "Nicht-besonders-genug-Seins" erzeugt ein Loch im Zentrum unseres Seins, das unserem Körper das Gefühl der Hoffnungslosigkeit gibt. Ganz anders unser Verstand: Er nimmt dieselben Worte als Herausforderung, sich auszumalen, wie wir "besonders genug" werden können.

Wir fühlen das Loch des "Nicht-besonders-genug-Seins" entweder in der Mitte unserer Brust oder knapp unter dem Nabel. Dieses Loch erinnert uns ständig an unser Ungenügendsein und wird zur treibenden Kraft ,"etwas zu werden". Einige Menschen treibt es dazu, die Vollkommenheit ihres Verstandes anzustreben, indem sie Wissen ansammeln; wieder andere, die keine Aussicht darauf haben, etwas Besonderes zu werden, treibt es dazu, sich in sinnlose Vergnügungen zu stürzen oder Drogen, Alkohol und ähnliches zu konsumieren. Alle Süchte haben ihre letztendliche Ursache in diesem Loch, das nur von innen gefüllt werden kann, indem wir uns von dem unwahren Satz "So wie der Mensch beschaffen ist, ist er nicht besonders genug," befreien.

Das kollektive Ego ist ein System, das seine Existenz einzig und allein darauf gründet, dass wir als Individuum den unwahren Wörtern Gültigkeit zusprechen. Nur wenn wir dies tun, führen wir dem kollektiven Ego die Energie zu, die es braucht, um sich am Leben zu erhalten. Damit wir es tun, propft es einen Abdruck seines Denkens jedem einzelnen von uns im frühesten Kindesalter auf. Dieses Denken soll unsere innere Wahrheit ersetzen. Was uns damit aufgepfropft wird, werden wir im folgenden "das individuelle Ego" nennen.

Auf der Suche, etwas Besonderes zu werden

Wie oben dargelegt, verlangt die Denkweise des individuellen Egos, dass wir danach streben, etwas zu werden, das uns besonders genug macht. Dies erfordert, dass wir unsere Position ständig mit der anderer vergleichen. So entsteht automatisch ein Wettbewerbsdenken, das unweigerlich zu Konflikten führt. Oberflächlich betrachtet mag es so aussehen, als habe das kollektive Ego Gesetze und Regeln geschaffen, die sicherstellen sollen, dass der Wettbewerb fair ausgetragen wird. Doch genauer betrachtet ist jeder Wettbewerb ein Kampf, bei dem es um Sieg oder Niederlage geht.

Um seine unaufhörlichen Konflikte fortzusetzen und zu rechtfertigen, hat das kollektive Ego im Laufe der Jahrhunderte eine Enzyklopädie von Mythen über die Natur des Menschen, die Natur des Kosmos und den Platz des Menschen darin erschaffen. An erster Stelle steht dabei der Mythos vom "Helden".

Der Held ist einer, der auf der Seite des Guten kämpft, wobei als gut definiert ist, was der Verteidigung der Werte des kollektiven Egos dient. Seit frühesten Zeiten ist der Akt des Kämpfens unauflöslich mit dem Begriff des Helden und dem Bild von Ruhm und Ehre verbunden. Im erweiterten Sinne ist der Begriff des Kampfes auch auf sportliche Wettbewerbe ausgedehnt worden, bei denen der Sieger als "überlegen" angesehen wird. Im Krieg gilt der Kampf in der Regel dem, was als böse definiert ist, sei es ein gegnerischer Klan, eine Rasse, Religion, Nation oder eine fremde Kultur. Die höchsten Ehren für Heldentaten werden gewöhnlich denen zuteil, die ihr Leben dafür einsetzen, die eigene Gesellschaftsordnung vom drohenden Bösen zu befreien. Menschen, die als Helden verehrt werden wollen, brauchen etwas, das sie bekämpfen können. Und so halten sie ständig Ausschau nach etwas, das sie ihren Feind nennen können.

Die Paranoia, die das Ergebnis dieser Denkweise ist, führt auf direktem Wege zum Krieg. Ein Beispiel dafür ist die militärische Aufrüstung, die unternommen wird, sobald potentielle Feinde sich einbilden, der Gegner habe sich einen militärischen Vorteil verschafft. Die Paranoia kann noch zusätzlich vom Streben nach finanziellem Gewinn aus dem Geschäft des Krieges angeheizt werden oder auch von dem Bestreben, einer anderen Kultur den eigenen Glauben aufzuzwingen, den man für überlegen hält.

In seinem Bestreben, als der über alle Zweifel erhabene Held gesehen zu werden, hat unser Verstand auch die menschliche Tiernatur verteufelt. Der daraus entstandene innere Konflikt ist für unsere Natur so unaushaltbar, dass wir den inneren Zwang verspüren, das angeblich Böse auf andere zu projizieren, die wir dann bekämpfen. Unterstützt wird dieser Prozeß von dem Wunsch, in den Augen des Kollektivs als "gut" gesehen zu werden. Die große Bedeutung, die es hat, in den Augen anderer als gut und als etwas Besonderes gesehen zu werden, führt mit der Zeit dazu, dass wir uns ein *Selbstbild* zulegen, das diese Eigenschaften zum Ausdruck bringt.

Die langfristige Wirkung der fünf Wörter

Mit Hilfe der hier beschriebenen fünf Wörter hat sich das kollektive Ego über Generationen hinweg am Leben erhalten können. Der Grund dafür war, dass jede Generation dank des Gebrauchs dieser Wörter psychisch so eingeschüchtert war, dass sie die falschen Werte an ihre Kinder weitergeben hat. Die genannten Wörter jagen den Eltern eine höllische Angst ein, als Eltern zu versagen, wenn sie ihre Kinder nicht "richtig" erziehen, damit sie im System erfolgreich sind.

Das Hauptmerkmal der Denkweise des kollektiven Egos ist seine Menschenzentriertheit beziehungsweise Egozentrik. Um die Sichtweise aufrechtzuerhalten, alles drehe sich um den Menschen, wurde nicht nur die Natur des Menschen, sondern die des ganzen Kosmos umdefiniert. So täuscht uns die Sprache über unseren wahren Platz im Kosmos und darüber hinweg, was es heißt, im Einklang mit dem Kosmos zu leben. Dabei gilt es, uns immer wieder klar zu machen, dass das kollektive Ego, trotz seines Anspruchs, alles zu beherrschen, keinerlei eigene Energie besitzt. Es bezieht seinen gesamten Energiebedarf aus dem Glauben der Menschen an die unwahren Worte und Begriffe und aus den ständigen Konflikten, die sie erzeugen.

Unsere Erfahrung, dass wir Frieden und Harmonie erleben, wenn wir mit unserer wahren Natur verbunden sind, zeigt uns, dass keine der Behauptungen des kollektiven Egos wahr ist. Wir können uns mit unserer wahren Natur wiederverbinden, indem wir diesen fünf Wörtern und der falschen Wirklichkeit, die sie erschaffen haben, ihre Gültigkeit absprechen. Wenn wir diesem Kurs folgen, stellen wir uns unter den Schutz des Kosmos und erfahren seine Hilfe, um dem kollektiven Ego seine Kontrollmacht über uns zu nehmen.

Kapitel 5

Der Kaiser und seine Feudalherren

Die Entwicklung des individuellen Egos

Wie das letzte Kapitel gezeigt hat, verdankt das kollektive Ego seine ganze Existenz der Erfindung weniger unwahrer Wörter. Mit Hilfe dieser Wörter haben die Menschen eine gesellschaftliche Ordnung geschaffen, die nicht nur außerhalb der kosmischen Ordnung angesiedelt ist, sondern diese sogar zu ersetzen sucht! Da der Kosmos keine Beziehung zu dem, was seiner harmonischen Ordnung schaden könnte, unterhält, ist das kollektive Ego vom Strom der kosmischen Energie ausgeschlossen. Um seinen Energiebedarf zu decken, ist es daher völlig auf jeden einzelnen Menschen angewiesen, das heißt, es ist davon abhängig, dass die Menschen an seine Ordnung glauben und die Ideen unterstützen, auf denen sie errichtet wurde.

Wie stellt es das kollektive Ego an, die Menschen dazu zu bringen, seine Ideen zu unterstützen? Es benutzt genau die Wörter und Ideen, die sein hierarchisches System erschaffen haben, um damit unser wahres Selbst einzuschüchtern, während es noch zu klein ist, diesen Versuchen standzuhalten. Unter dem Druck dieser Einschüchterungsversuche tritt unser wahres Selbst zur Seite und ermöglicht damit, dass sich das "Kind" des kollektiven Egos an seiner Stelle entwickelt. Dieses Kind ist das *individuelle Ego*.

Die Installierung des Sprachprogramms des kollektiven Egos im Kleinkind

Das kollektive Ego beginnt seine Übernahme der Kontrolle über unsere wahre Natur mit der Installierung des *grundlegenden Zweifels an unserem angeborenen Wert und unserer Ganzheit.* Dieser Zweifel wird in unserer Psyche gespeichert. Er ist das Ergebnis der unausgesprochenen Behauptung: "So wie du beschaffen bist, bist du nicht *besonders* genug." Dieser Zweifel wird, wie gesagt, nicht in Form von tatsächlich gesprochenen Worten zum Ausdruck gebracht, sondern er ergibt sich als eine kaum bewusste Schlussfolgerung, die wir als Kleinkinder gezogen haben, als uns das Gefühl gegeben wurde, wir müssten "etwas werden", um die Liebe oder Anerkennung unserer Eltern zu gewinnen. Oft dämmert es uns erst viel später im Leben, wenn wir um unserer selbst willen geliebt werden wollen, dass wir unter diesem Selbstzweifel, nicht *besonders* genug zu sein, leiden.

Beim sogenannten Erziehungstraining, das etwa im Alter von vier Monaten beginnt, wird normalerweise das Gewähren oder Verweigern von Anerkennung als das Hauptmittel seitens der Eltern benutzt. Solange es dabei um Dinge geht, die wir *tun oder nicht tun sollen*, verstehen wir, worum es geht, und sind, selbst im jungen Alter, bereit, zu kooperieren. Wird jedoch die Anerkennung beziehungsweise deren Verweigerung mit der Frage verbunden, *wer wir sind*, dann entstehen Zweifel an unserem angeborenen Wert und an unserer Ganzheit. Die Eltern sind gewöhnlich der Ansicht, sie müssten ihre Kinder darauf vorbereiten, in der "realen Welt", wie sie es nennen, zu leben. Dabei ist ihnen nicht bewusst, dass sie dieselben fehlgeleiteten Ideen und falschen Werte an ihre Kinder weitergeben, mit denen sie selbst aufgewachsen sind. Danach genügt es nicht, dass ein Kind einfach es selbst ist, nein, es muss diese oder jene Sorte von Mensch werden, und um dieses Ziel zu erreichen, werden ihm Verhaltensregeln beigebracht, die ihm sein Denken, Tun und Fühlen vorschreiben – entweder in Form von Regeln ("du solltest") oder von Geboten ("du musst"). Hin- und hergerissen zwischen seinen wahren Gefühlen und dem Druck, den seine Eltern oder Erzieher ausüben, beginnt das Kind, seine wahren Gefühle zu unterdrücken, um in der Welt akzeptiert zu werden.

Der Druck, etwas Besonderes zu werden

Da es der Natur des Kindes widerstrebt, Selbstbilder zu entwickeln, paßt sich das Kind zunächst an, indem es *vorgibt*, dem Bild zu entsprechen, das seine Eltern oder Erzieher sehen wollen. Es tut so, als sei es und das Bild ein und dasselbe. Dieses So-tun-als-ob kann mehrere Jahre lang funktionieren, immer unter dem strengen Blick der Erwachsenen, die darüber wachen, dass das Kind nicht von diesem Bild abweicht. Doch mit der Zeit vergißt das Kind, dass es nur so tut als ob; es beginnt daran zu glauben, es sei das, was es bisher lediglich vorgegeben hatte zu sein. Wenn es vergißt, wer es wirklich ist, wird seine wahre Natur unterdrückt und resigniert; dann übernimmt das Selbstbild die Führung und spricht in der Persönlichkeit als "Ich". Dieses falsche Selbst, das die Führung übernommen hat, ist das individuelle Ego.

Und als der König fragte: “Und was willst Du, Colombin, einmal werden?” antwortete sie: “Ich will gar nichts werden. Ich bin schon was, ich bin Colombin.”

Zur gleichen Zeit wie dieses Erziehungstraining stattfindet, wird der Begriff “Gut und Böse” und der Schuldbegriff eingeführt. Gutsein wird als das Ideal im Sinne von “rein von Schuld sein” hingestellt. Doch wird uns bereits als Kindern aus der konkreten Erfahrung klar, dass die Kriterien von Gut und Böse nicht immer unserem natürlichen Moralempfinden entsprechen. Dies führt zu einer inneren Verwirrung, die wir angesichts unseres jungen Alters nicht lösen können. Infolgedessen unterdrücken wir den inneren Konflikt, um dem zu entsprechen, was von den Erwachsenen, zu denen wir aufblicken, verlangt wird. Wenn wir erleben, dass bestimmte Ereignisse, die mit den Worten “böse” oder “Schuld” verbunden sind, harte Urteile bei unseren Eltern, Lehrern oder bei der Gesellschaft auslösen, dann beginnen wir, nach allem in uns Ausschau zu halten, das zu solchen Verurteilungen Anlaß geben könnte. Der Gebrauch dieser Worte läßt uns daran zweifeln, dass unsere Natur vollständig gut ist, und spaltet uns in zwei Teile.

Wie wir uns selbst verlieren

Während wir in der Welt des kollektiven Egos aufwachsen, wird uns schon bald klar, dass die Ideale, die uns als Kindern gepredigt wurden, was es heißt, gut genug oder besonders genug zu sein, nicht in dieser reinen Form gelten. Wir erleben zum Beispiel, wie andere Menschen, die eine hohe gesellschaftliche Stellung, Macht oder Wohlstand erreicht haben, einerseits als etwas Besonderes hingestellt werden, während ihnen gleichzeitig Skrupellosigkeit vorgeworfen wird oder sie darum beneidet werden, dass sie mit Verhaltensweisen, die diesen Idealen keineswegs entsprechen, davonkommen. In solchen Fällen erleben wir die Ideale als widersprüchlich. Wir können auch erleben, wie unsere Lehrer uns bisweilen bezichtigen, dass wir den Idealen, die sie uns selbst gepredigt haben, "zu sehr" oder "zu idealistisch" folgen. Man kann sie sagen hören: "Du musst nicht jedes Wort (damit meinen sie genau die Worte, die sie gepredigt haben) auf die Goldwaage legen." Die Folge ist Verwirrung. Wenn diese Verwirrung nicht im Licht unserer inneren Wahrheit aufgelöst wird, dann kann sie dazu führen, dass wir allmählich das Gefühl dafür verlieren, was recht und was unrecht ist. Um dieser ständigen Verwirrung zu entgehen, treffen wir entweder die Wahl, uns die verwirrende Moral zu eigen zu machen, oder moralisches Verhalten (einschließlich unserer natürlichen Moralität) ganz aus dem Fenster werfen. Im ersten Fall werden wir autoritätsgläubig, im zweiten entwickeln wir Zynismus, der sich in der Gier nach Besitz und Macht und unverhohlen egoistischem Verhalten äußern kann.

Der Weg, der zum Verlust unseres Gefühls dafür, wer wir sind, führt, beginnt mit der Installierung des "Kindes des kollektiven Egos" in uns. Er beginnt auf zweierlei Weise: einerseits durch Kultivierung der Idee, wir seien etwas Besonderes und Besseres, und andererseits durch die direkt oder indirekt ausgesprochene Behauptung, wir seien weniger besonders als andere. Selbst wenn uns gesagt wird, wir seien etwas Besonderes, stellen sich doch Zweifel ein, wenn wir erleben, wie andere Kinder in unserer nächsten Umgebung bevorzugt werden. Was macht sie mehr besonders als wir es sind? Kinder, die mit einem weniger guten Aussehen oder mit einem etwas abweichenden körperlichen Zug geboren sind, bekommen sofort das

Gefühl, anderen nicht nur nicht gleichgestellt zu sein, sondern dieses Ziel auch niemals erreichen zu können. Der Gebrauch des Begriffs "etwas Besonderes sein" erzeugt psychologisches Unheil, weil er keine kosmische Grundlage besitzt. Niemand ist etwas Besonderes. Jede und jeder ist einzigartig. Außerdem impliziert das Wort "besonders", dass wir im Vergleich zu anderen entweder über- oder unterlegen sind. Auch die Identifikation mit Begriffen wie "überlegen" oder "unterlegen" erzeugt Schäden in der Psyche.

Die Idee, wir seien nicht besonders oder nicht gut genug, verleugnet, was wir tief in unserem Inneren über die Gleichwertigkeit aller Dinge im Kosmos und über die Güte unserer wahren Natur wissen. Der Begriff "etwas Besonderes" erzeugt nicht nur endlose Fantasien über vermeintliche Ungleichheit und Unzulänglichkeit, sondern erzeugt auch eine Welt, die in Gut und Böse geteilt ist. Alle Störungen des menschlichen Verhaltens entspringen dem grundlegenden Zweifel daran, dass Güte und Ganzheit unserer Natur immanent sind.

Der Schaden, der durch die Einführung von Begriffen, die keine Grundlage im Kosmos haben, in unserer Psyche entsteht, läßt sich so beschreiben: Der falsche Begriff widerspricht unserer inneren Wahrheit, was die betreffende Angelegenheit angeht, und hinterläßt ein Gefühl der Verwirrung in uns. Die Folge davon ist, dass wir unsere innere Wahrheit in Bezug auf die betreffende Sache zum Schweigen bringen aus Angst davor, uns schuldig zu machen, wenn wir widersprechen. Je mehr wir unsere innere Wahrheit durch das Akzeptieren falscher Begriffe zum Schweigen bringen, desto mehr Kontrolle gewinnt das Ego über unsere Persönlichkeit.

Die Zweifel, die wir bezüglich unseres immanenten Wertes entwickeln und die die Angst in uns wachhalten, als ein Niemand, als böse oder als Außenseiter von der Gruppe gesehen zu werden, zu der wir gehören (Familie, Klan, Staat, Kultur, Religion), bewirken, dass wir alles dafür tun, um vom kollektiven Ego (der Gruppe) die Bestätigung zu bekommen, dass wir jemand sind; dabei ist das Wort "jemand" gleichbedeutend mit "etwas Besonderes" und "zugehörig" sein. Unsere Selbstzweifel treiben uns auch dazu, als "frei vom Bösen" und "frei von Schuld" gesehen werden zu wollen. Im Teenager-Alter treiben uns diese verinnerlichten Selbstzweifel dazu, das idealisierte Bild des Helden erfüllen zu wollen, sei es, dass wir "die Welt verbessern" oder "die Menschheit, die Natur oder unser Land aus den Fängen des Bösen retten" wollen. Das kollektive Ego, dem wir angehören, fungiert sowohl als die Autorität, die die Vorbilder für die verschiedenen Heldentypen definiert, als auch als die Autorität, die uns die erstrebte Anerkennung gewährt, wenn wir die Rolle erfüllen. Mit dem Eintritt ins Erwachsenenalter werden wir gedrängt, andere Rollen, die die Gesellschaft für uns bereithält, zu übernehmen: die Rolle des guten Ehemanns oder Vaters, der guten Mutter, des guten Bürgers und so weiter. Gefangen im Streben nach gesellschaftlicher Anerkennung übersehen wir, dass alle Rollen und Selbstbilder Fiktionen sind, die wir uns wie ein Bühnenkostüm angezogen haben. Leider übersehen wir dabei, dass alle unsere kosmischen Tugenden zum Ausdruck kommen würden, wenn wir im Einklang mit unserer inneren Wahrheit leben würden, und zwar nicht, weil wir jemand *sein wollen*, sondern weil sie ein Ausdruck unserer wahren Natur sind.

Die Funktionsweise des Egos in unserer Psyche

Die Selbstbilder, aus denen das individuelle Ego besteht, sind solange in der Unterdrückung des natürlichen Führers unserer Persönlichkeit (unseres wahren Selbst) erfolgreich, wie wir mit ganzer Kraft an sie glauben. Dazu gehört, dass wir die gesellschaftlichen Spielchen spielen, die uns angeblich den erstrebenswerten Er-folg bringen. Zur Belohung zollen uns andere im System ihre Anerkennung dafür, wie tugendhaft, gut, selbstlos, zuverlässig, verantwortlich und hart arbeitend wir sind. Doch die Belohnung bleibt immer, wie das sprichwörtliche Zuckerbrot, ein wenig außer Reichweite. Das Gewinnen großer Belohnungen erfordert große Anstrengung (im Sinne der Unterdrückung unserer wahren Natur), und die Aufrechterhaltung des Erfolgs erfordert immer, dass wir das Selbstbild aufrecht erhalten, koste es was es wolle. Langfristig gesehen werden jedoch die Umstände unhaltbar, weil jeder Selbstbetrug unsere Lebensenergie erschöpft. Im Unterschied dazu wird unsere Lebensenergie ständig erneuert, wenn wir unserer wahren Natur treu bleiben.

Wenn wir zu erkennen beginnen, dass uns der Versuch, ein bestimmtes Selbstbild zu erfüllen, auf einen falschen Weg geführt hat, dann aktiviert das Ego dieselben Rationalisierungen in unserer Psyche, die uns im Kindesalter dazu gebracht haben, uns das Selbstbild zuzulegen. Sie bestürmen uns mit all den Gründen, warum wir das Selbstbild gebraucht haben und warum wir vollkommen von der Gesellschaft für die Befriedigung unserer Bedürfnisse abhängig sind und daher ihren Werten treu bleiben müssen.

Der Raub unserer kosmischen Besitztümer

Im Zuge der Konditionierung, die zur Entwicklung des individuellen Egos führt, wird jedes unserer kosmischen Besitztümer, die unsere wahre Natur ausmachen, gestohlen.

So verdreht zum Beispiel das kollektive Ego unsere Treue zu unserer inneren Wahrheit in Treue zu seinen Werten. Es verdreht unsere natürliche Tugend der Fürsorglichkeit in das Gebot, Fürsorge zu üben, ohne Rücksicht darauf, ob dies angemessen ist. Das kollektive Ego behauptet schlicht, wir besäßen von Natur aus keine Tugenden. Es behauptet, wir müßten "Charakter entwickeln", um unsere angeblichen Mängel zu überwinden; folglich werden wir dazu erzogen, abstrakte Tugenden zu entwickeln, die im Widerspruch zu unserer wahren Natur stehen. Abstrakt bedeutet, dass wir angehalten werden, Verhaltensregeln zu befolgen, selbst wenn diese gegen unsere wahren Gefühle verstoßen.

Dieser Raub unserer kosmischen Besitztümer wird durch das Erfinden von Unwahrheiten in der Form von Wörtern, Sätzen und Bildern durchgeführt. Die erste Unwahrheit lautet: "So, wie der Mensch beschaffen ist, ist er nicht besonders genug." Weitere Unwahrheiten besagen: "Die Natur des Menschen ist in gut und böse geteilt" und "Um unsere Mangelhaftigkeit zu überwinden, müssen wir Tugenden entwickeln". Alle diese Unwahrheiten dienen dazu, unserem wahren Selbst die Führung über unsere Persönlichkeit abzusprechen und stattdessen das Ego auf den Thron zu heben. Dieser Prozess beginnt mit drei Zweifeln, die an unserer wahren Natur erhoben werden: a) dem Zweifel an ihrer Ganzheit, b) dem Zweifel an der Tatsache, dass unsere Existenz vom Kosmos autorisiert ist, und c) dem Zweifel an der Fähigkeit unseres wahren Selbst, unsere Persönlichkeit zu führen.

Die Erzeugung dieser Selbstzweifel ist gepaart mit der Drohung, von der Gesellschaft ausgestoßen zu werden, wenn wir uns nicht Mühe geben, von ihr akzeptiert zu werden. Diese Drohung vernebelt die Tatsache, dass wir vom ganzen Kosmos getragen werden, wenn wir unserer inneren Wahrheit folgen. Das kollektive Ego unternimmt jeden Versuch, uns an der Erkenntnis zu hindern, dass uns kosmische Hilfe und kosmischer Schutz zur Verfügung stehen.

Unser wahres Selbst

Unser *wahres Selbst* drückt sich in unserem *gefühlten* Bewusstsein unserer selbst aus, im Unterschied zu dem Bewusstsein unserer selbst, das sich in unserem *Denken* äußert. Wir sind im Einklang mit uns selbst, wenn sich unser Denkbewusstsein auf unser gefühltes Bewusstsein stützt. Unser wahres Selbst ist der natürliche Führer unserer Persönlichkeit; es würde im Zentrum unseres Bewusstseins als "Ich" sprechen, wenn nicht das Ego diese Position an sich reißen würde. Im gesunden Zustand befindet sich das Zentrum unseres Bewusstseins in unserer Psyche, wo es jeweils die im Augenblick benötigten Informationen vom gefühlten Bewusstsein unseres Körpers ebenso wie vom Denkbewusstsein unseres Verstandes erhält. Unter diesen Umständen fühlt unser wahres Selbst, welches Handeln angemessen ist, und unser Verstand führt es dann aus. Weil sich aber unser wahres Selbst auf unsere wahren Gefühle stützt und unserer inneren Wahrheit treu ist, tut das Ego alles, um es zu unterdrücken, damit es (das Ego) das Zentrum unseres Bewusstseins beherrschen kann. Wenn das Ego mit seinem Ziel Erfolg hat, indem es unserem Verstand damit schmeichelt, er sei der wahre Führer unserer Persönlichkeit, dann wird das Denken zum Zentrum unseres Bewusstseins, und das Ego hat ein leichtes Spiel mit uns.

Wenn ein Kind erst einmal die Möglichkeit aufgegeben hat, seine wahren Gefühle (das heißt, sein wahres Selbst) zu leben, dann wird sein wahres Selbst in einen Kerker verbannt, den das Ego in der Psyche des Kindes erschafft. Dieser Kerker trägt den Namen "das Unterbewusstsein". Ohne die Unterdrückung des wahren Selbst durch das Ego gäbe es das Unterbewusstsein nicht. Fortan sind dort die Erinnerungen an die Strafen und Belohnungen, die dazu benutzt worden waren, das wahre Selbst zu unterdrücken, als dämonische Gestalten gespeichert; sie fungieren nun als Wächter des Kerkers. Die Ängste und traumatischen Erlebnisse, die mit den Strafen verbunden waren, werden immer dann in der Psyche aktiviert, wenn das wahre Selbst den Versuch unternehmen will, den Kerker zu verlassen und seine wahren Gefühle zum Ausdruck zu bringen. Diese Ängste verfolgen den Zweck, unser wahres Selbst in einem Zustand der Hoffnungslosigkeit über seine Lage zu halten.

Die unterbewussten Selbstzweifel und die Hoffnungslosigkeit zehren ständig an der Lebenskraft des Individuums, während das Ego diese Energie für seine Zwecke nutzt. Um den betreffenden Menschen über sein Gefühl der Hoffnungslosigkeit hinwegzutäuschen, verwickelt ihn das Ego in alle möglichen Ablenkungen, die den Charakter einer Sucht annehmen können, sei es Arbeitssucht, die Sucht, ehrgeizige Ziele zu erfüllen, oder die Sucht nach Drogen.

Das Problem, dem sich das Ego letztlich gegenüber sieht, ist die Tatsache, dass es aus Selbstbildern besteht. Wie sehr auch immer es uns danach streben läßt, ihnen Wirklichkeitscharakter zu geben – sie können doch nie mehr sein als Bilder. Das Streben muss am Ende scheitern. Dieses letztendliche Scheitern und die Erschöpfung unserer Lebenskraft führen zum Punkt des Ausgebranntseins.

Das Ausbrennen

Die Tatsache, dass Selbstbilder niemals Wirklichkeit werden können, entgeht unserer Aufmerksamkeit, solange wir unsere Lebenskraft in ihre Erfüllung stecken. Das wahre Selbst weiss dies, aber wir können seine Stimme nicht hören, weil die laute Stimme falscher Begründungen, die ein Selbstbild umgeben, uns davon überzeugt, wir könnten und müssten es erfüllen. Der Wendepunkt kommt, wenn das Versprechen auf Erfolg, das dem Selbstbild innewohnt, sich als leer erweist. Der Punkt des Ausgebranntseins wird erreicht, wenn unsere Hoffnungen zunichte geworden sind und die Lebenskraft, die wir dem Erfüllen des Selbstbildes gewidmet haben, erschöpft ist.

Einer der Gründe, warum wir das Selbstbild über einen so langen Zeitraum für wirklich gehalten haben, ist, dass uns die Menschen in unserer Umgebung ihre Anerkennung dafür gestiftet und dadurch ermutigt haben, ihm unsere Kraft zu schenken. Egos haben ein Interesse daran, sich wechselseitig zu untersützen. Wechselseitige Anerkennung macht den Selbstbetrug glaubwürdiger. Für Hanna kam der Zeitpunkt des Ausgebranntseins, als die Lebensenergie, die sie in das Selbstbild der "unterstützenden Ehefrau" gesteckt hatte, vollständig erschöpft war. Für Carol kam der Punkt des Ausgebranntseins, als die Fassade der Einheit in ihrer Ehe sich plötzlich in Luft auflöste. Das Bild derjenigen, die "mehr als jeder andere ertragen konnte", löste sich im selben Zug mit auf.

Der plötzliche Zusammenbruch dieser Selbstbilder und der Schock, der damit einhergeht, ist typisch für die Lebensmitte, wenn wir uns bewusst werden, dass wir nicht ewig Zeit haben, unser

Leben zu erfüllen. Dann dämmert uns auch die Erkenntnis, dass selbst wenn wir viel Geld verdient oder ein hohes Ansehen errungen haben, doch nicht das erreicht haben, was im Leben wirklich zählt. Nun beginnen wir zu überprüfen, was wir bisher für wahr gehalten haben. Dieser Zusammenbruch unserer alten Werte ist ein äußerst wertvoller Zeitpunkt in unserem Leben, weil er die Gelegenheit birgt, einen Neuanfang zu machen.

Wenn wir an diesem Punkt zulassen, vom Weisen geführt zu werden, gewinnen wir die kosmische Hilfe, die wir brauchen. Wir erfahren, dass wir als Menschen nicht mit grundlegenden Mängeln und Fehlern geboren sind, wie man es uns weisgemacht hatte; wir erfahren ferner, dass unsere wahre Natur nicht mit Schuld befleckt ist, unser Geist unserem Körper nicht überlegen und unser Körper mehr ist als ein Vehikel für irgendeinen abstrakten Zweck. Im übrigen machen wir die Erfahrung, dass sich uns eine wunderbare Hilfsquelle aufgetan hat, von deren Existenz wir bislang nichts wussten.

Wenn das Ego am tiefsten Punkt seines Herrschaftsanspruchs angelangt ist, beginnt unser wahres Selbst, sich aus seinem Kerker zu melden. Doch müssen wir bedenken, dass es in seiner Reifung auf der Stufe eines Kleinkindes angehalten worden ist. Der Grund dafür ist, dass unser Gefühl für uns selbst vom Ego als wertlos und unzuverlässig, wenn nicht gar gefährlich, hingestellt worden ist. Doch mit jeder fehlgeleiteten Idee, von der wir unsere wahre Natur befreien, gewinnt unser wahres Selbst an Stärke und Zutrauen in seine natürlichen Fähigkeiten. In diesem Prozeß der Selbstbefreiung müssen wir zuerst alle Bilder deprogrammieren, die uns als ungenügend zeigen; erst dann können wir die positiven Bilder deprogrammieren, die wir uns zu eigen gemacht haben, um uns vor unseren angeblichen Mängeln "zu schützen". Wenn wir diese Reihenfolge nicht beachten, dann entsteht, psychologisch gesprochen, die Gefahr, dass wir in das Gefühl zurückfallen, ein "Nichts" zu sein. Dann kann es sein, dass wir das Ego in uns sagen hören: "Das Leben hat keinen Sinn mehr." Oder wir hören eine Stimme, die sagt: "Wenn das Leben nicht nach meinem Willen funktioniert, dann ist es nicht wert, gelebt zu werden." Gedanken dieser Art beziehen ihr Gewicht aus der immensen Anstrengung, die wir gemacht haben, um unserer Existenz einen Wert zu geben.

Das Ego kann auch eine andere Taktik wählen, indem es sagt: "Jetzt, wo ich versagt habe, gebe ich einen Dreck auf die Gesellschaft.

Zur Hölle mit ihr!" Das wäre der Beginn eines neuen Selbstbildes – das des Rebellen. Obwohl der Rebell glaubt, sich außerhalb der Gesellschaft zu stellen, erfüllt er in Wirklichkeit eine Rolle *innerhalb* des Systems, indem er diesem weiterhin seine Energie gibt. Dies geschieht unabhängig davon, ob seine Rebellion in einem selbstzerstörerischen Rückzug oder in einem ausdrücklichen Kampf gegen das System besteht.

Das Ego kann auch dadurch versuchen, die Herrschaft wieder an sich zu reißen, dass es dem wahren Selbst das Versagen anhängt, für das es, das Ego, verantwortlich ist. Die Selbstvorwürfe, die uns das Ego macht, bereiten den Weg für ein "Hilfsangebot", das von niemand anderem als dem Ego selbst kommt. Es bietet ein neues Selbstbild und einen gesellschaftlich sanktionierten "Pfad der Selbstfindung" an, ein Programm der Beförderung auf eine höhere Stufe, das uns neue Hoffnungen auf Erfolg macht. Eines der populärsten und verführerischsten Selbstbilder ist das des "spirituellen Menschen", der einem erfolgreichen spirituellen Pfad folgt. Solche Pfade – wie auch alle übrigen vom kollektiven Ego angebotenen – dienen nur dazu, unser Erkennen der Selbstzweifel und den Sieg über sie hinauszuzögern, indem sie uns zum einen die *Anerkennung der Gruppe* und zum anderen das *Versprechen* der Erlösung und des Erlangens von Ganzheit geben.

Wenn wir in dieser schwierigen Zeit der Versuchung solchen Angeboten widerstehen, dann ziehen wir die Hilfe des Weisen an, um einen neuen Anfang zu machen – ein Neuanfang, der es uns ermöglicht, unser wahres Selbst von der Tyrannei des Egos und seiner unausgesprochenen Forderung zu befreien, was auch immer wir tun, müsse in irgendeiner Weise von einer Gruppe sanktioniert werden.

Der Kaiser und seine Feudalherren

Wenn wir die Situation in einem Bild beschreiben sollten, dann könnten wir uns das kollektive Ego als den Kaiser in einer Feudalordnung vorstellen. Das individuelle Ego ist sein untergebener Feudalherr (oder Stellvertreter), von dem der Kaiser abhängig ist, um die Zölle und Steuern aus dem einfachen Volk herauszupressen. Das kollektive Ego ist die Gesamtheit aller etablierten Werte, Vorschriften, Regeln und Gebote, deren sich das individuelle Ego bedient, um unsere Persönlichkeit zu beherrschen. Das individuelle Ego kann in der Psyche im Auftrag des Kaisers und seines Wertesystems sprechen, indem es das königliche "Wir" benutzt wie zum Beispiel in dem Satz: "Wir müssen es so machen." Warum machen wir diesen Unterschied zwischen dem individuellen und dem kollektiven Ego? Der Grund ist dieser: Indem wir uns von den falschen Wörtern, fehlgeleiteten Ideen, Selbstbildern und so weiter befreien, nehmen wir das individuelle Ego als Stellvertreter des kollektiven Egos Wort für Wort und Satz für Satz auseinander. Das individuelle Ego ist der innere Unterdrücker. Um dieses Auseinandernehmen auszuführen (wir sprechen in diesem Zusammenhang von "deprogrammieren"), müssen wir der spezifischen Ausprägung des individuellen Ego in uns und den Strategien auf die Schliche kommen, die es unseren persönlichen Lebensumständen angepaßt hat. Durch Widerruf unserer ehemaligen Akzeptanz seiner Worte und Sätze nehmen wir das geistige Programm, das das Ego erschaffen hat, um uns zu unterdrücken, auseinander. Durch diesen Widerruf entziehen wir gleichzeitig dem kollektiven Ego die Kontrolle, die es über uns ausgeübt hat (siehe Anhang 3: "Deprogrammieren").

Kapitel 6

Die Reise des Wanderers

Unser Wunsch nach Selbstfindung

Früher oder später führen uns die Werte des kollektiven Egos, die uns angeblich im Leben erfolgreich machen sollten, an einen Punkt des Ausgebranntseins. Wir machen die schmerzliche Erfahrung, dass sie nicht halten, was sie versprechen. In der Zwischenzeit ist unser wahres Selbst zum "inneren Fremden" geworden, sodass wir nicht mehr wissen, wer wir sind. Doch an diesem Punkt der größten Krise verbindet uns der Schock des widrigen Schicksals mit etwas in unserem Inneren, das Substanz besitzt. Wir fühlen es vielleicht als starken Wunsch zu wissen, wer wir sind, als Wunsch zu verstehen, was falsch gelaufen ist und was uns wirklich die Erfüllung bringen würde, die wir bisher nicht erlebt haben. Dieser Wunsch ist der Ausgangspunkt für unsere Reise nach innen.

Wenn das I Ging vom "Wanderer" spricht, dann meint es damit unseren Verstand, der sich nun auf die Suche nach unserem wahren Selbst begibt. Es ist eine Suchwanderung ins Innere unserer Psyche – dorthin, wo jede positive Erfahrung, aber auch jedes traumatische Erlebnis und jede fehlgeleitete Idee gespeichert ist und von wo aus die unverarbeiteten Traumata noch immer aktiv unser Leben beeinflussen.

Auf dieser Reise schaut sich unser Verstand noch einmal die Erlebnisse an, die uns von den drei positiven symbiotischen Beziehungen abgetrennt haben, die unsere Ganzheit ausmachen: unserer Beziehung zum Kosmos, unserer Beziehung zu der uns umgebenden Natur sowie der Beziehung zwischen unserem Geist und unserem Körper.

Im Folgenden geben wir einen kurzen Überblick über die Psyche, in der diese Reise stattfindet. Dabei werden wir den Leser mit dem Weisen bekannt machen, den unser Verstand mehr als alles andere als ständigen Begleiter auf dieser Reise braucht. Wir werden bestimmte Mythen diskutieren, die um das Thema dieser inneren Reise gesponnen wurden, und einen ersten Überblick über weitere Dinge geben, die den Wanderer auf seiner Reise durch die Psyche erwarten.

Eine kurze Beschreibung der Psyche

Die Psyche, in der diese Reise stattfindet, ist die unsichtbare Seite unseres Seins im Unterschied zum sichtbaren Körper. Beide sind untrennbare Bestandteile unseres Seins – zusammen bilden sie unsere Ganzheit. Die Psyche hat keinen spezifischen Ort in unserem Körper.

Wie in Kapitel 3 unter der Überschrift "Unsere wahre Natur" beschrieben, können wir uns unsere Psyche als jenen Ort vorstellen, an dem sich alle Arten von Bewusstsein, die wir besitzen, treffen. Diese umfassen das Denk- und Bilderbewusstsein unseres Geistes sowie das Fühlbewusstsein jeder einzelnen Körperzelle.

Die Psyche kann auch mit den Schussfäden eines Teppichs verglichen werden, in die alle unsere positiven und negativen Erfahrungen sowie die Schlußfolgerungen, die wir aus ihnen gezogen haben, eingewebt sind. Der Teppich ist eine Metapher für das einzigartige kosmische Schicksal, das zu erfüllen wir geboren sind. Dieses Schicksal ist eine Art innerer Wunsch, den wir bereits vor unserer Geburt haben, unserer inneren Wahrheit Ausdruck zu verleihen. Diese ist eine Kombination aus Dingen, die wir aus unserer DNA wissen, und den Talenten und Fähigkeiten, die in uns weiterentwickelt werden wollen. Unsere Psyche webt den Teppich aus den Erfahrungen, die wir in unserem Leben machen. Wenn unser Leben ein Ausdruck unseres kosmischen Schicksals ist, dann entsteht ein Teppich mit einem wunderschönen Muster.

Die Hauptfunktion unserer Psyche

Die Hauptfunktion der Psyche besteht darin, uns dabei zu helfen, unser kosmisches Schicksal zu erfüllen. Wenn dies gelingt, dann drückt es sich in der Schönheit und dem einzigartigen kosmischen Muster des Teppichs aus. Eine Reihe von Funktionen unserer Psyche kooperieren, um diesem Zweck zu dienen. Eine von ihnen ist die *Übermittlungsfunktion*, die auf perfekte Art veranschaulicht, wie die Psyche als Treffort für die verschiedenen Arten von Bewusstsein fungiert. Die *Übermittlungsfunktion* tut folgendes:

- Sie übermittelt Informationen, die vom Körper kommen, an den Verstand. Dabei handelt es sich um Informationen in Form von körperlichen Wahrnehmungen von Ereignissen. Diese Wahrnehmungen sind Gefühle, die der Weise in Worte und Bilder übersetzt. Damit der Verstand Gewinn daraus ziehen kann, muß er offen dafür sein.

- Umgekehrt übermittelt diese Funktion auch Gedanken und Bilder, die vom Verstand kommen, an den Körper. Sind diese harmonisch, dann helfen sie unserem Körperbewusstsein zu reifen. Sind sie unharmonisch, das heißt im Widerspruch zur inneren Wahrheit/DNA der Körperzellen, dann wird unser Körperbewusstsein verletzt, und unser Körper wird krank.
- Sie übermittelt die Informationen, die von unserer inneren Wahrheit kommen, an unseren Verstand, damit wir unser einzigartiges kosmisches Schicksal erfüllen können. Dieses ist als Samen in unserer inneren Wahrheit gespeichert und möchte sich in unserem Leben entfalten. Die Frage: "Wozu sind wir hier?" beziehungsweise "Was ist der Sinn meines Lebens?" zeigt an, dass wir die Verbindung zu dem inneren Wissen verloren haben, dass wir ein kosmisches Schicksal besitzen, das es zu erfüllen gilt. Mit Hilfe des Weisen können wir diese Verbindung wiedergewinnen.[10]

Die Funktionen des Weisen in unserer Psyche

Wenn wir den Weisen aktiviert haben, dann koordiniert er alle Funktionen der Psyche in der Weise, dass sie als Ganzes harmonisch funktioniert. Wenn dies geschieht, fühlen wir uns genährt und in einem Zustand des inneren Friedens. Dies liegt an dem ungehinderten Fluß der Qi-Energie, die von unserer inneren Wahrheit kommt und die sich in der Psyche als *psychische Energie* manifestiert. Die Gesamtheit unserer psychischen Energie ist unser *Wille*. Wenn unser Wille auf unsere innere Wahrheit eingestimmt ist, wird er von dieser psychischen Energie genährt und unterstützt und kann sie dazu verwenden, uns auf dem Pfad unseres kosmischen Schicksals voran zu bringen.

Der Weise benutzt auch die *Empfangsfunktion* der Psyche, um unserem Verstand Botschaften vom Kosmos in Form von Geistesblitzen zu übermitteln. Diese Funktion steht uns jedoch nur dann zur Verfügung, wenn wir den aufrichtigen Wunsch haben, zu wissen, wer wir sind, und ein kosmisches Verständnis der Dinge zu erlangen.

(Eine ausführlichere Beschreibung der verschiedenen Funktionen der Psyche findet sich in Kapitel 8.)

Die Speicherfunktion in der Psyche

Im Unterschied zum Bewusstsein unseres Geistes, der alle Ereignisse innerhalb des Parameters Zeit betrachtet, ist das Bewusstsein der Psyche *zeitlos*. Obwohl sich der Geist hauptsächlich mit der Gegenwart beschäftigt, nimmt er doch auch die Zukunft vorweg und kann ebenso von bestimmten Dingen der Vergangenheit beherrscht werden, während andere Gedanken und Erfahrungen allmählich in Vergessenheit geraten. In der Psyche bleibt jedoch *alles*, was wir erfahren haben, sowie alle Schlußfolgerungen, die wir aus Erlebnissen gezogen haben, gegenwärtig. Ein Erlebnis oder Gedanke, der eine positive Wirkung gehabt hat, behält seine Wirkung unser ganzes Leben lang. Ebenso verhält es sich mit Erlebnissen oder Gedanken, die eine schädliche Wirkung hatten. Jedes negative Erlebnis hinterläßt einen Fleck auf dem Teppich, bis wir es in unser Bewusstsein gehoben und mit kosmischer Hilfe verarbeitet haben (siehe Kapitel 20: “Verarbeitung statt Konditionierung”).

Solche Flecken üben einen negativen Einfluß auf den weiteren Verlauf des Gewebes aus. Unverarbeitete Erinnerungen an negative Erlebnisse beeinflussen uns unbewusst. Sie verzerren unsere natürlichen Reaktionen auf Ereignisse und können sogar mitunter aktiv Umstände erzeugen, die Miniversionen der ursprünglichen Umstände darstellen. Wir nennen solche Flecken “Erinnerungs-Chips”, weil in ihnen die Erinnerung und die Gefühle gespeichert sind, die das spezifische traumatische oder erschütternde Erlebnis begleitet haben; ferner sind verallgemeinernde Schlußfolgerungen darin gespeichert wie zum Beispiel: “Das kann mir jederzeit wieder passieren,” oder “So etwas soll mir nie wieder passieren.” Beide Schlußfolgerungen verhindern, dass wir das Erlebnis positiv verarbeiten. Im ersten Fall wirkt sich die Angst, es könnte wieder passieren, so aus, dass sie ein ähnliches Ereignis geradzu anzieht; im zweiten Fall maßt sich das Ego die Kontrolle darüber an, dass uns so etwas nie wieder passieren wird. Das muß schiefgehen! Alle negativen Erinnerungen, die nicht in einem kosmischen Licht verarbeitet worden sind, bleiben in verdichteter Form in der Psyche gespeichert, wo sie eine Art Miniprogramm darstellen, das automatisch auf bestimmte Reize anspringt. Wenn dasselbe traumatische Ereignis auch im Körper gespeichert ist, sprechen wir von einem *körperlichen Erinnerungs-Chip* (siehe Kapitel 18: "Die schmerzlose Befreiung von traumatischen Erinnerungen").

Wenn unsere negativen Kindheitserfahrungen nicht in gesunder Weise verarbeitet werden, behindern sie unsere Fähigkeit, in unseren sozialen Beziehungen zu wachsen und zu reifen. Leider werden solche psychischen Abweichungen häufig der Natur des Betreffenden zugeschrieben. "Das mußt du überwinden," hört man die Leute sagen. Sie wissen nicht, dass diese Miniprogramme nicht kontrollierbar sind, solange sie existieren. Es ist unmöglich, eine Verhaltensänderung durch bloße Willensanstrengung herbeizuführen.

Der Auslöser für unsere innere Reise

Vor Beginn unserer inneren Wanderung war unser Intellekt überwiegend unter dem Einfluß des Egos. Der Auslöser für unsere Reise nach innen ist die Sackgasse, in die alle Wege des Egos führen – das Unheil oder widrige Schicksal, das in der einen oder anderen Form über uns hereingebrochen ist: unsere Ehe oder eine andere wichtige Beziehung ist gescheitert; ein wichtiges Ziel hat sich als Illusion entpuppt; wir haben unseren Arbeitsplatz verloren oder einen finanziellen Einbruch erlitten; jemand, von dem wir abhängig waren, ist gestorben, oder wir hatten einen Unfall oder sind schwer krank geworden.

Alle diese Widrigkeiten bedeuten, dass wir gegen die Schallmauer des widrigen Schicksals geprallt sind. Der damit verbundene Schock setzt vorübergehend die Uneinsichtigkeit und das übertriebene Selbstvertrauen des Egos außer Kraft; dadurch ist es dem Weisen möglich, mit unserem Verstand zu kommunizieren. Der Schock hat das Ego vorübergehend bewusstlos gemacht. Bisweilen bricht der Schock auch die "falsche Zuschreibung", die zu unserem widrigen Schicksal geführt hat. Damit bezeichnen wir eine fehlgeleitete Idee oder Glaubensvorstellung, die unsere wahre Natur verleumdet und daher eine bestimmte Funktion unserer Psyche blockiert hat. Diese Blockierung hat zu dem Hindernis geführt, dem wir uns jetzt gegenübersehen. Ebenso kann ein Selbstbild, an das wir fest geglaubt haben, eine Funktion unserer Psyche blockieren. Der Grund dafür ist, dass wir durch das Annehmen eines Selbstbildes unsere wahre Natur verleugnen und zur Seite schieben.

Im Augenblick der Krise wissen wir noch nichts vom Weisen; wir spüren nur ein ganz tiefes Bedürfnis nach Hilfe. Das I Ging beschreibt die Art, wie der Weise uns zu Hilfe kommt, in diesem Bild: "Ein Krug Wein, eine Reisschale als Zugabe, Tongeschirr, einfach zum Fenster hineingereicht" (Hexagramm 29, *Das Abgründige/Die Gefahr,* Platz 4); die Hilfe des Weisen kann in den unterschiedlichsten Formen erscheinen. Ob wir davon Gebrauch machen, hängt von vielen Faktoren ab, doch der wichtigste Faktor ist, dass wir den aufrichtigen Wunsch haben zu verstehen, warum uns das Unheil widerfahren ist.[11]

Wenn wir unseren Geist offen halten, zeigt uns der Weise, dass es einen Rettungsanker für uns gibt, den wir nur ergreifen müssen. Bei diesem Rettungsanker kann es sich um die Erinnerung an eine unerwartete Hilfeleistung handeln, oder er kann in der Form des I Ging zu uns kommen, wie wir, Carol und Hanna, es erlebt haben. Immer ist die sofortige Wirkung, dass wir uns aus dem Loch der Hoffnungslosigkeit emporgehoben fühlen, indem wir neue *Möglichkeiten* sehen. Zum ersten Mal wird unserem wahren Selbst bewusst, dass ihm vom Kosmos die Hilfe und Unterstützung zur Verfügung steht, die es braucht, um unsere Persönlichkeit zu führen.

Leider währt der Zustand der Bewusslosigkeit des Egos nicht allzu lange. Sobald es wieder zu sich kommt, hören wir, wie es zu unserem wahren Selbst spricht: "Wenn du diesen Weg gehst, wirst du ganz allein sein." – "Du machst dich schuldig, wenn du dich von den Werten der Gesellschaft abkehrst." Auch von Seiten der Familie und von Freunden können wir Einwände wie diese hören: "Glaubst du, du seiest etwas Besseres als wir?" – "Das ist ein zu gefährlicher Weg – er ist unerprobt, und man weiss nicht, wohin er führt." – "Woher willst du wissen, dass dir geholfen wird?" – "So kommst du nie zu was." – "Du solltest besser umkehren." – "Du musst auch an deine Zukunft denken." - "Lass dir von deinen Freunden und deiner Familie helfen."

Wenn wir uns einem widrigen Schicksal gegenübersehen, bietet uns das Ego nur die Wahl zwischen zwei Möglichkeiten: es entweder passiv anzunehmen oder aktiv zu bekämpfen. Das Bild, das es uns vor Augen hält, ist das eines Kreuzweges: Entscheiden wir uns für den falschen Weg, dann droht uns der nächste Schock. Angesichts all dieser Drohungen entgeht uns womöglich die Tatsache, dass es einen *dritten Weg* auf einer anderen Ebene gibt – den Weg unseres kosmischen Schicksals.

Wenn wir unseren Weg in Begleitung des Weisen gehen, dann gibt es kein "richtig" oder "falsch". Außerdem sind wir nicht allein auf unserem Weg. Was die Idee angeht, wir würden uns schuldig machen, so müssen wir uns klar machen, dass dieser Schuldbegriff dazu erfunden wurde, uns daran zu hindern, uns von der Herrschaft des kollektiven Egos zu befreien. Ein weiteres Hindernis kommt von einem anderen Wächter-Element des Egos, das uns glauben machen will, der richtige Weg sei da zu finden, "wo alle anderen ihn auch gefunden haben", ein Hinweis auf die ausgetretenen Pfade, denen andere "Sucher" vor uns gefolgt sind. Dieses Argument stützt sich auf den verbreiteten Zweifel, wir seien "unzureichend ausgestattet, um uns allein auf eine solche Reise zu begeben."

Selbst wenn wir entschlossen sind, unserer inneren Wahrheit zu folgen, begleitet uns das Denken des Egos noch für geraume Zeit. Bei jeder passenden Gelegenheit versucht es, uns in seine Welt zurückzuziehen, sei es durch Schmeichelei, Einschüchterung oder das Einflößen von Zweifeln aller Art. Jedesmal, wenn wir einem dieser Versuche erliegen, erleben wir den Beweis, dass sie unwahr sind, weil sie ein widriges Schicksal verursachen. Die wiederholten Schocks geben uns weitere Gelegenheiten, unsere Beziehung zu unserem wahren Selbst zu berichtigen, wodurch wir uns gleichzeitig auch Stück für Stück mehr in Einklang mit dem Kosmos und seinen zahlreichen Helfern bringen. Mit der Zeit lernen wir, dass uns der Kosmos durch seine Helfer frühe Zeichen der Warnung schickt, die solchen widrigen Schicksalen vorausgehen. Wenn wir sie rechtzeitig beachten und unser Denken und unsere Haltung korrigieren, können wir ihre Folgen vermeiden. Auf diese Weise wird uns auch klar, dass die vom Ego geprägte Redewendung "Wir können nur aus Fehlern lernen" eine Halbwahrheit ist. Es stimmt zwar, dass wir aus unseren Schwierigkeiten lernen können, doch können wir auch auf freudige und leichte Weise lernen. Die Überzeugung, alles Lernen sei "hart", wird zur sich selbst erfüllenden Prophezeihung.

Für Carol begann die innere Reise mit einer Reihe von Meditationserfahrungen. In der ersten hatte sie das Gefühl, in ein bodenloses Loch zu fallen. Der Schock darüber und ihre Angst waren so groß, dass sie die Meditation abbrach. Einige Monate später, nachdem sie durch einen Traum darauf vorbereitet worden war, dem Prozeß zu vertrauen, hatte sie eine zweite Meditationserfahrung zum selben Thema. Wieder hatte sie das Gefühl zu fallen, doch zu ihrer Überraschung endete der Fall ziemlich rasch: Sie war in einen nur etwa acht Meter tiefen trockenen Brunnen gefallen. Das einzige, was sich darin befand, war eine Eidechse.[12] Carol konnte sehen, wie die Sonne am Himmel vorüberwanderte und wie das Licht in den Brunnenschacht fiel, als die Sonne ihren höchsten Stand über ihr erreicht hatte. Es währte nicht lange, bis die Sonne unterging. Sie fragte sich, wie sie da jemals herauskommen würde, denn in dem trüben Licht erschienen die steinernen Mauern schlüpfrig. Zwei oder drei Monate später sah sie sich in einer weiteren Meditation wieder in dem Brunnenschacht; doch dieses Mal befand sie sich – beide Beine gegen die Mauern gestemmt – bereits auf halber Höhe zum Ausgang. Und wieder mehrere Monate später sah sie sich aus dem Schacht herausklettern. Es war ihr völlig klar, dass dies nur dank der Hilfe des Weisen, der durch das I Ging spricht, möglich gewesen war. Als sie sich im Licht der Morgendämmerung umsah, konnte sie die dunklen Ränder von zahllosen weiteren Löchern erkennen, in die sie hätte fallen können. Am Rande des Brunnens, in den sie gefallen war, stand eine Lampe, die nicht angezündet worden war. Plötzlich wurde ihr bewusst, dass sie diese Landschaft voller Löcher überquert hatte, ohne die Lampe anzuzünden. Im beginnenden Licht der Morgendämmerung konnte sie allerdings erkennen, dass ihr Weg aus dieser Landschaft herausführte.

Wie schon erwähnt, gehört es zu den Taktiken des Egos, uns weiszumachen, wir seien auf diesem Weg ganz allein, ohne jede Führung. Die obige Meditationserfahrung zeigte Carol, dass dies nicht stimmte. Sie brauchte nur die Anwesenheit des Weisen zu erkennen, und schon war die Lampe angezündet und stand ihr zur Verfügung. Diese Lampe, so lernte sie, stand für eine Fähigkeit ihres Verstandes, die nur durch den Weisen angezündet werden kann. Es ist die Fähigkeit zur bewussten Wahrnehmung von Ego-Fallen. Der Weise kann uns durch solche und ähnliche Erfahrungen noch viele andere Fähigkeiten enthüllen.

Wenn wir unsere innere Reise in Begleitung des Weisen unternehmen, erfahren wir Schritt für Schritt Hilfe, uns von den zahlreichen fehlgeleiteten Ideen zu befreien, aus denen das Ego besteht. Dazu gehört auch die Idee einer "höheren Macht". Weder der Weise, noch der Kosmos wollen als eine höhere Macht angesehen werden. Wir haben gelernt, dass es nicht angemessen ist, uns dem

Weisen gegenüber unterwürfig zu verhalten; der Weise möchte von uns als Freund gesehen werden. Wir haben auch gelernt, dass es gegen unsere Würde verstößt zu beten, in Ehrerbietung auf die Knie zu fallen, Versprechungen zu machen, Opfer darzubringen oder Rituale zu veranstalten in der Hoffnung, dadurch die Gunst einer höheren Macht zu erlangen. Solche Akte der Unterwerfung haben ihren Ursprung in den Erfahrungen unserer Vorfahren, als sie sich einem menschlichen Monarchen unterwerfen muß-ten. Innerhalb dieser hierarchischen Struktur wurden sie dazu erzogen, sich als unbedeutend, ja sogar als Leibeigene ihres Feudalherrn zu betrachten. Dieser jahrhundertealte Brauch des Gehorsams wurde uns fälschlicherweise als "die natürliche Ordnung von Himmel und Erde" gepredigt.

Das *Prinzip der Gleichwertigkeit* jedes Aspekts des Kosmos gehört zu den Kosmischen Harmonieprinzipien. Der Weise ist jedem einzelnen von uns als Begleiter und innerer Lehrer mit ins Leben gegeben, um uns individuell zu führen. Er verhält sich zu uns wie ein freundschaftlicher persönlicher Helfer, der weiß, wie sehr uns diese furchterregenden Glaubensvorstellungen beeinflussen. Daher konfrontiert er uns nie direkt mit diesen Ängsten, sondern wartet geduldig solange, bis wir sie überwunden haben. Wenn wir darum bitten, hilft er uns als erstes, klar die Unwahrheit der furchterregenden Glaubensvorstellung zu erkennen, und dann hilft er uns dabei, uns von ihr zu befreien. Wir können darauf vertrauen, dass der Weise jeweils nur soviel von den furchterregenden Inhalten unserer Psyche in unser Bewusstsein bringt, wie wir zu gegebener Zeit verarbeiten können.

Wenn wir das I Ging mit offenem Geist befragen, das heißt frei von Begehren, Vorurteilen, Befürchtungen und Erwartungen, dann befreien wir den Weisen aus dem Gefängnis, in das er durch die Verteufelung unserer Fähigkeit, unserer inneren Wahrheit zu folgen, durch das Ego eingesperrt worden ist. Dann kann der Weise das Ergebnis unseres Münzwurfs bestimmen, und wir erhalten ein Hexagramm, das uns die Antwort auf unsere innere Not gibt. Der Weise beantwortet auch Fragen, die darauf abzielen, die Bedeutung des erhaltenen Textes genauer zu bestimmen, sodass wir in einen lebendigen Lernprozeß mit dem Weisen eintreten können (siehe dazu die Beschreibung der Drei-Münz-Rückfrage-Methode im Anhang 1). Der Weise lehrt uns immer am Beispiel von Dingen, die uns im Hier und Jetzt zu schaffen machen.

Der dreiköpfige Hund – Die Angst vor der Reise nach Innen

Eine beträchtliche Anzahl von Mythen überwiegend aus der Zeit der griechischen Antike warnen uns vor den Gefahren, die auf der Reise in die "Unterwelt" drohen. Von dieser Unterwelt, die Hades genannt wurde, hieß es, sie sei von einem dreiköpfigen Hund namens Kerberus bewacht. Er wurde mit einer Mähne aus lebenden Schlangen und mit dem Schwanz einer Schlange dargestellt. Nur wenigen Helden gelang es, diesen Hund zu überwinden, und auch dann nur mit Hilfe der Weisheitsgöttin Athene und des Götterboten Hermes.

Da kein wirklicher Mensch jemals in das "Land ohne Wiederkehr", wie der Hades auch genannt wurde, gegangen war, gab es die Unterwelt offenbar nur in der menschlichen Psyche. Und tatsächlich, so lehrte uns der Weise, handelte es sich bei der Unterwelt, wie sie sich die Menschen der Antike vorstellten, in Wirklichkeit um das *Unterbewusstsein*, das in unserer Psyche erzeugt wird, wenn unser wahres Selbst im Zuge der Entwicklung des individuellen Egos unterdrückt wird.

Der Mythos enthält noch eine Reihe anderer Wahrheiten, die uns helfen, das Unterbewusstsein zu verstehen, doch müssen wir dazu einige Übertragungen vornehmen, um zu erkennen, worum es dabei geht. Als erstes kann gesagt werden, dass der dreiköpfige Hund, der den Eingang zum Hades bewacht, den dämonischen Elementen entspricht, die das Unterbewusstsein, in dem unser wahres Selbst gefangen gehalten wird, bewachen. Durch die Angst vor dem Nach-Innen-Schauen hindern sie den Verstand daran, sich bewusst zu werden, in welchem Zustand unser wahres Selbst gehalten wird. Zweitens ist zu sagen, dass es zutrifft, dass wir das Unterbewusstsein nicht ohne weiteres, das heißt ohne Hilfe betreten können; der Grund dafür ist, dass unser Verstand die Schrecken, die diese dämonischen Elemente einjagen, für wirklich hält. Im Mythos hilft die Weisheitsgöttin Athene. Sie ist eine Metapher für den Weisen.

Außerdem kann die Reise nicht in der Gesellschaft des Egos angetreten werden, denn das kollektive Ego ist ja der Erschaffer des Unterbewusstseins. Entsprechend heißt es im I Ging:

"Wenn drei Menschen miteinander wandern,
so vermindern sie sich um einen Menschen.
Wenn ein Mensch allein wandert,
so findet er seinen Gefährten."

(Hexagramm 41, *Das Mindern*, Platz 3)

Die Erwähnung von "drei Menschen" bezieht sich auf die Anwesenheit des Egos, das sich des analytischen Verstandes bemächtigt hat und dadurch verhindern würde, dass wir jemals zu einem wirklichen Verständnis gelangen. Der Grund dafür ist, dass das Ego jedes Interesse daran hat, das bestgehütete Geheimnis zu wahren, dem es seine Existenz verdankt – dass nämlich die dämonischen Elemente, die unser wahres Selbst bewachen, nichts anderes als Bilder aus Papiermaché sind, die durch unwahre Begriffe erschaffen wurden und deren "Leben" davon abhängig ist, dass wir diese Begriffe für wahr halten. Wenn unser Verstand bereit ist, den Wunsch, selbst die Leitung der Reise nach innen zu übernehmen, fahren zu lassen, und stattdessen den Weisen um Führung bittet, dann kann ihn der Weise führen.

Auf dieser Reise nach innen geht es darum, dass unser Verstand wachsendes Zutrauen in die Fähigkeit unseres wahren Selbst gewinnt, die Persönlichkeit zu führen. Der Weise macht uns auf die Gefahr aufmerksam, die droht, wenn wir dem Ego erlauben, sich in unsere Reise einzumischen: Ohne das Licht des Weisen hält unser Verstand die furchterregenden Gestalten für wahr und wird von ihnen überwältigt. Dies geschieht, weil unsere *Angst vor den Ängsten* uns vergessen läßt, dass wir "Nein!" zu ihnen sagen und dadurch ihren Anspruch auf Wirklichkeit zurückweisen können. Von dieser Gefahr spricht das I Ging, wenn es sagt: "Wer den Hirsch jagt ohne Förster, der verirrt sich nur im Wald" (Hexagramm 3, *Einen Neuanfang machen*, Platz 3).

Wenn wir die drei Köpfe des Kerberus näher betrachten, dann stellen wir fest, dass sie aus den drei Hauptängsten bestehen, denen das Unterbewusstein seine Existenz verdankt: erstens, die auf dem Selbstzweifel beruhende Angst, nicht besonders genug zu sein, um unseren Weg durchs Leben erfolgreich zu gehen; zweitens, die Angst vor dem angeblichen Bösen in unserer Natur; und drittens, die Angst davor, uns schuldig zu machen. Jede dieser drei Ängste läßt sich darauf zurückführen, dass wir den Wörtern "etwas Besonderes", "böse" und "schuldig", die das kollektive Ego erfunden hat, Gültigkeit zugesprochen haben. Andere Versionen dieser Ängste können sich in Argumenten wie diesen verbergen: "Deine Zeit damit zu vertun, nach innen zu schauen, ist selbstsüchtig" (es wird die Angst, uns schuldig zu machen, geweckt).

Außerdem haben diese drei Wörter die Eigenschaft, unbestimmt zu sein. Damit können sie endlos viele Bedeutungen annehmen, und das wiederum verleiht ihnen die Macht, ein endloses, von Ängsten beherrschtes Reich zu erzeugen. Wörter, deren Bedeutung unbestimmt ist, erzeugen Störungen in der Psyche, die unser Bilderbewusstsein auf die wildesten Fantasiereisen schicken.

Außer den bereits genannten Ängsten wird der Wanderer möglicherweise den folgenden Ängsten auf seiner inneren Reise begegnen:

- der Angst, vom Kosmos nicht akzeptiert zu werden,
- der Angst, Fehler zu machen,
- der Angst, von der Gesellschaft verurteilt und verlassen zu werden,
- der Angst vor dem Höllenfeuer,
- der Angst vor dem Unbekannten oder dem "Schwarzen Mann".

Alle diese Ängste haben in der Psyche dämonische Formen angenommen. Normalerweise sehen wir sie nur in unseren Träumen oder in der Meditation, doch können sie auch hinter Bemerkungen des Egos stecken, die uns aus dem Hintergrund steuern. Wir können sie an den emotionalen Reaktionen erkennen, die sie erzeugen, und an den Befehlen, die sie erteilen und denen wir folgen, ohne nachzudenken.

Im Folgenden geben wir eine kurze Beschreibung dieser dämonischen Elemente, wie sie sich uns in Meditationen gezeigt haben. Gleichzeitig kann sich der Leser ein Bild davon machen, wie unser Verstand durch kosmische Hilfe geschützt war.

Kobolde, Dämonen und Drachen

Das erste dämonische Element, das Carol während einer Meditation erschien, war ein *Kobold*. Beim ersten Mal zeigte er sich in voller Größe, als wolle er sagen: "Ich bin hier der Boss." Beim zweiten Mal zeigte er sich nur als winzige Figur, die an einer Türöffnung vorbei huschte, wobei er etwas von sich gab, das sich ungehörig anhörte. Im selben Moment sah Carol einen "kosmischen Bogenschützen" auf ihn zielen und ihn erschießen, bevor er verschwinden konnte. Daraus schloß sie, dass es sich um ein gefährliches Element in ihrer Psyche gehandelt hatte. Erst geraume Zeit später bestätigte uns der Weise, dass Kobolde für kaum hörbare automatische Kommandos stehen, die uns sagen, was wir tun "sollten" oder "müßten", und für Vorwürfe verantwortlich sind, die uns daran erinnern, was wir "hätten tun sollen". Ganz anders als der Weise, dessen Stimme bestimmt und neutral klingt, sprechen Kobolde in einem gebieterischen Ton. Sie können sich in Gestalt eines Zwergs mit scharfen Augen zeigen oder auch als mechanische Teile, wie zum Beispiel eine Kurbel, mit der die ersten Automobile gestartet wurden. (Die Kurbel steht für den Druck, etwas zu tun, ohne vorherige Klarheit erlangt zu haben.)

Als nächstes zeigten sich *Dämonen* in der Meditation. Sie steckten hinter Stimmen, die uns wiederholt die von den Kobolden ausgegebenen Kommandos einhämmerten. Dämonen scheinen unsichtbar auf unseren Schultern zu stehen und uns ins Ohr zu flüstern. Sie können auch auf die Schulter von anderen Menschen überspringen. In Träumen können sich Dämonen unter anderem in der Gestalt von Hexen, Magiern sowie furchterregenden Tieren wie Riesenspinnen, Raubtieren, Schlangen und anderen Reptilien zeigen.

Drachen erschienen uns in der Meditation in Gestalt von gebieterischen Figuren wie zum Beispiel einem Richter, einem rachsüchtigen Monarchen, der von Kriegern umgeben war, oder sogar in Form eines Gerichtsgebäudes, in das wir gehen mussten, um unser Urteil entgegen zu nehmen. Sie drohten uns mit der Todesstrafe, falls wir ihren Befehlen nicht gehorchen sollten. Daran erkannten wir, dass sie für Tabus stehen und allgemein für Werte des kollektiven Egos, deren Nichtbeachtung Bestrafung nach sich zieht.

Schon bald nachdem wir die ersten dämonischen Elemente entdeckt hatten, machten wir eine zweite Entdeckung: Uns fiel auf, dass sie an Größe und Wichtigkeit zunahmen, wenn wir von ihnen sprachen, als seien sie "lebendige Wesen". Das geschieht zum Beispiel immer dann, wenn wir sie als "schlau", "aufregend" oder "angstmachend" bezeichnen oder auf andere Weise Fantasien über sie entwickeln. Ihre Kontrollmacht über uns wird auch erheblich gesteigert, wenn sie in Filmen, Science Fiction und Romanen zu Handlungsträgern gemacht werden. Der Weise half uns zu erkennen, dass sie ausschließlich die Produkte eines falschen Gebrauchs von Sprache sind sowie von Bildern, die durch Sprache erschaffen wurden. Dies gilt ganz besonders für eine Sprache, die die Dinge als tote Materie, ohne Gefühle und ohne Bewusstsein, darstellt oder die Funktionsweise aller Dinge auf mechanistische Prinzipien reduziert.

Der erste Schritt, um dämonischen Elementen ihre Energie zu entziehen, besteht darin, die Unwahrheit der Worte, Sätze und/oder

Bilder zu erkennen, denen sie ihre Existenz verdanken. Der zweite Schritt besteht darin, diese Worte, Sätze oder Bilder mit kosmischer Hilfe zu deprogrammieren. Auf diese Weise wird das Ego Wort für Wort und Satz für Satz auseinander genommen. Was beim Deprogrammieren geschieht, ist, dass wir die Zustimmung, die wir diesen Wörtern, Sätzen oder Bildern irgendwann einmal bewusst oder unbewusst gegeben haben, zurücknehmen (siehe Anhang 3: "Deprogrammieren").

Auch wenn wir meinen, wir hätten bestimmten Ideen und Glaubensvorstellungen nie unsere Zustimmung gegeben, haben wir sie doch quasi automatisch akzeptiert, indem wir nie ein bewusstes Nein zu ihnen gesagt haben. Wenn uns, zum Beispiel, jemand erzählt, er habe schwimmend den Atlantik überquert, dann sagen wir: "Nein, das ist nicht wahr." Wir nehmen eine solche Behauptung einfach nicht in unsere Psyche auf. Wenn uns jedoch eine Person, die Autorität besitzt, sagt, der Himmel sei in Gut und Böse geteilt, dann wissen wir nicht, was wir glauben sollen; so absorbieren wir diese Idee als "möglicherweise wahr", wodurch sie automatisch in unserer Psyche gespeichert wird.

Die oben genannten dämonischen Elemente können einzeln in unserer Psyche tätig sein oder in Verbindung mit anderen Arten von dämonischen Elementen sogenannte Ego-Komplexe bilden (siehe Kapitel 13).

Berechtigte Ängste

Wir wir weiter oben gezeigt haben, ist die Angst, nach innen zu schauen, um zu erkennen, wer wir sind, eine Wächterfunktion des Egos. Alle vom Ego erzeugten Ängste haben den Zweck, unser wahres Selbst im Kerker des Unterbewusstseins gefangen zu halten, und die Kontrolle durch das Ego zu sichern.

Es gibt jedoch auch berechtigte Ängste, die wir erkennen müssen. Sie kommen von unserem Körperbewusstsein und haben etwas damit zu tun, dass unser Verstand von den wichtigsten körperlichen Sinnen, die unser Frühwarnsystem darstellen, abgeschnitten ist. Aus dem Wissen heraus, dass seine Warnungen nicht zum Verstand durchdringen können, hämmert unser Körperbewusstsein gewissermaßen gegen die verschlossene Tür unseres Verstandes, um ihn wach zu rütteln. Die einzige Angst, die berechtigt ist, liegt in dem Umstand, nicht zu wissen, wer wir wirklich sind.

Immer wiederkehrende Fragen nach der Identität des Weisen

Eine der Fragen, die sich dem Wanderer zu Beginn seiner Reise stellt, lautet: "Wer ist der Weise?" Aufgrund unserer Konditionierung kommen wir mit bestimmten vorgefertigten Vorstellungen über die innere, unsichtbare Welt. Daher erleben wir häufig, dass Menschen vermuten, der Weise sei entweder Gott oder der Teufel.

Während der ersten zwei Jahre, in denen Carol mit dem Weisen arbeitete, tauchte immer wieder die Frage nach der Identität des Weisen auf. In einer der ersten Meditationen, in der ihr der Weise erschien, war sein Gesicht ausdruckslos. Warum hatte er sich nicht zu erkennen gegeben? Eines Tages sollte sie eine Antwort auf ihre Frage bekommen:

Die Meditation begann damit, dass sie einen ziemlich fetten chinesischen Mandarin im Yogasitz sah. "Das ist doch sicher nicht der Weise", dachte sie, als sie bemerkte, dass alles an ihm wie aus Plastik gefertigt aussah – mit Ausnahme der Augen, die lebendig waren, so als würden sie durch eine Maske schauen. Dann verschwand das Bild und an seine Stelle trat das eines westlichen Mannes mit aufgedunsenem Gesicht; auch er sah aus, als sei er aus Plastik, mit Ausnahme derselben lebendigen Augen. Wieder stellte sich das Gefühl ein: "Das kann doch nicht der Weise sein!" Sogleich wich auch dieses Bild einem anderen; diesmal war es das bekannte Bild von Jesus am Fluß, wie er seine Hand ausstreckt und sagt: "Lasset die Kindlein zu mir kommen, denn ihrer ist das Himmelreich." Spontan wollte Carol seine Knie umschlingen, doch zu ihrer Enttäuschung löste sich das Bild sogleich in Luft auf. Voller Verwunderung fragte sie sich, was das Ganze wohl bedeuten sollte. Da erklärte ihr der Weise mit geduldiger Stimme, die Menschen brauchten Bilder, um zu verstehen, doch alle diese Bilder seien unzutreffend. "Wenn du verstehen möchtest, was meiner Beschreibung am nächsten kommt", so fuhr die Stimme fort, "dann ist es dies": Augenblicklich füllte eine Kugel aus Licht ihr ganzes Gesichtsfeld; dann begann sich das Licht langsam in Richtung Himmel zurückzuziehen, bis es ein heller Stern inmitten von Millarden anderer Sterne war.

Viele Jahre später, als wir gelernt hatten, den Weisen direkt über die Bedeutung dieses Bildes zu befragen, gab er uns zu verstehen, dass die Millarden Sterne die unsichtbaren kosmischen Helfer repräsentieren, wobei der Weise nur einer von ihnen ist.

Was Hanna anging, so hatte sie eine andere Frage zur Identität des Weisen: Sollte sie den Weisen als einen Meister, also wie einen unsichtbaren Guru betrachten, oder eher als einen Diener, wie der dienstbare Geist in der Geschichte von Aladin mit der Wunderlampe?

Der Weise beantwortete ihre Frage durch einen Traum: Darin befand sie sich in der Bahnhofsgaststätte von Heidelberg. Es ging lebhaft zu: Der Raum war mit Menschen bevölkert, die an Tischen saßen, sich unterhielten und ihr Bier tranken. Zu ihrer Rechten war die Theke, an der das Bier ausgeschenkt wurde. Ihre Aufmerksamkeit fiel auf einen jungen Mann, der das Bier zu den Tischen brachte. Da flüsterte ihr jemand ins Ohr: "Übrigens, das ist der Bürgermeister von Heidelberg." Damit endete der Traum. Hanna wußte sofort, dass der Traum ihre Frage, ob der Weise ein Meister oder ein dienstbarer Geist sei, beantwortet hatte. Die Tatsache, dass der Bürgermeister den Bürgern Bier servierte, hob sie mit einem Schlag aus ihrem Entweder-Oder-Denken – Meister oder Diener – heraus. Der Traum hatte ihr gezeigt, wie der Weise die Wanderer auf ihrer Reise mit Nahrung versorgt und sie über die Falschheit von Begriffen wie "entweder/oder" belehrt.

Obwohl sich der Weise in diesem Traum in der Gestalt eines Mannes gezeigt hatte, zeigte er sich in anderen Träumen als Frau. Später erklärte er uns, dass er immer dann das Bild eines Menschen annimmt, wenn dies die einzige Art und Weise ist, die es uns erlaubt, uns zum Weisen in Beziehung zu setzen. Mit der Zeit lernten wir, dass der Weise jenseits jeder menschlichen Gestalt und jenseits von Geschlecht ist. Der Umstand, dass wir in diesem Buch die männliche Form verwenden, ist rein willkürlich gewählt.

Wie bereits an früherer Stelle erwähnt, kommt das, was die alten Griechen als "Genius" bezeichneten, noch am nächsten an das heran, was wir den "Weisen" nennen. Auch vom griechischen Genius hieß es, dass jeder Mensch ihn als inneren Lehrer und Führer besitzt. Der Weise hat seinen Sitz in der Psyche des Menschen. Dort erfüllt er unter anderem die folgenden Funktionen:

- Er hilft uns, in Einklang mit unserer wahren Natur und damit mit dem Kosmos zu kommen.
- Er belehrt uns über die Natur des Kosmos.
- Er zeigt uns die innere Wahrheit einer Situation.
- Er zieht die anderen Helfer heran, die wir zur Erfüllung einer bestimmten Aufgabe benötigen.
- Er hilft, unsere Psyche von Ego-Elementen zu befreien, und zwar in

der ökonomischsten Reihenfolge und ohne unseren Verstand dabei zu überwältigen.

- Er macht uns darauf aufmerksam, wenn wir im Begriff sind, ein widriges Schicksal zu erschaffen, oder dies bereits getan haben.

Obwohl uns der Weise auf unsere ausdrückliche Bitte hin alle diese wunderbaren Hilfeleistungen gewährt, ist es nicht seine Art, "den Meister zu spielen". Er betrachtet sich weder als uns überlegen, noch läßt er zu, dass wir ihn wie einen Diener behandeln. Wenn dies dennoch geschieht, zieht sich der Weise von allen Fragen zurück und bleibt wartend auf der Seite, bis wir wieder eine bescheidene Haltung angenommen haben.

Der Rückzug des Weisen wird oft als Bestrafung für einen Fehler, den wir gemacht haben, mißverstanden. Die Vorstellung der Bestrafung gehört zu dem alten Glauben an eine in Willkür herrschende höhere Macht. Tatsache ist jedoch, dass es keine Hierarchie in der kosmischen Ordnung gibt und dass der Kosmos keine Macht gebraucht. Er erzeugt alles durch sein System von Harmonieprinzipien und stellt damit seine Dauer sicher. Alle auf Hierarchie- und Machtbegriffen beruhenden Ideen kommen vom kollektiven Ego und sind die Ursache von Problemen und Konflikten in unserem Leben. Der Weise zieht sich zurück, wenn wir dem Ego erlauben, unser Verhalten zu dominieren, weil er als kosmischer Helfer keine gemeinsame Sache mit dem Ego machen kann.

Der Weise ist der erste von zahlreichen Helfern, denen wir auf unserer inneren Reise begegnen. Solange wir mit uns im Einklang sind, befindet sich der Weise *in* uns. Wenn wir jedoch vom Ego beherrscht sind, wartet der Weise draußen, an unserer Seite. In dieser Lage kann er uns nicht helfen, bis wir zu einer Haltung der Bescheidenheit zurückkehren.

Der Aufbau von Vertrauen

Es gehört zu den Erfahrungen auf unserem Weg, dass uns immer wieder Gelegenheit geboten wird, unser angeborenes Vertrauen in die Gütigkeit des Lebens wiederherzustellen. In diesem Ver-trauen macht das Kind seine ersten Schritte. Fehler, die es beim Laufenlernen macht, lassen das Kind nicht an sich selbst zweifeln. Es fährt einfach in seinem Bemühen fort. Mit dem Vertrauen, von dem wir sprechen, ist es ähnlich. Es ist ein passiver Zustand, in dem wir frei sind von Selbstzweifeln und frei von Zweifeln an der Güte des Kosmos.

Dieses Vertrauen, das nicht mit blindem Glauben zu verwechseln ist, ist ein Zustand des inneren Wissens, dass es Hilfe für uns gibt, wenn wir darum bitten, und dass es Hilfe für uns gibt, unseren Weg wiederzufinden, wenn wir ihn verlieren sollten. Dieses Vertrauen läßt sich nicht durch Absichtserklärungen herstellen, indem wir beschließen: "Jetzt werde ich vertrauen". Es erfordert vielmehr, dass wir uns von den Zweifeln an uns selbst und an der Güte des Kosmos befreien, indem wir sie deprogrammieren.

Kapitel 7

Der Pfad des Wanderers

Der einsame Pfad

Der Pfad, der zur Erfüllung unseres einzigartigen kosmischen Schicksals führt, ist notwendigerweise ein Pfad, den noch niemand vor uns betreten hat. Es mag sein, dass wir versucht sind, zu anderen zu schauen, die ihren Pfad bereits gefunden haben, in der Hoffnung, wir könnten ihrem Beispiel folgen. Doch diese Hoffnung trügt. Es geht darum, unseren einzigartigen Pfad zu gehen. Dabei sind wir aber nicht allein, weil wir eine aktive Beziehung zum Weisen und zu den anderen unsichtbaren Helfern entwickeln.

Der innere Pfad des Wanderers wird im I Ging als ein Pfad beschrieben, der zu "großem Erfolg" führt (Hexagramm 46, *Das Empordringen/Emporgehobenwerden*). In diesem Hexagramm werden auch die Bedingungen beschrieben, die solchen Erfolg möglich machen. Im ersten Absatz wird der Zweck der Wanderung nach innen und die Art und Weise, wie sie auszuführen ist, folgendermaßen beschrieben:

Das kosmische Thema dieses Hexagramms ist die Art, wie die innere Entwicklung eines Menschen zur Erfüllung seines Lebens führt. Großer Erfolg wird dadurch erreicht, dass der Betreffende sein wahres Selbst Schritt für Schritt von dem falschen mentalen Programm des kollektiven Egos befreit. Jedes Entfernen eines falschen Keimsatzes oder Bildes hat eine Transformation zur Folge, durch die der Betroffene von den Helfern der unsichtbaren Welt metaphorisch betrachtet "emporgehoben" wird.

Von den Helfern emporgehoben zu werden, heißt, aus den Schwierigkeiten herausgehoben zu werden, die durch die fehlgeleiteten Ideen verursacht wurden, die wir nun hinter uns lassen.

Der nächste Absatz beschreibt zwei Arten von Pfaden: den Pfad des Wanderers, der seiner inneren Wahrheit folgt, und den Pfad, der bereits von anderen ausgetreten wurde.

Wer dieses Hexagramm erhält, dem wird gesagt, dass er sich entscheiden muss, welchem dieser beiden Wege er folgen will. Sein Wille wird sich nach seiner Entscheidung richten: Wählt er den Weg seines einzigartigen Schicksals, einen Weg, den er allein betritt, indem er seiner inneren Wahrheit folgt, oder wählt er einen Weg, den "uralte Weisheit" ihm anzubieten hat und der bereits von anderen ausgetreten ist?

Der nächste Absatz beschreibt die Tricks und Manipulationsversuche des Egos, um einen Menschen davon abzuhalten, seinen einzigartigen Pfad weiter zu verfolgen oder ihn gar nicht erst zu beschreiten:

"Bezogen auf das individuelle Ego macht dieses Hexagramm auf dessen Bestreben aufmerksam, die Kontrolle über die Persönlichkeit zu behalten. Was das Ego am meisten fürchtet, ist eine Selbstprüfung des Einzelnen, in deren Verlauf er die Tricks und Manipulationen des Egos erkennt. Aus diesem Grund wendet das Ego einen neuen Trick an, sobald ein Mensch beschlossen hat, etwas zu unternehmen, um sein wahres Selbst zu befreien: Es schließt sich dieser Unternehmung mit ganzer Kraft an. Hatte es sich einst mit Eifer weltliche Ziele (Ruhm, Macht, Erfolg) gesetzt, so weist es diese nun mit demselben Eifer zurück und schreibt sich stattdessen die Werte, die mit Selbstentwicklung verbunden sind, auf die Fahne: Bescheidenheit, Wahrhaftigkeit, Spiritualität und Hingabe. Dann geht es ans Werk und treibt den Einzelnen wenn nötig bis in den Tod, um seine Hingabefähigkeit zu beweisen. Der Sinn vieler asketischer Praktiken und komplizierter Rituale, die mit Selbstverwirklichung verbunden werden, besteht darin, den Einzelnen davon abzulenken, dass der wirkliche Zugang zum Weisen einfach und direkt sein kann. Die Lektionen, die wir vom Weisen lernen, fühlen sich bei jedem Schritt befreiend an, während das Selbstverwirklichungsprogramm des Egos den Betreffenden mit jedem Schritt mehr versklavt. Das Egos ist immer zielorientiert. Dies zu erkennen, ist eine Möglichkeit, seiner Anwesenheit und seinen trickreichen Manipulationen auf die Spur zu kommen. Die Mittel, die es anwendet, um "emporzudringen", gehören zu seinem spirituellen Anpassungsprogramm, das es ihm erlaubt, sich immer mit dem Menschen zu drehen und zu wenden, in genau dem Maße, wie dieser versucht, sich vom Ego zu befreien."

Viele Menschen, die sich auf den Weg machen, ihr wahres Selbst zu befreien, verspüren den starken Wunsch, einer Gruppe beizutreten. Doch ist der Pfad des Wanderers ein Pfad, den niemand vor ihm betreten hat, denn er entsteht ja in Wirklichkeit erst, indem der Betreffende ihn geht. Diese Voraussetzung gilt notwendigerweise, denn würde er einem Pfad folgen, den andere erschaffen haben, so wären seine Erfahrungen durch diese anderen vorgeprägt, und der Pfad wäre nie wirklich sein eigener.

Ein Beispiel dafür war die Art und Weise, wie Carol lernte zu meditieren. Was das I Ging sie darüber lehrte, unterschied sich von allen Methoden der Meditation, von denen sie gehört hatte. Als sie einmal anderen etwas beschrieb, das sie in ihrer Meditation erlebt hatte, rief eine Zuhörerin voreilig aus: "O, das ist eine Kundalini-Erfahrung!" Carol fühlte sich ihrer einzigartigen Erfahrung beraubt. Die Zuhörerin hatte es zu etwas anderem gemacht. Carol bemerkte auch, dass es der Frau ein Überlegenheitsgefühl gab, weil sie angeblich bereits "wusste", was Carol erfahren hatte.

Die Landschaft der Psyche

Träume und Meditationen führen den Wanderer auf dem Pfad durch die Landschaft seiner Psyche. So träumen wir vielleicht davon, in einem Kanu einen Fluss hinunter zu paddeln; Stromschnellen verweisen auf Hindernisse unter Wasser, gefolgt von friedlichen Strecken von großer landschaftlicher Schönheit. So können Bilder, die wir in unserer Meditation sehen, für Hindernisse in unserer Haltung stehen, die sich plötzlich in Nichts auflösen, wenn wir erkannt haben, dass wir kosmische Hilfe brauchen. Oder wir sehen vielleicht ein ausgebranntes Haus, das für eine Beziehung steht, die ausgebrannt ist. In einem Traum erlebte Carol sich als ein Vogel, der um einen Berg schwebte. Während sie so flog, zeigte ihr der Weise, dass in dem Berg zahlreiche verborgene Schätze lagerten. Da kam ihr Hexagramm 52, *Das Meditieren*, in den Sinn. Dieses Hexagramm zeigt einen Berg als Metapher für einen Zustand der inneren Ruhe; dieser Zustand ist die Voraussetzung, um Meditationserfahrungen zu empfangen; der Traum gab ihr die Botschaft, dass sie durch Meditieren die Antworten auf ihre vielen Fragen erhalten konnte. Andere Träume und Meditationen machten sie auf bestimmte Bereiche in ihrem Denken aufmerksam, die Beachtung verlangten.

Solche Träume und Meditationserfahrungen kommen vom Weisen, der den Wanderer auf seiner inneren Reise begleitet. Hanna erinnert sich an Träume, in denen ihr Pfad direkt in ein Haus führte, wo sie flüchtig einen Mann sah, der dort zu leben schien. Sie dachte, sie sei ungebeten in sein Haus eingetreten, und entschuldigte sich dafür. Erst viele Jahre später erfuhr sie, dass dieser Mann ein Helfer ihrer Psyche war, der darauf wartete, ihr behilflich sein zu können; leider war es ihm nicht möglich, ihr zu helfen, weil sie unter der falschen Zuschreibung stand: "Es gibt für uns keine Hilfe vom Kosmos." (Eine falsche Zuschreibung ist ein Satz oder ein Bild, der einen Zustand der Lähmung in einem bestimmten Bereich der Psyche erzeugt, sodass wir nach einem fixen Verhaltensmuster agieren oder reagieren; eine genauere Beschreibung findet sich in Kapitel 10.)

Ein typisches Traummotiv zeigt den Wanderer, wie er, nachdem er mühsam einem steilen Pfad den Berg hinauf gefolgt ist, nahe daran ist aufzugeben. Der Traum möchte ihm zeigen, dass er den kosmischen Weg zur Befreiung als einen Weg des mühsamen Empordringens mißverstanden hat, wie im obigen Zitat aus Hexagramm 46 beschrieben. In der Regel gilt, dass Träume, in denen der Wanderer frustriert wird oder die ihn wütend machen oder in einer schwierigen Lage zeigen, aus der er sich nicht befreien kann, ein Hinweis auf eine falsche Zuschreibung sind, mit der er sich entweder selbst belegt hat, oder mit der andere ihn belegt haben (siehe auch die unten stehenden Beschreibungen unter "Der Morast").

Wenn der Wanderer in seinem Traum zu einer ausgebombten Stadt oder einem ausgebrannten Gebäudekomplex gelangt, dann zeigt ihm der Weise, dass ein Ego-Komplex (siehe Kapitel 13) entweder ausgebrannt ist oder durch den Schock eines widrigen Schicksals aus seiner Psyche entfernt worden ist.

Bisweilen kommt es auch vor, dass uns der Weise eine weite Aussicht über ein wunderschönes Tal gibt oder einen atemberaubenden Blick auf ein Land, das außerhalb unserer Reichweite zu sein scheint. Was uns gezeigt wird, ist ein Bild der wahren Landschaft unserer Psyche, wo unsere kosmische Familie auf uns wartet. Diese setzt sich aus den Helfern der uns umgebenden Natur, den kosmischen Helfern und den Helfern unserer eigenen Natur zusammen; sie alle warten darauf, uns beim Fortschreiten auf dem Pfad unseres einzigartigen kosmischen Schicksals zu helfen.

Der Morast

Das I Ging gebraucht die Metapher des "Schlamms" in verschiedenen Bedeutungszusammenhängen. Bisweilen wird der Zusammenhang deutlicher, wenn wir das Wort "Schlamm" durch "Morast" ersetzen, wie in dem Ausdruck "Ich stecke in einem Beziehungsmorast". Immer geht es um eine Störung durch das Ego, die unseren Fortschritt schwierig oder gar unmöglich macht. Generell bezieht sich die Erwähnung von Schlamm auf Selbstzweifel, Schuldgefühle, Ängste oder falsche Zuschreibungen.

Der Hinweis auf Schlamm im I Ging kann sich auf unbewusste

Schuldgefühle beziehen, weil wir unserer inneren Wahrheit gefolgt sind, anstatt einer höheren Macht, unseren Eltern, unserem Partner oder den Werten des Kollektivs, dem wir angehören, treu zu sein. Alle inneren Verträge und alle Versprechen erzeugen Schuldgefühle, wenn wir sie nicht erfüllen.

Das Waten durch Schlamm kann auch eine Metapher für Schuldgefühle sein, weil wir den Glaubensvorstellungen unserer Väter und Vorväter den Rücken gekehrt haben.

Ebenso kann Schlamm für die angesammelte Schuld für alle Fehler beziehungsweise "Sünden", die wir je im Leben begangen haben, stehen.

Alle oben genannten Arten von Schuld können uns trotz unserer Aufrichtigkeit am Fortschreiten hindern. Eine Frau, Ende Vierzig, die hilfesuchend zum I Ging kam, beschrieb ihre Lage so: "Ich möchte gern Dinge tun, die mir Erfüllung bringen, aber sobald ich den ersten Schritt machen will, zieht mich etwas nach hinten." Das I Ging deutete auf Schuldgefühle als Ursache ihres Problems hin. Diese Schuldgefühle hatten sich erstmals begonnen anzusammeln, als sie ihren eigenen Weg gehen wollte, ihre Eltern ihr aber bedeuteten, dass dies gleichbedeutend mit einem Verstoßen gegen ihre Wünsche war. Nachdem sie aus dem Elternhaus ausgezogen war, tat sie zwar zunehmend mehr Dinge für sich selbst, doch sammelten sich gleichzeitig immer mehr Schuldgefühle an, denn in den Augen der Eltern hieß "Dinge für sich selber tun" soviel wie "selbstsüchtig" sein. Zu dem Zeitpunkt, als sie Hilfe beim I Ging suchte, war der Morast ihrer Schuldgefühle so übermächtig geworden, dass er sie vollständig daran hinderte, auch nur den ersten Schritt in Richtung Selbsterfüllung zu tun.

Der Hinweis auf Schlamm kann auch für die lähmende Angst stehen, einen größeren Fehler zu begehen. Diese Angst äußert sich in dem erdrückenden Gedanken: "Was, wenn ich nach aller Mühe feststellen muß, dass ich mich geirrt haben? Dann würde ich feststecken." Wenn diese Angst nicht erkannt und deprogrammiert wird, kann sie den Wanderer dazu bringen, seine Reise aufzugeben.

In einem Traum sah sich Carol einmal mühsam durch Schlamm waten, der ihr bis zu den Knien reichte. Als sie sich umwandte, um zu sehen, woher sie gekommen war, wurde ihr klar, dass sie sich über viele Meilen auf diese Weise dahingeschleppt hatte. Rechts von sich sah sie eine Einfriedung, in der Menschen fröhlich lachend um einen Tisch herum saßen und sich gegenseitig von ihren guten Erfahrungen erzählten. Der Boden innerhalb der Einfriedung war fest und ohne jede Spur von Schlamm. Sie begriff, dass der Schlamm für ihre Schuldgefühle für alle Fehler stand, die sie im Laufe ihres Lebens gemacht hatte. Sie hatte diese Schuldgefühle Jahr für Jahr und Meile für Meile mit sich herumgeschleppt. Durch den Traum machte ihr der Weise klar, dass der Kosmos nicht will, dass wir uns für unsere Fehler schuldig fühlen, sondern dass unsere Fehler in den Händen des Weisen das Material sind, an dem wir lernen.

In einer ihrer frühen Meditationen, als Carol noch das I Ging in der Hoffnung befragte, Hilfe für die Wiederherstellung ihrer gescheiterten Ehe zu bekommen, sah sie, dass sie eine tiefe Schlucht auf einer vom Weisen gebauten Brücke überquert hatte. Sie hatte einen Ort erreicht, an dem es hell und sonnig war. Als sie sich umwandte, sah sie, dass es auf der anderen Seite dunkel und unheimlich war und dass die Straße, die zu der Brücke führte, knietief von Schlamm bedeckt war. Sie sah, wie ihr Mann dort feststeckte und rief ihm zu, doch auf ihre Seite herüber zu kommen. Er antwortete, das ginge nicht, weil seine Schuhe (ein Paar, das er vor kurzem als Schnäppchen zum Preis von $8 erworben hatte) im Schlamm feststeckten. Darauf rief sie ihm zu: "Warum läßt du deine Schuhe nicht einfach zurück und kommst herüber?" Darauf er: "Das geht nicht, ich mag meine Schuhe zu sehr." Die Schuhe, so gab ihr der Weise zu verstehen, standen sowohl für ein Selbstbild (der Schnäppchenjäger, der ein Paar Schuhe für $8 ersteht), als auch für die Art, wie er sich auf seine Schläue verließ, um Fortschritte im Leben zu machen.

Das Gefühl, im Schlamm festzustecken, kann auch ein Hinweis sein, dass wir unter der falschen Zuschreibung stehen: "Ich kann mich nicht ändern."

Von der Notwendigkeit, sich aus selbst erschaffenen Gefängnissen zu befreien

Der Kosmos stellt Gerechtigkeit durch das *Prinzip des Widrigen Schicksals* her. Am Beginn seiner Reise befindet sich der Wanderer im inneren Gefängnis seines widrigen Schicksals. Ein widriges Schicksal steht immer im exakten Verhältnis zu dem Vergehen, das es verursacht hat, und es kommt genau zur rechten Zeit, um den Wanderer auf die fehlgeleiteten Ideen und/oder Haltungen aufmerksam zu machen, die zu dieser Situation geführt haben; sein widriges Schicksal bietet ihm also die notwendige Gelegenheit zur Selbstberichtigung. Das widrige Schicksal ist im Übrigen in der Lage, alle schädlichen Auswirkungen des Vergehens zu heilen, weil es zu den Kosmischen Harmonieprinzipien gehört.

Der Gerechtigkeitsbegriff des Egos

Der Gerechtigkeitsbegriff des Egos unterscheidet sich grundlegend von dem, was der Kosmos unter Gerechtigkeit versteht, denn er dreht sich um unwahre Begriffe wie "das Böse", "Beschuldigung", "Schuld", "Bestrafung" und "Vergebung".

Der Begriff des *Bösen* unterteilt die Welt in Menschen, die wir als gut und solche, die wir als böse betrachten. Da die Vorstellung von dem, was böse ist, von einer Kultur zur anderen unterschiedlich ist, läuft es am Ende darauf hinaus, dass eine Kultur die andere als böse betrachtet. Ähnliche Unterschiede lassen sich auch innerhalb ein und derselben Kultur feststellen, wenn von "sozialen Schichten" die Rede ist. Jede Schicht hat ihre eigenen Werte, sodass es heißt: "Die oberste und die unterste Schicht haben keine Moral; es ist die Moral der Mittelschicht, die die Gesellschaft zusammenhält." Das heißt also auch, dass das Böse für jede Schicht unterschiedlich definiert ist.

Der Ego-Begriff der *Beschuldigung* ermächtigt den Einzelnen, andere Menschen im Auftrag einer höheren Macht zu beschuldigen. Wir glauben, es sei unsere Pflicht, die Dinge vom Standpunkt unseres Gottes aus zu beurteilen.

Der *Schuldbegriff* wiederum impliziert, der Mensch, der sich schuldig gemacht hat, sei mit einem unauslöschlichen Fleck behaftet. Ferner ist er mit dem Wort "unverzeihlich" verbunden.

Der *Strafbegriff* beruht auf der Idee, die Gesellschaft müsse im Auftrag einer höheren Macht handeln, solange der schuldige Mensch am Leben ist. Ferner gehört dazu die Glaubensvorstellung, die höhere Macht werde die Bestrafung nach dem Tod dieses Menschen fortsetzen.

Der Begriff der *Vergebung* vermittelt uns fälschlicherweise den Glauben, wir hätten die Wahl zu vergeben oder nicht zu vergeben. Dahinter steht die Vorstellung, über andere zu Gericht zu sitzen, als seien wir Gott. Aussprüche wie "das kann nie wieder gut gemacht werden" oder "diese Sache kann nie verziehen werden" sind Ausdruck der Vorstellung von Vergebung/Nichtvergebung. Vergeben gilt somit als Akt der Großherzigkeit, während Nichtvergeben als eine gerechtfertigte Anwendung von Macht gilt. Das I Ging macht uns hingegen darauf aufmerksam, dass sowohl Vergeben wie auch Nichtvergeben Selbstbilder erzeugt. Es vergleicht sie mit "den schönsten Kleidern" und führt uns die Folgen vor Augen, wenn wir uns solche Selbstbilder zu eigen machen: Sie werden zu "Lumpen":

Das Bild der "schönsten Kleider" kann auch eine Metapher für eine herrschsüchtige Haltung sein; der betreffende Mensch "spielt Gott", indem er sich anmaßt, anderen zu vergeben, sie zurechtzuweisen oder zu verdammen. Er verdammt jemanden zum Beispiel, indem er sagt: "Diesmal hast du wirklich versagt." Oder er meint, jemanden aus seinem widrigen Schicksal entlassen zu können, indem er ihm sagt: "Was du getan hast, war in Ordnung." Oder indem er jemandem verzeiht ... Solche Machtanmaßung kommt immer vom Ego und produziert das widrige Schicksal, das hier als "Lumpen" bezeichnet wird (Hexagramm 63, *Nach der Vollendung*, Platz 4).

Ebenso gehört zum Ego-Begriff von Gerechtigkeit das Festhalten an der Wut über den Fehltritt eines anderen, bis der Betreffende sich entschuldigt hat oder bis die Tat erfolgreich gesühnt wurde oder "die Rechnung beglichen" ist.

Diese Denkweise ist eine Erfindung des kollektiven Ego, das davon ausgeht, der Himmel oder eine höhere Macht habe es als Stellvertreter eingesetzt. Daraus leitet es das Mandat ab, Dinge der Gerechtigkeit in die eigenen Hände zu nehmen und Macht zu gebrauchen, um seine falschen Werte zu schützen. Aufgrund der widersprüchlichen Natur dieser Werte sind ständige Konflikte zwischen verschiedenen Parteien vorprogrammiert. Konflikte, so heißt es dann, seien "unvermeidlich Teil des Lebens". Alles, was oben beschrieben wurde, läßt keinen Zweifel daran, dass es sich um ein von Menschen errichtetes System handelt, das die Existenz der Kosmischen Harmonieprinzipien verleugnet, die für eine harmonische Ordnung sorgen würden.

Das Kosmische Harmonieprinzip der Gerechtigkeit

Dieses Prinzip wird in Hexagramm 56, *Der Wanderer*, beschrieben. Dort heißt es, dass jede Teilnahme an einem äußeren Konflikt ein widriges Schicksal erzeugt. Wir können hingegen das Ende eines widrigen Schicksals herbeiführen, indem wir ein inneres Nein zu den Ursachen des Konfliktes sowie zu jeglicher Beteiligung daran sagen und dann die Angelegenheit dem Kosmos übergeben.

Der Grund für das Andauern von Konflikten liegt in dem oben beschriebenen Ego-Begriff von Gerechtigkeit.

Widrige Schicksale werden aber nicht nur von äußeren, sondern auch von inneren Konflikten erzeugt. Kennzeichnend für innere Konflikte ist, dass sich der Betreffende unbewusst selbst bestraft. Eine Lektion, die eine Frau vom I Ging erhielt, mag dies verdeutlichen. Das I Ging gab ihr zu verstehen, sie habe ein widriges Schicksal erschaffen, das durch ihre Anklammerung an ihren Ehemann verursacht worden war; dieses Sich-Anklammern blockierte genau die Helfer, die dafür zuständig waren, die Beziehung vor der Trennung zu schützen. Auf der Suche nach der Ursache für ihre Anklammerung fanden wir sie in dem Umstand, dass sie ihre innere Wahrheit in den ersten Jahren nach dem Kennenlernen ihres Mannes verraten hatte. Dieser Selbstverrat produzierte die unbewusste Angst, "sie würde dafür mit einem widrigen Schicksal bezahlen müssen". In jenen ersten Jahren wohnte der Mann ihres Herzens sehr weit von ihr entfernt. Das Problem war, dass sie ihn liebte, während er unentschieden war. Um ihm die Entscheidung leichter zu machen, suchte sie einen Vorwand, um ab und zu in seiner Nähe sein zu können. Dazu knüpfte sie Beziehungen zu bestimmten Menschen in der Stadt an, in der er lebte. Obwohl sie wenig mit diesen Menschen gemein hatte, ergab sich dadurch die Möglichkeit, ihn ab und zu zu sehen. Später, als sie und der Mann ihres Herzens heirateten, ließ sie die Freunde fallen.

Das I Ging machte sie darauf aufmerksam, dass das Ego diesen Verrat aus ihrem Gesichtsfeld hatte verschwinden lassen, indem es ihr die Rechtfertigung zuspielte, der Verrat sei für den letztendlichen Erfolg notwendig gewesen. Doch ihr wahres Selbst wusste es besser. Es wusste auch, dass, wenn die Angelegenheit nicht gelöst würde, ein widriges Schicksal die Trennung bringen würde. Diese untergründige Angst war die Ursache für ihr Sich-Anklammern. Mit der ständigen Angst vor dem widrigen Schicksal bestrafte sie sich selbst.

Das I Ging machte der Frau klar, dass ihre Verfehlung nicht unwiderruflich war. Zunächst ging es darum, dass sie sich beim Kosmos für den Selbstverrat entschuldigte. Dann galt es, sich selbst zu verzeihen. Aus kosmischer Sicht gibt es keine Tat, die unverzeihlich ist. Wahre Reue führt zur vollständigen Löschung der Folgen der Verfehlung.

Diese Lektion lehrte uns etwas über Anhaftungen und ihre doppelschichtige Ursache: Die vermeintliche Ursache ist die Angst, das zu verlieren, woran wir uns klammern; doch die eigentliche Frage ist, was ist die Ursache für eben diese Verlustangst? Im vorliegenden Fall war es der Selbstverrat, der wiederum auf den falschen Glaubenssatz zurückging, "wenn man Erfolg haben will, muss man etwas im außen unternehmen." Dieser Glaube ist entweder mit der Idee, es gebe keine Hilfe vom Kosmos, selbst wenn unser Ziel gerechtfertigt ist, verknüpft, oder mit der Idee, die Helfer seien in ihren Fähigkeiten begrenzt.

In der kosmischen Ordnung werden Verfehlungen weder durch Strafen noch durch Vergebung berichtigt. Die Berichtigung geschieht im Menschen selbst, und zwar durch die psychische Funktion der *Selbstberichtigung*, es sei denn, diese Funktion ist durch die Einmischung des Egos gestört. Ihr gesundes Funktionieren läßt sich verkürzt wie folgt beschreiben: Unser Gewissen, das zur Spiegelfunktion unserer Psyche gehört, zündet Bilder unserer Missetat als Funken in unserem Geist und bewirkt dadurch, dass wir uns schämen und verwirrt sind. Diese Gefühle wiederum führen zu Reue; Reue vermag das Nagen unseres Gewissens abzuschalten und unseren Geist wieder mit dem Kosmos zu vereinen (siehe auch die detaillierte Beschreibung dieser Funktion in Kapitel 8).

Wenn ein Mensch einem anderen absichtlich Schaden zugefügt oder wenn er sein wahres Selbst verraten hat, dann hat er eine Verfehlung begangen, die in Wirklichkeit die Beziehung zwischen seinem Geist und dem Kosmos betrifft. Er kann seine Schuld dadurch löschen, dass er seine Tat bereut, sich vom Schuldbegriff des Egos befreit und die Ideen und Glaubensvorstellungen deprogrammiert, die ihn zu seiner Tat veranlasst haben. Dann kann die Lage vom Kosmos bereinigt werden. Dazu muss gesagt werden, dass, wenn die geschädigte Partei an ihrem Groll über das Geschehene festhält, dies die Fähigkeit des Kosmos einschränkt, die Sache zu berichtigen. Für beide Parteien besteht die Lösung darin, ihre Beziehung zum Kosmos in Bezug auf das, was geschehen ist, in Ordnung zu bringen. Je eher das Opfer die Angelegenheit vollständig dem Kosmos übergibt, desto rascher kann kosmische Gerechtigkeit greifen; dann geschieht die Berichtigung scheinbar "wie von ganz allein".

Wut spielt bei jeder ungerechten Tat eine wichtige Rolle. Damit sie dieser Rolle gerecht werden kann, muss sie zunächst in ihrer kosmischen Funktion richtig verstanden werden. Diese lässt sich wie folgt beschreiben: Wenn wir das Opfer einer ungerechten Handlung sind, dann fließt uns Wutenergie vom Kosmos zu. Diese Wutenergie will uns darauf aufmerksam machen, dass es gilt, ein inneres Nein zu dem Täter für das, was er getan hat, zu sagen; anschließend geben wir unsere Wut an den Kosmos zurück. Dies ermöglicht es dann dem Kosmos, die Wutenergie zu transformieren und für folgende Zwecke zu verwenden: zum einen, um dem Opfer Erleichterung zu bringen, und zum zweiten, um den Täter zum genau richtigen Zeitpunkt und in dem genau angemessenen Maß zu korrigieren.

Bevor eine Person, die das Opfer einer Ungerechtigkeit geworden ist, ihre Wut loslassen kann, muß sie unter Umständen ein dämonisches Element deprogrammieren, das den Namen "Das Unverzeihliche" trägt. Es handelt sich dabei um eine Mischung aus einem Kobold, einem Dämon und einem Drachen. Dieses dämonische Element kann sich in dem Satz ausdrücken: "Ich kann mir selbst (meiner Mutter, der Gesellschaft usw.) nie verzeihen ..." Es spielt in allem nachtragenden Verhalten und in allen Fehden eine Rolle und ist eine der Ursachen für zunehmende Entfremdung zwischen verschiedenen Parteien.

Dasselbe dämonische Element kann auch im Täter vorhanden sein. Menschen, die anderen Leiden zufügen, waren häufig selber in ihrer Kindheit das Opfer einer ungerechten Tat. Dies hat dann zu dem unbewussten Wunsch geführt, es anderen "heimzuzahlen". Um sich von der traumatischen Erinnerung an das ursprüngliche Erlebnis zu befreien, gilt es dieses zu identifizieren und mitsamt dem dämonischen Element zu deprogrammieren (siehe Kapitel 18: "Die schmerzlose Befreiung von traumatischen Erinnerungen").

Weit verbreitete fehlgeleitete Ideen, die am Beginn der inneren Reise deprogrammiert werden müssen

Am Beginn unserer inneren Reise sind wir uns gewöhnlich nicht bewusst, wie sehr die Konditionierung, die wir als Kind erfahren haben, uns im Wege steht, einen neuen Anfang zu machen.

Das erste Hindernis ist die Ego-Definition von "Selbstentwicklung". Sie beruht auf folgenden falschen Prämissen über un-sere wahre Natur:

- "Die Natur des Menschen ist in eine gute/höhere/spirituelle und eine

böse/niedrige Tier- beziehungsweise Triebnatur geteilt."
- "Wir besitzen keine natürlichen Tugenden."
- "Wir sind schuldig, weil wir mit einer Tier- beziehungsweise Triebnatur geboren sind."
- "Es gibt keine Hilfe vom Kosmos."

Ausgehend von den obigen Prämissen, schlägt das kollektive Ego folgenden Maßnahmenkatalog vor, um die vermeintlichen Mängel zu überwinden:
- "Wir müssen nach dem Guten streben (gemäß der Ego-Definition von "gut")."
- "Wir müssen Tugenden beziehungsweise unsere spirituelle Natur entwickeln."
- "Um uns von Schuld zu befreien, müssen wir unsere Tiernatur verleugnen/überwinden, indem wir sie mitsamt ihren Bedürfnissen opfern."
- "Wir müssen alles selber machen."

Wenn wir uns die Prämissen anschauen, auf denen das Selbstentwicklungsprogramm des Egos beruht, dann fällt uns auf, dass es dieselben sind, die dazu benutzt wurden, unsere wahre Natur im frühen Kindesalter zu unterdrücken. Aus diesem Grund sind sie die ersten Ideen, die wir deprogrammieren müssen (siehe Anhang 3: "Das Deprogrammieren").

Das Warten

Es gibt Zeiten, in denen es angesagt ist zu warten, während Transformationen im Gange sind. In solchen Zeiten erscheint das Ego auf der Bühne mit Zweifeln und Bemerkungen wie diesen: "Du spinnst, wenn du denkst, du könntest auf diese Weise etwas bewegen." Oder es sagt, der Kosmos habe "gelogen", weil er nicht "das Wunder vollbracht hat", auf das das Ego wartet. Aber der Kosmos operiert nicht mit Wundern, sondern bedient sich des Mittels der Transformation.

Das I Ging macht uns darauf aufmerksam, dass vom Ego kommende Forderungen nach sichtbaren Beweisen das Ziel verfolgen, uns ungeduldig werden zu lassen und dem Drängen des Egos trotz mangelnder Klarheit zu handeln, nachzugeben. Es drängt uns zu handeln aus dem einzigen Grund, dass Handeln besser wäre als "Nichtstun". Die Logik des Ego kennt nur zwei Alternativen. Hanna hat im ersten Kapitel beschrieben, wie sie geglaubt hatte, nur die Wahl zwischen zwei Möglichkeiten zu haben: entweder die angebotene Stelle, die Sicherheit und gesellschaftlichen Erfolg versprach, anzunehmen, obwohl sich die Sache für sie nicht richtig anfühlte, oder keine Arbeit, kein Geld und keine Sicherheit zu haben. Die Lösung lag auf einer völlig anderen Ebene, wie es typisch ist, wenn wir mit dem Kosmos arbeiten. Auf Vorschlag ihres Therapeuten definierte sie die negativen Bilder so um, dass aus "keine Arbeit" "Zeit für mich an einem Ort meiner Träume" wurde; "kein Geld" wurde zu einer Gelegenheit, Dinge zu verkaufen, die sie nicht mehr brauchte; "keine Sicherheit" wurde zur Aussicht, etwas zu finden, das ihr wirkliche Erfüllung bringen würde.

An dieser Stelle möchten wir jedoch nicht dem Irrglauben das Wort reden, Warten würde bedeuten, sich zurückzulehnen und nichts zu tun. *Inneres* Handeln ist angesagt, und zwar, indem wir zunächst einmal den Kosmos um Hilfe bitten. Außerdem halten wir unseren Geist offen für neue Gelegenheiten, auf die uns die Helfer aufmerksam machen wollen. Diese Gelegenheiten fallen häufig nicht in die Kategorien, in denen wir die Lösung gesucht haben; doch sind sie genau auf unsere momentanen Bedürfnisse und Umstände zugeschnitten. Wenn wir bereits ein zu genaues Bild von der Lösung vor Augen haben, dann blockieren wir diese Gelegenheiten.

Egoverhalten, das unsere Beziehung zum Weisen stört

Es ist wichtig, dass wir uns die verschiedenen Formen von Egoverhalten bewusst machen, die unsere Beziehung zum Weisen stören würden. Unser mangelndes Wissen, was die Kosmischen Harmonieprinzipien betrifft, läßt uns leicht in solches Verhalten fallen, und wir wundern uns dann, warum wir uns plötzlich so allein fühlen. Hier einige Beispiele aus unserer persönlichen Erfahrung:

- Wir sind der Meinung, wir müßten einen Handel mit dem Weisen abschließen, um seine Hilfe zu gewinnen, nach dem Motto: "Wenn ich mein Leben ganz dem Weisen widme, dann sieht der Weise, wie ergeben ich ihm bin und wird mir helfen." Tatsache ist jedoch, dass der Weise nicht auf Verträge, gleich welcher Art, reagieren kann; er reagiert nur auf Bescheidenheit und Aufrichtigkeit, und gewährt seine Hilfe nur als freies Geschenk.
- Wir erzählen anderen Menschen, die nicht genügend Offenheit besitzen, von der Hilfe, die wir vom Kosmos erfahren haben; damit werfen wir unsere kosmischen Geschenke weg. Der Weise und die

Helfer ziehen sich zurück, wenn wir so handeln.

- Wir meinen, etwas Besonderes zu sein, weil wir bestimmte Erkenntnisse vom Weisen empfangen haben. Das I Ging nennt dies "falsche Begeisterung" (Hexagramm 16). Dieses Verhalten verstößt gegen das *Kosmische Harmonieprinzip der Bescheidenheit.*
- Wir missionieren und wollen die Welt retten. Wir kommen in diese Versuchung, wenn wir die Erfahrung gemacht haben, wie leicht wir die Helfer zur Mithilfe bewegen können und wie wirksam ihre Hilfe ist. Dies gibt dem Ego Auftrieb, das uns damit schmeichelt, nun seien wir "wissend" oder dazu berufen, die Welt zu retten, oder wir gehörten zu den wenigen, die Zugang zum Kosmos haben.
- Wir teilen den geläufigen Glauben, Selbstentfaltung sei die spirituelle Suche nach "der Wahrheit". In Wahrheit jedoch besteht der Pfad des Wanderers darin, nach den *Unwahrheiten* zu suchen, die unser wahres Selbst eingesperrt haben, und die uns am Zugang zu unserer inneren Wahrheit hindern. Diese Unwahrheiten gilt es zu finden, um sie zu deprogrammieren.
- Wir beglückwünschen uns für Erfolge, die wir nur dank der Helfer erreichen konnten.
- Wir sehen uns als besser als andere, "weil wir daran arbeiten, unser wahres Selbst zu befreien". Diese Sichtweise ist oft damit verbunden, dass wir andere, die noch mehr am kollektiven Ego hängen, kritisieren. Selbstschmeichelei ist eines der direktesten Mittel für das Ego, die Herrschaft über unsere Persönlichkeit wiederzugewinnen. Sie verleitet uns auch zu falschem Selbstvertrauen, das uns blind für Gefahren macht.
- Das Ego versucht immer wieder, uns zu "Abkürzungen" zu verlocken, wenn es darum geht, uns im Alltag die Zeit zu nehmen, die innere Wahrheit einer Sache herauszufinden. Infolgedessen fällen wir Urteile aufgrund der äußeren Erscheinung der Angelegenheit. Eine andere Seite dieser Gewohnheit ist, dass wir uns Glaubensvorstellungen zu eigen machen, ohne sie im Lichte unserer inneren Wahrheit zu prüfen.

Der falsche Glaube an das Gesetz vom ewigen Wandel

Jedesmal, wenn wir in eine der im letzten Abschnitt genannten Fallen tappen, erzeugen wir ein widriges Schicksal. Es kann sein, dass wir uns nicht bewusst sind, dass unser Mißgeschick das Ergebnis eines Ego-Verhaltens ist, das wir praktiziert haben. Der Grund dafür, dass wir hier keine Verbindung gezogen haben, liegt in der oberflächlichen Sichtweise, die besagt, "Das Leben unterliegt dem Gesetz des ewigen Wandels", das heißt, es bestehe aus einer Folge von Auf- und Ab-Bewegungen, in der Glück und Unglück sich ständig abwechseln. Das I Ging lehrt uns jedoch, dass nicht ewiger Wandel, sondern das *Kosmische Harmonieprinzip der Dauer* unser Leben bestimmt, wenn wir es im Einklang mit dem Kosmos leben. Diese Dauer wird durch das *Prinzip der Transformation* gewährleistet, welche im Bereich des Atoms stattfindet. Transformationen sind das Ergebnis von Gedanken und Handlungen, die im Einklang mit dem Kosmos sind. Zu diesen Handlungen gehört zum Beispiel, dass wir innerlich zurückweisen, was sich unharmonisch anfühlt, indem wir ein inneres Nein dazu sagen.

Der Glaube an das Gesetz vom ewigen Wandel kann leicht zu einer bedrückenden Einstellung dem Leben gegenüber führen, obwohl dies nicht charakterisch für das Alte China war. Alle 64 Hexagramme zeigen, wie wir widrige Schicksale – und Schwierigkeiten im Allgemeinen – überwinden können. Im Unterschied dazu haben deprimierende Glaubensvorstellungen wie die, wonach das Leben Leiden sei, Glaubenssysteme in der übrigen Welt von Indien westwärts bis zum neu-amerikanischen Kontinent geprägt.

Mythen über das Leben, die den Wanderer herausfordern

Fehlgeleitete Ideen über Sinn und Bedeutung des Lebens waren seit ältesten Zeiten der Stoff von Mythen. Da ist zum Beispiel der Mythos von der Sphinx, einem Dämon, der dem Wanderer ein Rätsel aufgab. War dieser unfähig, es zu lösen, so wurde er von der Sphinx durch Zauber festgebunden und erwürgt. Dieser Mythos hat durch Sätze wie: "Das Leben ist ein Rätsel" oder "Das Leben ist eine Herausforderung" Eingang in unsere Umgangssprache gefunden. Der erste Satz impliziert, wir müssten das Rätsel lösen, um das Leben zu meistern, während der zweite unterstellt, das Leben sei ein Kampf.

Tatsächlich bleibt das Leben ein Rätsel und eine Herausforderung für den Verstand, solange dieser von unseren wahren Gefühlen und von dem, was wir als innere Wahrheit besitzen, getrennt ist. Die Idee des Rätsels verfolgt den Zweck, den Verstand dazu zu verlocken, ein Problem zu lösen, das ausschließlich dazu erfunden wurde, unseren Verstand zu kitzeln und zu beschäftigen, damit die Unwahrheit der oben beschriebenen Verleumdungen nie hinterfragt wird. Die wirkliche Antwort besteht darin, unsere Psyche von diesen fehlgeleiteten Ideen zu befreien und damit dem Angstdämon seine Herrschaft über uns zu entziehen.

Dasselbe kann zum Umgang mit Hemmnissen im Leben gesagt werden. Als Carol sich einmal einem Berg von schier unüberwindlichen Hemmnissen gegenüber sah, erhielt sie Hexagramm 39, das den Namen "Das Umgehen mit Hemmnissen" trägt. Es zeigt das Bild eines Bergpfades, auf dem es kein Fortkommen mehr gibt, weil sich der Wanderer vorn einer steilen Wand gegenüber sieht, während sich hinter ihm ein Abgrund auftut. Das Hexagramm gibt den Rat, sich aus dem Kampf mit dem Hemmnis zurückzuziehen. 'Was heißt das konkret?' fragte sie sich. Während sie darüber meditierte, sah sie noch einmal dieses Bild und den blockierten Pfad. Es war klar, dass es keinen Weg um das Hemmnis herum gab. Dann kam Klarheit durch das Wort "Annahme", was für sie das Annehmen der Tatsache bedeutete, dass sie in einer Klemme steckte und *Hilfe brauchte*. Sobald sie dies erkannt hatte, verschwand das Hemmnis. Die kosmischen Helfer hatten es ganz einfach beseitigt. Und genau das sollte sich kurz darauf auch in ihrer äußeren Situation bewahrheiten: Hilfe kam aus unerwarteten Richtungen, sodass das Hemmnis einfach verschwand. Irgendwann später wurde ihr klar, dass es die fehlgeleitete Idee "Ich muß alles selber machen" war, die das Hemmnis erzeugt hatte, weil diese Idee den Weisen und die anderen Helfer ausschloß.

Mythen über den Sinn des Lebens existieren in einer solchen Fülle, dass sie den Verstand des Wanderers plagen, solange er sich mit der Frage "Was ist der Sinn des Lebens?" beschäftigt. Ohne Zweifel besteht der einzige Zweck solcher Spekulationen darin, unseren Verstand mit theoretischen Situationen beschäftigt zu halten. Aus eigener Erfahrung können wir sagen, dass der Weise nie auf rein theoretische Fragen antwortet. Da solche Fragen sich außerhalb des Bereichs der Erfahrung bewegen und vom Verstand nicht beantwortet werden können, wird leider allzu leicht die zynische Schlußfolgerungen gezogen: "Das Leben hat keinen Sinn."

Der Weise hat uns gelehrt, dass wir den Sinn des Lebens nicht außerhalb von uns finden können. Die Behauptung des Gegenteils führt uns in die falsche Richtung. Wir spüren einen inneren Drang, unsere Einzigartigkeit zum Ausdruck zu bringen; es bedarf keiner weiteren Definition. Man könnte es in die einfachen Worte kleiden: "Es genügt, nicht mehr und nicht weniger zu sein, als was wir sind."

Die fehlgeleitete Idee, das Leben sei eine Heldenreise, gibt uns zuerst das niederschmetternde Gefühl, wir seien in den großen Zusammenhängen des Lebens klein und unbedeutend, verloren in seinem Mysterium und ohne jede Führung. Dann bietet uns das Ego die Lösung an: Wir müssen uns zu Heldentum aufschwingen, um den Herausforderungen des Lebens die Stirn zu bieten. Doch was wir auf dieser Art von Reise erschaffen, ist eine Serie von widrigen Schicksalen, die fälschlicherweise als Beweis für die Herausforderungen des Lebens gehalten werden. Das I Ging verhilft uns zu der Erkenntnis, dass es nur darum geht, in Demut und Einfachheit unser verlorengegangenes wahres Selbst wiederzufinden. Der Sinn unseres Lebens beginnt sich zu zeigen, sobald wir uns von den Mythen befreit haben.

Kapitel 8

Die Funktionen der Psyche

Unser Leben in einem Körper bietet uns die einzigartige Gelegenheit, den Kosmos sowohl in seinem unsichtbaren Aspekt als das *Kosmische Bewusstsein* wie auch in seinen Myriaden von Ausdrucksformen zu erfahren, die wir *Natur* nennen. Beide Aspekte *durchdringen* einander und bilden so das unteilbare Ganze, das wir Kosmos nennen. Das Kosmische Bewusstsein unterstützt alles, was in der Form existiert, durch eine Vielzahl unsichtbarer Helfer, die uns mit allem versorgen, was wir brauchen, um unser kosmisches Schicksal zu erfüllen.

Der menschliche Geist ist das jüngste Mitglied unter den verschiedenen Arten von Tierbewusstseinen und braucht wegen seiner Unerfahrenheit die meiste Unterstützung durch den Kosmos. Wie in den vorangegangenen Kapiteln gezeigt wurde, ist es durch seine Unerfahrenheit dazu gekommen, dass eine falsche Wirklichkeit erschaffen wurde, die nicht nur das Fortleben der menschlichen Art, sondern auch das anderer Teile der Natur gefährdet.

Nun ist es aber nicht so, dass unser Geist hilflos und ganz sich selbst überlassen auf die Bühne des Lebens gestoßen wurde. Der Weise als kosmischer Lehrer benutzt unsere Psyche, um unserem Verstand zu helfen, von unserer inneren Wahrheit zu lernen; dazu gehört, dass ihm geholfen wird, seine Fehler zu erkennen und zu berichtigen. Unsere Psyche besitzt alle notwendigen Funktionen, um unserem Geist zu helfen, den Sinn unseres Lebens in einem Körper zu verstehen. Sie ist auch "der Brunnen", der die Qi-Energie, den "klaren, kühlen Quell" enthält, der den Geist nähren kann (Hexagramm 48, *Der Brunnen*, Platz 5).

Um ihre Aufgaben zu erfüllen, besitzt unsere Psyche verschiedene aktive und passive Funktionen. Einige wurden bereits in Kapitel 6 beschrieben.

Die nun folgenden Beschreibungen zeigen die verschiedenen psychischen Funktionen und ihre Fähigkeiten im gesunden Zustand, das heißt wenn sie nicht durch das Ego blockiert oder gestört sind. In Kapitel 13 werden wir zeigen, wie vom Ego erschaffene Komplexe diese Funktionen entweder blockieren oder in anderer Weise stören beziehungsweise verzerren.

Die passiven Funktionen der Psyche

Die Speicherfunktion und die Spiegelfunktion

Um diese beiden Funktionen zu verstehen, ist es hilfreich, uns daran zu erinneren, dass jeder Mensch die Manifestation eines Urbildes ist, das im Kosmischen Bewusstsein gespeichert ist. Dieses Bild ist auch in unserer Psyche gespeichert. Seine Hauptfunktion besteht darin, unsere DNA mit den Informationen zu versorgen, die sie braucht, um unseren Körper als vollkommenen Ausdruck unseres Urbildes zu erschaffen. Allen Versuchen des Egos zum Trotz, unser Urbild zu verleumden und mit selbst erschaffenen Bildern zu überdecken, bleibt es doch durchgängig unversehrt und sich selber treu; das Ego kann es nicht beschädigen oder zerstören; es fungiert unser ganzes Leben lang wie ein Leuchtturm, der uns warnende Signale gibt, wenn unser Geist die Verbindung zu unserer wahren Natur verloren hat. Der Weise schützt dieses Urbild, sodass es unserem wahren Selbst als Unterkunfts- und Zufluchtsort in der Psyche dienen kann, wenn das Ego versucht, die Herrschaft wieder an sich zu reißen, nachdem wir unser wahres Selbst aus seinem inneren Gefängnis befreit haben (siehe Hexagramm 56, *Der Wanderer*, Platz 4).

Zu der *Speicherfunktion* und der *Spiegelfunktion* der Psyche gehört auch die *Traumfunktion*. Sie wird vom Weisen benutzt, um unseren Verstand auf Dinge aufmerksam zu machen, während das Ego schläft. Es kann auch vorkommen, dass das Ego die Traumfunktion benutzt, um uns Angst zu machen oder zu verwirren. Solche Träume müssen klar von anderen unterschieden werden, die Botschaften des Weisen sind.

Die Spiegelfunktion der Psyche dient dem Weisen auch dazu, uns Geistesblitze zu übermitteln, die direkt vom Kosmischen Bewusstsein kommen. Dies kann jedoch nur dann geschehen, wenn unser Geist sich in einem Zustand der Bescheidenheit befindet. Dann ist er flüssig und still wie die Oberfläche eines Sees. Flüssig bedeutet, dass er nicht auf seinen Ansichten beharrt; still bezieht sich auf die Abwesenheit von Ego-Emotionen und vorgefassten Meinungen, welche die Oberfläche des Sees kräuseln würden. Der Zustand der Liquidität und Stille macht uns für das flüssige Licht empfänglich, das eine spontane Kommunikation mit dem Weisen durch Geistesblitze ermöglicht. Ein solcher Blitz kommt dadurch zustande, dass das flüssige Licht des Geistes kosmisches Bewusstsein (welches als Gefühl existiert) in Worte oder Bilder transformiert, die die kosmische Wahrheit, die im Augenblick gebraucht wird, ausdrücken. Geistesblitze sind nur eine der vielfältigen Möglichkeiten, durch die der Weise mit uns kommunizieren kann. Die Erkenntnisse, die wir empfangen haben, bleiben in unserer Psyche gespeichert. Außerdem speichert die Psyche auch Erinnerungen an gute Erfahrungen, die sie bei Bedarf unserem Verstand vermittels ihrer Spiegelfunktion zur Verfügung stellt. Mit "guten Erfahrungen" meinen wir hilfreiche Zufälle und kosmische Geschenke, die wir erhalten haben. Dieser Speicher an Erkenntnisschätzen steht unserem Verstand in Notzeiten als Nahrung zur Verfügung, um uns davor zu bewahren, in Hoffnungslosigkeit oder Hilflosigkeit zu verfallen.

Die Psyche als Instrumentarium für den Weisen

In Kapitel 5 haben wir erwähnt, dass der Weise unter anderem die Funktion eines Übersetzers ausübt. Konkret gesagt, übersetzt er die Gefühle, die vom Körper kommen, in Sätze, die unser Verstand intellektuell begreifen kann. Darüber hinaus übt der Weise die Funktion eines Koordinators für die verschiedenen Funktionen unserer Psyche aus, sodass sie als harmonisches Ganzes arbeiten. Nehmen wir als Beispiel das Erlernen einer Sprache. Wir brauchen dafür den Gedächtnishelfer und den Helfer der betreffenden Sprache. Letzterer wird vom Weisen in dem Augenblick erschaffen, da wir den Wunsch äußern, eine andere Sprache zu erlernen.

Die Psyche ist die Quelle der meisten unserer Träume. Manchmal kreiert der Weise Träume, um mit unserem bewussten Verstand zu kommunizieren. Dies geschieht vor allem dann, wenn andere Wege der Kommunikation, wie zum Beispiel über die Meditation, blockiert worden sind.

Aus Erfahrung wissen wir, dass der Weise direkt mit uns durch die Meditation kommunizieren kann. Voraussetzung dafür ist, dass wir unseren Geist von allen vorgefaßten Meinungen über den Gegenstand, über den wir etwas lernen möchten, befreien.

Eine andere passive Funktion unserer Psyche, deren sich der Weise bedient, ist die der *Spontanreaktion*. Diese Funktion wird in Situationen aktiviert, in denen uns jemand körperlich, emotional oder auf andere Weise bedroht. Die Spontanreaktion kommt von unserem Körperbewusstsein und lässt uns etwas tun, das genau die richtige Wirkung hat. Dieses unabsichtliche Tun, das ohne Vorüberlegung geschieht, wird vom Weisen gelenkt.

Um ein Beispiel zu nennen: Ein Mann, der sich nachts auf dem Weg nach Hause befand, sah sich plötzlich drei Männern gegenüber, die ihn ausrauben wollten; einer von ihnen zog ein Messer. Zu seiner eigenen Überraschung führte der Bedrohte plötzlich karateähnliche Bewegungen aus, begleitet von Schreien, die an einen Tiger erinnerten. Die völlig schockierten Angreifer fuhren zurück und verharrten in Ratlosigkeit. In diesem Augenblick sah sich der Mann dem Anführer der Bande lachend die Hand reichen. Alle Räuber mussten ebenfalls lachen, und der Mann ging in Frieden nach Hause. (In Kapitel 13 wird beschrieben, wie diese Funktion häufig durch bestimmte Ego-Komplexe blockiert ist.)

Die Empfangsfunktion

Eine der Funktionen unserer Psyche ist dafür ausgestattet, Liebe vom Kosmos zu empfangen. Dies ermöglicht uns, auch dann mit Liebesenergie versorgt zu werden, wenn wir keinen Menschen als Liebespartner haben. Im Falle einer menschlichen Liebesbeziehung fließt die Liebe des Kosmos durch die beiden Liebespartner hindurch und wird jeweils von der Psyche empfangen; diese verteilt sie dann so, dass alle Teile unseres Seins davon erfüllt werden. Die Energie kehrt dann in Form von Dankbarkeit für dieses Geschenk zum Kosmos zurück. Auf diese Weise entsteht ein Kreislauf zwischen dem Kosmos und den beiden Liebenden.

Eine andere passive Funktion der Psyche ist es, jedes Erlebnis in unserem Leben mit den dazu gehörigen Eindrücken zu empfangen und zu registrieren. Wie bereits erwähnt, ist unsere Psyche ein Speicher positiver Erinnerungen ebenso wie der Eindrücke, die sie in uns hinterlassen haben. Sie speichert aber auch unsere negativen Erfahrungen und Traumata, einschließlich der Schlüsse, die wir aus ihnen gezogen haben. Das Problem ist, dass das Ego alle negativen Erfahrungen, die nicht verarbeitet worden sind, dazu benutzen kann, uns an der Güte des Lebens zweifeln zu lassen und den Kosmos anzuklagen, er sei ungerecht und unserem Leiden gegenüber gleichgültig. Aus diesem Grunde ist es wichtig, traumatische Erinnerungen zu verarbeiten (siehe Kapitel 20).

Über die Empfangsfunktion der Psyche dringen auch unharmonische Gedanken, wie zum Beispiel falsche Zuschreibungen, ein. Diese können von uns selbst oder von anderen kommen.

Normalerweise verhindert die Schutzfunktion unserer Psyche, dass so etwas geschieht.

Die Remitter-Funktion

Diese Funktion hat die Aufgabe, Hilfeersuchen eines Körperteils an einen anderen Körperteil sowie an den Verstand zu delegieren. Sie tritt in Aktion, wenn ein bestimmtes Organ oder Körpersystem überlastet ist oder sich in einer anderen Schwierigkeit befindet (siehe auch das Beispiel in Kapitel 21 unter der Überschrift "Träume, die Hilfeersuche von einem Körperteil an einen anderen sowie an den Verstand sind").

Die Schutzfunktion

Im gesunden Zustand wehrt unsere Psyche unharmonisches/schädliches Bewusstsein, das von unserem eigenen Verstand oder von außen kommt, ab; "von außen" bedeutet von anderen Menschen (einschließlich Verstorbenen), Organisationen, den Medien und so weiter. Der chinesische Philosoph Laotse hat diese Funktion als eine Form von innerer Neutralität beschrieben, die negative Gedanken abstößt und uns davor bewahrt, in Streitigkeiten verwickelt zu werden. Carol sah diese Funktion einmal in einer Meditation als eine Art opaquer Spiegel. Er hielt dem Ego, das die Quelle der negativen Gedanken war, den Spiegel vor und verhinderte damit, dass diese Gedanken unbemerkt Eingang in ihre Psyche fanden. Viele Übungen in den asiatischen Kampfkünsten drehen sich um das Herstellen innerer Neutralität, um dadurch die Schutzfunktion der Psyche zu stärken. Auch ohne ausdrückliches Üben beschützt und verteidigt uns unsere natürliche Tugend der Bescheidenheit, wenn sie sich mit innerer Neutralität verbindet. Allerdings verlieren wir unsere natürliche Bescheidenheit, wenn wir entweder mehr sein wollen als andere oder wenn wir uns in unserem Selbstwert herabsetzen. In beiden Fällen bieten wir dem Ego in anderen eine Angriffsfläche.

Die Transformationsfunktion

Die Transformationsfunktion hat einen passiven und einen aktiven Aspekt. In ihrem passiven Aspekt kann sie initiiert werden, um bestimmte Ego-Emotionen wie leidvolle Trauer, Hoffnungslosigkeit, Selbstbeschuldigung, Ängste, Zweifel an der Güte des Kosmos, Widerstand um des Widerstands willen, Hassgefühle, Arroganz, falsche Begeisterung, Depression, Langeweile, Neid und besitzergreifende Gefühle zu transformieren. Das I Ging spricht von dieser Funktion als einem "großen Wagen zum Beladen", den wir uns wie einen Wagen der Müllabfuhr vorstellen können, der uns von der Last dieser Ego-Emotionen befreit. (Dieser Wagen wird in Hexagramm 14, *Der Besitz von Großem*, auf Platz 2 erwähnt.) Ganz gleich von welcher dieser Ego-Emotionen wir geplagt werden, wir können imaginieren, dass wir sie auf diesen Wagen laden, nachdem wir ein inneres "Nein!" zu ihr gesagt haben. Wichtig dabei ist, dass wir unsere bewusste Zustimmung geben, sie loszulassen. (Der aktive Aspekt der Transformation wird weiter unten beschrieben.)

Die aktiven Funktionen der Psyche

Die Organisationsfunktion

Das Erfüllen unseres kosmischen Schicksals ist etwas, das überwiegend außerhalb der Direktiven unseres Verstandes geschieht, obwohl es dessen bewusster Zustimmung bedarf. Die Organisationsfunktion fügt die scheinbar unzusammenhängenden Fäden unseres gelebten Lebens in der Weise zusammen, dass wir rückblickend mit unserem Verstand erkennen können, wie sie alle zu einem Lernprozeß beigetragen haben, dessen Ziel die Erfüllung unseres kosmischen Schicksals ist. Um in der Metapher des Webens unseres kosmischen Schicksalsteppichs zu sprechen, können wir sagen, unsere Psyche stellt die Unterfäden zur Verfügung, in die das Material, das unser Verstand beiträgt, eingewoben wird, während die Farben des Materials von unserem fühlenden Bewusstsein stammen. Unserem fühlenden Bewusstsein kommt die Aufgabe zu, jede Bewegung in der Herstellung des Teppichs zu leiten. Bei diesem Prozess des Webens geht keine Erfahrung verloren, vorausgesetzt wir machen uns später im Leben die Mühe, unsere negativen Erfahrungen zu verarbeiten.

Das Weben des Teppichs in unserer Psyche geschieht, wenn wir kreativ mit etwas beschäftigt sind. Unsere Psyche hilft uns, die Teile zu finden, die wir brauchen, um etwas zu verstehen, das kosmisch gesehen für uns von Bedeutung ist. Sie fädelt die Dinge ein, wie es so schön heißt, indem sie dafür sorgt, dass wir uns zu Dingen hingezogen fühlen, die zueinander in Beziehung stehen, ohne dass unser Verstand sich dessen bewusst ist. Es ist, als wären wir auf einer Schatzsuche, die einerseits Geschicklichkeit verlangt, andererseits aber auch das Moment freudiger Überraschung enthält. Es ist unsere Psyche, die die Geschicklichkeit besitzt, die einzelnen Teile zu finden und zusammenzufügen, während unserem Verstand, sofern er offen bleibt, die Freude der Überraschung zuteil wird. Wie jeder von uns, der sich einmal an einem künstlerischen oder sonstwie kreativen Projekt versucht hat, weiss, ist die Psyche letztlich das führende Element und auch der Vollender des Projekts.

Die Verarbeitungsfunktion

Die Verarbeitungsfunktion hat die Aufgabe, unserem Verstand zu helfen, negative Erfahrungen zu verarbeiten, indem sie ihm diese in *gesunden Proportionen* zeigt. Dieser Sinn für gesunde Proportionen verhindert den emotionalen und psychischen Schockeffekt, der sich sonst einstellen würde, wenn wir zum Beispiel beschuldigt werden, "böse" zu sein. Unser Sinn für gesunde Proportionen klärt unseren Verstand darüber auf, dass dieses Wort jeder kosmischen Grundlage entbehrt.

Die Verarbeitungsfunktion stellt dem Verstand auch Informationen zur Verfügung, die geeignet sind, seine konditionierten Antworten zu unterdrücken. Dabei bedient sie sich erinnerter positiver Erfahrungen sowohl aus unserem konkreten Erleben als auch aus Meditationen oder Träumen. Außerdem bedient sich die *Inputfunktion* der Fähigkeit unserer Psyche, aus kosmischem Wissen zu schöpfen, das uns durch unsere innere Wahrheit zufließt.

Es ist wichtig, dass Eltern die psychische Verarbeitungsfunktion des Kindes stärken. Ein Elternteil, der seinem Kind helfen möchte, eine traumatische Erfahrung zu verarbeiten, muß sie in gesunde Proportionen rücken. Dann wird die Verarbeitungsfunktion des Kindes aktiviert. Wir können uns diese Funktion wie einen Schalter vorstellen, der den Verstand des Kindes direkt mit seiner inneren Wahrheit verbindet, wodurch seine Erinnerung an das Erlebnis von ihrer emotionalen Last befreit wird.

Ein Beispiel mag dies illustrieren: Kurz nachdem Carol mit ihrer Familie in ein kleines Dorf gezogen war, trug sich etwas zu, das ihren damals vierjährigen Sohn leicht hätte traumatisieren können. Ihr Sohn hatte zusammen mit drei älteren Kindern einen kleinen Jungen, der gerade erst zwei Jahre alt war, in eine Kiste gesperrt und dann versucht, ihn mit Stöcken, die sie durch die Spalten in der Kiste schoben, zu quälen. Als die älteren Kinder später von ihren Eltern dafür gescholten wurden, behaupteten sie, die Idee sei von Carols Sohn gekommen, er sei "böse". Am nächsten Morgen stellte sich ein Kind aus dem Dorf vor Carols Haus und rief immer wieder zum Fenster hinauf: "Der J. ist böse, der J. ist böse!" Als ihr kleiner Sohn daraufhin in untröstliches Schluchzen verfiel, wurde Carol klar, dass er einen psychologischen Schaden davontragen könnte. Sie nahm ihn vom Fenster weg, sodass er das Rufen nicht mehr hören konnte, und verbrachte die nächste Stunde damit, ihm wiederholt und auf die verschiedenste Art und Weise zu erklären, dass das Wort "böse" nur im Kopf des anderen Jungen existierte und nicht wahr war. Es stimmte zwar, dass das, was er getan hatte, böse war, aber das bedeute nicht, dass er böse sei. Er habe lediglich einen Fehler gemacht, und Fehler könnten berichtigt werden. Dank ihrer diversen Herangehensweisen gelang es Carol schließlich, seinen Verstand von der Idee zu trennen, er sei ein böser Junge, und es gelang ihr auch, ihm klar zu machen, dass das Urteil, das der andere Junge gefällt hatte, nur seine Sache war. Obwohl es eine ganze Stunde brauchte, bis diese Botschaft bei ihm ankam, verstand er sie schließlich und litt nicht weiter unter dem Erlebnis. Die Sache im kosmischen Licht gesehen zu haben, befreite ihn von weiteren übertriebenen emotionalen Reaktionen und bewahrte ihn davor, unwahre Rückschlüsse daraus zu ziehen (siehe auch Kapitel 20: "Verarbeitung statt Konditionierung").

Die aktive Transformationsfunktion

Diese Funktion erfüllt die Aufgabe, Dinge zu vollenden. Hexagramm 64, *Vor der Vollendung*, zeigt uns, dass wir, was auch immer wir unternehmen, mit unserem bewussten Bemühen nur bis zu einem gewissen Punkt gelangen können. Damit das Unternehmen vollendet werden kann, gilt es unsere Grenzen zu erkennen, und die Sache dem Kosmos zur Vollendung zu übergeben, das heißt wir lassen sie vollständig los. Diese Demut bringt automatisch den *Helfer der Transformation*, auch als *Helfer der Vollendung* bekannt, auf den Plan. Der Dichter Robert Frost hat diesen Vorgang einmal mit einer Schlittenabfahrt verglichen: Auf der ebenen Fläche, am oberen Ende des Hangs, ist der Schnee ein wenig abgetreten; man muss, so erinnerte er sich, den Schlitten ein wenig anschieben; doch dann greift der Schnee, und wir fliegen von ihm getragen den Hang hinab.[13]

Hexagramm 63, *Nach der Vollendung*, macht uns auf die

Folgen aufmerksam, die sich einstellen, wenn wir den Helfer der Transformation ausgeschlossen haben: Der Erfolg tritt entweder gar nicht erst ein, indem sich zum Beispiel Hindernisse in den Weg stellen, oder der Erfolg wird nachträglich zunichte gemacht, indem ihn jemand stiehlt oder der Betreffende sich rühmt, es sei "alles seiner Tüchtigkeit oder außerordentlichen Begabung zu verdanken."

Die Übertragungsfunktion

Die vorrangige Aufgabe der Übertragungsfunktion der Psyche besteht darin, dem Verstand die Gefühle unserer inneren Wahrheit zu vermitteln. Diese werden uns als ein grundsätzliches innerlich hörbares Ja oder Nein vermittelt. "Ja" bedeutet, folge dem, was harmonisch ist. "Nein" bedeutet, zögere oder ziehe dich zurück, weil die Sache sich unharmonisch anfühlt. Diese eindeutige Beurteilung der Lage ist das Ergebnis der Übereinstimmung aller unserer Sinne. Wir kennen diese Übereinstimmung unter der Bezeichnung "gesunder Menschenverstand" (vgl. Kapitel 3). Diese Bezeichnung weist einerseits auf die Affinität zum menschlichen Verstand hin, andererseits deutet der Zusatz "gesund" darauf hin, dass es sich dabei um etwas handelt, das unser rationaler Verstand braucht, um gesund zu bleiben; er bleibt gesund, wenn er sein Denken auf unserer inneren Wahrheit gründet.

Ferner hat die Übertragungsfunktion die Aufgabe, dem Verstand Ängste, die vom Helfer unseres gesunden Menschenverstandes und vom Helfer unserer inneren Wahrheit kommen, zu übermitteln. Es ist der Versuch unserer Psyche, unseren Verstand zu warnen, dass wir uns in Gefahr befinden, weil dieser unsere innere Wahrheit ausgeblendet hat. Da wir diese Helfer brauchen, um gesunde Entscheidungen zu treffen, ist es wichtig, dass wir ihre Existenz bewusst anerkennen.

Die Psyche kann auch Bilder in unserem Verstand zünden, um seine Aufmerksamkeit auf Gefahren zu lenken, die von unharmonischen Gedanken und Handlungen ausgehen und zu einem widrigen Schicksal führen würden.

Eine weitere aktive Funktion unserer Psyche besteht darin, unserem Verstand Warnbotschaften zu geben, wenn dieser nicht auf die Warnungen, die von unserem Körper kommen, hört. Diese Botschaften können als laute innere Stimme vernommen werden.

Außerdem fungiert die Psyche als Mittlerin, wenn uns der Kosmos eine echte Gelegenheit anbieten will. "Echt" bezieht sich einerseits darauf, dass die betreffende Gelegenheit ein legitimes Bedürfnis befriedigen will, und andererseits auf die Tatsache, dass wir alle Voraussetzungen zu ihrer Verwirklichung besitzen. Mit anderen Worten, die Gelegenheit ist *realistisch.* Dabei kann es sich um eine Gelegenheit geschäftlicher Natur oder um eine Inspiration, ein bestimmtes Buch zu schreiben, handeln, oder es kann das kosmische Geschenk einer Liebesbeziehung sein, wenn wir dafür bereit sind. Die Psyche ist die erste Instanz, die die Gelegenheit wahrnimmt und weiß, wie sehr sie einem inneren oder äußeren Bedürfnis entspricht; sie vermittelt dann unserem Verstand das starke Gefühl, dass sich uns hier eine echte Gelegenheit bietet. Dieses Gefühl und das Bild, das damit einhergeht, ist so klar, dass uns nicht der geringste Zweifel kommt. Der Grund dafür ist, dass das Bild seinen Ursprung im Kosmischen Bewusstsein hat. Sobald wir diese echte Gelegenheit erkannt haben, bricht die kosmische Energie, die nur auf diesen Augenblick gewartet hat, durch. Diese Energie besteht aus kosmischen Helfern, die sozusagen schon "Schlange stehen", um die Umsetzung des Projekts zu unterstützen.

Die Fokussierungsfunktion

Wenn eine echte Gelegenheit, wie oben beschrieben, auftaucht, dann fungiert die Psyche auch als Fokussierungsinstrument, indem sie alle benötigte körperliche Energie auf das kreative Ereignis konzentriert, während es sich manifestiert.

Die Verbindungs- und Harmonisierungsfunktion

Ebenfalls Teil des kreativen Prozesses, wie er oben beschrieben wurde, ist die Verbindungs- und Harmonisierungsfunktion un-serer Psyche. Sie verbindet unsere körperlichen Energien mit der kosmischen Energie und bringt sie miteinander in Einklang. Sie tut dies, indem sie uns auf das Urbild fokussiert hält, das sich manifestieren will; dies ist notwendig, um zu vermeiden, dass wir vom Ego (in uns selbst oder von anderen kommend) von unserem Ziel abgelenkt werden. Das Ego würde sich unser Ziel auf die eigene Fahne schreiben und dadurch das kosmische Projekt korrumpieren. Damit wäre die Gelegenheit vertan.

Die Verbindungs- und Harmonisierungsfunktion der Psyche hat noch einen ganz anderen Aspekt: *das menschliche Gewissen.* Es verbindet das Kosmische Bewusstsein mit unserem Verstand, wenn er daran erinnert werden muss, dass wir durch seine falschen Entscheidungen von der Hilfe und dem Schutz des Kosmos abgetrennt worden sind. Unser Gewissen erinnert den Verstand auch daran, dass er an erster Stelle dem Kosmos gegenüber verantwortlich ist; dieser Verantwortung kommt er nach, indem er sich in allen Lagen an unsere innere Wahrheit hält.

Die Funktion der Reue

Diese Funktion wird aktiv, wenn wir erkannt haben, dass wir einem falschen Weg gefolgt sind. Reue darüber, dass wir einer fehlgeleiteten Idee oder Glaubensvorstellung gefolgt sind, legt gewissermaßen einen Schalter in unserer Psyche um, der es uns ermöglicht, auf den Pfad unseres kosmischen Schicksals zurückzukehren.

Unsere natürliche Selbstberichtigungsfunktion

Es ist wenig bekannt, dass wir eine Selbstberichtigungsfunktion besitzen, die es uns erlaubt, in den Einklang mit dem Kosmos zurückzukehren, wenn wir gegen unsere wahre Natur gehandelt haben. Der Vorgang der Selbstberichtigung wird durch den Rückzug des Weisen eingeleitet. Wir merken dies daran, dass wir uns innerlich verlassen fühlen. Dieses Gefühl macht uns die Leere bewusst, die uns umgibt, wenn wir uns auf das Ego stützen.[14]

Die Abwesenheit des Weisen mit allen oben beschriebenen Folgen erzeugt das Gefühl *echter Scham*. Diese Scham steigt allmählich in unser Bewusstsein auf – ein Prozeß, der durch Träume unterstützt werden kann. Wenn unsere Schamgefühle uns genügend bewusst geworden sind, spüren wir *Reue* darüber, dass wir uns selbst untreu geworden sind. Selbst wenn wir nicht in der Lage sind, in Worte zu fassen, was die Ursache für unseren Selbstverrat war, schaltet die Reue die nagenden Gewissensbisse ab. Damit wird gleichzeitig unsere Schuld gegenüber dem Kosmos gelöscht.

Aus der obigen Beschreibung wird deutlich, dass wir die Fähigkeit besitzen, zum Einklang mit uns selbst und mit dem Kosmos zurückzufinden, selbst wenn wir nicht erkennen, dass die Ursache unseres Vergehens unser falscher Gebrauch von Sprache war. Die Menschen haben sich über Jahrtausende auf diese Weise selbst berichtigt. Der Weise möchte uns jedoch darauf aufmerksam machen, dass der menschliche Verstand nicht länger in diesem Zustand der Unbewusstheit bezüglich der Hauptrolle bleiben kann, die er in unserer Selbstzerstörung spielt. Er muss die zerstörerische Wirkung seines Sprachgebrauchs erkennen, wenn er Wörter, Sätze und Bilder benutzt, die den kosmischen Wahrheiten zuwiderlaufen.

Der Weise möchte uns ferner darauf aufmerksam machen, dass das Erkennen solcher Wörter und Bilder im Licht unserer inneren Wahrheit die Welt von ihrer unterdrückenden Wirkung befreit, selbst wenn es Jahre dauern mag, bis sich die befreiende Wirkung auf breiter Ebene manifestiert. Wenn wir individuell erkennen, dass die Ursache unserer Selbstzerstörung in unserem falschen Gebrauch von Sprache liegt, dann hat unser Verstand die Grundlektion gelernt, die ihm die Rückkehr in die Einheit mit dem Kosmos ermöglicht.[15]

Um die Unwissenheit unseres Verstandes abzubauen, müssen wir Menschen Dinge lernen, die gewöhnlich nicht in der Schule gelehrt werden, wie etwa das Wissen um unsere natürliche Selbstberichtigungsfunktion. Wenn wir wissen, dass wir diese Funktion besitzen, dann wird uns klar, dass das Instrument der Bestrafung genau das verhindert, was der Sinn einer Schule ist: uns etwas zu lehren. Stattdessen lernen wir in der Schule, Angst davor zu haben, einen Fehler zu machen.

Unsere Kenntnis der Selbstberichtigungsfunktion läßt uns auch die Rolle verstehen, die das *Kosmische Harmonieprinzip des widrigen Schicksals* hat. Durch seine Bumerangwirkung bringt ein widriges Schicksal nicht nur die negative Energie unharmonischer Ideen zu ihrem Verursacher zurück, sondern es erinnert ihn auch an die genauen Worte, Sätze oder Bilder, die sein widriges Schicksal verursacht haben. Letzteres geschieht mit Hilfe der Selbstberichtigungsfunktion, um uns die Gelegenheit zu geben zu erkennen, wie wir ein bestimmtes Kosmisches Harmonieprinzip verletzt haben, und unser Denken zu bereuen und zu berichtigen.

Der Schock, mit dem das widrige Schicksal uns trifft, bringt uns zur Besinnung, das heißt er befreit unsere inneren Sinne und unseren gesunden Menschenverstand. Dieser Umstand erhöht die Möglichkeit, dass unser Verstand die Sätze, die das widrige Schicksal erzeugt haben, als unwahr erkennt und bereit ist, ihnen den Rücken zu kehren. Versäumen wir diese Gelegenheit, so können wir jederzeit später den Helfer unseres gesunden Menschenverstands bitten, uns die betreffenden Worte oder Sätze ins Bewusstsein zu bringen. Wir sind nie ohne Hilfe, wenn es darum geht, die Ursache eines widrigen Schicksals, das wir erzeugt haben, zu verstehen, unser Denken entsprechend zu korrigieren und das Ende des widrigen Schicksals einzuleiten. Der Weise und die Helfer unserer Natur schließen sich sofort jedem aufrichtigen Bemühen an, das wir in diese Richtung machen.

Die Kategorisierungsfunktion und die Suchfunktion [16]

Die Kategorisierungsfunktion speichert alle Ideen und Bilder, die unserer inneren Wahrheit widersprechen, an einem gesonderten Ort. Wenn wir die Quelle einer bestimmten Störung herausfinden wollen, können wir den Helfer der Suchfunktion bitten, die Idee oder das Bild, welche die Störung verursacht haben, in unser Bewusstsein zu bringen. Dieser Helfer wird auch tätig, wenn wir den Weisen darum bitten, uns bei der Suche nach der Ursache behilflich zu sein.

Die Psyche speichert alle positiven und negativen Erfahrungen, die wir jemals gemacht haben, und kategorisiert sie im Einklang mit den Kosmischen Harmonieprinzipien. Außerdem werden sie nach ihrer kurzfristigen oder langfristigen Nützlichkeit kategorisiert und dementsprechend in unserem Kurz- oder Langzeitgedächtnis gespeichert. Diese Kategorien unterscheiden sich grundlegend von den mentalen Kategorien, die das Ego anwendet, wenn es Erfahrungen in angenehm/unangenehm, Gewinn/Verlust, gut/böse oder nützlich/unnütz (gemessen an seinem Wertmaßstab) einteilt.

Die Vorahnungsfunktion

Diese Funktion warnt uns vor unmittelbar drohender Gefahr, und zwar für gewöhnlich ein oder mehrere Tage, bevor die Gefahr eintritt. Einige Menschen, die eine besonders stark ausgeprägte Vorahnungsfunktion besitzen, haben irrtümlich geglaubt, sie seien für den Unfall oder das widrige Ereignis, das sie vorausgesehen haben, *verantwortlich*. Daher haben sie diese Fähigkeit eher als einen Fluch denn als Gabe betrachtet. Dies ist ein völliges Mißverständnis. Die Tatsache, dass jemand eine negative Vorahnung von etwas erhalten hat, soll dieser Person die Gelegenheit geben, ein inneres Nein zu dem angekündigten Ereignis zu sagen. Dieses innere Nein ist in allen Fällen einer drohenden Gefahr zu sagen, sei es eine Gefahr für die eigene Person, für einen anderen oder für eine größere Gruppe von Menschen.

Diese Funktion kann den Betreffenden auch auf eine drohende Herausforderung oder ein schwerwiegendes emotionales Ereignis aufmerksam machen, das jemanden betrifft, der ihm nahe steht. In diesem Fall will sie ihn dazu bringen, dieser Person zu Hilfe zu eilen, auch wenn ihn keine äußerliche Nachricht von der Lage erreicht hat.

Vorahnungen sind grundsätzlich von Ängsten zu unterscheiden, die das Ego vor unser inneres Auge projiziert. Ängste haben eine emotionale Ladung, was bei Vorahnungen nicht der Fall ist. Die Vorahnungsfunktion trennt den Betreffenden emotional von dem angekündigten Ereignis.

Wie die obigen Ausführungen zeigen, besitzt die gesunde Psyche eine Fülle von Funktionen, die unserem Denk- und Bildergehirn helfen, harmonisch auf Situationen zu antworten. Außerdem versetzen diese Funktionen unseren Verstand in die Lage, voll bewußt zur Erfüllung unseres kosmischen Schicksals beizutragen.

Die Zusammenarbeit des Verstandes mit unserer Psyche hängt von seiner Bereitschaft ab, sich für die Gefühle, die aus unserem tiefsten Inneren kommen, empfänglich zu machen. Diese Gefühle sagen uns, ob etwas harmonisch oder unharmonisch ist. Dank der Empfänglichkeit unseres Verstandes ist es dem Weisen möglich, die Verbindung zwischen unserer Psyche und dem Kosmischen Bewusstsein aufrecht zu erhalten.

Die Ursachen für Dysfunktionen in der Psyche

Wir können an dieser Stelle nur kurz die Ursachen für Dysfunktionen in der Psyche streifen. Wir werden darauf in anderen Kapiteln näher eingehen. Unter Dysfunktionen verstehen wir geistige, emotionale sowie Lern- und Verhaltensstörungen. Ebenfalls eingeschlossen sind sogenannte Persönlichkeitsstörungen, Depression, Mangel an innerem Frieden, Überängstlichkeit, Phobien, Ko-Abhängigkeit, Zwangsverhalten, Suchtverhalten und triebhaftes Verhalten.

Diese Dysfunktionen haben ihre Ursachen in Einflüssen des kollektiven Egos auf unseren Verstand. Allgemein läßt sich sagen, dass alle diese Einflüsse nur deswegen auf unseren Verstand einwirken können, weil der Selbstzweifel, der die Entwicklung des individuellen Egos ermöglicht, eine entsprechende Öffnung geschaffen hat. Keiner der unten genannten schädlichen Einflüsse wäre in der Lage, unsere Psyche zu verletzen, wenn unsere Ganzheit nicht durch die falsche Behauptung, “so, wie wir von Natur aus beschaffen sind, sind wir nicht besonders genug”, zersplittert worden wäre.

Die betreffenden Einflüsse kommen ausnahmslos aus unserer kulturellen und gesellschaftlichen Umgebung. In der Regel werden sie von Eltern, Lehrern oder Spielkameraden an uns weitergegeben oder durch Bücher und andere Medien vermittelt. Oft gehen sie auf

Bezeichnungen zurück, die das wahre Wesen der Dinge verleumden, wie zum Beispiel, wenn unsere Tiernatur als "niedrig" und ein Teil unserer Natur als "böse" bezeichnet wird.

Andere unharmonische Einflüsse, die Dysfunktionen in der Psyche verursachen, kommen von Wörtern, die keine kosmische Grundlage besitzen, wie zum Beispiel der Schuldbegriff des kollektiven Ego (vgl. Glossar: "Schuld").

Weitere Einflüsse werden durch ausgesprochene oder unausgesprochene negative Gedanken ausgeübt, die andere Menschen in Bezug auf uns hegen oder gehegt haben; solche Gedanken können viele Jahre zurückliegen, sogar bis in die Zeit im Mutterleib. So kann eine Mutter beispielsweise während ihrer Schwangerschaft den Gedanken gehegt haben: "Dieses Kind wird einmal für mich sorgen, wenn ich alt bin." Die Folge davon ist, dass sich die betreffende Person lebenslang an die Mutter gebunden fühlt und Schuldgefühle bekommt, wenn sie es wagt, ihrer inneren Wahrheit zu folgen und ihren eigenen Weg zu gehen. Ein anderes Beispiel ist ein Vater, der die Schwangerschaft seiner Frau als unerwünschte Verantwortung sieht. Solche Gedanken erzeugen im werdenden Kind das Gefühl, eine "Last" zu sein.

Dysfunktionen können auch durch traumatische Erlebnisse verursacht werden, die nicht auf gesunde Weise verarbeitet wurden. Die Erinnerung an sie und die Gefühlsverwirrung, die mit der Erinnerung einhergeht, sind in der Psyche gespeichert. Unverarbeitete traumatische Erlebnisse bringen die sonst harmonische Zusammenarbeit zwischen unseren psychischen Funktionen in Unordnung. Sie können sich in Ticks, Stottern, Herzrhythmusstörungen und anderen körperlichen Symptomen äußern (siehe dazu die Kapitel 18–20).

In unserer modernen Gesellschaft gehen auch viele schädliche Einflüsse von Bildern und Gedanken aus, die über die Medien (Fernsehen, Bücher, Spiele usw.) verbreitet werden. Auch bestimmte Techniken, die in der Werbung für Güter und Dienstleistungen benutzt werden, wirken sich schädlich auf unsere Psyche aus.

Eine Aufstellung möglicher schädlicher Einflüsse auf unsere Psyche, die von unserem Verstand kommen

Zu erwähnen sind in diesem Zusammenhang Ideen und Glaubensvorstellungen, die dazu führen, dass wir

- uns im Vergleich zu anderen Teilen des Kosmos überlegen oder unterlegen sehen
- entweder ausdrücklich oder implizit unsere Verbindung zum Kosmos verleugnen
- unserem Verstand eine unserem Körper übergeordnete Position einräumen
- den Menschen als die Krone der Schöpfung sehen
- die Würde, die allen Dingen zu eigen ist, mißachten
- die uns umgebende Natur oder Teile unserer eigenen Natur verleumden
- in unserer Ganzheit zersplittert sind
- das Leben verleumden

Ideen und Glaubensvorstellungen der oben genannten Art bilden die Grundlage für das Ego und für die spezifischen Typen von Selbstbildern, die wir entwickeln. Sobald das Ego beginnt, unsere Psyche zu beherrschen, wird die Fähigkeit unserer Psyche, uns mit unserer inneren Wahrheit zu verbinden, blockiert.

Schädliche Einflüsse, die durch traumatische Erlebnisse verursacht sind

Dazu gehören Erlebnisse der folgenden Art:

- Handlungen, die unsere Würde und Einzigartigkeit verletzen
- Handlungen, die Übergriffe in unseren persönlichen Raum darstellen
- Handlungen, die unsere tiefsten Gefühle verletzen
- ungerechte Handlungen und ungerechtfertigte Anschuldigungen
- die Verwicklung in Gewaltverbrechen (Schießereien, Bombenangriffe, Hate Crimes, Gefängnisaufenthalte)

Alle traumatischen Erlebnisse hinterlassen eine Erinnerung in Form eines Erinnerungs-Chips, der von dem Zeitpunkt ihres Entstehens an in irgendeiner Form das Funktionieren unserer Psyche beeinträchtigt. In der Metapher des Teppichs ausgedrückt, verursachen sie die verschiedensten Probleme, angefangen von Rissen im Gewebe bis hin zu unerwünschten Knoten, Löchern oder Flecken. Einige sind von solcher Zerstörungskraft, dass sie das Wachstum in dem einen oder anderen Bereich unseres Lebens verhindern; wieder andere verzerren das Muster oder erzeugen gar ein völlig neues Muster, das nicht im Einklang mit unserem kosmischen Schicksal ist.

Schädliche Wirkungen der Medien auf unsere Psyche

Die Medien sind häufig das Mittel, durch das die weiter oben genannten schädlichen Ideen und Glaubensvorstellungen verbrei-tet werden. Zu den Wirkungen gehört, dass sie

- Zweifel an der angeborenen Güte unserer Natur in uns säen
- uns die Ressourcen vergessen lassen, die wir von Geburt an besitzen, damit wir unsere Einzigartigkeit zum Ausdruck bringen können
- falsche Bedürfnisse in uns kultivieren (zum Beispiel durch Werbung)
- die Kultivierung von Selbstbildern fördern
- Gewalt und Konflikt verherrlichen
- Angst und Schrecken in uns erzeugen
- Dominanzverhalten und Minderwertigkeitsgefühle in uns fördern,
- Hilflosigkeit und Hoffnungslosigkeit in uns fördern
- die Idee fördern, wir seien von Natur aus schwach, ohne Schutz und anfällig für Krankheit
- mangelndes Feingefühl für den Wert des Lebens fördern
- die Mißachtung der Würde allen Lebens fördern
- Draufgängertum fördern

Indem diese Einflüsse alles überrollen, was wir durch unsere innere Wahrheit wissen, tragen sie dazu bei, dass das kollektive Ego unser Leben beherrscht. Die Folge davon ist, dass unsere Psyche zum Sklaven des Egos gemacht wird, wobei ihre segensreichen Funktionen entweder verleugnet, blockiert oder gar gegen unsere wahre Natur verwendet werden.

Zusammenfassung

Alle oben erwähnten negativen Einflüsse, die unserem Verstand oft nicht bewusst sind, äußern sich in gewissen geistigen und/oder emotionalen Störungen. Weitere Ursachen für Dysfunktionen in der Psyche sind Gegenstand der Kapitel 11 und 13.

Der Weise hat uns zu verstehen gegeben, dass alle diese negativen Wirkungen mit kosmischer Hilfe geheilt werden können. Die Hilfe beginnt, sobald wir bereit sind, uns vom Weisen führen zu lassen.

Kapitel 9

Wer ist die Schönste?

Die Funktion von Selbstbildern für das Ego

Ohne Selbstbilder ist das Ego ein Nichts, denn es besteht vor allem aus Bildern, die den Anspruch erheben, wir selbst zu sein.

Aufgrund des Selbstzweifels, der durch die implizierte Behauptung "So, wie du von Natur aus beschaffen bist, bist du nicht besonders genug" in die Welt gesetzt wurde, ist unser wahres Selbst oft schon im ersten Lebensjahr in seinem Wachstum angehalten worden. Unser wahres Selbst besitzt aber etwas, ohne das das Ego nicht lebensfähig wäre: *Es ist der Vorrat an Lebenskraft, den unser wahres Selbst als Mitgift für dieses Leben auf den Weg bekommen hat.* So schnell wie möglich stellt das kollektive Ego eine "Pipeline" zu dieser Energiequelle her. Dazu schlägt es dem wahren Selbst einen mafiaähnlichen Handel vor: "Ich schütze dich davor, als ungenügend gesehen zu werden, wenn du mich zu deinem Beschützer machst." Und mit dem Ton der Versuchung in der Stimme fügt es hinzu: "In dir steckt etwas Großes, noch Unerkanntes. Ich will dir helfen, dass es von der Welt gesehen wird; dazu musst du mir nur alle Deine Geschäfte übertragen und alles tun, was ich von dir erwarte." Unter dem Eindruck des Selbstzweifels stimmt unser wahres Selbst dem vorgeschlagenen Handel zu.

Um die erste Erwartung zu erfüllen, machen wir uns das Selbstbild vom "guten Kind" zu eigen. Gutsein heißt in diesem Fall, uns der Autorität des kollektiven Egos zu unterwerfen, gehorsam zu sein und uns an seine Werte anzupassen. Diese Werte haben aber nur den einen Zweck: die Kontrollmacht des kollektiven Egos über uns zu sichern. Wie die obige Beschreibung zeigt, wird sie uns unter dem Deckmantel des "Schutzes" präsentiert. So geschieht es, dass der Vorrat an Lebensenergie, der unserem wahren Selbst gehört, zum Aufbau des individuellen Egos verwendet wird, das seinerseits dem kollektiven Ego dient wie ein Feudalherr dem Kaiser.

Der Maßstab für Gutsein wird an tugendhaften Selbstbildern gemessen. Dieser Maßstab besteht aus äußeren Verhaltensregeln, die uns vorschreiben, was wir *sein* und *tun* müssen, um das Selbstbild zu erfüllen. Dabei ist jede Tugend als Abwehr gegen ein *Laster* definiert. Versagen wir im Erfüllen einer Tugend, so bedeutet dies automatisch, dass wir einem Laster anheimgefallen sind. Der Begriff des Lasters ist eine Erfindung des kollektiven Egos gemäß seiner Behauptung, unsere Tiernatur sei der Sitz des Bösen.

Das Befolgen von moralischen Verhaltensregeln steht im Widerspruch zu unserem angeborenen Moralsystem das auf unserer inneren Wahrheit beruht. Jeder Mensch besitzt seine innere Wahrheit/DNA, die alle kosmischen Tugenden enthält, die er braucht, um im Einklang mit den Kosmischen Harmonieprinzipien zu leben. Zu unseren kosmischen Tugenden gehören unsere vollkommene Güte, die Treue zu unserer inneren Wahrheit sowie unsere natürliche Freundlichkeit gegenüber anderen Menschen, sofern diese uns mit Feingefühl begegnen. Unsere kosmischen Tugenden verlangen nach einer klaren Unterscheidung zwischen dem, was harmonisch ist und was nicht. Sie veranlassen uns dazu, Zurückhaltung zu üben oder uns zurückzuziehen, wenn das Ego im Gegenüber anwesend ist. Durch die Tugend der Zurückhaltung wahren wir unsere Würde. Durch die Tugend der Treue zu unserer inneren Wahrheit schützen wir unsere Lebenskraft vor dem Raub durch das Ego.

Sobald wir uns jedoch ein *tugendhaftes Selbstbild* zu eigen machen, ersetzen wir unsere Treue zu unserer inneren Wahrheit durch die Treue gegenüber den moralischen Verhaltensregeln, die uns das kollektive Ego diktiert. Durch diese Verschiebung verlieren wir unsere natürliche Fähigkeit, zwischen dem, was harmonisch ist, und dem, was unharmonisch ist, zu unterscheiden. Stattdessen geht es nun um eine mental definierte Unterscheidung in "gut" und "schlecht/böse", in Tugenden und Laster/Sünden. Im grellen weißen Licht des Intellekts fällen wir Urteile über die Dinge nach absoluten Maßstäben. Das I Ging macht uns darauf aufmerksam, dass wir dieses grelle weiße Licht strikt vom gelben Licht unserer inneren Wahrheit unterscheiden müssen, welche die Dinge jeweils bezogen auf die Einzigartigkeit der Situation beurteilt. Letzteres ist die Art und Weise, wie unser gesunder Menschenverstand die Wahrheit einer Sache beurteilt. Da die Klarheit, die auf diese Weise entsteht, im Einklang mit dem Kosmos ist, führt dieses Vorgehen nach den Worten des I Ging zu "erhabenem Erfolg" (Hexagramm 30, *Das Erreichen von Klarheit*, Platz 2). Erfolg bedeutet hier, dass uns der Kosmos allen Segen und alle Unterstützung für unsere

Unternehmungen zuteil werden läßt.

Wenn hingegen unsere Treue den moralischen Verhaltensregeln des kollektiven Ego gilt, wird unser gesunder Menschenverstand blockiert und durch "Glauben" ersetzt. Das Wort "Glauben" hat einen ehrenhaften Klang: Je stärker unser Glaube, desto mehr entsprechen wir angeblich dem Bild vom guten Menschen. In Wirklichkeit ist die Hingabe an Glaubensvorstellungen, die auf den absurdesten Behauptungen beruhen können, eine Absage an unseren gesunden Menschenverstand.

Das Ego weiß genau, dass es nicht real ist. Dennoch glaubt es, real werden zu können, wenn es nur genügend versucht, real zu *erscheinen*, und das führt zu Wichtigtuerei um jeden Preis. In seinem ständigen Bemühen, als real anerkannt zu werden, läßt uns das Ego häufig in den Spiegel schauen, um zu sehen, ob das Bild, das wir der Außenwelt präsentieren, überzeugt. *Das Problem, dem sich das Ego gegenüber sieht, ist, dass es nie wirklich existieren kann. Es ist für immer dazu verurteilt, ein Bild zu bleiben.* Aus diesem Grund besteht ständig die Notwendigkeit, das Bild zu vervollkommnen, um irgendwann den Beweis zu erbringen, dass es real ist. Nur durch unablässiges Bemühen und mit Hilfe der Energie, die es in Form unserer Lebenskraft stiehlt, kann das Ego sich etablieren und am Leben erhalten. Der Preis dafür ist ein andauernder unterschwelliger Zustand der Ängstlichkeit, der vom Ego erzeugt wird, denn natürlich kann der Selbstzweifel, auf dem dieses Bemühen gründet, niemals durch das angenommene Selbstbild zerstreut werden.

An dieser Stelle muss erwähnt werden, dass das Ego nicht nur von positiver Anerkennung lebt, sondern dass es ebenso gut von negativer Anerkennung leben kann, wenn unser Versuch, Anerkennung für ein "gutes" Selbstbild zu bekommen, gescheitert ist; in diesem Fall verführt uns das Ego dazu, uns ein negatives Selbstbild, wie zum Beispiel das des Rebellen, des Ausgestoßenen oder des Nonkonformisten zuzulegen.

Ein Selbstbild und seine üblen Folgen

Der Erwerb eines Selbstbildes hat zur Folge, dass unser Geist fortan darauf fixiert ist, alles Nötige zu tun, um das Bild so real wie möglich erscheinen zu lassen. Visuelle Dinge stehen dabei an erster Stelle: wie wir aussehen, uns kleiden, unsere Körperhaltung und Körperpflege, welche Karriere wir wählen, und welche Aktivitäten wir pflegen. Das Selbstbild beeinflusst auch unsere Gewohnheiten: was wir essen, trinken, rauchen, was wir sagen und wie wir es sagen, mit welchen Leuten wir Umgang pflegen, und wen wir uns als Partner wählen, welche Produkte unser Selbstbild aufwerten (Haus, Auto usw.), und was wir von anderen Menschen erwarten. Kurzum, jeder Aspekt unseres Lebens wird der Kommandogewalt des dominanten Selbstbildes unterworfen, ohne dass wir merken, dass wir uns unter dem Einfluss einer Illusion befinden, die ihre Ursache in unserem Zweifel an uns selbst hat.

Alle Selbstbilder, die uns zur Auswahl stehen, sind Kopien von Vorbildern, die wir in der Gesellschaft, in der wir aufwachsen, vorfinden. Ganz gleich, welche Faktoren unsere Wahl letztendlich bestimmt haben, der springende Punkt ist, dass uns das gewählte Selbstbild das Gefühl gibt, etwas Besonderes zu sein, um die Minderwertigkeitsgefühle zu kompensieren, die von unserem Selbstzweifel herrühren. Was uns im Einzelfall zu etwas Besonderem macht, ist je nach familiärem Hintergrund verschieden: intellektuelle Fähigkeiten, Beliebtheit, körperliche Tüchtigkeit, Titel, Temperament (sanft, bestimmend, großherzig usw.), unsere Religion, Rasse, ökonomische Stellung oder die Familiengeschichte.

Weil Selbstbilder Masken sind, die keinerlei kosmische Wirklichkeit besitzen, brauchen sie Begründungen, warum sie uns zu etwas Besonderem machen. Sie folgen einer zirkulären Logik, die aus der Not eine Tugend macht: Wir argumentieren, dass wir "so sind" und dass uns dies Sicherheit, Selbstvertrauen und Erfolg bringt. Während Ego-Aspekte in Menschen, die sich durch Wichtigtuerei zu Führungspositionen aufschwingen, leicht erkennbar sind, sind sie weniger auffällig bei Menschen, die nicht den Kriterien von gutem Aussehen, besonderem Mut oder hervorstechenden intellektuellen Fähigkeiten entsprechen, sondern die ihre Überlegenheit im Selbstbild des Märtyrers oder des "sich selbst verleugnenden Men-schen" ausdrücken.

Um das Selbstbild, das uns Besonderheit verleiht, aufrecht zu erhalten, erneuert das Ego unseren Selbstzweifel wann immer nötig durch einen inneren Dialog. Dieser Dialog findet in unserer Psyche statt, ohne dass wir etwas davon merken. Darin erinnert uns das Ego auf der einen Seite daran, dass "wir nie gut genug sein werden, egal wie sehr wir uns auch bemühen", und auf der anderen Seite macht es uns Hoffnungen, wir könnten unser Ziel doch noch erreichen, wenn wir uns nur noch mehr anstrengen. Der Widerspruch wird uns erst bewusst, wenn das Selbstbild versagt hat, was wir daran merken, dass es uns nicht die versprochene Anerkennung gebracht hat. Und selbst wenn es uns Erfolg gebracht hat, wird er nie ausreichen, um unseren Selbstzweifel zu besiegen.

Der Aufbau eines Selbstbildes hat mehrere ganz direkte Auswirkungen auf unsere Beziehungen zu anderen Menschen. Er ist zwangsläufig damit verbunden, dass wir nach ihrer Anerkennung und Zustimmung streben, was immer zu Lasten unserer Selbstachtung geht. Die Sucht nach Anerkennung kann im äußersten Fall zu einer Ko-Abhängigkeit führen. Wir werden von Partnern angezogen, die uns diese Anerkennung geben, und diese wird dann zum Kriterium für die Treue des Partners zu uns. Die Suche nach Anerkennung verführt uns dazu, mit anderen Händel abzuschließen nach dem Motto: "Ich werde dein Selbstbild tolerieren (oder fördern), wenn du meines unterstützt." Unsere Beziehungen zu anderen Mitgliedern unserer Familie, zu Freunden, Arbeitskollegen oder Gruppen, denen wir beitreten, können einem ähnlichen Zweck unterworfen werden. Es kommt vor, dass wir selbst unsere Kinder zu Attributen eines Selbstbildes (das der guten Mutter, des guten Vaters) machen; dann wird es ihre Pflicht, ein gutes Licht auf uns zu werfen. Wir lassen sie wissen, wie enttäuscht wir von ihnen sind, wenn sie unsere Erwartung nicht erfüllt haben.

Selbstbilder können großes Unheil anrichten, weil sie unseren gesunden Menschenverstand außer Kraft setzen; so kann uns zum Beispiel ein grandioses Selbstbild dazu treiben, Kredite aufzunehmen, die wir uns nicht leisten können – um ein Haus zu kaufen und es mit Möbeln einzurichten, die unseren Nachbarn die Botschaft geben: "Wir sind erfolgreich." Ähnliches gilt für den Kauf von Kleidung, die wir nicht brauchen, sondern die nur dazu dient, das Selbstbild widerzuspiegeln, das wir von uns entwerfen wollen. Selbstbilder bestimmen die Hochzeitsfeierlichkeiten, die wir für unsere Töchter veranstalten, ebenso wie die Wagen, die wir fahren. Sie können auch die Auswahl des Spielzeugs und der Computer bestimmen, die wir für unsere Kinder kaufen, und die Unmenge anderer Produkte und Dienstleistungen, die wir in Anspruch nehmen, um unser Selbstbild zu verbessern und unseren "Lebensstil" in Szene zu setzen.

Süchte unterschiedlicher Art können die Folge davon sein, dass wir versuchen, ein Bild von uns zu entwerfen. Ein Beispiel ist der "Teufelskerl", der zu viel trinkt oder zu schnell fährt und der unbedacht sein Leben aufs Spiel setzt, um anderen zu beweisen, dass er ein "Mann" ist. Dasselbe kann von einer Frau gesagt werden, die um jeden Preis ein Kind bekommen möchte, weil man ihr beigebracht hat, sie sei erst dann eine Frau, wenn sie ein Kind zur Welt gebracht hat.

Selbstbilder spielen auch eine Rolle in der Art, wie jemand seine Zigarette hält oder welche Art von Wein oder Cocktail er trinkt, um zu zeigen, dass er "anspruchsvoll" ist oder einfach, dass er "dazugehört". Ein Selbstbild ist zur Sucht geworden, wenn wir ständig eine innere Stimme hören, die uns sagt: "Ich muss das haben." Hinter dieser Stimme ist der gähnende Abgrund des Selbstzweifels, den wir nicht wahrhaben wollen. Je mehr wir dem Selbstbild erlauben, unsere Persönlichkeit zu beherrschen, desto mehr wird unser wahres Selbst ins Unterbewusstsein verdrängt.

Die Thronbesteigung durch das Ego

Die Machtübernahme des Egos über die Psyche geschieht schrittweise. Zuerst spricht es in der Form von "wir", "du" oder "man" und bewirkt dadurch, dass wir die Art und Weise, wie das kollektive Ego spricht, verinnerlichen: "Wir machen es so …" – "Du solltest es besser wissen" und "Sowas sagt man nicht." Die Anpassung an dieses Wir-Denken gibt dem Kind, das voller Selbstzweifel ist, das Gefühl von Sicherheit. Mit Erreichen des 14. oder 15. Lebensjahres ist das individuelle Ego soweit ausgeprägt, dass es die Herrschaft übernimmt. Wenn der Betreffende dann in der Ich-Form spricht, ist es meist das Ego, das seine Meinung kundtut. Zu diesem Zeitpunkt ist das wahre Selbst so stark durch den Selbstzweifel unterdrückt, dass es die Herrschaft über die Persönlichkeit vollständig an das Ego abgegeben hat. Nicht selten ist an diesem Punkt die Existenz kosmischer Hilfe und kosmischen Schutzes so komplett aus dem Bewusstsein des Betreffenden ausgeklammert worden, dass das Ego die vollständige Kontrolle über die Persönlichkeit ausüben kann. Damit ist die Verwirrung in der Psyche komplett.

Das individuelle Ego herrscht von da an in der Psyche wie ein Feudalherr – mit seinem Hofstaat, Wachen, einem Heer, einem Gerichtshof, einem zentralen Gefängnis und all den anderen Institutionen, die ein tyrannisches Regime ausmachen. Es tut alles, um diesen Eindruck zu verstärken und damit unserem wahren Selbst zu signalisieren, dass seine Macht unüberwindlich ist. In dieser Verkleidung gibt sich das Ego als ein übermächtiges Wesen aus, während es in Wirklichkeit etwas ist, das sich aus Wörtern, Sätzen und Bildern zusammensetzt, die der menschliche Geist erfunden hat, nachdem er seine Verbindung mit unseren wahren Gefühlen verloren hat.

Das Selbstbild verdeckt unser Urbild

Wie im vorangegangenen Kapitel erwähnt, ist das Urbild eines jeden Menschen sowohl im Kosmischen Bewusstsein als auch in seiner Psyche gespeichert. Es ist wie eine Blaupause, die von der Psyche dazu benutzt wird, uns auf dem Pfad unseres kosmischen Schicksals zu führen und zu leiten. Dies geschieht, indem unsere Psyche unsere Aufmerksamkeit auf Gelegenheiten lenkt, die uns Erfüllung bringen. Wie sie dabei vorgeht, haben wir bereits in der Metapher des Teppichs, den die Psyche webt, beschrieben.

Die Entwicklung eines Selbstbildes, das immer ein Ziel in sich darstellt, hat zur Folge, dass die Erfüllung unseres kosmischen Urbildes auf der Strecke bleibt. Unsere Aufmerksamkeit wird in eine völlig andere Richtung gelenkt, die am Ende in die Enttäuschung führt. Das Ausbrennen, das wir, Carol und Hanna, erfahren hatten, ist ein typisches Beispiel dafür. Wenn wir allerdings erkennen, dass der Punkt des Ausgebranntseins genau der geeignete Zeitpunkt ist, um zu unserem Urbild zurückzukehren, dann werden wir uns der Selbstberichtigungsfunktion, die Teil unserer Natur ist, bewusst. Entscheiden wir uns dann dafür, uns zu berichtigen, dann kann die Lebenskraft, die wir in den Aufbau des Selbstbildes gesteckt haben, transformiert werden und wieder unserem wahren Selbst zugute kommen.

Doch nicht jeder Fall von Ausgebranntsein führt zur Selbstberichtigung. Der Betroffene hat auch die Möglichkeit, seine innere Zustimmung zur "Hinrichtung" seines wahren Selbst zu geben. Bevor es zu dieser gefährlichen Entscheidung kommt, macht der Weise ihn durch einen Traum darauf aufmerksam, dass sein wahres Selbst nahe davor steht, ausgelöscht zu werden. Mißachtet er die Botschaft des Traumes und gibt bewusst seine Zustimmung zur Hinrichtung seines wahren Selbst, dann wird er ein "wandelnder Toter", wie es der Weise nennt. Damit wird er zu einem Menschen, der sich von nichts mehr berühren lässt. Das muss nicht heißen, dass ein solcher Mensch "für immer verloren" ist. Jemand, der ihm nahe steht, kann den Kosmos bitten, ihm zu helfen, und er kann die Entscheidung für den anderen deprogrammieren. Dann kehrt der Weise zu dem betreffenden Menschen zurück und gibt ihm die Gelegenheit, sein wahres Selbst zu retten. (In allen solchen Fällen fragen wir beim Weisen an, ob es angemessen ist, dass wir jemandem diese Hilfeleistung zuteil werden lassen.)

Die Selbstbefreiung vom individuellen Ego

Der erste Schritt, uns vom Ego in uns zu befreien, besteht darin zu erkennen, dass das Ego eine fiktive Kreation ist, die ihre Existenz einzig dem Umstand verdankt, dass wir bestimmte unwahre Wörter, Sätze und Bilder als wahr akzeptiert haben. Durch diese Akzeptanz haben wir ungewollt unsere Zustimmung dazu gegeben, ihnen unsere Lebenskraft zu schenken. Wir können uns von dieser fiktiven Kreation befreien, indem wir unsere Zustimmung zu den betreffenden Wörtern, Sätzen und Bildern entziehen und dafür sorgen, dass wir ihnen keine Energie mehr geben. Auf diese Weise nehmen wir das Ego Satz für Satz und Bild für Bild auseinander. Außerdem sagen wir zu allen Ego-Emotionen ein inneres Nein. Eine Benutzerin des I Ging hat es so ausgedrückt: “Wir setzen das Ego durch eine beharrliche Diät von inneren Neins dem Hungertod aus!”

Kapitel 10

Die Schlüsselstellung der Sprache

Es ist bereits deutlich geworden, dass unsere Sprache eine entscheidende Schlüsselstellung in unserem Leben hat. Sie besitzt das Potential, unser Leben entweder zu einer freudvollen oder zu einer leidvollen Erfahrung zu machen. In diesem Kapitel wollen wir an unsere Leser weitergeben, was wir über die Auswirkungen von Sprache auf unseren Körper und unsere Psyche gelernt haben. Außerdem werden wir beschreiben, welche Art von Sprache verletzend und zerstörerisch in ihren Auswirkungen ist.

In den letzten Jahren haben Wissenschaftler bei der Untersuchung des Atoms die überraschende Entdeckung gemacht, dass *Bewusstsein die Materie beeinflusst.* Dieses Prinzip berührt das Herz der Quantentheorie. Es trifft auch ins Herz des I Ging, das uns darauf aufmerksam macht, dass und wie unsere Gedanken unsere Wirklichkeit erschaffen. Genauer gesagt, geht es um die Wörter, Sätze und die sie begleitenden Bilder, aus denen unsere Gedanken bestehen. Alles kommt darauf an, wie wir die Dinge beschreiben: Drücken unsere Worte das Wesen der Dinge aus oder lediglich ihre äußere Erscheinungsweise?

Eine schadenstiftende Sprache benutzt Wörter und Sätze, die im Widerspruch zu unserer inneren Wahrheit/DNA stehen. Alfred Korzybski, der die Wirkungen von Sprache auf den Menschen in den 1930er Jahren erforscht hat, hat die potentiell schadenstiftenden Wirkungen des Identitätsverbs "sein" be-schrieben.[17] Er kam zu dem Schluss, dass, wenn jemand zu einem Kind sagt, es sei böse, dies ein Trauma in seiner Psyche erzeugt, weil es seiner Natur unterstellt, sie sei böse, anstatt zu sagen, es habe etwas Böses getan. Das I Ging lehrt uns, dass ein solcher Gebrauch von Sprache etwas in der Psyche des Kindes fixiert und verzerrt. Es handelt sich um eine *falsche Zuschreibung*, die zur Folge hat, dass das Kind das Bild, das es von sich hat, automatisch mit dem Wort "böse" assoziiert. Tatsächlich erzeugen alle üblen Nachreden, mit denen die Natur eines Kindes belegt wird, falsche Zuschreibungen, die in ihm Zweifel an seiner wahren Natur wecken. Dies führt auf längere Sicht zu Selbstverdammungen, die erst dann ihre Macht verlieren, wenn die falschen Zuschreibungen, die in der Psyche des Betreffenden gespeichert sind, bewusst gemacht, verarbeitet und deprogrammiert werden.

Ferner hat uns der Weise gelehrt, dass negatives Bewusstsein nicht nur uns Menschen schadet, sondern auch dem Bewusstsein jedes Dinges in der äußeren Welt, auf das es gerichtet ist. Es kann eine schädigende Wirkung auf das Verhalten von Pflanzen und Tieren haben ebenso wie auf das der Erde und sogar des Wetters. Da alle Lebensformen auf der Erde Ausdruck des Kosmischen Bewusstseins sind, verursacht es Störungen in ihnen, wenn wir ihnen Namen geben, die nicht ihrer wahren Natur entsprechen. Außerdem erzeugen wir dadurch längerfristig ein widriges Schicksal für uns. Die folgenden Ausführungen beschränken sich auf die Darstellung der Wirkung von unharmonischem Bewusstsein auf den *Menschen.*

Unser Verstand hört Worte anders als unser Körper

Der Weise hat uns gelehrt, dass unser Verstand Worte anders hört als der Körper. Um ein Beispiel zu nennen: Der Verstand macht kaum einen Unterschiedung zwischen dem Ausdruck “etwas loslassen” und “etwas aufgeben” (im Sinne von “aufhören, an den Wert von etwas zu glauben”). Auch der Körper interpretiert die Worte “etwas loslassen” als sich von etwas trennen, doch interpretiert er “etwas aufgeben” als “es ist hoffnungslos”. Es ist wichtig, uns klarzumachen, um was es sich handelt, wenn wir eine Angelegenheit, die wir aus eigener Kraft nicht lösen können, loslassen und den Helfern zur Lösung übergeben.

Ein anderes Beispiel ist Literatur, die eine stark melancholische Note hat. Melancholie ist recht häufig in Gedichten, Romanen und Opernlibretti anzutreffen. Genauer gesagt, Gedichte werden häufig in einem dramatischen Singsang-Stil vorgetragen, während bei Opern die Musik den melancholischen Unterton verstärkt. Während solche Emotionen, besonders wenn sie auf brillante Weise vorgetragen werden, den Verstand anregen, gerät der Körper in den Sog der Melancholie und der ihr zugrundeliegenden Hoffnungslosigkeit. Da unsere Körperzellen empfindlich auf Bekundungen reagieren, die das Leben als hoffnungslos darstellen, können sie ihren Lebenswillen verlieren.[18]

Falsche Zuschreibungen

Die häufigsten falschen Zuschreibungen sind Sätze, die fälschlicherweise unserer Natur Eigenschaften zuschreiben, deren wirkliche Ursache im Ego zu finden ist. Solche Sätze beinhalten die Identitätsverben sein oder haben, wie zum Beispiel: "Du bist unausstehlich." Oder: "Du hast schlechte Zähne." Auch Sätze, die die Wörter "immer" oder "nie" enthalten, erzeugen falsche Zuschreibungen, wie zum Beispiel: "Du machst immer das und das," oder "Nie bist du pünktlich." Wenn solche Zuschreibungen erst einmal in der Psyche gespeichert sind, verhält sich der Betreffende von dem Zeitpunkt an in der ihm zugeschriebenen Weise, ohne dass er imstande ist, sein Verhalten willentlich zu berichtigen. Allerdings kann er sich davon durch das Deprogrammieren der falschen Zuschreibung befreien.

Eine weitere Folge solcher falschen Zuschreibungen ist, dass sie die Reifung des wahren Selbst des Betreffenden behindern. Es ist, als wäre ein Knoten in den Teppich in seiner Psyche hineinpraktiziert worden, der ein Weiterweben an der Stelle verhindert.

Bezogen auf die Funktionen der Psyche haben falsche Identitätszuschreibungen negative Auswirkungen auf die Spiegel-, die Speicher- und die Übertragungsfunktion. So gibt die Spiegelfunktion dem Betroffenen das beschmutzte Bild wider, mit dem er belegt wurde, anstatt ihm die Vollkommenheit seines wahren Selbst wiederzuspiegeln, wodurch er sich gestärkt fühlen würde. Das negative Bild verdeckt nun sein Urbild. Was die Speicherfunktion angeht, so werden dadurch seine guten Erfahrungen kosmischer Hilfe von einem Ego-Element, das seine Aufmerksamkeit ständig auf das negative Bild und die Fehler, die er gemacht hat, lenkt, ausgelöscht. Normalerweise würde die Übertragungsfunktion den Verstand auf die Gefahr aufmerksam machen, die von der falschen Zuschreibung ausgeht; doch wird dies häufig durch einen Dämon vereitelt, der durch die falsche Zuschreibung erzeugt wurde; dieser Dämon bedient sich nun seinerseits der Übertragungsfunktion, um dem Verstand immer wieder die falsche Zuschreibung vor Augen zu halten.

Um die Sache noch schlimmer zu machen, untergräbt der aus der falschen Zuschreibung resultierende Selbstzweifel die Hilfe, die uns unsere körperlichen Helfer geben könnten, um uns vor dem Einfall negativer Gedanken zu schützen. Das Gefühl, ohne Schutz zu sein, erzeugt eine ständige unterschwellige Ängstlichkeit und Verteidigungshaltung. Der Verstand versucht, mit unterschiedlichen Mitteln diese Ängstlichkeit zu überwinden: indem er zum Beispiel die Gefahren einfach wegrationalisiert, Ablenkungen sucht, Süchte entwickelt, uns dazu bringt, anerkannte Titel zu unserem Schutz zu erwerben, oder indem er dieselben falschen Zuschreibungen auf andere projiziert. Keine dieser Taktiken vermag uns allerdings von den schädlichen Einflüssen der falschen Zuschreibung zu befreien.

Projektionen

Projektionen sind eine andere Art von Sätzen, die ebenfalls eine fixierende Wirkung auf die Psyche haben. Sie projizieren ein erwartetes künftiges Verhalten auf einen anderen Menschen, wie zum Beispiel: "Ich weiß, dass du das und das sagen (oder tun) wirst."

Wir erleben die Wirkung solcher Projektionen, wenn wir merken, dass wir etwas sagen, an das wir gar nicht glauben, oder wenn wir uns dabei ertappen, dass wir etwas tun, das uns völlig unerklärlich ist.

Projektionen beruhen auf Schlußfolgerungen, die aus früheren Beobachtungen gezogen wurden. Äußere Beobachtungen geben uns aber keine Auskunft über die Ursache einer Erscheinung, weshalb jede allgemeine Schlußfolgerung unzulässig ist. Besagte Schlußfolgerungen bilden gewöhnlich die erste Prämisse in einer logischen Kette, die zu weiteren Schlußfolgerungen führt. Da die erste Schlußfolgerung unzulässig war, sind notwendigerweise auch die folgenden falsch. Wenn wir aber die erste Prämisse unüberlegt akzeptieren, dann halten wir die ganze logische Kette für wahr. Das zeigt das folgende Beispiel eines Jungen, der eine Lüge erzählt hat:

— "Er ist ein Lügner" (eine falsche Identitätszuschreibung).
— "Einmal ein Lügner, immer ein Lügner" (eine Projektion und eine falsche Zuschreibung).
— "Er wird zu einem Tunichtgut heranwachsen" (eine weitere Projektion und falsche Zuschreibung).

Alle diese Schlußfolgerungen fixieren den Jungen in seinem Verhalten und werden damit zu sich selbst erfüllenden Prophezeihungen.

Hexagramm 25, *Die Unschuld*, betont, wie wichtig es ist, unseren Geist unschuldig zu halten, indem wir keine Erwartungen hegen und keine Projektionen in die Welt setzen. Beide gedanklichen Aktivitäten haben negative Folgen, da sie Bilder von einer Situation entwerfen, die sich dann manifestieren. Erwartungen und Projektionen spiegeln den Wunsch des Egos wieder, durch Planen und Fantasieren die Zukunft zu kontrollieren.

Dasselbe Hexagramm macht uns auch darauf aufmerksam, dass das Ego hinter allen Absichten steckt und dass Absichten ebenfalls eine Form von Projektion sind. Wir könnten meinen, es sei hilfreich, "gute Absichten" zu haben; Tatsache ist jedoch, dass unsere wahre Natur *keine* Absichten braucht. Sie antwortet in angemessener Weise auf das Bedürfnis des Augenblicks, ohne vorauseilendes Denken.

Wir Menschen neigen auf der einen Seite dazu zu bestreiten, dass Gedanken Schaden anrichten können, während wir auf der anderen Seite an die Macht des positiven beziehungsweise absichtsvollen Denkens glauben. Wann immer Gedanken (Worte und Bilder), selbst wenn sie angeblich eine gute Botschaft beinhalten, als Machtinstrument gebraucht werden (d.h. durch geistiges Fokussieren in die Welt gesendet werden), haben sie im Endeffekt negative Folgen, das heißt dem erzielten Erfolg folgt ein widriges Schicksal. Der Grund dafür ist, dass jeder absichtsvolle Gedanke Begehren projiziert, die nicht zu unserem wahren Selbst passen. Absichtsvolle Gedanken sind rein mentaler Natur. Hingegen haben Gedanken, die auf unseren wahren Gefühlen beruhen, immer eine positive Wirkung.

Ebenfalls zur Gruppe der Projektionen gehören negative Vorhersagen, die von "Autoritäten" über Ereignisse wie beispielsweise Klimawechsel und Erdbeben gemacht werden. Sie sind deshalb so gefährlich, weil sie solche Ereignisse erzeugen können. Es handelt sich dabei um Vorhersagen, die auf Schlußfolgerungen beruhen, die aus der Analyse von Verhaltensmustern in der Vergangenheit gezogen wurden. Sie beruhen nicht auf einem korrekten Verstehen der *Ursachen* der Ereignisse in der Vergangenheit, die äußerlich für den Betrachter nicht sichtbar sind. Diese Ursachen können in derselben Art von falschen Zuschreibungen auf das Klima und die Erde liegen wie die falschen Zuschreibungen, mit denen der Junge, der einmal eine Lüge erzählt hat, belegt wurde.

In allen geschilderten Situationen sehen wir das Ego am Werk, wie es eine kreisförmige Logik konstruiert, bei der ein unzulässiger Rückschluß zur Prämisse erhoben wird, aus der dann weitere Rückschlüsse gezogen werden. Das Ego, das seinen ersten falschen Rückschluß aus einer rein äußerlichen Beobachtung gezogen hat, gebärt sich dann als allwissender "Vorhersager der Zukunft".

Die Logik des Egos berücksichtigt weder die unsichtbaren Helfer des Kosmos noch die der Natur, geschweige denn die Hel-fer unserer eigenen Natur. Folglich sind seine Erklärungen, was Ursachen und

Wirkungen angeht, unweigerlich oberflächlich und daher rein mechanischer Natur. Auch berücksichtigt das Ego nicht das *Kosmische Prinzip des widrigen Schicksals*, welches die negative Energie, die von schadenstiftenden Gedanken und Taten ausgeht, zu ihrem Verursacher zurückschickt. Bei sogenannten negativen Ereignissen handelt es sich in der Regel um solche widrigen Schicksale.

Giftpfeile

Giftpfeile sind eine weitere Sorte von falschen Zuschreibungen. Sie fixieren bestimmte Funktionen in der Psyche, indem sie eine giftige Energie einspritzen. Außerdem haben sie eine schädliche Auswirkung auf den Körper; dort rufen sie giftige Reaktionen hervor, die wir in dem betreffenden Körperteil zum Beispiel als scharfen Schmerz, Hexenschuß oder als Stiche im Herzen spüren. Wenn Giftpfeile nicht durch Deprogrammieren entfernt werden, verursachen sie irgendwann im Leben eine körperliche Krankheit. Die folgenden Arten von Gedanken erzeugen Giftpfeile:

- Neidgedanken,
- Schuldzuweisungen an andere oder sich selbst,
- Vergleiche aller Art, wie zum Beispiel der starke Wunsch, so zu werden oder nicht so zu werden wie jemand anderer,
- mechanistische Beschreibungen des Körpers, als wäre er eine Maschine,
- Beschreibungen unserer Natur als "behindert",
- Gedanken, die den Wunsch beinhalten, anderen Schaden zuzufügen,
- eine Sicht auf unseren Verstand oder Körper als Feind,
- die Verteufelung bestimmter Nahrungsmittel oder Getränke,
- Ängste und Hoffnungen (beide implizieren, dass es keine Hilfe für die Situation von der unsichtbaren Welt gibt).

Alle Giftpfeile enthalten Ego-Emotionen; diese sind das Gift an der Spitze des Pfeils. Die Wirkung von Ängsten wird ausführlicher im nächsten Kapitel beschrieben.

Ein Beispiel für eine Ego-Emotion ist die Wut, die einen Menschen übermannt, wenn ihm bewusst wird, wie das Ego ihn an der Nase herum geführt hat. Diese extreme Wut kommt vom Ego selbst, das diese Erkenntnis so schmerzhaft machen möchte, dass sie den Betreffenden davon abhalten soll, seine Suche fortzusetzen.

Ein anderes Beispiel ist das starke Gefühl der Ablehnung. Nehmen wir das Beispiel einer Frau, die zu einem höchst unpassenden

Zeitpunkt feststellt, dass sie schwanger ist. Ihr Gefühl ist ein Giftpfeil, der sich folgenschwer auf die Fokussierungsfunktion in der Psyche des Fötus auswirkt. Die Folge ist, dass später das heranwachsende Kind Schwierigkeiten hat, seine Energien kreativ zu fokussieren. Der Giftpfeil bewirkt, dass der Betroffene seine Energien gegen sich selbst richtet, was ihn daran hindert, sein kosmisches Schicksal zu verwirklichen. Ein solcher Mensch hat das Gefühl, nach allen Seiten hin blockiert zu sein. Es ist leicht denkbar, dass er weitere Giftpfeile hinzufügt, indem er sich selbst beschuldigt und negativ mit anderen vergleicht.

Doch läßt der Kosmos einen solchen Menschen nicht ohne Hilfe, da ihn keine Schuld an der primären Ursache trifft. Die kosmischen Helfer konstellieren die unterschiedlichsten Ereignisse, um die fixierende Wirkung des Giftpfeils zu brechen. Dabei kann es sich um positiv oder negativ erlebte Schockerlebnisse handeln wie zum Beispiel ein unerwartetes Geschenk in Gestalt von hilfreichen Freunden oder eine Krankheit, die den Giftpfeil bricht und das Gift aus der Psyche und dem Körper des betreffenden Menschen entfernt.

Der Kosmos schickt uns auch Hilfe, wenn wir uns selbst, das Leben als solches oder unsere Beziehung zum Kosmos mit falschen Zuschreibungen oder Giftpfeilen belegt haben. In solchen Fällen kommt die Hilfe immer im Gewand eines widrigen Schicksals, das die falsche Zuschreibung oder den Giftpfeil bricht (vgl. Kapitel 2 zur Wirkung kosmischer Schockerlebnisse, die mit einem widrigen Schicksal einhergehen).

Alle diese Hilfe wird uns angeboten, um uns über die oft verheerenden Auswirkungen eines falschen Sprachgebrauchs zu belehren und uns die Möglichkeit zu geben, unser Denken zu berichtigen. Wenn wir das I Ging befragen, um die Ursache eines Mißgeschicks heraus zu finden, dann hilft es uns dabei, die Projektion, falsche Zuschreibung oder den Giftpfeil zu identifizieren, damit sie ein für alle Mal aus unserer Psyche entfernt werden können. Wir können auch andere, die wir mit schädlichen Gedankenformen belegt haben, davon befreien. Das widrige Schicksal hat damit seinen Zweck erfüllt und kann daher rasch beendet werden.

Der schädliche Einfluß von Giftpfeilen auf den Körper [19]

Um den schädlichen Einfluß von Giftpfeilen auf den Körper genauer zu verstehen, müssen wir uns vor Augen halten, dass der Körper unter gesunden Bedingungen innere Nahrung und

Informationen von unserem Urbild erhält, das in unserer Psyche gespeichert ist. Unser Urbild schließt jeden einzelnen Teil unseres Körpers ein. Wenn ein bestimmter Körperteil von einem Giftpfeil verletzt wird, dann wird die Verbindung des betreffenden Körperteils zu seinem Urbild verdunkelt; folglich können die Zellen dieses Körperteils dann nicht mehr alle Informationen empfangen, die ihnen ihre gesunde Erneuerung ermöglicht.

Mangels dieser inneren Nahrung und Informationen sind die betroffenen Körperzellen für Krankheit anfällig. Der Giftpfeil verbleibt am Ort, bis er sich entweder als Krankheit manifestiert hat (mit der Möglichkeit, dass er durch die Krankheit gebrochen wird), oder wir entfernen ihn durch Deprogrammieren. Giftpfeile können über viele Jahre relativ inaktiv bleiben und sich erst in Verbindung mit Ereignissen, die eine Schwächung des Lebenswillens verursachen, als Krankheit manifestieren.

Eine weitergehende mögliche Folge von Giftpfeilen besteht darin, dass die betroffenen Körperzellen wegen ihrer behinderten Fähigkeit, sich zu erneuern, degenerieren. Wir kennen dieses Phänomen als vorzeitiges Altern. Eine andere Folge kann die Bildung von Tumoren sein, weil den Zellen die Information fehlt, um sich auf natürliche Weise im Gleichgewicht zu halten. Je nach der Art eines Giftpfeils kann dieser zu einer Vielzahl möglicher Krankheiten führen, angefangen von Infektionen bis hin zu lebensbedrohlichen Krankheiten wie Autoimmunstörungen, Leukämie oder HIV/AIDS.

Die starken Emotionen, die Giftpfeile begleiten, gären weiter im Empfänger, indem sie seinen guten Willen beeinflussen. Als Beispiel sei eine Person zitiert, die in ihrer Jugend einen *Giftpfeil der Ungeduld* von ihrem Lehrer erhalten hat; seitdem fehlte es ihr selbst an Geduld und Verständnis für andere, die lernen wollten. Der Giftpfeil hatte ihren guten Willen, genügend Geduld in Situationen, die der ursprünglichen Situation ähnlich waren, aufzubringen, beschädigt. Auch der Lehrer hatte in seiner Jugend einen solchen Giftpfeil erhalten.

"Den Großen Mann sehen"

"Fördernd ist es, den Großen Mann zu sehen," ist ein Rat, den wir häufiger im I Ging antreffen. Eine der Bedeutungen dieser Metapher ist, dass es eine transformierende Wirkung hat, wenn wir in Gedanken die Möglichkeit zulassen, dass das wahre Selbst eines

Menschen zeitweilig aus seinem Gefängnis heraustreten kann, um eine gegebene Lage zu berichtigen. Auch nur die Möglichkeit von Größe in einem Menschen zu sehen, kann a) vorübergehend den verhärtetsten Zeitgenossen transformieren, b) Harmonie erzeugen, wo zuvor eine langwährende Fehde geherrscht hat, oder c) die Möglichkeit zu Fortschritten in festgefahrenen Verhandlungen eröffnen.

Es gibt fast niemanden, der dieses Phänomen nicht schon einmal konkret erlebt und festgestellt hat, dass es dazu lediglich des unschuldigen Geistes eines Kindes bedurfte, das fest vom Guten in einem von Härte gezeichneten Menschen überzeugt war.[20] Wir selbst können diesen Zustand der Unschuld des Geistes erlangen, indem wir ein inneres Nein zu unserem früher gefällten Urteil sagen, eine bestimmte Person, Beziehung oder Lage sei "unmöglich" oder "hoffnungslos".

Der Weise hat uns gelehrt, dass dasselbe Prinzip für alle Menschen gilt, die wir als starr, umweltzerstörend, gleichgültig oder auf andere Weise unkorrigierbar ansehen. Wir brauchen nur das Potenzial des "Großen Mannes" in ihnen zu sehen, um sie vorübergehend von den Giftpfeilen zu befreien, mit denen wir sie belegt haben. Indem wir diese Perspektive einnehmen, die ihnen die Möglichkeit eröffnet, sich durch Transformation weiter zu entwickeln, können sie unter Umständen sogar auf Dauer zu ihrer wahren Natur zurückkehren. Dieses Ergebnis wird zum Teil dadurch erzielt, dass wir unsere Ansicht, sie könnten sich nie ändern und seien hoffnungslos, zurücknehmen.

Auf unseren Körper bezogen, bedeutet "den Großen Mann sehen", unseren Geist dafür offen zu halten, dass unser Körper dadurch geheilt werden kann, dass wir unsere Ideen über ihn berichtigen. Konkret heißt das, dass wir der mechanistischen Sicht auf den Körper, die unsere Kultur beherrscht, eine Absage erteilen. Diese mechanistische Sicht drückt sich zum Beispiel darin aus, dass wir die Ursache für Gemurmel im Herzen in "defekten Herzklappen" und hohen Blutdruck als "Folge von Arterienverkalkung" sehen. Mechanische Dinge im Körper beziehen sich immer auf eine sekundäre Ursachenebene, die das Ergebnis einer primären Ursache im Bereich des Denkbewusstseins ist. Eine herabhängende Blase kann zum Beispiel durch die geläufige Annahme verursacht sein, die Blase sei ein Mechanismus, der nicht die Fähigkeit besitzt, sich anzupassen und zu lernen. Das mag solange absurd klingen, bis wir diese Möglichkeit in unserem Geist zulassen. Schließlich ist es genau dieser Möglichkeit zu verdanken, dass alle Organismen eine Evolution durchgemacht haben. Wenn wir zum Beispiel die Möglichkeit einräumen, dass die Blase lernfähig ist, dann wird dadurch automatisch der Giftpfeil entfernt, sie sei ein bloßer Mechanismus; dadurch wird die Zeit verkürzt, die für ihre Transformation benötigt wird. Das *Möglichkeitsprinzip*, das zu den Kosmischen Harmonieprinzipien gehört, hat eine positive Schockwirkung, die den Giftpfeil bricht.

Wenn wir es hingegen versäumen, das *Möglichkeitsprinzip* in allen Aspekten unseres Lebens zu sehen, bleiben wir in negativen Situationen stecken; unsere negative Sichtweise schließt die hilfreichen Zufälle, die häufig auch als "glückliche Zufälle" bezeichnet werden, aus. Möglichkeiten sehen ist nicht dasselbe wie unseren Geist auf etwas zu fokussieren, das wir begehren. Es bedeutet vielmehr, unseren Geist für alles zu öffnen, was uns der Kosmos als Hilfe anbietet.

Über die Propagierung von schadenstiftenden Sprachformen

Die Verwendung von Sprachformen, die Schaden anrichten, ist für unsere Natur so unerträglich, dass wir Bewältigungsmechanismen entwickeln, die es uns erlauben, sie auf andere Menschen "abzuwerfen". Dies gilt vor allem für schadenstiftende Sätze und Bilder, mit denen wir in der Kindheit (und oft sogar bereits im Mutterleib) belegt worden sind. Wir nennen diesen Bewältigungsmechanismus *Propagierungs*mechanismus, da er das bevorzugte Mittel ist, wie das kollektive Ego seine Kontrolle über die Menschen ausbreitet. Leider werden wir aber die schadenstiftenden Sätze und Bilder nicht los, indem wir sie auf andere abwerfen, und fahren daher unermüdlich in unserem Versuch fort, sie an immer mehr Menschen weiterzugeben. Eine ganze Bevölkerung kann auf diese Weise mit unharmonischen Gedanken und den aus ihnen resultierenden zerstörerischen Ego-Emotionen infiziert werden. Das dämonische Element, das diesen Prozeß beherrscht, ist der "Drache der Propagierung". Die Propagierung kann auf folgende Weise geschehen:

- durch Werturteile
- durch eitles Geschwätz und Klatsch, die Werturteile beinhalten
- durch Schuldzuweisungen
- durch Ängste, die vom Ego kommen

- durch Schuldbekenntnisse
- durch Zweifel
- durch Leugnen
- durch Humor, bei dem über Menschen gelacht wird, die unter dem Einfluß ähnlicher Giftpfeile stehen wie der Zuhörende

Unter *Werturteilen* verstehen wir Gedanken, die das Verhalten anderer kritisieren, verdammen oder mißbilligen. Besonders großer Schaden wird immer dann angerichtet, wenn wir andere im Geiste "hinrichten"; dies geschieht, wenn wir sie als hoffnungslos aufgeben. Alle Werturteile sind Ausdruck von Selbstgerechtigkeit, die dazu dient, Werturteile, die einst über uns ausgesprochen wurden, an andere weiterzugeben. Selbstgerechtigkeit gibt uns das Gefühl, etwas zurückgekauft zu haben.

Die Propagierung von falschen Zuschreibungen, Projektionen und Giftpfeilen durch *Klatsch* liegt auf der Hand. Da üble Nachrede hinter dem Rücken des Betreffenden stattfindet, hat sie die Wirkung, ihn im Rücken, das heißt außerhalb seiner bewussten Wahrnehmung zu treffen. Die dämonischen Elemente, die in den falschen Zuschreibungen und Giftpfeilen enthalten sind, beeinflussen fortan das Verhalten des Betroffenen in einer Weise, die ihm nicht bewusst ist.

Die Gewohnheit, *Schuld bei anderen zu suchen*, enthüllt den Verleugnungsaspekt des Propagierungsmechanismus, denn wir wälzen automatisch die Beschuldigungen, die uns selbst getroffen haben, auf andere ab.

Ängste, die vom Ego kommen, sind ebenfalls unerträglich für unsere Psyche und drängen danach, bei jeder Gelegenheit weitergegeben zu werden, damit wir uns in unserer Angst nicht allein fühlen. So paradox es klingen mag, wir fühlen uns in dem Gedanken getröstet, dass andere Menschen unsere Angst teilen. Dies ist einer der Gründe dafür, dass schlechte Nachrichten einen so breiten Raum in den Medien einnehmen. Ein anderer Grund ist die irreführende Ansicht, das Wissen um etwas Bedrohliches würde uns vor der Bedrohung schützen. Doch in Wirklichkeit geschieht genau das Gegenteil, wenn schlechte Nachrichten wie zum Beispiel Warnungen vor einer Pandemie verbreitet werden: Die Angst ist gewöhnlich von einem Schwarm negativer Bilder begleitet. Hat unser Verstand sie erst einmal in unsere Psyche hineingelassen, dann geraten auch unsere Körperzellen unter ihren Einfluss. Durch die Propagierung der Angst steigt die Anfälligkeit, das heißt die Infektionsgefahr für immer mehr

Menschen.

Bei *Zweifeln* geht es um Zweifel, die uns einst selbst eingepflanzt wurden und die uns später bewusst oder unbewusst auch an den Fähigkeiten anderer Menschen zweifeln lassen.

Wie geschieht Propagierung?

Der Propagierungsmechanismus macht sich entweder ein bestehendes inneres Band zwischen zwei Menschen oder dem anderen Schuldzuweisungen oder Werturteile in Form von Giftpfeilen und falschen Zuschreibungen zu schicken.

Bei allen anderen Formen von zwischenmenschlichen Be-ziehungen sind es Löcher im natürlichen Schutzsystem des Einzelnen, die den Eintritt von schadenstiftenden Gedanken ermöglichen. Solche Löcher entstehen durch Selbstzweifel, Schuldgefühle, Ängste, Prahlerei, das Fällen von Werturteilen sowie alle Typen von Selbstbildern. Die Löcher schließen sich, wenn wir uns die Mühe machen, uns von den oben genannten Ego-Aspekten zu befreien.

Wie wir der Propagierung Einhalt gebieten können

Der Propagierung Einhalt zu gebieten, ist wesentlich für den Schutz unserer persönlichen Grenzen und für die Wiederherstellung und Erhaltung unserer Ganzheit. Wenn jemand schadenstiftende Gedanken auf uns richtet, kommt dies einem Eindringen in unseren inneren Raum gleich; wir können dem Einhalt gebieten, indem wir ein entschiedenes inneres Nein dazu sagen. Das Sagen eines inneren Nein bringt den Helfer der Transformation auf den Plan, der dann die negative Energie zerstreut.

Das I Ging, das uns diese *innere* Antwort als Schutzmaßnahme gelehrt hat, ist absolut klar in seiner Aussage, was die Frage unserer Beziehung zum Ego angeht. Es sagt schlicht: "Keine Beziehung zu dem, was schädlich ist" (Hexagramm 14, *Der Besitz von Großem*, Platz 1). Unser inneres Nein muss mit der "Festigkeit eines Steins" (Hexagramm 16, Platz 2) zu allen Aspekten des Egos gesagt werden. Das heißt wir erlauben uns nicht die geringste Toleranz seinen schadenstiftenden Äußerungen gegenüber. Mit jedem inne-ren Nein, das wir zu den Versuchungen des Egos sagen, unsere Integrität und Würde zu kompromittieren, werden wir wieder ein Stück aus der Knechtschaft des kollektiven Egos herausgehoben – heraus aus der Hilflosigkeit, Hoffnungslosigkeit und Depression, die es in uns erzeugt.

Wir verbinden das Sagen des inneren Nein mit einem inneren Rückzug von Menschen, deren Egos uns dazu verleiten wollen, uns ihrem schädlichen Denken anzuschließen. Das innere Nein ist auf der inneren Ebene wirksam – außerhalb des Radarschirms des Egos. Die Art, wie wir das innere Nein sagen, ist sachlich, das heißt, ohne die für das Ego typische Verurteilung oder Zurechtweisung. Indem wir unser Nein *innerlich* sagen, weigern wir uns schlicht, uns einer Ego-Haltung anzuschließen oder sie zu billigen; haben wir unser inneres Nein gesagt, dann bewahren wir innere Neutralität.

Um die Wirksamkeit des inneren Neinsagens zu verstehen, müssen wir wissen, dass die Wahrnehmung des Egos auf das beschränkt ist, was gesehen und gehört werden kann. Im Unterschied dazu nimmt unser wahres Selbst alles, was geschieht, durch unsere inneren Sinne wahr. So nimmt es zum Beispiel wahr, was das Ego in einem anderen Menschen denkt, plant, oder ausheckt, und es nimmt die falsche Logik wahr, die das Denken anderer Menschen beherrscht. Unsere Alltagssprache sagt uns, woher unser wahres Selbst dies weiß, wenn wir an den Ausdruck denken "diese Idee stinkt".

Das innere Neinsagen gebietet nicht nur der Propagierung von Ego-Gedanken Einhalt, es aktiviert und stärkt auch das wahre Selbst in anderen. Das so aktivierte wahre Selbst stellt sich dann dem Ego entgegen und hindert es daran, in seinem Treiben fortzufahren. Die Tatsache, dass das innere Nein so wirksam im Ausschalten des Egos ist, veranlaßt das kollektive Ego, alles in seiner Macht Stehende zu tun, um unsere Fähigkeit, Nein zu sagen, außer Kraft zu setzen. Eine seiner fadenscheinigen Begründungen lautet, Nein zu sagen sei "negativ". Das Ausschalten unserer Fähigkeit, Nein zu sagen, ist wichtiger Bestandteil des Konditionierungsprogramms in der frühen Kindheit. Es wird durch den Einsatz von Belohnungen und Strafen erreicht: das gute Kind, das nicht Nein zu seinen Eltern und Lehrern sagt, wird belohnt, während das Neinsagen bestraft wird. Viele Menschen sind nicht in der Lage, Ego-Aspekte mit Hilfe des inneren Neinsagens zu deprogrammieren wegen der Schuldgefühle, die damit von Kindheit an verbunden sind (siehe auch Kapitel 19: "Die Wiederherstellung der Fähigkeit, Nein zu sagen". Die in Anhang 3 beschriebenen Deprogram-mierungsmethoden sind darauf abgestimmt, auch ohne die Wiedererlangung dieser Fähigkeit angewendet werden zu können.).

Zusammenfassung

Unsere Kenntnis von falschen Zuschreibungen, Projektionen und Giftpfeilen und wie sie weitergegeben werden, läßt uns die Ursachen vieler ansonsten unerklärlichen Ausbrüche und Verhaltensstörungen verstehen.

Die tiefste Ursache für unsere Anfälligkeit für Giftpfeile liegt in dem grundlegenden Zweifelssatz "So, wie wir von Natur aus beschaffen sind, sind wir nicht besonders genug", der uns in frühester Kindheit eingepflanzt wurde. Wenn wir unsere Ganzheit wiedererlangen wollen, ist es unabdinglich, diesen Satz zu deprogrammieren.

Je häufiger wir falsche Zuschreibungen, Projektionen und Giftpfeile deprogrammieren, desto mehr registrieren wir, wenn jemand uns mit ihnen belegt. Damit haben wir die Möglichkeit, uns umgehend wieder von ihnen zu befreien. Unsere Erfahrung hat auch gezeigt, dass uns, sobald wir uns auf den inneren Weg der Befreiung unseres wahren Selbst gemacht hatten, alte Giftpfeile, die in unserer Psyche gespeichert waren, nach und nach ins Bewusstsein gebracht wurden, damit wir sie verabschieden konnten.

Kapitel 11

"Die Verfinsterung des Lichts" durch Selbstzweifel und Ängste

In Kapitel 5 haben wir beschrieben, wie unsere Ganzheit durch die Einführung des Selbstzweifels in unsere Psyche gespalten wird. Das Mittel dazu war die stillschweigend unterstellte Behauptung: "So wie du von Natur aus beschaffen bist, bist du nicht besonders genug." Die Wirkung dieses Ereignisses auf das kleine Kind wird im I Ging als "Die Verfinsterung des Lichts" in Hexagramm 36 gleichen Namens beschrieben. Die Verfinsterung bezieht sich auf die Verteufelung des Lichten nicht nur in unserer Psyche, sondern auch in jeder Zelle unseres Körpers durch diesen einen Satz.

Wenn dem Selbstzweifel nicht durch Deprogrammieren Einhalt geboten wird, dann kann er im Extremfall zu Geisteskrankheiten führen, bei denen sich der betreffende Mensch in seinem Handeln nur dann sicher fühlt, wenn eine äußere Autorität ihm die Richtigkeit seines Tuns bestätigt.

Die Folge der Einführung des Selbstzweifels ist die Trennung des Verstandes von den inneren Sinnesorganen und von unserem gesunden Menschenverstand; dann herrscht Unsicherheit in unserem Leben, und wir schauen zu äußeren Autoritäten auf, die uns sagen sollen, was wir zu denken und zu tun haben, damit wir uns sicher fühlen können. Durch diesen subtilen Prozeß verlagern wir unsere natürliche Abhängigkeit vom Kosmos hin zu gesellschaftlichen Institutionen (der Regierung für die öffentliche Ordnung, den Banken für den Schutz unseres Geldes usw.). Es soll hier nicht bestritten werden, dass diese Institutionen eine legitime Funktion haben, aber sie sind nicht die wahre Quelle unseres Schutzes und jener Hilfe, die wir zum Leben brauchen. Wenn wir vergessen, dass der Kosmos die wahre Quelle ist, dann sind wir wirklich in Gefahr.

Der Weise hilft uns, unsere jeweilige Situation aus der Sicht unserer inneren Wahrheit zu sehen, wenn wir bereit sind, die Brille abzunehmen, die der Selbstzweifel erschafft. Dies geschieht, wenn wir die Existenz der Helfer anerkennen. Sie bringen uns genau zur rechten Zeit die Hilfe, die wir brauchen.

Wir können besser verstehen, was mit der "Verfinsterung des Lichts" gemeint ist, wenn wir uns klar machen, dass die Qi-Ener-gie, die in der Psyche ebenso wie in jeder Körperzelle existiert, aus zwei Kräften besteht, dem Lichten und dem Dunklen; beide sind kosmischen Ursprungs. Ihre wechselseitige Durchdringung ermöglicht die Transformation von Bewusstsein in die verschiedenen Formen, aus denen die Natur besteht.

Wenn jedoch das Licht in den Körperzellen durch Selbstzweifel verdunkelt wird, dann wird das Bewusstsein der Zellen in zwei Teile gespalten, wobei der eine Teil noch Transformationen erzeugen kann, der andere aber nicht mehr. Die Fähigkeit einer Zelle, Transformationen zu erzeugen, ist aus folgendem Grunde wichtig: Wir haben im letzten Kapitel erwähnt, dass die Körperzellen alle Informationen, die sie zu ihrem Wachstum, ihrer Erneuerung und Gesunderhaltung benötigen, von dem Urbild erhalten, das in unserer Psyche gespeichert ist. Diese Information wird normalerweise in den Zellen in die entsprechende Form transformiert; das Urbild stellt sicher, dass die Zellen sich in der Form manifestieren, die unserem Urbild entspricht. Wenn die Fähigkeit der Zellen, Transformationen zu erzeugen, eingeschränkt ist, dann sind die Transformationen unvollständig; was dann manifestiert wird, entspricht nicht mehr dem Urbild. Leider wird mit der zunehmenden Verfinsterung des Lichts die Stimme des Egos immer stärker, während die Stimme unserer inneren Wahrheit zunehmend schwächer wird. Wenn der Selbstzweifel einen bestimmten Punkt erreicht, dann nimmt das Dunkel in den Zellen dämonische Züge an. Die Folge ist, dass wir die Welt mehr oder weniger durch eine dunkle Brille sehen.

Bei dieser dunklen Brille handelt es sich um einen einschränkenden Bezugsrahmen, durch den wir fortan alle unsere Erfahrungen beurteilen. So beeinträchtigt unser Selbstzweifel zum Beispiel unsere Fähigkeit, Hilfe vom Kosmos zu empfangen. Er beeinträchtigt auch viele unserer natürlichen Talente und Fähigkeiten, selbst solche, die wir bereits gut entwickelt haben. An diesen Auswirkungen wird deutlich, dass Selbstzweifel keineswegs passiv ist, sondern eine höchst aktive Kraft darstellt. Ist er erst einmal eingeführt, dann verbreitet er sich in jeden Winkel unseres Seins und verletzt unsere Ganzheit. Wenn wir Sätzen, die Selbstzweifel erzeugen, auch nur den geringsten Glauben schenken, dann laden wir damit das räuberische Ego in uns selbst und in anderen dazu ein, die Kontrolle an sich zu reißen und uns in düstere Gedanken zu stürzen.[21]

Das I Ging besitzt die Fähigkeit, uns dabei zu helfen, zunächst unter Umgehung unseres Selbstzweifels, mit unserer inneren Wahrheit in Kontakt zu kommen; das ist nötig, solange wir noch nicht die Fähigkeit erlangt haben, mit dem Selbstzweifel umzugehen. Doch in dem Maße, in dem unser Vertrauen in unsere innere Wahrheit wächst, hilft uns das I Ging, uns von der Wurzel unseres Selbstzweifels zu befreien.

Wenn unsere Ganzheit nicht durch Selbstzweifel gespalten ist, dann erfreuen wir uns der Klarheit und Führung durch unsere inneren Sinne, die wir in ihrer Gesamtheit als unseren gesunden Menschenverstand kennen. Seine Führung beruht auf den Kosmischen Harmonieprinzipien. Wenn wir unserem gesunden Menschenverstand vertrauen, zieht dieser automatisch alle Hilfe vom Kosmos an uns heran, die wir brauchen, um gesunde Entscheidungen zu treffen.

Ein anderer Aspekt des Selbstzweifels ist, dass er uns daran zweifeln läßt, dass wir kosmische Tugenden besitzen. Dadurch öffnet er uns für die Akzeptanz von moralischen Verhaltensregeln und die Pflege von Tugenden, die uns vor dem angeblichen Bösen in unserer Natur schützen sollen. Die Idee vom Bösen in unserer Natur ist für viele Süchte verantwortlich. Sie sind der Versuch, das dunkle Loch, das der Selbstzweifel in unser Selbstwertgefühl gerissen hat, wenigstens zeitweilig durch Ablenkungen oder Substanzen zu stopfen.

Doch wie wir alle nur allzu gut wissen, kann uns die Abhängigkeit, sei es von Drogen, sei es von äußeren gesellschaftlichen Strukturen, nie das tiefsitzende Gefühl der Unsicherheit nehmen. Der Grund dafür ist, dass kein äußeres Mittel die wahre Sicherheit ersetzen kann, die uns der Kosmos gibt, wenn wir unserer inneren Wahrheit folgen.

Der Selbstzweifler in der Psyche

Wenn wir infolge der Einführung des Selbstzweifels im Kindesalter beginnen, Unterstützung und Schutz im Außen zu suchen, dann wird in unserer Psyche eine dämonische Mechanik erschaffen, die wir "Selbstzweifler" nennen. Der Selbstzweifler ist die Folge davon, dass das Dunkle dämonische Züge angenommen hat. Der Selbstzweifler sagt: "Nur die Augen erkennen die Wahrheit." Durch diese falsche Behauptung wird unserem äußeren Sehsinn die Rolle übertragen, das Wahre vom Falschen zu unterscheiden. Fortan stellt der Selbstzweifler alles infrage, was unser Gefühl uns als wahr bestätigt, obwohl es nicht mit dem äußeren Auge sichtbar ist. Der Selbstzweifler sagt: "Ich glaube es erst, wenn du es mir bewiesen hast." – "Kann sein, dass es wahr ist, kann aber auch nicht sein." – "Was, wenn du falsch liegst?" – "Wie kannst du sicher sein, wenn es nicht wissenschaftlich bewiesen ist?" – "Gefühle sind ja nur subjektiv."

Der Umstand, dass wir ausschließlich unseren äußeren Sehsinn als Maßstab nehmen, um zu unterscheiden, was wahr und was falsch ist, führt zu einer *mechanistischen Sicht auf das Leben und zu einer mechanistischen Herangehensweise an die Dinge.* Da diese die unsichtbaren Helfer ausschließen, sind Ängste und Zweifel die Folge. Die mechanistische Sicht läßt uns zum Beispiel glauben, unser einziger Schutz bestehe darin, unsere Türen zu verriegeln oder ein Alarmsystem einzubauen. Der Selbstzweifler bemüht jedes erdenkliche Argument, um uns davon zu überzeugen, dass die mechanistische Sicht die einzig gültige ist und dass sie erklärt, wie die Welt beschaffen ist. Dadurch, dass er Zweifel an unserem kosmischen Schutz in uns sät, macht der Selbstzweifler die Angst zur Grundlage unseres Handelns.

Die Auswirkungen des Selbstzweiflers auf unser Herz, unseren Körper und auf unser Gefühl, in uns selbst geborgen zu sein

Wenn wir im Kindesalter dazu gebracht werden, uns nur auf das zu verlassen, was wir mit unseren Augen sehen, dann werden alle unsere anderen Wahrnehmungssinne blockiert. Doch es sind genau diese anderen Wahrnehmungssinne, die uns mit dem Kosmos und seinen Helfern verbinden und uns dadurch ein absolutes Gefühl der inneren Sicherheit und Geborgenheit geben.

Der Zustand des Getrenntseins vom Kosmos und seinen unsichtbaren Helfern erzeugt ein Gefühl tiefer Trauer im Herzen und Körper des Kindes. Es wird ihm gesagt, seine Eltern und die Gesellschaft seien die einzigen Quellen der Befriedigung aller seiner Bedürfnisse. Dies erzeugt einen Konflikt zwischen den wahren Bedürfnissen des Kindes und der Fähigkeit der Eltern, sie zu erfüllen, denn kein Mensch ist in der Lage, die Art von Liebe und Unterstützung zu geben, die nur die Helfer geben können. Die Folge ist, dass die Eltern meinen, das Kind "fordere zuviel". Und sie neigen dazu, die Bedürfnisse, die sie nicht befriedigen können, als "überflüssig" abzutun. Doch zugleich haben sie womöglich Schuldgefühle, weil sie nicht in der Lage sind, diese Bedürfnisse zu erfüllen; und nicht selten führen diese Schuldgefühle dazu, dass sie versuchen, das Kind durch Süßigkeiten zu beschwichtigen. Im Verlauf dieses Prozesses wird das wahre Selbst des Kindes immer mehr in ein Gefängnis eingesperrt, während ein *falsches Selbst*, das verwöhnte Kind, herangezogen wird. Das neu geschaffene verwöhnte Kind lernt, dass es auf den Schuldgefühlen der Eltern herumreiten kann, während das trauernde wahre Selbst in den Kerker des Unterbewusstseins verdrängt wird.

Die Verknüpfung von angeblicher Unzulänglichkeit und Schuld, die dem wahren Selbst angelastet werden, gibt dem Kind das Gefühl, seine wahre Natur verleugnen zu müssen. Um für dieses Gefühl zu kompensieren, versucht es, sich seiner Umwelt anzupassen, indem es Selbstbilder entwickelt, die ihm die ersehnte Anerkennung bringen sollen. Gleichzeitig verliert es die Verbindung zu seinem Urbild, das in seiner Psyche gespeichert ist. Damit verliert es seinen inneren Frieden und das Gefühl der Geborgenheit in sich selbst. Je länger das Kind auf diesem Pfad der Selbstentfremdung voranschreitet, desto mehr wandelt sich seine ursprüngliche Trauer über den Verlust seiner Verbindung mit dem Kosmos in eine zynische Sicht auf das Leben. Im Zuge des Erwachsenwerdens sieht sich der betreffende Mensch mit der Herausforderung konfrontiert, die Spielchen des Egos besser als andere zu spielen, um erfolgreich zu sein. Währenddessen ist sein wahres Selbst hoffnungslos in seinem inneren Kerker gefangen und dazu verurteilt, immer mehr seiner Lebenskraft herzugeben, um das individuelle Ego aufzubauen.

Angst als ein Kontrollmittel des kollektiven Egos

Angst wird ähnlich wie Schuld aktiv vom kollektiven Ego gefördert und dazu benutzt, Kontrolle über die Menschen auszuüben und das kollektive Ego mit der Energie zu versorgen, die es für seine Existenz braucht.

Angst ist die Folge davon, dass wir lernen, genau die Dinge anzuzweifeln, die uns normalerweise innere Stärke verleihen würden: unsere Ganzheit; den Schutz, den wir automatisch genießen, wenn wir unserer inneren Wahrheit folgen würden; die Harmonie und Schönheit des Kosmos und die Liebe und Fürsorge, die der Kosmos für alle Dinge hegt, die sich aus ihm heraus manifestiert haben.

Um die Existenz von Angst zu rechtfertigen, hat das kollektive Ego die Idee erfunden, Angst sei etwas Natürliches und sie habe eine nützliche Schutzfunktion. In Wirklichkeit verhält sich die Sache aber so, dass der Zweifel an unserer Ganzheit, der die Quelle der Angst ist, uns von genau jener psychischen Funktion abschneidet, die uns eine rasche Reaktion auf Gefahren ermöglichen würde, ohne dass wir unseren Verstand einschalten müßten. Im Unterschied zu unserer natürlichen Reaktion auf Gefahren bewirkt Angst, dass wir gelähmt und damit noch verletzbarer sind (vgl. die Kapitel 8 und 13 zur Funktion der Spontanreaktion in der Psyche).

Die Struktur des Egos setzt sich aus den zwei untrennbaren Bestandteilen Selbstzweifel und Angst zusammen. Sobald wir diesen Umstand klar erkannt haben, können wir damit beginnen, uns von ihnen zu befreien und alle benötigten Helfer an uns heranzuziehen.

Kapitel 12

Die Wächter über die Unwahrheit

Die Auswirkungen falscher Erklärungen und Begründungen auf unsere Psyche

Eine der wahren Funktionen unseres Verstandes besteht darin, Gedankenblitze zu empfangen, die die wahre Natur der Dinge und die innere beziehungsweise kosmische Wahrheit von Ereignissen und Situationen erklären. Ein Beispiel ist folgender Gedankenblitz, den Carol einmal beim Aufwachen am Morgen vor einem Seminar empfing: "Commonsense (der gesunde Menschenverstand) ist der Konsens aller unserer Sinne."[22] In den darauf folgenden Wochen gab uns der Weise zahlreiche weitere Erklärungen, die diesen Satz logisch verständlich machten. So lernten wir beispielsweise, dass unser gesunder Menschenverstand nicht nur aus unseren fünf äußeren Wahrnehmungssinnen besteht, sondern zusätzlich unsere fünf inneren Wahrnehmungssinne mit einschließt. Alle diese Sinne kooperieren, um uns eine vollständige Wahrnehmung und Erklärung der Dinge zu ermöglichen.

Erklärungen, die uns eine vollständige Wahrnehmung des gegebenen Augenblicks ermöglichen, dienen unter anderem auch dazu aufzuzeigen, wie eine Metapher zutreffend eine bestimmte Situation beschreibt. So wird zum Beispiel die Bedeutung der Metapher "anmutig und feucht" im Kommentar zu Hexagramm 22, *Die Anmut*, durch folgende Erklärung verdeutlicht: "Die Worte 'anmutig und feucht' können sich auf jemanden beziehen, der sein Leben in egoistischer Selbstbefriedigung verbringt."

In einem anderen Beispiel geht es um die Erklärung des Orakelspruches:

Anmut oder Einfachheit?
Ein weißes Pferd kommt wie geflogen:
Nicht Räuber er ist, will freien zur Frist.

Im Kommentar zu diesem Spruch heißt es im I Ging: "Der Spruch … kontrastiert zwei verschiedene Arten von Logik miteinander: In der kosmischen Logik sind Anmut und Einfachheit dasselbe. In der Logik des kollektiven Egos wird Anmut mit Komplexität, Brillanz und

Widerspruch gleichgesetzt. Ein Denken in der Logik des kollektiven Egos verwendet Halb- und Unwahrheiten und stützt diese durch ein Gebäude von Begründungen. Je raffinierter es sich darauf versteht, die Halb- und Unwahrheiten glaubhaft zu machen, für umso brillanter hält es sich."

Um die Herrschaft über die Persönlichkeit an sich zu reißen, muß das Ego unsere innere Wahrheit durch "Ego-Wahrheiten" ersetzen. Die erste dieser Ego-Wahrheiten lautet: "So, wie wir von Natur aus beschaffen sind, sind wir nicht besonders genug." Da diese Behauptung jedoch unwahr ist, muss sie durch falsche Erklärungen gestützt werden. Dabei steht an erster Stelle der Satz: "Nur die Augen können die Wahrheit sehen." Diese eine falsche Erklärung schließt die unsichtbare Welt der Helfer und unsere sämtlichen inneren Wahrnehmungssinne aus, die die Verbindung zu unserer inneren Wahrheit aufrecht erhalten würden. Weil die Idee, dass nur unsere Augen die Wahrheit sehen können, eine Unzahl von fehlgeleiteten Ideen erzeugt, benötigt das Ego einen schier unendlichen Strom von falschen Begründungen oder Rationalisierungen, um seine Behauptungen zu stützen. Zu ihrer Produktion verwendet es unseren rationalen Verstand, der die Fähigkeit besitzt, verbale Begründungen zu erschaffen. Unter dem Eindruck der schmeichelhaften Vorstellung, er sei zu brillantem, besonders durchtriebenem und komplexem Denken fähig, hat unser Verstand diese Herausforderung angenommen, ohne zu merken, dass er sich dazu hergibt, sich selber an der Nase herumzuführen.

Wechselbälger – der Name für falsche Erklärungen und Begründungen

Sobald eine falsche Erklärung vom Verstand erschaffen worden ist, wird sie zu einem dämonischen Element in der Psyche, das wir als "Wechselbalg" bezeichnen. Wechselbälger erfüllen die Aufgabe, Verwechselungen von kosmischen Wahrheiten herbeizuführen. Der Name "Wechselbalg" stammt aus dem volkstümlichen europäischen Sagenschatz. In den betreffenden Sagen wird davor gewarnt, ein neugeborenes Kind unbeaufsichtigt vor dem Haus abzustellen, weil ein "Wechselbalg" kommen könnte, um das Kind zu rauben und es gegen sein eigenes, defektes Kind auszuwechseln. Die Sagen beschreiben dieses defekte Kind, das ebenfalls als Wechselbalg bezeichnet wird, als eines, das nicht aufhört zu schreien, ständige Aufmerksamkeit verlangt und seine Eltern zur Verzweiflung treibt. Außerdem weigert es sich zu wachsen und zu reifen.

Diese Beschreibung erhellt den Mechanismus, durch den falsche Erklärungen und Begründungen in die Psyche eingeführt werden, wodurch das wahre Selbst allmählich gegen das verwöhnte defekte Kind – das individuelle Ego – ausgewechselt wird. Der Umstand, dass das Kind des Wechselbalgs ebenfalls Wechselbalg genannt wird, zeigt, wie der Wechselbalg sich zu unendlich vielen falschen Erklärungen und Begründungen multipliziert, die nötig sind, um die falsche Logik des kollektiven Egos zu stützen.

Wechselbälger vertauschen die jeweilige kosmische Wahrheit, die in unser Bewusstsein aufsteigen will, gegen eine Ego-Wahrheit. Dazu benutzen sie die verschiedensten Mittel, einschließlich unterschiedlichster Sprachtricks. Zu ihnen gehört auch die Erschaffung von *Bezugsrahmen*, die wir uns wie Türrahmen vorstellen können, durch die wir alle Erfahrungen sehen, bewerten und einordnen sollen. Es ist, als seien wir in einem Zimmer mit vielen Fenstern, durch die wir das Panorama um uns herum sehen könnten, aber es wird uns nur gestattet, durch einen bestimmten Türrahmen zu schauen. Die Bezugsrahmen, die durch Wechselbälger erschaffen werden, beschränken uns darauf, nur dem Gültigkeit zuzusprechen, was wir erstens durch unseren äußeren Sehsinn wahrnehmen können, zweitens, was von der jeweiligen Kultur als wahr anerkannt wird, und drittens, was Brauchtum und Gesetz als wahr definiert haben. Diese Bezugsrahmen verleugnen alles, was wir durch unsere fünf *inneren* Wahrnehmungssinne als die innere Wahrheit einer Angelegenheit wahrnehmen würden.

Zu den von Wechselbälgern benutzten Sprachtricks gehören ungeeignete Vergleiche, die Auslassung von Wörtern, die die Bedeutung qualifizieren würden, das Zurechtschneiden von Wortbedeutungen, der Gebrauch falscher Assoziationen, das Erfinden von neuen Wörtern, die nicht in der kosmischen Logik begründet sind, die Verwendung falscher Namen für Dinge oder Situationen, der Gebrauch von Unterstellungen, um Mißtrauen zu erzeugen, das Wecken von Angst oder Zweifeln sowie das Aufstellen von Behauptungen mit offenem Ausgang wie zum Beispiel der Satz: "So wie wir von Natur aus beschaffen sind, sind wir nicht besonders genug," oder "man kann nie wissen …"

Wechselbälger versuchen, wahre Selbstprüfung dadurch zu verhindern, dass sie sie als "egoistisch" oder "gefährlich" bezeichnen, womit die Unterstellung verbunden ist, sie könnte uns in den Wahnsinn treiben. Wenn wir Einsichten haben, die einzigartig sind, dann werden sie als "das weiß doch jeder" abgetan oder als etwas, dessen Wahrheitsgehalt erst wissenschaftlich bewiesen werden muß.

Wechselbälger haben eine zahlreiche Nachkommenschaft, wobei jeder Wechselbalg für eine bestimmte falsche Erklärung oder Be-gründung steht, die einer Ego-Emotion, einem Selbstbild oder einer fehlgeleiteten Glaubensvorstellung beigegeben ist, um sie zu stützen. So werden wir zum Beispiel dadurch, dass die Emotion des Hasses als etwas "Natürliches" bezeichnet wird, von der Wahrheit abgelenkt, dass Hass keineswegs zu unserer wahren Natur gehört. Wechselbälger verwenden zahlreiche Sprachtricks dieser Art, um uns zu täuschen. Wir unterscheiden sie nach dem spezifischen Sprachtrick, den sie benutzen.

Die Behauptung des Egos, wir seien in unserem Denken frei, wird durch die Existenz von Wechselbälgern unzweifelhaft widerlegt. In den folgenden Beschreibungen verschiedener Wechselbälger wird dem Leser deutlich, wie das Ego unserem Denken in allen Bereichen unseres Lebens bittere Beschränkungen auferlegt.

Wechselbälger als Zulieferanten für den Energiebedarf des Egos

Die Funktion von Wechselbälgern im Erklären und Begründen fehlgeleiteter Glaubensvorstellungen kann nicht von ihrer anderen Funktion getrennt werden, die darin besteht, das individuelle Ego mit der Energie zu versorgen, die es von unserer inneren Wahrheit raubt.

Ein Beispiel dafür ist das Wechselspiel zwischen zwei Wechselbälgern, die unter dem Namen "der Herausforderer und der Widersacher des Teufels" bekannt sind. Diese beiden können endlose Debatten führen, die sich entweder ausschließlich im Verstand ein und derselben Person oder zwischen zwei Personen abspielen können.

Die Namen von Wechselbälgern

Die Namen, die wir den verschiedenen Wechselbälgern gegeben haben, sind den Rollen entnommen, die sie spielen. So haben wir zum Beispiel den Wechselbalg, der uns zwanghaft dazu bringt, schlechte Nachrichten lesen oder hören zu wollen, um dann anderen davon zu berichten, den "Verbreiter schlechter Nachrichten" genannt. Dieser Wechselbalg steht für die falsche Begründung: "Je mehr man über die schlimmen Dinge da draußen weiss, desto besser kann man sich davor schützen." Diese Begründung gehört zur Behauptung des Egos, dass wir "hilflos und allein in dieses Leben hineingeworfen werden und uns ausschließlich auf uns selbst verlassen müssen." Damit wird dem Verstand die Aufgabe übertragen, uns zu schützen.

Was bei diesem Szenario nicht ins Auge fällt, ist die Tatsache, dass schlechte Nachrichten, die nicht durch das Gewinnen einer kosmischen Perspektive verarbeitet worden sind, sich schädlich auf unseren Körper auswirken. Der Grund dafür ist, dass die Körperzellen die Dinge anders hören als unser Verstand. So kann zum Beispiel eine neue Statistik, die eine nennenswerte Erhöhung der Erkrankungen an Brustkrebs in einer bestimmten Altersgruppe aufzeigt, die Angst bei Frauen dieser Altersgruppe wecken, sie könnten zu den nächsten Opfern dieser Krankheit gehören. Ihre Angst belegt den betreffenden Körperteil mit einem Giftpfeil, der die Möglichkeit erzeugt, dass sie tatsächlich an Brustkrebs erkranken. Der Vergleich mit anderen Menschen oder mit einer Statistik verleugnet nicht nur die Tatsache, dass jeder Mensch einzigartig ist, sondern er weckt eine Angst, die in Form eines Giftpfeils das Bewusstsein desjenigen Körperteils verletzt, auf den der Giftpfeil gerichtet ist. Was immer wir an Selbstzweifel besitzen, wird dann potenziert, wodurch der Wille der Körperzellen zusätzlich geschwächt wird; die Folge ist, dass sie der Gefahr erliegen.

Beispiele der wichtigsten Wechselbälger

Wir beschreiben im Folgenden nur eine Auswahl von Wechselbälgern. Dazu ist zu sagen, dass es keine vollständige Liste von Wechselbälgern geben kann, weil das Ego ständig nach Bedarf neue erfindet, solange es unsere Psyche beherrscht. Um ihnen ihre Existenzgrundlage zu entziehen, muss der grundlegende Zweifel an unserer Ganzheit deprogrammiert werden. (Eine Beschreibung, wie dies geschehen kann, wird in Anhang 3: "Deprogrammieren" unter der Überschrift "Das Deprogrammieren von Zweifeln" gegeben.)

Wechselbälger können auch als "falsche Rationalisierungen" bezeichnet werden. Bei näherer Betrachtung stellt sich heraus, dass sie keineswegs "rational" sind. Sie beeinflussen uns aus dem einfachen Grund, weil sie Worte benutzen, die schon andere Menschen vor uns gedankenlos benutzt haben. Häufig halten wir sie für wahr, weil sie Halbwahrheiten enthalten; oder wir nehmen sie ungefragt in uns hinein, weil sie clever sind im Umgang mit Wörtern, die vague sind oder Doppelbedeutungen haben oder einfach mit großer Autorität behauptet werden.

Es mag übertrieben scheinen, dass wir auf so billige Tricks hereinfallen, aber wir brauchen uns nur an die großen Schwindelaffären der letzten Zeit erinnern, die zu einer großen Gefahr für den Zusammenbruch der Weltwirtschaft geführt haben. Diese Schwindelaffären beruhten auf raffiniert ausgeklügelten Systemen, dem Mißbrauch von Wörtern, der Unterschlagung von Schlüsselinformationen, der Geldgier von Investoren oder auf der Schwäche, Angst und Kollaboration von Aufsichtsgremien. Falsche Rationalisierungen sind auch das Mittel, mit denen Generationen von Menschen überall auf der Welt dazu angestachelt werden, Kriege zu führen.

Die Untersuchung der Techniken, die zur Täuschung angewendet wurden, fördert nichts Außergewöhnliches über diejenigen zutage, die die Täuschung ausgeführt haben, sondern sagt uns eher etwas über die Getäuschten, die billige Tricks unreflektiert als wahr akzeptiert haben.

Es mag auch von Interesse sein zu erwähnen, dass Wechselbälger häufig in Komödien wie beispielsweise Seifenopern als stereotype Rollen auftreten.

Der Erfinder von falschen Rationalisierungen und Gegenbegründungen

Der "Vater" aller Wechselbälger ist der "Erfinder von falschen Rationalisierungen". Um eine Metapher zu seiner Beschreibung zu benutzen, können wir sagen, er tritt als der "Sprecher der Versammlung der Abgeordneten des Volkes" auf, der für Ordnung sorgt, wenn ein Zuschauer von der Galerie durch lauten Zwischenruf einen ernsthaften Einwand geltend macht. Dabei kann es sich zum Beispiel um einen Einwand gegen die offenkundige Unlogik einer weitverbreiteten Glaubensvorstellung handeln. Um die Ordnung zu bewahren, ordnet der Sprecher mit der Begründung 'Unordnung sei gefährlich' die sofortige Entfernung des Zuschauers an.

Die Zuschauergalerie in diesem "Haus der falschen Rationalisierungen" ist jener Ort, an den unsere wahren Gefühle relegiert wurden, nachdem sie aus ihrem offiziellen Status als Regenten der Psyche verdrängt worden sind. In der Regel ist es ihnen verwehrt, sich von dort auch nur im Geringsten zu mucken, doch in extremen Situationen kann es vorkommen, dass sie sich vergessen und laut herausschreien.

Der "Erfinder von falschen Rationalisierungen" steht für Sätze wie: "Es gibt für alles einen Grund." – "Unser Verstand ist das Beste, das wir haben, wenn es um die Suche nach Antworten geht." – "Unser Verstand ist das Einzige, worauf wir Menschen uns verlassen können." – "Die Dinge müssen einen Sinn machen" (womit gemeint ist, dass sie in die Logik des kollektiven Egos passen müssen).

Da die Logik des Egos aus sich widersprechenden Behauptungen besteht, gibt es auch einen "Erfinder von falschen Gegenbegründungenn". Auf diese Weise wird immer dann, wenn eine Rationalisierung als falsch erkannt wurde, automatisch eine andere erschaffen, die das Gegenteil behauptet.

Der Hüter uralter Weisheiten

Dieser Wechselbalg zieht alte Begründungen aus dem Ärmel, indem er sich die Verehrung zunutze macht, die uralten Weisheiten entgegen gebracht wird. Indem ihnen das Wörtchen "heilig" beigegeben wird, werden sie für unseren gesunden Menschenverstand zum Tabu erklärt. Andere Weisheiten hingegen, die als uralt gelten, werden fälschlicherweise unserem gesunden Menschenverstand zugeschrieben, nur weil sie oberflächlich betrachtet "wahr" sind, wie zum Beispiel der Satz "mit dem Fluß gehen." Der Ausdruck klingt gut, weil er uns scheinbar dazu auffordert, unseren wahren Gefühlen zu folgen. Doch ist genau das Gegenteil beabsichtigt: "Akzeptiere die Dinge, wie sie sind, und mache kein Aufhebens!"

Der Wechselbalg namens "Hüter uralter Weisheiten" in Verbindung mit dem "Erfinder von falschen Rationalisierungen" verdeutlicht den Umstand, *dass die einzige Funktion von Wechselbälgern darin besteht, einen Rahmen zu erschaffen, der dafür sorgt, dass wir falsche Begründungen als wahr akzeptieren und dadurch daran gehindert werden, Gebrauch von unserem gesunden Urteilsvermögen und unserer Fähigkeit zur Reflektion und Selbstreflektion zu machen.*

Die Stimme des kollektiven Egos

Dieser Wechselbalg spricht uns als "du" an wie zum Beispiel in dem Satz: "Du wirst nie Erfolg haben, wenn du keine Kompromisse machst." Oder er verwendet das Wörtchen "man": "Man kann nie wissen, was wahr ist und was nicht." Dieser Wechselbalg bringt uns auch dazu, uns Sorgen oder Gedanken darüber zu machen, was "die Leute" über uns denken oder was sie denken würden, wenn wir dies oder jenes täten. In dieser Rolle agiert er als innerer Richter und Wächter über korrektes Verhalten. Er spricht auch für andere, so als würde er wissen, was die anderen brauchen. Oder er spricht in der vereinnahmenden Wir-Form, wie in der an einen Patienten gerichteten Frage: "Haben wir denn heute morgen schon unsere Medizin genommen?"

Alle die genannten Arten von falschen Begründungen haben eine hypnotisierende Wirkung, durch die sie unsere Autorität über uns selbst unterdrücken. Durch die Verwirrung, die sie stiften, bringen sie uns unter die Herrschaft des kollektiven Ego, das vorgibt, uns entweder vor dem Bösen in uns oder vor Unwissenheit zu schützen.

"Du musst deinen Geist offen halten"

Dieser Wechselbalg spricht einen inneren Befehl aus, der immer mit den Worten "du musst" beginnt. Durch diese Worte versucht er, uns von unseren Gefühlen als dem Maßstab für das, was wir als wahr akzeptieren, abzubringen. Die Worte "du musst" sollten uns hellhörig machen. Sie bringen uns leicht dazu, jegliches Gefühl des Zögerns, das von unserer inneren Wahrheit kommt, beiseite zu schieben und das, was uns gesagt wird, zu glauben. Wenn wir auf dieses innere Zögern achten, dann merken wir, dass wir noch mehr Klarheit und die Hilfe des Weisen zum Verständnis brauchen, bevor wir unseren gegenwärtigen Standpunkt verändern.

"Man kann nie wissen ..."

Dieser Satz wird von dem entsprechenden Wechselbalg benutzt, um Zweifel an dem zu säen, was wir durch unsere innere Wahrheit wissen. Er benutzt ihn auch dazu, unseren Geist für jede Menge weiterer Wechselbälger, sprich falsche Begründungen, zu öffnen, indem er impliziert, wir könnten nie die Wahrheit wissen. Er schiebt das Vertrauen beiseite, das wir normalerweise in unsere innere Wahrheit haben würden.

Der Satz "Man kann nie wissen," wird häufig von Menschen benutzt, die dazu erzogen wurden, ihren Geist halb offen für Zweifel zu halten, selbst wenn sie genau wissen, dass etwas wahr oder unwahr ist. Sie zweifeln an allem, einschließlich ihrer inneren Wahrheit.

Dieser Satz hat auch die Wirkung, die Tür für fehlgeleitete Glaubensvorstellungen zu öffnen. Auf diese Weise werden wir dazu verlockt, sie zumindest eine Zeitlang zu dulden nach dem Motto: "Vielleicht ist ja etwas Wahres dran – man kann ja nie wissen." Selbst wenn wir nicht voll dem Gesagten oder Gelesenen zustimmen, wird die Glaubensvorstellung durch unser Versäumnis, sie ausdrücklich mit einem "Nein" zu quittieren, in unsere Psyche aufgenommen.

Der Bedeutungsverschieber

Dieser Wechselbalg verschiebt die Bedeutung eines Wortes, indem er es unkorrekt einsetzt. Er benutzt zum Beispiel den Begriff "Selbstentwicklung", wenn er in Wirklichkeit damit das Entwickeln eines Selbstbildes wie beispielsweise das des "tugendhaften Menschen" meint. Das Entwickeln dieses Selbstbildes unterdrückt in Wirklichkeit unser wahres Selbst. In seiner kosmischen Bedeutung steht das Wort "Selbstentwicklung" für das Heranreifen des wahren Selbst, indem wir uns von allen Ideen, Wertvorstellungen und Selbstbildern, die unserer Natur fremd sind, befreien.

In einem anderen Beispiel verschiebt dieser Wechselbalg das Wort "Selbst" hin zu "selbstsüchtig", indem er unterstellt, dass jede Beschäftigung mit unserem Selbst "selbstsüchtig" sei. Selbstprüfung und das Gewinnen von Selbsterkenntnis werden dann als egoistische Beschäftigungen gebrannntmarkt. Auf diese Weise hindert uns der Bedeutungsverschieber daran, zu einem wahren Verständnis zu gelangen.

Der Sucher nach einem Schuldigen

Dieser Wechselbalg bringt uns dazu, nach jemandem (oder etwas) Ausschau zu halten, dem wir die Schuld geben können, anstatt nach der wahren Ursache einer Missetat zu suchen, die unweigerlich beim Ego liegt. Sein Eifer im Gebrauch des Begriffes vom "Schuldigen" erzeugt eine emotionale Reaktion in uns, die uns davon ablenkt zu verstehen, wie uns das Ego manipuliert. Auf diese subtile Art und Weise schützt der Wechselbalg das Ego.

Der Ablenker

Dieser Wechselbalg benutzt alle möglichen Arten von Ablenkungen, um uns davon abzuhalten, die innere Wahrheit einer Angelegenheit herauszufinden. Er kann uns zum Beispiel dazu bringen einzuschlafen oder er kann uns mit Klagen und Selbstmitleid beschäftigt halten. Wieder eine andere Taktik besteht darin, uns Gründe vor Augen zu führen, die nahelegen, wir könnten etwas Schreckliches über uns selbst oder andere an der Sache Beteiligte herausfinden, wenn wir der Wahrheit auf den Grund gehen.

Der Verallgemeinerer

Dieser Wechselbalg benutzt eine oder zwei Erfahrungen und macht sie zur Regel, indem er sagt: "Jeder macht das" oder "Es passiert immer (oder nie)", zum Beispiel: Zwei Nachbarn mähen ihren Rasen an einem Sonntag. Der Verallgemeinerer im Beobachter würde anschließend sagen: "Die Leute hier in der Gegend mähen immer sonntags ihren Rasen." Oder: Nachdem es zweimal hintereinander am Wochenende geregnet hat, kommentiert der Verallgemeinerer: "Es regnet immer am Wochenende." Verallgemeinerungen belegen Menschen und Dinge mit einem Giftpfeil und fixieren sie damit im Sinne von sich selbst erfüllenden Prophezeihungen.

Der Erfinder von Widersprüchen

Dieser Wechselbalg beschreibt Dinge in widersprüchlichen Begriffen, indem er dafür sorgt, dass wir uns nur auf ihre äußere Erscheinungsweise beschränken. Zum Beispiel würde er behaupten, der einzelne Mensch sei "vollkommen allein auf der Welt". Diese Betrachtungsweise läßt die Tatsache außer acht, dass jeder Mensch Teil der Kosmischen Familie ist. Der Name "Kosmische Familie" bezieht sich auf die Gesamtzahl der unsichtbaren kosmischen Helfer und die Helfer aller Aspekte der Natur. Unsere Kosmische Familie gibt uns jede erdenkliche Unterstützung, damit wir unser kosmisches Schicksal erfüllen können. Der Erfinder von Widersprüchen erzeugt unsere Anhaftung an Wirklichkeitsbeschreibungen, die sich ausschließlich auf das gründen, was wir mit unseren äußeren Augen sehen; dadurch gehört er zu den bedeutendsten Verzerrern unserer Wahrnehmung.

Der Herausforderer und Der Widersacher des Teufels

Diese beiden Wechselbälger operieren als Team, um uns in Debatten zu verwickeln. Die Debatte verfolgt nicht etwa das Ziel, die innere Wahrheit einer Angelegenheit herauszufinden, sondern wird um des reinen Argumentierens willen geführt und um zu beweisen, wer "recht" hat. Selbstverständlich sieht sich das Ego in der siegreichen Partei als überlegen an und beglückwünscht den Verstand für seine Brillanz.

Diese Art der Debatte kann auch im Verstand ein und derselben Person stattfinden. Der Widersacher des Teufels übernimmt dabei die Aufgabe, Zweifel lebendig zu halten. Da das Spiel zwischen diesen beiden Wechselbälgern eine Herausforderung für den Verstand darstellt, hindert es den Betroffenen daran, sich auf die Suche nach der inneren Wahrheit der Angelegenheit zu machen. Weil er glaubt, die absolute Wahrheit herausgefunden zu haben, führt dieses Spiel zu einer selbstgerechten und rigiden Geisteshaltung.

Der Eindringling

Dieser Wechselbalg veranlaßt einen Menschen, in unseren inneren Raum einzudringen, indem dieser uns Fragen stellt wie: "Wie stehst du zu mir?" Eine solche Frage überschreitet klar die Grenze dessen, was andere über uns wissen müssen, und wirkt unmittelbar einschüchternd. Lassen wir diese Einschüchterung zu, dann treten wir die Kontrolle über uns an das Ego im anderen ab und verlieren damit unsere innere Stärke.

Wer unter der Herrschaft dieses Wechselbalgs steht, hat die Gewohnheit, andere seinem Willen zu unterwerfen. Die Art, wie Napoleon seine Untergebenen unterworfen hat, indem er sie bei den Ohren zog, ist ein Beispiel für den Einfluß dieses Wechselbalgs.[23] Wegen ihres Überraschungseffekts erzeugen invasive Fragen und Handlungen Verwirrung in unserem Reaktionsvermögen.

Ein anderer Aspekt dieses Wechselbalgs besteht darin, dass er uns suggeriert, unser Erfolg sei davon abhängig, dass wir uns mit anderen vernetzen. Dann verwenden wir viel Energie darauf, Netzwerke von Kontakten zu knüpfen und unsere Mitmenschen, unter dem Aspekt zu sehen, wie wir sie benutzen oder kontrollieren können. Viele Politiker, Spendenbeschaffer, berufsmäßige Organisatoren und Inhaber von öffentlichen Ämtern stehen unter dem Einfluß dieses Wechselbalgs.

Eine Mutter, die ihr Kind fragt: "Hast du denn deine Mammi gar nicht lieb?" steht ebenso unter seinem Einfluß wie der Lehrer, der Treue zur Schule oder der Geistliche, der Treue zu einer Religion verlangt. Solche Verletzungen des inneren Raumes eines Menschen stellen enorme Hürden in seinem Verhältnis zu seiner inneren Wahrheit dar, weil sie ihn seiner Souveränität berauben.

Der Aneigner

Aneignung ist das Hauptinstrument, das das kollektive Ego benutzt, um den Einzelnen seiner kosmischen Besitztümer und Gaben zu berauben. Der Aneigner-Wechselbalg benutzt zum Beispiel folgende falsche Rationalisierungen, um diese Aufgabe zu erfüllen: "Alle Weisheit kommt aus derselben Quelle, und niemand besitzt das Copyright." Diese Behauptung wird dazu benutzt, den Diebstahl kosmischer Erkenntnisse, die einem bestimmten Menschen zuteil geworden sind, zu rechtfertigen. Dieser Wechselbalg ist auch am Werk, wenn jemand (oder eine Institution) sich Erkenntnisse aneignet, die ein anderer gehabt hat, und sie dann einem Zweck zuführt, der seinem ursprünglichen Zweck widerspricht.

Der Aneigner-Wechselbalg pflegt aktiv zu werden, wenn wir im Begriff sind, innere Klarheit zu erlangen; er eignet sich dann die Einzigartigkeit der Erkenntnis, die uns der Weise gerade geschenkt hat, an, indem er sagt: "Am Grunde sind alle Wahrheiten gleich." Ein solcher Satz reduziert die neue Erkenntnis auf "nichts von Belang" und nimmt ihr damit ihren Wert. Ein anderer Satz, der zum selben Ergebnis führt, lautet: "Das ist nichts anderes als was ich selbst auch glaube," obwohl dies in Wirklichkeit nicht stimmt. Der Ausdruck "sich mit fremden Federn schmücken" verweist auf eine andere Aktivität des Aneigners. Sie zeigt sich unter anderem in der Gewohnheit, unsere Erkenntnisse der Brillanz unseres Verstandes zuzuschreiben und damit den Weisen als die wahre Quelle zu verleugnen.

Der Etikettenschwindler

Dieser Wechselbalg verpaßt unseren Erfahrungen falsche Etiketten. So beschreibt er zum Beispiel die innere Arbeit als "schwer", Harmonie als "langweilig" und die Arbeit mit dem I Ging als etwas "Verrücktes". Außerdem entwertet er gute Erfahrungen, indem er sagt: "Das ist doch nichts Besonderes."

Der Wächter des Ego-Gewissens

Dieser Wechselbalg gibt vor, unser Gewissen zu repräsentieren, indem er uns an die Verhaltensregeln erinnert, die auf alle Lebenslagen anzuwenden sind. Die Vorschriften und Gebote, die diese Regeln enthalten, erzeugen ein Tribunal in der Psyche, das uns daran hindert, auf unser wahres Gewissen zu hören.

Der Substituierer von Gefühlen

Dieser Wechselbalg substituiert unsere wahren Gefühle durch Ego-Emotionen: Er ersetzt berechtigte Wut durch Hass und Rachsucht; er macht wahre Liebe zu einem Unterpfand des Egos, ersetzt unsere wahre Trauer durch Trauer um der Trauer willen, pervertiert wahre Freude zu demonstrierter Freude und Freundlichkeit zu Barmherzigkeit. Auf diese Weise injiziert er Ego-Stolz in jedes unschuldige Gefühl.

Indem er unsere wahre Trauer durch Trauer um der Trauer willen substituiert, demonstriert er öffentlich die Tiefe unseres Verlustes; indem er Freundlichkeit in Barmherzigkeit ummünzt, demonstriert er die freundliche Natur unseres Herzens; indem er wahre Freude in demonstrative Freude verwandelt, zeigt er, wie "positiv" wir in unserer Haltung sind; indem er unsere berechtigte Wut in Hass und Rachsucht verwandelt, demonstriert er, dass wir "im Recht" sind; indem er unsere Liebe in besitzergreifende Gefühle verwandelt, kontrolliert er unsere Beziehung. Die Hauptbegründung, die dieser Wechselbalg benutzt, lautet: "Niemand würde deine wahren Gefühle bemerken. Man muss sehen, was du fühlst."

Der Ja-Aber…

Dieser Wechselbalg ist darauf spezialisiert, gute Erfahrungen zunichte zu machen, indem er sie entweder abwertet oder Zweifel nach dem Motto "ja, aber…" sät. Beispiel: Wenn wir die Zuverlässigkeit des Kosmos erfahren haben, wendet dieser Wechselbalg ein: "Ja, aber du weißt nicht, was die Zukunft bringen wird," womit er impliziert, dass die Erfahrung sich im Endeffekt doch noch als etwas Schlechtes herausstellen könnte.

Der Lückenfüller

Dieser Wechselbalg benutzt Lücken in einer Unterhaltung, um negative oder hoffnungslose Bemerkungen einzustreuen und damit eine positive Unterhaltung zu zerstören. Dies gelingt ihm, indem er Selbstwichtigkeit (als ein dämonisches Element) in der Person aktiviert, die die Lücke als Gelegenheit ergreift.

Der Stellvertreter

Dieser Wechselbalg tritt in der Rolle desjenigen in Erscheinung, der sich anmaßt, göttliche Gerechtigkeit und Ordnung auf Erden zu verwirklichen. Solche Menschen, für die Napoleon als Beispiel angeführt werden kann, autorisieren sich selbst, irdische Stellvertreter Gottes zu sein. Die Zahl der Menschen, auf die diese Beschreibung zutrifft, geht jedoch in die Legionen, denn jeder, der sich selbstgerecht aufspielt, sieht sich als Stellvertreter Gottes. Doch muß auch gesagt werden, dass jeder dieser Menschen durch sein Streben, Gesetzesbrecher zu bestrafen oder auszustoßen, ein widriges Schicksal für sich erschafft. Auf diese Weise sorgt die kosmische Gerechtigkeit für die Beseitigung der unharmonischen Handlungen.

Der Stimmungsverderber

Dieser Wechselbalg lenkt uns davon ab, uns an den guten Dingen des Augenblicks zu erfreuen, indem er ein unangenehmes Thema zur Sprache bringt. Er kann sich zum Beispiel einmischen, wenn wir gerade ein gutes Glas Wein genießen, indem er einen der Anwesenden bemerken läßt, was er über die Gefahren von Schwefelsäurebeigaben bei der Herstellung von Wein gelesen hat. Oder: Wir sind gerade im Begriff, ein köstliches und liebevoll zubereitetes Mahl zu genießen, wenn ein Anwesender die Erinnerung an ein Essen, das unerfreulich war, einbringt. Dadurch wird der harmonische Einklang zwischen unserem Körper und der Nahrung, die wir zu uns nehmen, verdorben.

"Du brauchst ein Glaubenssystem"

Dieser Wechselbalg suggeriert, das I Ging sei ein neues Glaubenssystem, das wir uns zulegen, nachdem wir unserem alten Glaubenssystem den Rücken gekehrt haben. Dies veranlaßt uns fälschlicherweise dazu, das I Ging als etwas zu betrachten, das uns Vorschriften und Spruchweisheiten vorgibt, auf die wir unser Leben gründen sollen. So werden wir daran gehindert zu erkennen, dass der einzige Zweck des I Ging darin besteht, uns unsere innere Wahrheit widerzuspiegeln, damit wir unser Denken und Handeln an ihr ausrichten können.

Verdienthaben

Dieser Wechselbalg steht für die Idee des "Verdienthabens". Er presst den Erfolg, den wir mit kosmischer Hilfe erreicht haben, in den Rahmen dieser Idee, sodass wir mit Genugtuung sagen: "Ich habe diesen Erfolg verdient." Die Idee des Verdienthabens ist nicht im Einklang mit dem Kosmos. Wahrer Erfolg ist das Ergebnis einer Haltung, die im Einklang mit dem Kosmos ist.

Selbstverteidigung

Dieser Wechselbalg steht für den rechtfertigenden Satz: "Es ist natürlich, dass du dich selbst verteidigst." Tatsache ist jedoch, dass wir unseren kosmischen Schutz verlieren, wenn wir unsere Verteidigung selbst in die Hände nehmen. Wir genießen kosmischen Schutz, wenn wir ein inneres Nein zu Grenzüberschreitungen und ungerechter Behandlung durch andere sagen und dann die Angelegenheit dem Kosmos übergeben und loslassen.

Der Friedensbringer

Dieser Wechselbalg argumentiert, wir müßten ein Gleichgewicht zwischen gegensätzlichen Kräften schaffen, um Frieden herzustellen. Die Folge davon ist, dass wir uns in einem ständigen Balanceakt befinden, der unsere Kräfte erschöpft, ohne das Problem zu lösen. Der Friedensbringer-Wechselbalg steht auch für das Argument, Frieden könne dadurch hergestellt werden, dass wir der anderen Seite auf halbem Weg entgegenkommen, indem wir ihre unkorrekte Haltung akzeptieren.

Der Erzeuger von Angstprojektionen

Dieser Wechselbalg projiziert für eine Millisekunde das Bild einer Bedrohung vor unser geistiges Auge, und zwar immer dann, wenn wir uns von einem Aspekt des kollektiven Ego befreien wollen. Ein Beispiel ist das Bild vom Höllenfeuer oder das einer anderen ewigen Bestrafung. Solche Bedrohungen werden auch unterschwellig produziert, wenn wir im Begriff sind, uns von dem falschen Schuldkonzept des kollektiven Ego zu befreien.

Der Erleuchter

Diesen Wechselbalg können wir während der Meditation antreffen. Er gibt vor, eine Illusion zu zerstreuen, indem er ein grelles weißes Licht auf einen isolierten Aspekt einer größeren Wahrheit projiziert, die aus unserer inneren Wahrheit aufsteigen möchte. Das Ergebnis ist, dass unsere Aufmerksamkeit von diesem isolierten Aspekt vereinnahmt wird, ein Umstand, der dann den "erleuchteten" Gedanken hervorruft: "Jetzt verstehe ich die Sache." Diese Störaktion verschließt die Tür zum wahren Verständnis. Der Erleuchter setzt die Helfer der Gedankenblitze außer Kraft.

Der Verderber der Freude körperlicher Liebe

Dieser Wechselbalg zeigt mit dem Finger der Beschämung auf uns, während er sagt: "Es ist sündig, Liebe mit Sex zu verbinden." Die daraus folgende Beschämung verursacht Hitzewallungen und nächtliche Schweißausbrüche.

Der Verleumder des inneren Geruchssinns

Dieser Wechselbalg ist die Ursache dafür, dass wir genau dasjenige unserer Sinnesorgane ablehnen, das die Grundlage für sensibles Verhalten ist – unseren inneren Geruchssinn. Die Begründung des Wechselbalgs lautet, uns auf unseren inneren Geruchssinn zu verlassen, mache uns schwach, hilflos und uneffektiv. Dieser Wechselbalg kann die Ursache für unsensibles Verhalten und das anschließende Abstreiten, dass wir unsensibel waren, sein.

Der Vorhersager

Durch das Vorhersagen unangenehmer oder schlimmer Situationen gibt sich dieser Wechselbalg den Anschein, "weise" zu sein. Wenn eine unangenehme Sache wie zum Beispiel eine körperliche Beschwerde vorbei ist, sagt er: "Warten wir mal ab, was als nächstes kommt." Wenn wir etwas deprogrammiert haben, sagt er: "Es wird wiederkommen." Wenn er Aussagen über die Welt macht, hört man ihn sagen: "Das Böse lauert immer irgendwo."

Der Wechselbalg des mechanischen Denkens

Dieser Wechselbalg behauptet: "Alles läßt sich mechanisch erklären." Er besteht darauf, dass der Grund, warum etwas erfolgreich verlaufen ist, auf einen mechanischen Akt zurückzuführen ist, wie beispielsweise auf den Druck, der ausgeübt wurde, oder auf die Tatsache, dass ein Teil durch ein anderes ersetzt oder die Veränderung auf chemische Weise bewirkt wurde. Dieser Wechselbalg besteht auch darauf, dass wir uns streng an bestimmte Pläne halten. Er sagt: "Ohne Struktur bist du verloren," und "die Dinge laufen am besten, wenn dein Plan alle Eventualitäten abdeckt." Es stimmt zwar, dass wir für viele Dinge einen Plan brauchen, zum Beispiel, wenn wir ein Haus bauen wollen oder eine Maschine für die Herstellung eines Produkts entwerfen oder wenn wir Pläne koordinieren, um den Ablauf einer Reise sicher und effizient zu machen; doch funktionieren alle diese Dinge am besten, wenn wir die unsichtbaren Helfer um ihre Mithilfe bitten und ihnen genügend Spielraum geben, um mit dem Unvorhersehbaren umzugehen, das in jede Unternehmung hineinspielt.

Der Beurteiler von "richtig oder falsch"

Dieser Wechselbalg ersetzt die korrekte Unterscheidung in "harmonisch/unharmonisch" durch den Maßstab von "richtig oder falsch". Während die Unterscheidung in harmonisch/ unharmonisch auf der Grundlage unserer wahren Gefühle getroffen wird, ist die Unterscheidung in richtig und falsch eine mentale Setzung, die je nachdem, welchen Wert eine bestimmte Kultur den Dingen beimißt, unterschiedlich ausfallen kann.

Der Katastrophenprojektor

Dieser Wechselbalg mischt sich ein, wenn wir uns in schwierigen Zeiten befinden und der Weg, Fortschritte zu machen, unklar ist; er projiziert die schlimmsten Befürchtungen und hält uns zugleich vor Augen, dass wir unfähig sind, adäquat darauf zu reagieren. Diese Beeinflussung unseres Denkens zieht uns in einen Strudel von Katastrophenfantasien. Die Wolke der Hoffnungslosigkeit und Ausweglosigkeit verdunkelt sich immer mehr und schließt dadurch alle Möglichkeiten aus, die vorhanden wären, wenn die Helfer in die Situation einbezogen würden. Hinter der Aktivität dieses Wechselbalgs steht der Glaube an Vorherbestimmung.

"Du musst alles wissen"

Die rationalisierende Behauptung, für die dieser Wechselbalg steht, lautet: "Du musst alles wissen, sonst …" mit der dahinter stehenden Drohung: "… sonst könntest du eine Gelegenheit verpassen oder du könntest das Wissen um etwas versäumen, das deine Zukunft bedroht."

"Du musst alles wissen"

Die rationalisierende Behauptung, für die dieser Wechselbalg steht, lautet: "Du musst alles wissen, sonst …" mit der dahinter stehenden Drohung: "… sonst könntest du eine Gelegenheit verpassen oder du könntest das Wissen um etwas versäumen, das deine Zukunft bedroht."

Der Wechselbalg der Anziehung des Verbotenen

Dieser Wechselbalg übt die unwiderstehliche Anziehung aus, ein Verbot zu übertreten, sobald wir das Verbot für uns als gültig akzeptiert haben. Es ist leicht zu erkennen, dass dieser Wechselbalg ein ständiger Erzeuger von Schuldgefühlen ist, an denen sich das Ego mästet.

Der zwanghafte Denker

Dieser Wechselbalg kann unbewusst den ganzen Tag über anwesend sein und uns erst bewusst werden, wenn wir körperlich nicht mehr aktiv sind wie zum Beispiel, wenn wir im Bett liegen. Er wird von zwei Dämonen begleitet: Der eine trägt die Bezeichnung "der nicht abgestellte Gedankenmotor", der andere ist der "Dämon des zwanghaften Denkens" (zur Beschreibung von Dämonen in der Psyche siehe Kapitel 16).

Der Zerstörer unserer Deprogrammierungsbemühungen

Dieser Wechselbalg äußert Zweifel an der Wirksamkeit unserer Deprogrammierungsbemühungen und zerstört sie dadurch. Er sagt: "Wie kannst du sicher sein, dass es funktioniert?" Dieser Wechselbalg findet sich häufiger bei Personen, die noch wenig Erfahrung mit dem Deprogrammieren haben.

Frei herumschwimmende Wechselbälger

Frei herumschwimmende Wechselbälger sind Wechselbälger, die sich beim Deprogrammieren einer Glaubensvorstellung (oder was immer sonst wir deprogrammiert haben) abgelöst haben, weil wir übersehen haben, dass sie ebenfalls deprogrammiert werden mussten. Damit werden sie zu einem eigenen Problem, wie im Folgenden beschrieben wird.

Wie frei herumschwimmende Wechselbälger im Körper zu frei herumschwimmenden Radikalen werden

Die Bezeichnung "freier Radikal" (oder "frei schwimmender Radikal") wird normalerweise in der Chemie benutzt, um ein Elektron zu bezeichnen, das von seinem Atom, Molekül oder Ion getrennt wurde. Um das Funktionieren freier Radikale zu verstehen, gilt es uns zunächst klar zu machen, dass weder sie noch die Atome "chemischer" Natur sind (eine Bezeichnung, die impliziert, dass sie kein Bewusstsein besitzen, sondern rein mechanisch funktionieren), sondern dass sie Aspekte unserer Natur sind, die ein fühlendes Bewusstsein haben. Atome sind Teil der Helfer unserer Natur; zu diesen Helfern gehören alle Funktionen, die mit der Verdauung von Nahrung, mit unserer Atmung, unserem Blutkreislauf oder mit Heilung zu tun haben.

Was geschieht mit den frei schwimmenden Radikalen, wenn diese Prozesse gesund ablaufen? Da frei schwimmende Radikale stark reaktionsfähig sind, können sie ungepaarte Elektronen, die Teil von anderen Atomen sind, anziehen und sich mit ihnen paaren; dadurch wird die Natur dieser Atome verändert. Dies sind die natürlichen "Veränderungen", die das I Ging als *Transformationen* bezeichnet.

Wenn Wechselbälger, also falsche Rationalisierungen, die aus falschen Wörtern und Bildern bestehen, beim Deprogrammieren der Glaubensvorstellungen, denen sie zugesellt waren, übersehen werden, dann werden sie zu frei herumschwimmenden Radikalen, die dämonischer Natur sind.[24] In diesem Zustand suchen sie nach etwas, an das sie sich haften können. Dieses "Etwas" kann ein ungepaartes Elektron in anderen Atomen im Körper sein. Aufgrund ihrer schädlichen Natur nehmen sie ungepaarte Elektronen gefangen und benutzen deren *Eigenschaft als Radikale*, um Transformationen zu blockieren. Auf diese Weise können sie ernsthafte Folgen für den Körper erzeugen. So können frei herumschwimmende Wechselbälger plötzliche Schmerzen erzeugen, die von einem Ort im Körper zum anderen wechseln. Sie sind auch häufig an chronischen Schmerzen beteiligt, weil sie die Heilung verhindern, die voraussetzt, dass die Körperzellen die Fähigkeit zur Transformation besitzen. Wer unter den beschriebenen Symptomen leidet, kann durch die DMR-Methode nachfragen, ob sie durch frei herumschwimmende Wechselbälger verursacht sind; wenn ja, gilt es herauszufinden, um wieviele es sich handelt, und sie zu deprogrammieren (siehe Anhang 3: "Deprogrammieren").

Kapitel 13

Der Irrgarten des Egos bei Licht betrachtet
Ego-Komplexe

Da die Prämissen, auf denen das Denkgebäude des Egos beruht, den kosmischen Wahrheiten widersprechen, führen sie ständig zu Situationen, die ihre Unwahrheit beweisen. Um uns über diese Tatsache hinwegzutäuschen, hat unsere Ratio unter dem Einfluss des Egos falsche Begründungen erfunden, um die Prämissen so zu stützen, dass der Betrug nicht auffällt. Auf diese Weise sind komplexe Denkstrukturen errichtet worden, die das I Ging *Ego-Komplexe* nennt. Sie beruhen auf unwahren Behauptungen über die Natur des Menschen, die Natur im allgemeinen, über das Leben und über jeden erdenklichen Aspekt des Kosmos. Immer erheben sie den Anspruch, das Wesen der Dinge und ihr Funktionieren zu erklären. Ego-Komplexe bilden starre Strukturen in unserer Psyche. In der Regel bestehen sie aus einer Kombination von zwei oder mehr falschen Zuschreibungen, die uns in selbstzerstörerischen Verhaltensweisen fixieren. In Träumen sehen wir Ego-Komplexe häufig als Gebäude oder Gebäudekomplexe.

Zwei dieser Ego-Komplexe, der *Minderwertigkeits-* und der *Überlegenheitskomplex*, mögen illustrieren, wie Kombinationen von falschen Begründungen ein Verhalten erzeugen, das gemeinhin als “typisch” bezeichnet wird. Während unser wahres Selbst einzigartig ist und keine “typischen” Verhaltensweisen an den Tag legt, verbergen sich Ego-Komplexe hinter den typischen Verhaltensstrukturen, wie sie in Theaterstücken vorgeführt werden. Bei diesen Stücken haben wir bereits zu Beginn ein Gefühl für das spezifische Drama, das die einzelnen Rollen erzeugen werden, und wir schauen fasziniert zu, wie sie geradewegs auf ihr dramatisches Ende zusteuern. Handelt es sich um eine Komödie, dann geht es um die Aufdeckung einer Rolle, indem vorgeführt wird, wie uns eine typische Verhaltensweise (die auf einen Ego-Komplex hinweist), an der Nase herumgeführen kann. Ist das Stück eine Tragödie, dann ahnen wir das widriges Schicksal, das die Rolle erzeugt, bereits als unausweichlich voraus. Das Skript, dem die Rollen entstammen, beruht auf genau den falschen Prämissen, denen die

Ego-Komplexe, die die Rollen definieren, ihre Existenz verdanken. Ganz anders verläuft unser Leben, wenn unser wahres Selbst unsere Persönlichkeit führt, weil es keinem Skript folgt. Wir genießen die innere Freiheit, unser Leben den wechselnden Gegebenheiten anzupassen.

Wenn ein Ego-Komplex ausgebrannt ist, kann es vorkommen, dass wir einen Traum haben, in dem wir uns auf einer Bühne für ein Stück üben sehen, aber wir stellen zu unserem Entsetzen fest, dass wir das Skript nicht gelernt haben. Wir fürchten, uns vor dem Publikum zu blamieren, weil wir nichts zu sagen haben. Der Traum zeigt uns, wie sehr wir durch den Ego-Komplex, der nun ausgebrannt ist, konditioniert waren. Unser wahres Selbst hat keinen Grund zu fürchten, nicht zu wissen, was es sagen soll, denn es folgt unserer inneren Wahrheit; sie läßt uns die richtigen Worte zur richtigen Zeit sagen. Was wir dann sagen, hat Substanz und trifft genau das Erfordernis des Augenblicks.

Der Minderwertigkeitskomplex

Dieser Ego-Komplex beruht auf falschen Zuschreibungen, die behaupten, 'die Natur des Menschen sei mit Fehlern behaftet' und 'das Böse komme von der Tiernatur des Menschen'. Eine weitere falsche Zuschreibung lautet: "Wie sehr du dich auch anstrengst, die Fehler deiner Natur wirst du nie überwinden." Zu diesen grundlegenden falschen Zuschreibungen kommen Rückschlüsse hinzu, die wir aus persönlichen Erfahrungen gezogen haben und die unser Minderwertigkeitsgefühl noch verstärken; sie können sich auf Unterschiede in Bildung, Rang, Vermögen und so weiter beziehen oder auf Unterschiede in der Zugehörigkeit zu einer Rasse oder gesellschaftlichen Klasse.

Die Kombination aller negativen Rückschlüsse, die wir aus diesen Erfahrungen mit den grundlegenden falschen Zuschreibungen gezogen haben, erschafft ein negatives Bild unserer selbst, das sich wie ein Loch im Zentrum unseres Seins anfühlt. Dieses Loch erzeugt ein leeres, ständig nagendes Gefühl, das uns dazu treibt, irgendetwas zu finden, um es wegzubekommen. Das Gefühl ist unerträglich, weil die falschen Zuschreibungen unserer wahren Natur vollkommen widersprechen. Einige Menschen versuchen, das Loch durch ein kompensatorisches positives Selbstbild zu stopfen, indem sie einen Überlegenheitskomplex entwickeln; andere versinken in einer lebenslangen Depression; und wieder andere betäuben das nagende Gefühl durch Ablenkungen oder die Einnahme von Drogen. Die negativen Gefühle unserer eigenen Person gegenüber sind wie eine offene Wunde in der Psyche, die ständig unsere Aufmerksamkeit verlangt.

Der Überlegenheitskomplex

Der Überlegenheitskomplex beruht auf der falschen Zuschreibung: "Der Mensch ist allen anderen Dingen überlegen; er ist etwas Besonderes." Zu den Begründungen, die diese Ansicht stützen, gehört die Sichtweise der westlichen Religionen, wonach allein der Mensch "im Bilde Gottes" geschaffen wurde, sowie die wissenschaftliche Hypothese, der Mensch bilde "die Spitze der Evolution".[25] Dieser Komplex wird ferner durch falsche Zuschreibungen begründet, die den Klan, die Nationalität und/oder Kultur, der wir angehören, als überlegen hinstellen.

Die beiden oben beschriebenen Ego-Komplexe zeigen, was geschieht, wenn wir die Wörter, Sätze und Bilder, die vom kollektiven Ego erfunden wurden, als "wahr" akzeptieren. Die Behauptung, die Natur des Menschen sei mit Fehlern behaftet, ist ein Beispiel dafür. Sie impliziert, dass wir einem imaginierten Bild von Perfektion nicht entsprechen. Aus kosmischer Sicht sind wir von Natur aus vollkommmen, und es besteht nicht der geringste Anlaß, uns an irgendeiner äußeren Norm zu messen. Der Minderwertigkeits und der Überlegenheitskomplex erzeugen einen vollkommen unnötigen Kampf in der Psyche eines jeden Individuums.

Wie Ego-Komplexe unsere natürlichen psychischen Funktionen versklaven

Die "Ordnung", die das kollektive Ego durch die Komplexe erschafft, ist eine rein *geistige* Ordnung, die unserer Psyche übergestülpt wird. Ihre Aufrechterhaltung geschieht zu Lasten der natürlichen Ordnung der Psyche. Das Errichten einer falschen Ordnung ermöglicht es dem Ego, alle Energie, die es benötigt, aus dem uns angeborenen Vorrat an Lebensenergie abzuziehen.

Die rein geistige Ordnung des Egos steht in jeder Hinsicht im Widerspruch zu unserer wahren Natur. Sie steht auch im Widerspruch zu unserer inneren Wahrheit, die es uns ermöglichen würde, unser Leben im Einklang mit der harmonischen Ordnung des Kosmos zu führen.

Da das Ego nichts, aber auch rein gar nichts besitzt, muss es sich, um existieren zu können, unsere kosmischen Besitztümer aneignen und sie in seinen Dienst stellen. Jedes unserer kosmischen Besitztümer hat eine spezifische Funktion in der Aufrechterhaltung, Förderung und Gesunderhaltung unseres Gesamtorganismus. Wir haben die verschiedenen Funktionen der gesunden Psyche in den Kapiteln 6 und 8 beschrieben. Zur Errichtung seiner Herrschaft über die Persönlichkeit versklavt das Ego alle Funktionen unserer Psyche, indem es sie mit *falschen Zuschreibungen* belegt. Als Folge davon wird die Ordnung zwischen den verschiedenen Funktionen verändert: während vorher jede Funktion einen *gleichwertigen* Platz einnahm, werden sie nun *hierarchisch* geordnet, wobei unser Verstand die Oberaufsicht über die Rolle übernimmt, die jeder Funktion zugewiesen wird. Das Ganze nimmt die Form einer Feudalordnung an, in der unser Verstand die Rolle des Feudalherrn übernimmt, der im Dienste des Königs, das heißt des kollektiven Egos steht. Genauso wie die Feudalherren dafür zu sorgen hatten, dass das gemeine Volk Frondienste leistete, um das feudale System zu unterhalten, hat nun unser Verstand die Aufgabe, dafür zu sorgen, dass wir unsere Energie dafür einsetzen, das kollektive Ego zu ernähren.

Unter diesem Aspekt betrachtet sind die Ego-Komplexe von strategischer Bedeutung. Sie sind so konstruiert, dass verhindert wird, dass der Verstand merkt, dass er selbst zum Skaven im Dienst am kollektiven Ego gemacht worden ist. Dies wird dadurch erreicht, dass die Komplexe unserem Verstand mit der Idee schmeicheln, er sei der Herr über unsere Persönlichkeit und ihm falle die wichtige Rolle zu, die von Menschen errichteten hierarchischen Systeme der verschiedensten Art aufrechtzuerhalten – in seiner Eigenschaft als Herr und Meister über alle Arten des Tier und Pflanzenreichs sowie über andere Menschen mit geringerem Status. Zu diesem Zweck liefert jeder Komplex unserem Verstand die notwendigen Rechtfertigungen für seine Vorherrschaft. Damit bestimmen die Komplexe nicht nur die Beziehung des Einzelnen zu sich selbst, sondern auch seine Beziehung zu allen anderen Dingen, wodurch es dem kollektiven Ego möglich wird, seine Vorherrschaft durch Propagierung von einer Kultur zur anderen auszudehnen.

Die Ego-Komplexe, die wir in diesem Kapitel beschreiben, mögen den Eindruck erwecken, als habe sich das kollektive Ego absolut fest etabliert. Und genau diesen Eindruck möchte es erzeugen, damit wir keinen Sinn darin sehen, unserer inneren Wahrheit zu folgen. Auch sollen wir nicht erkennen, dass sein Denken und Handeln der kosmischen Ordnung widerspricht und deshalb regelmäßig in Sackgassen – ein anderer Name für widrige Schicksale – endet.

Was die persönliche Ebene betrifft, so führt die Aufteilung unserer Ganzheit durch Ego-Komplexe unweigerlich zu Krankheit, sei sie mentaler, emotionaler und/oder körperlicher Natur. Krankheit als widriges Schicksal eröffnet uns die Möglichkeit, einen bestimmten Aspekt der Unterdrückung durch das Ego zu erkennen und abzuwerfen. Ein widriges Schicksal kann uns anzeigen, dass ein Ego-Komplex ausgebrannt ist oder nur noch sehr wenig Energie besitzt. Sein geschwächter Zustand gibt uns die Möglichkeit, uns von ihm zu befreien. Unter der Leitung des Weisen können wir den ausgebrannten Ego-Komplex deprogrammieren, ohne psychologische Schwierigkeiten befürchten zu müssen.[26] Bei diesem Vorgang kann uns das I Ging von großer Hilfe sein, indem es uns das nötige Hintergrundwissen zur Verfügung stellt.

Die im folgenden beschriebenen Ego-Komplexe sind in Ka-tegorien angeordnet, von denen jede Kategorie eine bestimmte psychische Funktion betrifft.

Minderwertigkeitskomplexe

Die Komplexe in dieser Kategorie versklaven die *Empfangs-funktion* der Psyche; sie bewirken, dass wir negative Schluß-folgerungen aus unseren Erfahrungen ziehen und dadurch das Leben durch eine dunkle Brille sehen. Sie blockieren auch die Liebesenergie, die wir normalerweise vom Kosmos empfangen würden. Der Minderwertigkeitskomplex im engeren Sinne wurde bereits oben beschrieben.

Der Selbstzweifels- oder Unterdrückungskomplex

Hierbei handelt es sich um den ersten Komplex, der in unserer Psyche installiert wird. Er beruht auf den folgenden Giftpfeilen: "Die Natur des Menschen ist in Gut und Böse geteilt" und "Du mußt lernen, was Gut und was Böse ist." Bisweilen gehört noch ein weiterer Giftpfeil dazu, der besagt: "Du musst gut sein, um das Böse zu meiden." Da diese Worte implizieren, dass das Böse zu unserer Natur gehört, teilen sie unsere Natur in zwei Teile, von denen der "gute" den "bösen" bekämpft.

Der erste der oben genannten Giftpfeile, der die menschliche Natur in gut und böse teilt, erzeugt eine Trennung zwischen unserem Herzen und dem übrigen Körper; er teilt auch jede einzelne Körperzelle in zwei miteinander im Widerstreit liegende Seiten. Durch diese Teilung unserer ursprünglichen Ganzheit und durch die Einführung des Begriffes vom "Bösen" wird ein Konflikt in unserer Psyche installiert, der uns in einen inneren Widerstreit mit allem bringt, was wir durch unsere Gefühle wissen. Dadurch öffnet uns der grundlegende Selbstzweifel für jede Menge weiterer Zweifel. Einer von ihnen läßt uns daran zweifeln, dass unser Leben autorisiert ist, und suggeriert, unser Wert müsse vom kollektiven Ego bestätigt werden. Außerdem sät er grundsätzliche Zweifel an allem, was unsere wahren Gefühle uns sagen.

Die folgenden typischen Sätze, die zu diesem Komplex gehören, können als innerer Monolog in unserer Psyche gehört werden: "Niemand hat dich ermächtigt, das zu sagen." – "Wer bist du schon, dass du das zu sagen wagst?" – "Was du sagst, mußt du auch begründen können" (d.h. du mußt es so begründen können, dass andere dir zustimmen können). – "Woher willst du wissen, dass dir der Kosmos zu Hilfe kommt, wenn du deiner inneren Wahrheit folgst?" – "Woher willst du wissen, dass dir der Kosmos zur rechten Zeit zu Hilfe kommt?"

Ebenfalls zu diesem Ego-Komplex gehören ein Kobold und ein Dämon des Vergessens. Sie ziehen einen Schleier des Vergessens über die gespeicherten guten Erinnerungen an kosmische Hilfe und sorgen damit dafür, dass die kosmischen Geschenke und guten Erfahrungen der Vergangenheit in Vergessenheit geraten. Das I Ging spricht von der kosmischen Hilfe, die uns in Zeiten der Not angeboten wird, in den Worten: "Ein Krug Wein, eine Reisschale als Zugabe, Tongeschirr, einfach zum Fenster hineingereicht" (Hexagramm 29, *Das Abgründige/Die Gefahr*, Platz 4).

Der Selbstzweifelskomplex kann zur Entwicklung von zwei Selbstbildern führen: dem des "entscheidungsfreudigen Menschen" und dem des "unsicheren Menschen"; ersteres ist daran zu erkennen, dass sich der Betreffende geistig darauf vorbereitet, was er sagen wird, wenn er gefragt wird, obwohl die Situation, auf die er sich vorbereitet, selten überhaupt eintritt. Die Tatsache, dass er seinen Geist auf diese Weise beschäftigt, kostet eine Menge Energie, von der sich das Ego nährt. Wenn der Selbstzweifelskomplex deprogrammiert wird, kann dadurch die Verbindung zwischen dem Geist und den Gefühlen des Betreffenden zumindest teilweise befreit werden. Dann ist sein Verstand mehr und mehr in der Lage, Entscheidungen auf der Grundlage dessen zu teffen, was sich je nach Situation stimmig anfühlt.

Der Selbsterniedrigungskomplex

Dieser Komplex besteht aus einem oder mehreren selbsterniedrigenden Selbstbildern sowie der Projektion: "Die Dinge werden nie besser werden." Er kann auch eine negative Behauptung beinhalten, die das Wort "immer" enthält. Ein Beispiel für ein Selbstbild, das in diesen Komplex gehören würde, ist ausgedrückt in dem Satz: "Ich bin dumm. Ich habe so etwas noch nie gekonnt." An der Wurzel dieses Komplexes ist der Minderwertigkeitskomplex.

Der Ich-bin-nicht-liebenswert-Komplex

Dieser Komplex beruht auf dem Satz: "Ich bin nicht lie-benswert" (eine Projektion, falsche Zuschreibung und ein Giftpfeil). Ein Mensch mit diesem Komplex neigt dazu, jede erdenkliche Begründung zu finden, um diese Ansicht von sich aufrechtzuerhalten.

Der Selbstmitleidskomplex

Dieser Komplex beruht auf der falschen Zuschreibung: "Keinem geht es so schlecht wie mir." Er ist häufig von einem anderen Ego-Komplex begleitet – dem "Ich-habe-mehr-als-andere-verdient"-Komplex (siehe unten).

Überlegenheitskomplexe

Diese Kategorie von Komplexen blockiert die *Schutzfunktion* der Psyche, indem sie uns das Gefühl gibt, wir seien unverwundbar und stünden sogar über den Naturgesetzen. Der Überlegenheitskomplex im engeren Sinne wurde bereits oben beschrieben.

Der Heldenkomplex

Dieser Komplex ist vom Überlegenheitskomplex abgeleitet. Er beruht auf alten Überlieferungen von der Rolle des Helden im Kampf gegen das Böse in der Welt und seinem Opfertod im Dienst an der Sache.

Der Haken an dieser Idee ist, dass es keinen Helden geben würde, wenn es nicht etwas zu bekämpfen gäbe – wie zum Beispiel den mythischen Drachen. Deshalb hält der Held ständig nach einem Gegenspieler Ausschau, den er bekämpfen kann. Die Arena des Wettstreits kann auch in anderen Bereichen liegen, die rein persönlicher Natur sind, oder im Bereich des Sports, der Wirtschaft, Kultur oder der Religion; immer ist es ein Kampf gegen einen Gegner. Wo auch immer die Wörter "Kampf" oder "Schlacht" auftauchen, haben wir es mit einem Heldenmotiv zu tun. Entweder möchte der Betreffende selbst ein Held werden oder er versucht, in einem anderen die Sehnsucht nach Überwindung seiner Minderwertigkeit zu wecken, indem er ihn auffordert, seinen Wert unter Beweis zu stellen. Die Verehrung des Heldentums geht sogar soweit, dass Menschen, die nie die Absicht hatten, Helden zu sein, zu Helden gemacht werden, nur weil sie in der Stunde der Not spontan das Notwendige getan haben.

Der Heldenkomplex enthüllt, dass das Ego Konflikte braucht, um seine Herrschaft über die Menschen aufrechtzuerhalten und ihre Energie zu gewinnen. Konflikte dienen dem kollektiven Ego in zweierlei Hinsicht: Zum einen sind sie das einfachste Mittel, um sich die Energie zu beschaffen, die es für seine Existenz braucht, und zum anderen kontrolliert es die Menschen durch die Verherrlichung von Konflikten.

Der Gotteskomplex

Dieser Komplex hat die Aufgabe, die Antwort auf die Frage zu geben, was gut und was böse ist. Seine Antwort lautet: "Gott weiß, was gut und was böse ist" und "wenn du dich genügend bemühst, dies zu lernen, dann kannst du wie Gott das ewige Leben erlangen." Im nächsten Schritt wird uns erklärt, wie wir dieses Ziel erreichen können: "Um wie Gott zu werden, musst du deine höhere Natur entwickeln und deine niedere Natur (d.h. deine Tiernatur) überwinden." Das Bild, das mit dieser Aufforderung einher geht – das des Menschen im Bilde Gottes – ist eine falsche Zuschreibung. Es bezieht sich lediglich auf den Geist, der sich mit dem Guten gleichsetzt, und verteufelt unsere Tiernatur, die vom Geist als dem Bösen zugeordnet gesehen wird.

Die Gewohnheit, Werturteile über uns und andere zu fällen, wurzelt im Gotteskomplex und im Schuldkomplex (siehe unten). Unter dem Einfluß des Gotteskomplexes nehmen wir unbewusst die Rolle von Gott als Richter an in dem Glauben, wir handelten stellvertretend für Gott (d.h. für den biblischen Gott, nicht für den Kosmos). Sätze wie die folgenden können uns bedrängen, diese Rolle anzunehmen: "Entweder bist du auf der Seite Gottes oder du bist auf der Seite des Bösen" und "wenn du andere nicht verurteilst, wirst du selbst zu den Schuldigen zählen."

Ein anderer Aspekt dieses Komplexes ist das Missionieren. Hierher gehören Sätze wie die folgenden: "Ich werde gebraucht, um die Welt zu verbessern" oder "Ich muß die Wahrheit verkünden, sonst wird sie den Menschen vorenthalten." Einem Menschen mit diesem Komplex mangelt es am Vertrauen, dass die kosmische Wahrheit sich von selbst zeigen wird und weder der Verteidigung noch der öffentlichen Förderung bedarf. Sein mangelndes Vertrauen hindert ihn daran zu erkennen, dass die kosmische Wahrheit ständig und überall am Werke ist. Sie zeigt sich vielleicht nicht so, wie er es sich vorstellt, sondern unter anderem in den widrigen Schicksalen, die die Menschen für sich erzeugen. Alle oben genannten Sätze und Bilder sind Projektionen, falsche Zuschreibungen und Giftpfeile.

Der Gotteskomplex enthält auch den Drachen der moralischen Autorität, der durch den weiter unten beschriebenen Selbstbestrafungskomplex und Bestrafungskomplex herrscht. Der Gotteskomplex erreicht dies, indem er unsere angeborenen kosmischen Tugenden verleugnet und sie durch einen strengen inneren Richter ersetzt.

Der Gotteskomplex existiert in den Anhängern jeder Hochreligion, denn jede stellt ihre Glaubensvorstellungen im Vergleich zu allen anderen als den "richtigen" Glauben hin, dem es zu folgen gilt. Jede beinhaltet die Bedrohung durch den "falschen" Glauben und verspricht, uns von der Schuld, dem falschen Glauben an-gehängt zu haben, zu befreien. Der leidenschaftliche Kampf, mit dem die Idee von Richtig und Falsch ausgefochten wird, zeigt sich in dem intensiven Wettbewerb um den Geist jedes einzelnen Menschen, der für die Hochreligionen charakteristisch ist.

Ebenfalls zu diesem Komplex gehört der Glaube an die Gemeinschaft der Gläubigen. Er enthält die mehr oder weniger unausgesprochene Drohung, dass sich schuldig macht, wer die Gemeinschaft verläßt.

Der Selbstbestrafungskomplex

Dieser Komplex ist die logische Konsequenz des Gottes- und des Schuldkomplexes. Wir können uns diesen Komplex in der Metapher des "Bundesgerichtshofes" vorstellen. Er besteht aus mehreren kollaborierenden dämonischen Elementen in der Psyche: einem obersten Richter, dem unser Fall vorgeführt wird, einem Staatsanwalt, der die Anklage führt, einem Verteidiger/Entschuldiger (dessen Entschuldigungen lahm und unwirksam sind), einem Folterknecht, einer Jury, die uns nach der herrschenden Meinung beurteilt, und Augenzeugen, die sagen, "deine Schuld ist offenkundig". Unser wahres Selbst, das sich vor diesem Gericht zu verantworten hat, wurde bereits für schuldig erklärt, bevor es überhaupt den Saal betrat.

Der Bestrafungskomplex

Dieser Komplex beruht auf dem Giftpfeil: "Der Mensch hat vor Gott gesündigt und verdient es daher, von Gott bestraft zu werden." – "Menschen müssen diese Verantwortung übernehmen."

Der Überlebenskomplex

Dieser Komplex beruht auf zwei falschen Zuschreibungen, mit denen das Leben getreu der Doktrin vom Überleben des Stärkeren belegt wurde: "Die Stärkeren sind die Überlegenen; das ist der Grund, warum nur die Stärksten überleben", und "Der Mensch ist des Menschen Wolf, deshalb müssen wir stark und überlegen sein."

Komplexe des Bösen

Die Komplexe in dieser Kategorie verzerren die *Organisationsfunktion* der Psyche, die uns normalerweise eine gesunde Vorstellung von unserem einzigartigen kosmischen Schicksal als dem Weg zu wahrer Erfüllung geben würde. Die hier beschriebenen Komplexe vermitteln uns den Eindruck, wahre Erfüllung sei eine Illusion, während sie die Illusion, Erfüllung liege in Konformität als "die Wahrheit" hinstellen. Die Komplexe, die zu dieser Kategorie gehören, blockieren auch die natürliche *Selbstberichtigungsfunktion* der Psyche.

Der Komplex des Bösen

Dieser Komplex besteht aus einer Aufstellung aller verteufelten Aspekte der Natur, einschließlich unserer eigenen Natur. Diese Aufstellung enthält alles, was als böse betrachtet wird und wogegen der Held in den Kampf zieht. Die Existenz des Heldenkomplexes macht den Komplex des Bösen nicht nur notwendig, sondern erhält ihn auch am Leben.

Der Widerstandskomplex

Dieser Komplex beruht auf der falschen Zuschreibung: "Ich darf nicht fühlen, was ich fühle und was wirklich ist." Die Wurzel des Widerstandskomplexes ist die Verleugnung der Wirklichkeit, ganz gleich ob diese positiv oder negativ ist. Der Grund für die Verleugnung ist ein Widerspruch zwischen der gelebten Wirklichkeit und dem, was über sie gesagt wird. Die Wirklichkeit kann zum Beispiel eine dysfunktionale Familie sein, die sich selbst aber als "glückliche Familie" bezeichnet. Die "glückliche Familie" ist ein Bild, an das sich die Mitglieder der Familie in der Hoffnung klammern, es werde eines Tages wahr werden. Die Verleugnung hat die Funktion, das Bild von der glücklichen Familie zu schützen. Das Kind, das in einer solchen Familie aufwächst, entwickelt einen Mechanismus in seinem Verstand, der, unter Mithilfe des Willens, den Verstand von dem trennt, was er über die Wirklichkeit, die ihn umgibt, wahrnimmt. Um sich vor dem ständigen inneren Konflikt zu schützen, den diese Abtrennung erzeugt, entwickelt das Kind einen weiteren Mechanismus, der sich automatisch seinen wahren Gefühlen entgegen stellt. Das Fantasiebild wird aufrecht erhalten, weil der innere Familienbefehl lautet, an das Bild der glücklichen Familie zu glauben; er wird von der Drohung begleitet, von dem Bild der glücklichen Familie ausgeschlossen zu sein.

Dieselbe Trennung von der Wirklichkeit können wir in dem "Wir"-Denken beobachten, das dem Nationalismus zu eigen ist. Das kollektive Ego ermutigt seine Bürger, sich als Mitglieder der nationalen Familie zu sehen und ihr als solche treu zu sein, ganz gleich, was der Staat tut. Was damit erreicht wird, ist, dass sie sich schuldig fühlen, wenn sie mit der offiziellen Politik nicht einverstanden sind.

In einer scheinbar umgekehrten Situation ist die Wirklichkeit positiv, wird aber ständig durch Bemerkungen, die das Gegenteil behaupten, verteufelt. Diese Situation geht auf die Aktivität eines Teams dämonischer Elemente zurück, die man "den inneren Beobachter und Besieger" nennen kann. Der innere Beobachter macht zum Beispiel schmeichelhafte Bemerkungen über die intellektuellen oder anderweitig kreativen Fähigkeiten des Betreffenden ("Du bist ein Genie"), auf die aber sofort abwertende Bemerkungen folgen, wie: "Mach dir doch nichts vor." – "Du bist nicht gut genug." – "Du bist nur ein winziges Rädchen…" oder "Keiner würde dir glauben, dass du das geschafft hast."

Der Widerstand kann auch in Gestalt eines Besiegers oder Dämons der Verleugnung dessen, was wirklich ist, kommen. Wir hören sie sagen: "Lass dir nichts vormachen, die Dinge laufen nicht gut," obwohl sie in Wirklichkeit gut laufen. Der "Besieger" erlaubt uns nicht, irgendetwas als gut anzuerkennen. Eine Bemerkung, die typisch für einen Menschen mit diesem Ego-Komplex ist, lautet: "Das ist zu verwirrend für mich zu verstehen, aber ich muss es trotzdem weiter versuchen, weil ich aus diesem Wirrwarr heraus kommen muß." Diese Bemerkung beschreibt, wie der Widerstandskomplex einen Menschen in den Wahnsinn treibt.

Konfliktkomplexe

Die Komplexe in dieser Kategorie stören die *Funktion der Spontanreaktion* in der Psyche, die es uns normalerweise ermöglicht, ohne jede gedankliche Vorbereitung vollkommen angemessen auf einen Konflikt zu reagieren. Konflikt ist ein *modus operandi* des Egos, der unser Denken mit Vorüberlegungen beschäftigt, ob wir im Konfliktfall dieses oder eher jenes tun sollten. Solche Überlegungen machen es uns unmöglich, aus der Unschuld des Geistes heraus auf eine Herausforderung zu antworten.

Der Kosmos-Komplex

Dieser Komplex beruht auf den folgenden Projektionen und falschen Zuschreibungen: "Der Kosmos ist in Gut und Böse geteilt." – "Der Kosmos ist allmächtig." – Der Kosmos ist gegenüber dem menschlichen Leiden gleichgültig." – "Der Kosmos ist der ganzen Schöpfung gegenüber gleichgültig." – "Der Kosmos hat uns Menschen verlassen." – "Der Kosmos hält uns in der Schuld."

Dieser Komplex ist eine der Hauptursachen dafür, dass wir auf dem Weg der Rückkehr zu unserer wahren Natur umkehren. Er meldet sich immer dann aktiv zu Wort, wenn wir an einem entscheidenden Punkt in unserer Entwicklung angelangt sind, insbesondere aber, wenn wir nahe daran sind, das Ego erfolgreich hinter uns zu lassen. Dann können wir das Ego argumentieren hören: "Warum willst du dem kollektiven Ego den Rücken kehren – auch der Kosmos ist hierarchisch, auch der Kosmos ist in Gut und Böse geteilt und wird dich für schuldig erklären." Mit solchen Behauptungen erneuert das Ego den grundlegenden Zweifel an unserer Ganzheit und an der vollkommenen Güte des Kosmos, und bekräftigt die Behauptung:

"Ganz gleich, wie ernsthaft du auch nach Vollkommenheit strebst, du wirst es nie schaffen."

Der Mangelkomplex

Dieser Komplex beruht auf Ideen, die besagen, der Kosmos geize mit seinen Gaben. Entsprechend werden in diesem Komplex Tugendhaftigkeit und Spiritualität mit Armut assoziiert und Reichtum als "unspirituell" gebrandmarkt. Verwandte Ideen zeichnen ein Bild vom Kosmos, das ihn unfähig zeigt, uns zu helfen. Helfer kommen darin nicht vor. Wieder andere Ideen zeichnen ein Bild von der Erde als etwas, das des Eingriffs durch den Menschen bedarf, um Fülle hervorzubringen. Außerdem setzt dieser Komplex "Bescheidensein" fälschlicherweise mit Armut, Unterwürfigkeit und dem Akzeptieren ungerechter Bedingungen gleich.

Der Verlassenheitskomplex

Dieser Komplex beruht auf folgenden falschen Schlußfolgerungen, die aus der Verteufelung der menschlichen Tiernatur gezogen wurden: "Gott has uns aus dem Paradies vertrieben." – "Wir sind ganz allein und verlassen auf dieser Welt." – "Niemand kann uns helfen, außer wir selbst." Und: "Unsere Sexualität macht uns schuldig/sündig." (Der Verlassenheitskomplex kann auch die Folge von Schlußfolgerungen sein, die wir aufgrund von Kindheitserfahrungen gemacht haben wie im Fall von sexuellem oder psychologischem Mißbrauch durch die Eltern oder nahe Bezugspersonen: "Meine Eltern (und Gott) haben mich verlassen. Ich bin hilflos, ich bin ganz allein.")

Dieser Komplex kann auch von Kindern entwickelt werden, die dabei erwischt wurden, wie sie ihre Genitalien befühlt haben, oder von Kindern, die die Erfahrung gemacht haben, dass sie es ihren Eltern nie recht machen konnten.

Der "Ich-habe-mehr-als-andere-verdient"-Komplex

Dieser Komplex beruht auf dem früh im Leben erworbenen Satz: "Ich habe mehr als andere verdient wegen der widrigen Umstände, unter denen ich geboren wurde." Dabei wird stets impliziert, dass der Betroffene außergewöhnliche und nie wieder gut zu machende Benachteiligungen in Kauf zu nehmen hatte. So würde er beispielsweise von sich sagen: "Niemand kann erahnen, was ich durchgemacht habe." Wegen dieser Überzeugung glaubt er, dass niemand ihm helfen kann. Ein solcher Mensch geht unter Umständen von einer Therapie zur anderen, um anderen zu beweisen, dass er ja alles tut, aber niemand ihm helfen kann. Regelmäßige Schübe von Selbstmitleid begleiten diesen Komplex. Da seine Überzeugung, mehr als andere verdient zu haben, ihn von anderen Menschen isoliert, ist es möglich, dass er beschließt, etwas dagegen zu tun, indem er mit anderen netztwerkt, die sich in ähnlicher Lage befinden. Innerhalb des Netzwerks wetteifert er mit den anderen Mitgliedern darum, "wer mehr als der andere verdient hat" oder "wer das größere Kreuz zu tragen hat". Zu diesem Komplex gehören zwei Wechselbälger: Der eine heißt "Niemand versteht mich", der andere ist der Wechselbalg des "Netzwerkens".

Der Komplex der Verleugnung der Gefühle

Dieser Komplex beruht auf der falschen Zuschreibung: "Was du fühlst, zählt nicht." Obwohl er Ähnlichkeit mit dem Widerstandskomplex hat, ist er nur auf diesen einen Aspekt beschränkt: harmonische Gefühle zu verleugnen. Teil dieses Komplexes ist ein Wechselbalg, der harmonische Gefühle als etwas abtut, das "nicht zählt". Der Komplex besteht aus mehreren dämonischen Elementen, darunter ein "Beobachter", der eine Bemerkung macht, die auf Hoffnung gegründet ist, und einem "Besieger", der die Hoffnung zunichte macht. Wenn der Betreffende zum Beispiel gerade anfängt, Erfolg zu haben, sagt der Beobachter: "Ich hoffe, die Erfolgssträhne wird anhalten", worauf der Besieger kontert: "Mach dir doch nichts vor, du hast noch nie Erfolg gehabt." Der Betreffende zieht dann die Schlußfolgerung: "Egal was ich tue, es wird nie besser." Ein anderes Element in diesem Komplex ist der Dämon der Verleugnung. Er leugnet die Tatsache, dass die Erfolge wahr sind, indem er sie als bloße Einbildung hinstellt.

Der Teufels- oder Hiobskomplex

Dieser Komplex beruht auf der Geschichte von Hiob im Alten Testament und enthält folgende Giftpfeile: "Der Teufel ist der Gegenspieler Gottes." – "Der Teufel ist der Herrscher über die Hölle." – "Wenn du Gott nicht gehorchst, kommst du in die Hölle." Gott und der Teufel werden darin als an Macht ebenbürtig und als Herren und Meister über das Reich des Unsichtbaren dargestellt. Menschen mit diesem Ego-Komplex gehen davon aus, dass ihre widrigen Schicksale Gottesprüfungen sind, um ihre Gottestreue zu testen. Die Geschichte von Hiob verweist uns auf die folgenden Projektionen und Giftpfeile: "Dies ist eine Gottesprüfung." – "Gott hat uns verflucht, obwohl wir nichts Unrechtes getan haben." – "Gott ist ungerecht, aber wir dürfen nicht mit ihm streiten."

Dieser Komplex ist immer von einem Konfliktknäuel begleitet (s. u.).

Der Konfliktknäuelkomplex

Am Grund eines Konfliktknäuels findet sich die fehlgeleitete Glaubensvorstellung, ein Mensch oder der Kosmos sei schuld an einer negativen Erfahrung, bei der es sich in Wirklichkeit um ein widriges Schicksal handelt, das wir selbst erschaffen haben. Dabei gehen wir fälschlicherweise davon aus, es gäbe einen "Schuldigen". Das Wort "Schuldiger" existiert in der kosmischen Ordnung nicht. Wenn wir andere Menschen auf diese Weise beschuldigen, erzeugen wir ein Konfliktknäuel aus wechselseitigen Beschuldigungen. Wenn wir den Kosmos beschuldigen, reagiert er mit einem erneuten widrigen Schicksal, und so eskaliert sich unser Konflikt, weil wir nicht begreifen, dass wir selbst die Verursacher der Widrigkeiten sind. Der Kosmos hilft uns jederzeit, ein Konfliktknäuel aufzulösen, wenn wir bereit sind, ein inneres Nein zu dem Wort "Schuldiger" zu sagen, und die Ursache des widrigen Schicksals in einer fehlgeleiteten Idee oder Glaubensvorstellung zu suchen, die wir uns irgendwann zu eigen gemacht haben. Außerdem bitten wir den "Helfer der Auflösung" das Konfliktknäuel aufzulösen.

Der Komplex des Mißtrauens gegenüber dem Leben

Dieser Komplex beruht auf Aussagen, die das Leben an sich verleumden. Sie unterstellen, das Leben habe eine Persönlichkeit, die Meinungen vertritt, über eine eigene Macht verfügt und den Menschen Auflagen macht, die ihnen feindlich gesonnen sein können. Alle Ansichten dieser Art sind falsch und können für die Menschen, die sie vertreten, eine feindselige Wirklichkeit erschaffen. Wer diesen Ego-Komplex besitzt, tut gut daran, die folgende Aufstellung daraufhin zu prüfen, welche Behauptungen auf ihn zutreffen, und gegebenenfalls weitere hinzuzufügen, bevor er daran geht, diesen Komplex zu deprogrammieren:

"Das Leben ist ein ständiges Auf und Ab: auf gute Zeiten folgen schlechte Zeiten. Manchmal bekommen wir, was wir brauchen, manchmal nicht." (Dieses Mißtrauen wird unter Umständen auf die Helfer und den Kosmos ausgedehnt, wenn der Betreffende von der Existenz der Helfer erfährt.)

"Das Leben ist Leiden." – "Das Leben ist ein Jammertal."

"Man kann dem Leben nicht vertrauen."

"Das Leben verlangt viel von uns (Geduld, ständiges Bemühen, und dass wir unsere Ängste besiegen, ohne zu wissen wie)."

"Das Leben ist schwer. Die Fähigkeiten, mit denen wir geboren werden, reichen nicht aus, um mit dem Leben fertig zu werden."

"Das Leben ist verwirrend; es steckt voller Rätsel; das Leben ist voller Tricks; es hat seine Sackgassen, dunklen Ecken und Fallstricke; wir müssen uns ständig vor ihm in acht nehmen."

"Das Leben kennt kein Pardon (wir müssen stets wachsam im Herzen sein, sonst schlägt es zurück)."

"Das Leben ist ungerecht (wir hätten genauso gut in Armut geboren sein können oder in einem Land, in dem die Hungers not herrscht, oder in einer reichen Familie, usw.)."

"Das Leben ist ein einziges Warten."

"Das Leben unterliegt dem Wandel." ("Wandel" – anstatt Transformation – wird vom Ego als ein "Naturgesetz" bezeichnet.)

Anmerkung: Indem wir das Leben mit falschen Zuschreibungen der obigen Art belegen, blenden wir die Tatsache aus unserem Bewusstsein aus, dass wir von unsichtbaren Helfern umgeben sind, die uns auf unsere Bitte hin dabei behilflich sind, uns von unseren Ängsten und Sorgen und allen anderen dämonischen Aspekten, die das Ego ausmachen, zu befreien. Sie machen uns das Leben leicht, weil sie die Dinge durch Transformation im Bereich des Atoms erledigen. Indem wir das Leben mit negativen Zuschreibungen belegen, sperren wir diese helfenden Kräfte, die uns normalerweise durchs Leben tragen würden, ein.

Der Leben/Tod-Komplex

Dieser Komplex beruht auf fehlgeleiteten Ideen über Leben und Tod, wie zum Beispiel: "Das Leben hat einen Anfang und ein Ende." – "Der Tod ist das Ende des Lebens." – "Der Tod ist das Gegenteil von Leben."

In der kosmischen Ordnung ist das Leben eine Erfahrung jenseits von Anfang und Ende. Tod ist der Name für die Transformation, die stattfindet, wenn sich unser Leben im Körper vollendet hat; danach setzt es sich im Reich des Unsichtbaren fort. Wenn ein Mensch jedoch glaubt, der Tod setze dem Leben ein Ende, dann kann es eine lange Zeit dauern, bevor die Transformation stattfinden kann; die Zwischenzeit verbringt er in einem Zwischenreich, bis er eine Sichtweise entwickelt hat, die mit dem Kosmos im Einklang ist.

Der Wettbewerbskomplex

Dieser Komplex besteht aus Sätzen der folgenden Art: "Wettbewerb ist ein Kampf mit anderen Mitteln." – "Wettbewerb ist gut." – "Der Wettbewerb fördert das Beste im Menschen." – "Der Wettbewerb zeigt, wer der Beste ist." – "Du musst wettbewerbsfähig sein, sonst kannst du nicht gewinnen." Dieser Komplex erstreckt sich auch auf die Wissenschaften: "Die Evolution/natürliche Auslese ist ein brutaler Wettkampf zwischen den Arten und ihrem genetischen Material." Dieser Ego-Komplex ist häufig vom Dämon der Eifersucht und dem Kobold des Wettstreitens begleitet.

Schuldkomplexe

Die Komplexe in dieser Kategorie beruhen auf dem falschen Schuldbegriff des kollektiven Egos, wonach Schuld mit einem unauslöschlichen Fleck auf unserer Natur verbunden ist. Alle Schuldkomplexe beinhalten die Drohung: "Wenn du es wagst, deiner inneren Wahrheit zu folgen, machst du dich schuldig." Unter dem Vorwand, uns davor zu schützen, dass wir Fehler machen und dadurch schuldig werden, machen sie zwei wichtige psychische Funktionen dysfunktional: Erstens, die *Reuefunktion* (diese ist Teil der *Selbstberichtigungsfunktion*), die uns normalerweise auf den Pfad unseres kosmischen Schicksals zurückbringen würde, nachdem wir erkannt haben, dass wir einem falschen Weg gefolgt sind, und zweitens, die *Transformationsfunktion*, die normalerweise unsere Rückkehr zur Harmonie durch Transformation vollenden würde.

Der Schuldkomplex

Dieser Komplex beruht auf den falschen Zuschreibungen: "Der Mensch ist mit einer Erbschuld/Erbsünde geboren," und "Der Mensch ist mit Schuld/Sünde befleckt, weil er eine Tiernatur besitzt." Dazu gehört das Bild von Schuld als einem unauslöschlichen Fleck auf unserer Natur. Solange ein Mensch vom Schuldkomplex beherrscht wird, fühlt er sich schuldig, wann immer er seiner wahren Natur gestattet, sich zu zeigen. Für einen Menschen mit diesem Komplex ist die Angst davor, als schuldig gesehen zu werden, so stark, dass er in der Regel alles tun würde, um nur ja nicht den Anschein zu erwecken, er sei schuldig.

Weitere mögliche Komponenten des Schuldkomplexes sind Sätze wie: "Was ich fühle ist falsch," und "Um dich von deiner Schuld zu befreien, musst du in den Augen Gottes Sühne tun" (eine Projektion und ein Giftpfeil).

Eine weitere Komponente ist das Selbstbild des "Sünders", der für seine Sünden büßen muß (indem er zum Beispiel das Kreuz trägt). Weitere Giftpfeile, die zu diesem Komplex gehören können, lauten: "Durch meine Existenz füge ich anderen Schaden zu, mache sie wütend, treibe sie in den Wahnsinn, bringe sie dazu, mich zu hassen oder mir weh zu tun."

Bevor wir uns vom Schuldkomplex befreien können, müssen wir uns zuerst von dem falschen Schuldbegriff selbst befreien; anderenfalls würden wir uns schuldig fühlen, den Schuldkomplex deprogrammiert zu haben.

Der Schuldkomplex gegenüber dem Selbst

Dieser Komplex besteht aus folgenden falschen Zuschreibungen: "Der Mensch ist schuldig/sündig, weil er eine Tiernatur besitzt." – "Der Mensch muss seine Schuld sühnen, indem er seine Tiernatur opfert," und "Der Mensch muss seine Tiernatur überwinden, indem er seine höhere Natur entwickelt."

Der Natur-Schuldkomplex

Dieser Komplex beruht auf den falschen Prämissen: "Der Mensch steht im Mittelpunkt des Universums, und die Natur ist dazu da, ihm zu dienen," und "Der Mensch muss die Natur beherrschen." Diese Prämissen trennen uns Menschen vom Bewusstsein der Natur, was Schuldgefühle in uns weckt, die sich in Sätzen wie diesen ausdrücken: "Der Mensch ist schuldig, weil er die Natur mißhandelt." Diese Schuldgefühle rufen dann die Angst auf den Plan: "Die Natur übt Vergeltung am Menschen für das, was er ihr angetan hat."

Der Gottes-Schuldkomplex

Dieser Ego-Komplex besteht aus drei Komponenten: dem Gebot "Du musst Gott lieben und gehorchen," Schuldgefühlen und Selbsthass, weil wir Gott nicht lieben können, und der Angst vor der Strafe Gottes.

Wie bereits erwähnt, ist der Schuldbegriff des Egos nicht im Einklang mit dem Kosmos. Bei der Erforschung seines Ursprungs stießen wir auf die Implikationen des biblischen Gebots, das Moses von Gott empfangen hat und in dem Liebe nur als Synonym für Gehorsam gebraucht wird: "Ich, der Herr, dein Gott, bin ein eifersüchtiger Gott: Bei denen, die mir feind sind, verfolge ich die Schuld der Väter an den Söhnen, an der dritten und vierten Generation; bei denen, die mich lieben und auf meine Gebote achten, erweise ich Tausenden meine Huld" (Exodus 20:5). Hier wird Liebe mit der Androhung grausamster Bestrafung für die Nichteinhaltung von Gottes Geboten verbunden.

Der Kosmos spricht keine Gebote aus, sondern verlangt nur unsere Bereitschaft, unserer wahren Natur zu folgen. Wenn wir mit dem Kosmos im Einklang sind, fühlen wir uns von seiner Liebe getragen und gefördert. Wir können für etwas, das unharmonisch ist, uns aufgezwungen wird, unsere Grenzen überschreitet und unser Gefühl für unsere Ganzheit verletzt, keine Liebe empfinden. Weil das Gebot, Gott zu lieben, unserer Natur zuwider ist, nehmen wir es Gott insgeheim übel. Schuldgefühle, weil wir unfähig sind, Gott zu lieben, sind die Folge.

Der Weise hat uns belehrt, dass Schuldgefühle und Selbsthass ein und dieselbe Ego-Emotion sind; "Schuld" ist der wahre Name der Emotion, die wir für Gott empfinden. Schuldgefühle sind automatisch mit der Nichterfüllung eines jeden Gebotes verbunden.

Dieser Ego-Komplex zeigt, dass es sich bei dem Schuldbegriff des kollektiven Egos und der Idee der Erbschuld beziehungsweise Erbsünde um ein und dieselbe Sache handelt: Beide wurzeln in fehlgeleiteten Vorstellungen über die wahre Natur des Kosmos und die wahre Natur seiner Liebe.

In den fernöstlichen Traditionen nimmt der Begriff der Scham oder der Unehre die Stelle des Schuldbegriffs ein. Dort führt es zum Beispiel zu Gefühlen der Scham, wenn bestimmte Bräuche nicht eingehalten werden, die zur Pflichterfüllung gegenüber Eltern und Ahnen gehören.

Der Hoffnungskomplex

Dieser Ego-Komplex blockiert die Funktion der Psyche, *die dem Weisen als Instrument dient.* Die Blockierung hat zur Folge, dass die Gefühle und Empfindungen, die vom Körper kommen, von Bildern der Hoffnung zur Seite gedrängt werden.

Der Hoffnungskomplex beruht auf der falschen Zuschreibung: "Du darfst die Hoffnung nicht aufgeben." (Das Wort "Hoffnung" entbehrt jeder kosmischen Grundlage.) Dieser Komplex erzeugt einen imaginären Ausweg aus Schuldgefühlen ebenso wie aus der Angst vor dem Tod.

Pflichtkomplexe

Die Komplexe in dieser Kategorie sperren alle Funktionen der Psyche ein, *die dem Weisen als Instrumentarium dienen.* Normalerweise organisiert der Weise diejenigen Helfer unserer Natur, die unser Verstand braucht, um ihm bei seinen Aufgaben zu helfen. Die Pflichtkomplexe zwingen uns jedoch in die unmögliche Situation, dass wir uns selbst alle Aufgaben aufladen, die allein die Helfer auszuführen vermögen; folglich steht uns die Hilfe des Weisen nicht mehr zur Verfügung. Wer diese Komplexe besitzt, steckt alle Energie in den Versuch, unmögliche Aufgaben zu erfüllen.

Der Pflichtkomplex (auch Helferkomplex oder Komplex falscher Verantwortung genannt)

Dieser Komplex beruht auf folgenden fehlgeleiteten Ideen über den Begriff der Verantwortung: "Es ist meine Pflicht, meine eigenen Bedürfnisse denen anderer zu opfern/unterzuordnen." – "Ich kann es am besten" (oder "Ich bin der Experte"). – "Wenn ich es nicht tue, geschieht etwas Schlimmes." – "Ich bin ein Mensch, der Verantwortung übernimmt (ohne Maß)." – "Wir sind für unsere Eltern, Geschwister, Kinder, Freunde, Nachbarn und so weiter verantwortlich (ohne Maß)."

Der Pflichtkomplex kann seine Wurzel auch in Geboten haben, die uns als Kinder auferlegt wurden: "Du musst pflichtbewusst sein." – "Du musst deiner Pflicht gegenüber deinen Eltern, Freunden, der Familie, usw. genügen" – "Ein guter Bürger erfüllt seine Pflicht gegenüber der Gemeinschaft/dem Staat."

Dieser Ego-Komplex setzt sich aus einem Kobold, Dämon und Drachen der Pflicht und einem Drachen des Pflichtbewusstseins zusammen. Letzterer erklärt uns für schuldig, wenn wir unsere Pflicht nicht erfüllen. Er erzeugt auch eine unterschwellige Sorge, die uns daran hindert, uns innerlich zu prüfen, weil wir dort etwas entdecken könnten, das uns sagt, wir hätten unsere Pflicht nicht erfüllt. Der Weise macht uns darauf aufmerksam, dass diese Sorge eine mögliche Ursache für Krankheiten ist.

Der Komplex falscher Verantwortung kann sich auch darin äußern, dass wir die Verantwortung für den Schaden übernehmen, den Menschen unserem Planeten, Tieren oder Pflanzen zugefügt haben. Die Übernahme falscher Verantwortlichkeiten, die wir dann nicht erfüllen können, führt dazu, dass wir uns beschuldigen, ungenügend zu sein, und/oder dass wir den Kosmos beschuldigen, uns ungenügend oder mangelhaft ausgestattet zu haben. Dieser Komplex bezieht seine Energie unter anderem aus Schuldgefühlen, an denen sich die Egos auf beiden Seiten mästen: auf seiten dessen, der diesen Ego-Komplex besitzt, ebenso wie desjenigen, für den er die Verantwortung übernommen hat. Der Komplex wirkt sich besonders destruktiv in Liebesbeziehungen aus.

Eine andere Version des Pflichtkomplexes beruht auf Ideen, die sich um den Begriff der Ehre ranken. Dies kommt eher in sozialen Schichten vor, in denen der Begriff der Ehre eine entscheidende Rolle spielt. Der Pflichtkomplex beruht in diesem Fall auf edlen Selbstbildern, wie dem des Adligen oder des "Wohltäters" oder des "toleranten" oder "geduldigen" Menschen. Menschen wie diese verrichten gute Taten, um andere in ihre Schuld zu zwingen, und können sehr verletzt reagieren, wenn diese nicht "dankbar" genug sind. Dieser Ego-Komplex kann auch der Grund für ein Verhalten sein, bei dem der Betreffende es ablehnt, Geschenke anzunehmen, die geeignet wären, das Ungleichgewicht und die Ungleichheit zu beseitigen, die dieser durch sein wohltätiges Verhalten erzeugt.

Eine andere Eigenart dieses Komplexes besteht darin, dass er den Betroffenen ständig damit beschäftigt hält zu versuchen, die Schwierigkeiten anderer zu lösen anstatt sich den eigenen zu widmen; außerdem verhindert dieser Komplex, dass die Menschen, denen geholfen wird, den Kosmos um Hilfe bitten.

Der Selbstlosigkeitskomplex

Dieser Komplex beruht auf den falschen Zuschreibungen: "Du musst selbstlos sein, sonst bist du egoistisch," und "Du musst deine Bedürfnisse denen der Gruppe opfern."

Versagenskomplexe

Die Komplexe in dieser Kategorie blockieren die Funktion in der Psyche, *die negative Erfahrungen verarbeitet*; sie tun dies, indem sie den *angeborenen Sinn für die Proportion* stören.

Der Versagenskomplex

Dieser Ego-Komplex beruht auf folgenden falschen Zuschreibungen: "Ich habe versagt und habe damit meine Familie/meinen Klan verraten." – "Ich habe versagt, indem ich die Erwartungen meiner Eltern/Familie/Lehrer nicht erfüllt habe." – "Ich habe sie entehrt." Begleitet werden diese Sätze von dem Selbstbild des "Versagers und Entehrers" und dem Bild, mit Schuld und Scham befleckt zu sein.

Der Eigenniederlagekomplex

Dieser Ego-Komplex besteht aus Begründungen, die den Betroffenen veranlassen, seine Fähigkeiten unter den Scheffel zu stellen, um von seiner Gruppe (Familie, Kollegen usw.) akzeptiert zu werden. Beispiele: "Ich darf mich nicht hervortun, sonst mögen sie mich nicht." – "Ich darf keine höhere Schulausbildung haben als meine Eltern." – "Eine Frau darf nicht besser sein als ihr Ehemann." – "Eine Frau darf einen Mann nicht im Sport schlagen."

Der Schicksalskomplex

Dieser Ego-Komplex verzerrt die *Harmonisierungsfunktion* der Psyche und stiftet Verwirrung, wenn es darum geht zu wissen, was mit unserer inneren Wahrheit im Einklang ist.

Der Schicksalskomplex beruht auf der mythologischen Sicht, dass die Sterne unser Schicksal bestimmen, und zwar sowohl im positiven als auch im negativen Sinne. Das I Ging zeigt uns jedoch mit aller Klarheit, dass widriges Schicksal nicht vorherbestimmt, sondern einzig und allein von uns selbst erschaffen wird, indem wir Ideen oder Glaubensvorstellungen folgen, die uns dazu bringen, die natürlichen Grenzen zu überschreiten, die uns vom Kosmos gesetzt sind. Das widrige Schicksal hat den Zweck, uns zur Besinnung zu bringen und uns damit die Möglichkeit zu geben, unser unharmonisches Denken zu reflektieren.

Die oben genannte Sicht erlaubt es dem Ego, die Schuld für die widrigen Schicksale, die es selbst erschafft, den Sternen anzulasten. Der Glaube, die Widrigkeiten in unserem Leben seien vorherbestimmt, bringt uns dazu, ungerechte soziale Bedingungen zu akzeptieren und uns mit vielen unkorrekten Dingen abzufinden; er verhindert damit, dass wir ein inneres Nein zu ihnen sagen. Beispiele für falsche Behauptungen, die in diesen Ego-Komplex gehören, sind: "Dein Schicksal (dein Los im Leben, ganz gleich ob hoch oder niedrig) ist ein vorherbestimmtes Skript." – "Du gehörst zu dem und dem Personentyp, weil du in der und der Konstellation geboren bist," und "daran kannst du nichts ändern."

Andere falsche Behauptungen, die zu diesem Komplex gehören, sind: "Widriges Schicksal ist eine vom Himmel verhängte Strafe und muss daher akzeptiert werden," oder die gegenteilige Behauptung: "Ein widriges Schicksal muss bekämpft werden."

Eine andere Version des Schicksalskomplexes beruht auf der falschen Zuschreibung: "Ich bin mit einem Schicksalsfehler auf die Welt gekommen."

Auch der Glaube an Karma, der besagt, wir würden Verfeh-lungen aus früheren Leben ins nächste Leben mitbringen, widerspricht den kosmischen Wahrheiten. Die Projektion, wonach der betreffende Mensch seine Schuld abtragen müsse, erzeugt ein weiteres widriges Schicksal.

Der Komplex falscher Abhängigkeiten

Dieser Ego-Komplex verzerrt die *Organisationsfunktion* der Psyche und hindert uns daran zu erkennen, wie alle unsere Lebenserfahrungen zur Erfüllung unseres kosmischen Schicksals beigetragen haben. Er blockiert auch die *Transformationsfunktion* der Psyche, indem er uns dazu bringt, unsere Sicherheit bei Personen und in Dingen anzusiedeln, die nicht von Dauer sind, anstatt unsere Sicherheit auf unserer inneren Wahrheit zu gründen, die Dauer hat.

Dieser Komplex gehört zu den übelsten unter allen Ego-Komplexen, weil er alles als irrelevant abtut, was wir durch unsere Gefühle wissen (weil wir angeblich unseren Gefühlen nicht trauen können). Unsere innere Wahrheit, die wir durch unsere Gefühle wahrnehmen, sagt uns, dass der Kosmos die einzige Quelle ist, auf die wir uns in allen Dingen des Lebens absolut verlassen können. Dadurch dass uns gesagt wird, wir könnten unseren Gefühlen nicht trauen, wird mit einem Schlag die Mehrzahl unserer körperlichen Helfer, bei denen es sich um fühlende Bewusstseine handelt, vorübergehend gelähmt und anschließend vom Ego einem Funktionsprogramm unterworfen, das rein geistiger Natur ist.[27]

Dieser Ego-Komplex beginnt mit der falschen Behauptung: "Du kannst deinen Gefühlen nicht trauen." Anschließend benennt er die Hilfsquellen, denen wir die Erfüllung unserer wichtigsten Bedürfnisse anvertrauen sollen: "Du kannst nur dem vertrauen, was du sehen und anfassen kannst." – "Du bist von Menschen und den Instrumenten, die sie erschaffen haben, abhängig, um deine Bedürfnisse zu erfüllen." – "Da der Körper kein eigenes Bewusstsein besitzt, muss er vom Verstand gesteuert werden." Um diesen falschen Behauptungen Gewicht zu verleihen, wird hinzugefügt: "Wir haben kein Recht, für uns selber zu denken. Wir müssen das Denken Gott überlassen." Dies wird zu einem inneren Gebot, das auch auf unsere Gefühle ausgedehnt wird und zu der falschen Zuschreibung führt: "Ich habe kein Recht auf meine eigenen Gefühle."

Ferner definiert dieser Komplex unsere Abhängigkeit von bestimmten Menschen und Dingen, die als "unabdinglich" angeführt werden. Es sei unabdinglich, "Geld, einen guten Anwalt, Arzt, Steuerberater usw." zu haben. Im Geschäftsleben ist es unabdinglich, "Kunden" zu haben. Für unsere persönliche Sicherheit ist es unabdinglich, "eine Rückversicherung" zu haben (Ersparnisse, eine Erbschaft, eine Versicherung, bestimmte Menschen, die Familie). Man könnte einwenden, dass es natürlich unabdinglich ist, Geld, Kunden usw. zu haben. Das Problem liegt aber darin, dass wir uns nicht fragen, *was* es ist, das diese Menschen, das Geld, usw. in genau dem Maße in unser Leben bringt, wie wir sie brauchen. Dieses "etwas" ist die Anziehungskraft, durch die alles in der kosmischen Wirklichkeit geschieht.

Wenn wir aber versuchen, z. B. Geld zu "verdienen", dann gehen wir davon aus, wir seien es, die es *zustandebringen*. Wenn wir hingegen unsere Abhängigkeit vom Kosmos anerkennen, dann kann uns das Geld frei durch die unterschiedlichsten Kanäle zufließen. Es kann *durch* unsere Arbeit und *durch* die Firma, für die wir arbeiten, zu uns kommen, doch sind unsere Arbeit oder die Firma nicht die Quellen, auf die wir uns verlassen können. Wenn wir erkennen, dass wir unsere wirkliche Abhängigkeit vom Kosmos ausgeblendet haben, dann können wir verstehen, warum der Geldfluss möglicherweise blockiert ist. Die Anziehungskraft, die einmal da war, fehlt, weil wir den Helfer blockiert haben, dessen Aufgabe es ist, uns mit ausreichendem Geld zu versorgen: Wir nennen ihn den "Kosmischen Bankier".

Ähnlich kann es uns ergehen, wenn wir meinen, wir müssten aus eigener Kraft versuchen, Kunden zu gewinnen. Die Idee geht davon aus, es gäbe so etwas wie eine natürliche Anziehungskraft nicht. Durch fehlgeleitete Ideen dieser Art blockieren wir die Helfer, die uns ohne Mühe die nötigen Kunden bringen, wenn wir sie darum bitten – wie zum Beispiel den Marketinghelfer für unser Unternehmen und den Helfer der Empfänglichkeit auf Seiten des prospektiven Kunden. Der Helfer der Empfänglichkeit kooperiert mit dem Persönlichen Helfer des prospektiven Kunden.

Bevor wir jedoch solche und andere Helfer bitten können, für uns aktiv zu werden, müssen wir den Komplex falscher Abhängigkeiten deprogrammieren.

Wenn wir nach dem "richtigen" Arzt oder Anwalt Ausschau halten, dann ist es hilfreich, den Weisen zu bitten, uns dabei zu helfen, den Arzt oder Anwalt zu wählen, durch den der Kosmische Arzt beziehungsweise der Kosmische Anwalt am besten arbeiten kann. Das ist das Kriterium für unsere Wahl.

Der Giftpfeil: "Da der Körper kein eigenes Bewusstsein besitzt, muss er vom Verstand gesteuert werden," verleugnet die Existenz unserer sämtlichen inneren Wahrnehmungssinne sowie unserer metaphorischen Sinne. Dieser Giftpfeil hat ernstzunehmende Schäden zur Folge, weil durch ihn unser gesamtes System der inneren Führung lahm gelegt wird, auf das unser Verstand angewiesen ist, um eine vollständige Wahrnehmung der Dinge zu haben. Abgetrennt von unseren inneren Sinnen, hat unser Verstand aus eigener Kraft keine Führung anzubieten. In seiner Hilflosigkeit macht er sich dann von dem gesammelten Wissen des kollektiven Egos abhängig.

Der Arbeitskomplex

Da dieser Ego-Komplex auf der fehlgeleiteten Idee beruht, wir müssten "alles selber tun", hindert er uns daran, die *passive Transformationsfunktion* der Psyche zu aktivieren. Wenn sie aktiviert wird, befreit uns diese Funktion von bestimmten Ego-Emotionen wie untröstlicher Trauer, Hoffnungslosigkeit, Selbstbeschuldigung, Ängsten, Zweifeln am Kosmos, Ego-Widerstand, Hass, Arroganz, Verehrung, Ego-Begeisterung, Depression, Langeweile, Neid und besitzergreifenden Gefühlen. Das I Ging stellt uns diese Funktion in der Metapher eines "großen Wagens zum Beladen" vor. Indem wir alle diese Emotionen auf den Wagen laden, können sie transformiert und die Psyche von den entsprechenden Belastungen befreit werden.

Der Arbeitskomplex beruht auf der falschen Zuschreibung: "Du musst alles selber tun." Damit verwandte falsche Zuschreibungen erklären das Arbeiten entweder als den Gipfel der Tugendhaftig-keit oder den Gipfel unseres Pflichtbewusstseins: "Erst die Arbeit, dann das Vergnügen." – "Arbeit gibt dem Leben Sinn." – "Ich definiere mich über meine Arbeit." – "Die Arbeit hat Vorrang vor den Bedürfnissen des Körpers." – "Du darfst nicht ruhen, bis du es zu etwas gebracht hast (durch Arbeit)." – "Deine Arbeit macht dich zu etwas Besonderem." Dieser Komplex kann auch den biblischen Fluch beinhalten: "Im Schweiße deines Angesichts sollst du dein Brot essen, bis dass du wieder zu Erde werdest, davon du genommen bist. Denn du bist Erde und sollst zu Erde werden" (1. Buch Mose, 3:19). Daraus wurden weitere falsche Zuschreibungen abgeleitet wie zum Beispiel: "Arbeit ist hart." – "Eine Sache ist nichts wert, wenn man nicht hart dafür gearbeitet hat." – "Ein Mensch, der nicht arbeitet, ist ein Tunichtgut." – "Ohne Fleiß keinen Preis."

Es besteht kein Zweifel daran, dass der Arbeitskomplex viele Elemente der Selbstbestrafung enthält, insofern das Ego die Schuld für die Minderwertigkeitsgefühle, die ein Mensch empfindet, auf den Körper schiebt. Wer diesen Komplex besitzt, kann sich schwer damit tun, aus dem Arbeitszwang auszusteigen, freie Zeit oder intensive Beziehungen zu genießen oder sich die Zeit zu nehmen, sich selbst besser kennen zu lernen.

Soziale Komplexe

Im gesunden Zustand konzentrieren die *Fokussierungsfunktion* und die *Verbindungs- und Harmonisierungsfunktion* der Psyche unsere physische Energie und harmonisieren sie mit der kosmischen Energie, um kreative Unterfangen zu verwirklichen. Die nachfolgend beschriebenen Ego-Komplexe sperren die Fokussierungsfunktion ein und zwingen sie dazu, eng definierte soziale Rollen zu erfüllen, die uns das kollektive Ego vorschreibt. Dabei werden die Verbindungs- und Harmonisierungsfunktion blockiert.

Der Komplex der Frau

Dieser Komplex zeigt der Frau ihren Platz in der hierarchischen Struktur der Gesellschaft, wie die folgenden falschen Zuschreibungen zeigen: "Der Platz einer Frau ist im Haus." – "Eine Frau hat ihrem Mann zu gehorchen." – "Eine Frau muss ihrem Mann nachgeben." Weitere Definitionen hängen von der spezifischen Kultur ab, der die Frau angehört.

Der Komplex des Mannes

Dieser Komplex zeigt den Platz des Mannes in der hierarchischen Struktur der Gesellschaft, wie die folgenden falschen Zuschreibungen zeigen: "Der Platz des Mannes ist in der Außenwelt." – "Er ist das Haupt der Familie/des Klans." – "Er muss stark sein und für die Familie sorgen." Ist er Vater, dann muss er "der Kapitän des Familienschiffs" sein. Weitere Definitionen hängen von der spezifischen Kultur ab, der der Mann angehört.

Die Gefühlskomplexe

Die Komplexe, die zu dieser Kategorie gehören, blockieren die *aktive Transformationsfunktion* der Psyche, die normalerweise unsere Unterfangen vollenden würde, wenn sie mit dem Kosmos im Einklang sind. Die Folge dieser Blockierung ist, dass das Erreichte allmählich zerfällt, weil Ego-Emotionen die Helfer blockieren.

Der Angstkomplex

Dieser Ego-Komplex enthält die falschen Behauptungen: "Ängste sind ein natürlicher Teil des Lebens." – "Es ist gut und richtig, ja sogar vernünftig, Angst zu haben." – "Mit dir stimmt etwas nicht, wenn du keine Angst hast." Dieser Ego-Komplex verwechselt Angst mit Vorsicht: Angst ist die Folge davon, dass das Ego die unsichtbaren Helfer aus unserem Leben ausschließt und uns dadurch ihrer Hilfe und ihres Schutzes beraubt. Wenn sie ausgeschlossen sind, dann weiß unser Körper, dass er verletzbar geworden ist, deshalb hat er Angst. Vorsicht hingegen ist einer unserer metaphorischen Sinne, der uns schützt, indem er unsere Aufmerksamkeit so rechtzeitig auf eine Gefahr lenkt, dass wir sie vermeiden können oder indem er eine geeignete Spontanreaktion auslöst.

Der Komplex der Angst vor der Zukunft

Dieser Komplex besteht aus den folgenden Projektionen und Giftpfeilen: "Die Zukunft ist ungewiß, deshalb mußt du Pläne machen." – "Wir müssen die Zukunft im Griff haben." – "Du musst für das Alter vorsorgen." – "Du musst die Dinge festnageln, um ganz sicher zu gehen."

Der "Rückkehr-zum-Ego"-Komplex

Dieser Ego-Komplex bringt einen Menschen, der begonnen hat, die kosmische Wirklichkeit zu erkennen, dazu, zu den fehl-geleiteten Ideen und Glaubensvorstellungen des kollektiven Egos zurückzukehren, weil er bezweifelt, dass ihn der Kosmos "haben möchte" nach dem Motto: "Der Kosmos wird mich nicht haben wollen, weil ich nicht gut genug bin." Der betreffende Mensch glaubt irrtümlich, der Kosmos erwarte von ihm, dass er perfekt sei. Oder er glaubt, die Rückkehr in die Einheit mit dem Kosmos sei gleichbedeutend mit dem "Ausstieg aus dieser Welt". Das Ego stellt Fragen wie diese: "Warum sollte ich meinen Platz in der Welt aufgeben?" Es weckt die Angst davor, in Zukunft auf einsamem Posten dazustehen: "Wenn ich das Spiel nicht mehr mitspiele, werde ich vom Kollektiv ausgegrenzt."

Möglich ist auch, dass der betreffende Mensch seinen Beitrag zum kollektiven Ego irrtümlich als "nützlichen und wertvollen Beitrag zum Allgemeinwohl" betrachtet.

Angesichts der Einfachheit, mit der wir Erfolge erzielen können, wenn wir die Dinge im Einklang mit dem Kosmos tun, wendet das Ego ein: "Es kann nichts wert sein, wenn du nicht hart dafür arbeiten musstest." – "Umsonst gibt es nichts."

Dieser Komplex kann auch dadurch aktiviert werden, dass das Ego dem Betreffenden noch einmal die harte Arbeit vor Augen hält, die er geleistet hat, oder das Geld, das er investiert hat, um Erfolg zu haben: "Wenn ich dem Weisen folge, dann wären alle diese Bemühungen für die Katz, und ich würde mit nichts dastehen." – "Ich müsste mir eingestehen, dass alles, um das sich mein Leben bisher gedreht hat, nichts mehr wert ist." – "Wer weiß, was sich sonst noch als leeres Versprechen herausstellen wird?" – "Am Ende kann es sein, dass von mir nichts übrig bleibt – nur ein leerer Fleck."

Wie Ego-Komplexe ein komplexes System wechselseitiger Verflechtungen bilden

Durch die Erschaffung der oben beschriebenen Ego-Komplexe wird die Logik des kollektiven Egos so gestärkt, dass es für den einzelnen Menschen fast unmöglich ist, die Täuschung zu durchschauen, auf der es seine Existenz gegründet hat. Dies ist umso schwieriger, als einzelne Gruppen von Ego-Komplexen untereinander weitere komplexe Verflechtungen bilden. Ungeachtet dieser Schwierigkeiten hat uns der Weise geholfen, diese komplexen Strukturen transparent zu machen.

Die "Hauptstadt" und ihre Verteidigungswälle

Sechs der oben genannten Ego-Komplexe bilden die "Hauptstadt"[28] des individuellen Egos. Dies ist eine Metapher für die Residenz des

Egos in der Psyche, von der aus es die Persönlichkeit beherrscht. Die übrigen Komplexe bilden den Verteidigungswall, der die Hauptstadt umgibt.

Die Hauptstadt als solche besteht aus dem *Selbstzweifelskomplex,* dem *Schuldkomplex,* dem *Gotteskomplex,* dem *Selbstbestrafungs-komplex,* dem *Bestrafungskomplex* und dem *Komplex falscher Abhängigkeiten.* Diese sechs Komplexe dienen im einzelnen folgenden Funktionen:

Der *Selbstzweifelskomplex* spaltet unsere Ganzheit in zwei Teile und bringt uns dazu, einen Teil unserer selbst zu bekämpfen, indem er die unwahre Prämisse aufstellt, die Natur des Menschen sei "in Gut und Böse geteilt".

Der *Schuldkomplex* behauptet, der Mensch sei "schuldig/sündig geboren, mit einem unauslöschlichen Fleck auf seiner Natur". Dieser Komplex löst Schuldgefühle aus, wann immer wir unserer wahren Natur folgen wollen.

Der *Gotteskomplex* verführt den Verstand, sich auf eine Suchwanderung zu begeben, um das Wissen um Gut und Böse zu erwerben. Der Zustand des absoluten Wissens wird mit dem Ziel gleichgesetzt, "unsterblich zu sein wie Gott". Dieser Komplex überträgt dem Verstand die Aufgabe, über die Persönlichkeit ebenso wie über die Natur und die ganze Erde zu herrschen. Hinter diesem schmeichelhaften Auftrag verbirgt sich die Tatsache, dass das kollektive Ego den Verstand dazu benutzt, so viel Lebenskraft wie möglich aus dem einzelnen Menschen herauszupressen. Wie dieses Ziel erreicht wird, wird in den Ego-Komplexen beschrieben, die die Hauptstadt verteidigen.

Durch den *Selbstbestrafungskomplex* übt der Verstand seine Herrschaft über die Persönlichkeit aus. Mit dem Annehmen dieses Komplexes in der Entwicklung des individuellen Egos wird der Schritt zur vollständigen Verinnerlichung der falschen Werte des kollektiven Egos vollzogen.

Der fünfte Komplex, der zur Hauptstadt des Egos gehört, ist der *Bestrafungskomplex.* Da die Selbstbestrafungen für die Psyche unerträglich sind, wälzen wir so viel wie möglich Schuld auf andere ab, indem wir sie als Schuldige hinstellen.

Der *Komplex der falschen Abhängigkeiten* veranlaßt uns dazu, unsere natürliche positive Symbiose mit dem Kosmos zu verleugnen und uns stattdessen für die Befriedigung unserer Bedürfnisse vollständig auf die Gesellschaft zu verlassen. Dies geschieht, indem wir durch Projektionen, falsche Zuschreibungen und Giftpfeile von dem natürlichen Unterstützungssystem, mit dem wir geboren werden, abgeschnitten werden.

Durch die kombinierte Beschreibung der Funktionen dieser sechs Ego-Komplexe ist die Herrschaftsstruktur des Egos über unsere Persönlichkeit offen dargelegt. Da diese sechs Ego-Komplexe in ihrer Gesamtheit unsere angeborene Fähigkeit, unsere symbiotische Beziehung zum Kosmos zu erkennen, vollständig außer Kraft setzen, bleibt uns nichts anderes übrig, als die sinnlosen Pfade des Irrgartens zu durchwandern, die das kollektive Ego als "die Wirklichkeit" bezeichnet.

Die Verteidigungswälle um die Hauptstadt

Jede Gruppe von Ego-Komplexen, die die Hauptstadt verteidigen, besitzt eine andere Verteidigungsstrategie: Einige sorgen dafür, dass wir ständig beschäftigt sind (der Arbeitskomplex und der Pflichtkomplex), andere stehen im Dienste der Verleugnung (Beispiel: die Fühlkomplexe und der Hoffnungskomplex) oder sie schmeicheln uns (Beispiel: der Überlegenheitskomplex), beschwören drohende Gefahren von außen herauf (die Komplexe des Bösen, die Konfliktkomplexe und die Naturkomplexe) oder bringen uns dazu, zu Autoritätsfiguren aufzuschauen (die Minderwertigkeitskomplexe).

Die solchermaßen auf der Grundlage der menschenzentrierten Weltsicht erschaffene Denkweise erschafft ein widriges Schicksal nach dem anderen. In diesem Zusammenhang lenkt das I Ging unsere Aufmerksamkeit auf Hexagramm 56, *Der Wanderer*, wo es auf Platz 1 heißt: "Wenn der Wanderer sich mit kleinlichen Dingen abgibt, so zieht er sich dadurch Unglück zu." Was ist mit den kleinlichen Dingen gemeint? Es sind die Belange des kollektiven Egos, mit denen wir unseren Geist beschäftigen. Sie machen den Inhalt der sechs Ego-Komplexe aus, die die Hauptstadt des Egos bilden, insbesondere der Gotteskomplex, der Schuldkomplex, der Betrafungskomplex und der Selbstbestrafungskomplex.

Wegen der Häufigkeit, mit der wir widrige Schicksale erschaffen und wegen der Gefahr, die diese für die Glaubwürdigkeit des Egos darstellen, sind die Schicksalskomplexe aus Begründungen gezimmert, die die Ursache für widrige Schicksale außerhalb der Verantwortung des Ego ansiedeln. So wird widriges Schicksal zum Beispiel entweder mit einem Fehler in unserer Natur oder

der Konstellation der Sterne bei unserer Geburt begründet. Auf diese Weise verhindern die Schicksalskomplexe, dass wir über die Unwahrheiten reflektieren, auf die wir unser Leben gegründet haben.

Der geeignete Zeitpunkt, um uns von Ego-Komplexen zu befreien

Wir können den Zeitpunkt, der geeignet ist, um uns von dem einen oder anderen Ego-Komplex zu befreien, nicht willkürlich wählen. Normalerweise merken wir, dass ein Ego-Komplex im Spiel ist, wenn sich ein bestimmtes Symptom zeigt – entweder als Störung in unserer Psyche oder in unserem Körper. Die Störung selbst ist ein Zeichen dafür, dass wir den betreffenden Komplex nicht länger ertragen wollen. Jeder Versuch, Ego-Komplexe zu deprogrammieren, bevor sich die entsprechenden Symptome zeigen, käme vom Ego, das sich auf die Jagd nach Ego-Komplexen macht. Die obige Beschreibung der Ego-Komplexe soll es dem Leser ermöglichen, den Platz eines konkreten Ego-Komplexes innerhalb der Gesamtstruktur des Egos klar zu sehen. Die Tatsache, dass der Komplex eine psychische Störung oder ein körperliches Symptom erzeugt hat, ist der offenkundigste Beweis dafür, dass er ungesund ist.

Eine körperliche Krankheit kann ein Zeichen dafür sein, dass einer oder mehrere Ego-Komplexe ausgebrannt sind. Das Ausbrennen eines Ego-Komplexes kann mit dem Durchbrennen einer Sicherung verglichen werden, wenn wir eine Stromleitung überlastet haben. Ein gutes Beispiel ist der *Pflichtkomplex.* Wenn jemand die Pflichten, die von ihm erwartet werden, perfekt erfüllen will, dann wird er sich automatisch bis zu einem Punkt überlasten, an dem die Sicherung durchbrennt – er befindet sich in einem Zustand totaler physischer Erschöpfung.

Es kommt auch vor, dass jemand an dem Punkt angelangt ist, an dem er bereit ist, sich von allen Ego-Komplexen, die die Hauptstadt des Egos ausmachen, zu befreien. Dieser Umstand wird in Hexagramm 11, *Harmonie, Frieden, Gedeihen*, auf Platz 6 angesprochen: "Der Wall fällt wieder in den Graben. Jetzt brauche keine Heere. In der eigenen Stadt verkünde deine Befehle. Beharrlichkeit bringt Beschämung." Diese Worte beschreiben eine Situation, in der die Hauptaspekte des Verteidigungswalls der Hauptstadt durch ein widriges Schicksal zerschlagen worden sind – ein äußerst günstiger Zeitpunkt, um uns von der Herrschaft des *individuellen* wie auch des *kollektiven Egos* zu befreien. Was wir, Carol und Hanna, in den ersten beiden Kapiteln beschrieben haben, war ein solches widriges Schicksal. Damals wussten wir allerdings noch nichts von Ego-Komplexen und waren daher nicht in der Lage, uns von der Hauptstadt des Egos zu befreien. Es sollte ein Prozess werden, der über mehrere Jahre dauerte.

Wenn wir eine solche *Krise der Lebensmitte* erleben, möchte uns das Ego weismachen, unser Leben sei vorbei, weil sich die höchsten Werte, an die wir uns geklammert hatten, als leere Versprechungen erwiesen haben. Die Worte "Jetzt brauche keine Heere" sind als Rat zu verstehen, dem Ego jetzt nicht zu erlauben, neue Verteidigungsstrukturen zu erschaffen, um das widrige Schicksal zu bekämpfen, denn das hieße zu bekämpfen, was zu unserer Rettung gekommen ist. Wichtig ist auch, dass wir nicht nach der Glaubensvorstellung handeln, es sei tugendhaft, ein widriges Schicksal zu ertragen, oder es handele sich dabei um eine kosmische Strafe, die wir hinnehmen müssen.

Die Worte "In der eigenen Stadt verkünde deine Befehle" raten uns, jetzt unseren ganzen Willen in den Dienst unserer inneren Wahrheit zu stellen. Unser Wille besitzt ein enormes Potential, denn er ist der Name für unsere gesammelte psychische Energie. Ist unser Wille erst einmal vom Zwang des Egos, unsere Tiernatur zu unterdrücken, befreit, dann kann er unter der Leitung des Weisen dazu verwendet werden, das Ego weiter auseinanderzunehmen.

Wenn wir Ego-Komplexe deprogrammieren, dann wird damit die Aufgabe, einzelne Aspekte des Egos zu deprogrammieren, leichter, weil jeder Komplex eine ganze Anzahl von Ego-Elementen enthält. Außerdem wird die Kollaboration, die zwischen bestimmten Komplexen besteht, aufgebrochen.

Die Gefahr, einen neuen Ego-Komplex zu erschaffen

Wenn ein bestimmter Ego-Komplex ausgebrannt ist, versucht das Ego oft, einen neuen Komplex zu installieren, um seine Illusion von Herrschaft aufrecht zu erhalten. Es kann dies zum Beispiel dadurch erreichen, dass es suggeriert, was wir zur Zeit durchmachen sei nicht ein widriges Schicksal, sondern eine Prüfung Gottes, um zu testen, wie unerschütterlich unser Glaube ist. Auf diese Weise installiert das Ego den Teufels- oder Hiobskomplex in unserer Psyche (siehe die obige Beschreibung).

"Fördernd ist Beharrlichkeit"

Die Worte "Fördernd ist Beharrlichkeit" ziehen sich durch das ganze I Ging. Das chinesische Zeichen für diesen Ausdruck hat zwei Bedeutungen: a) "beharrlich sein" und b) "fest und korrekt sein". Die Nachdrücklichkeit, mit der diese Worte immer wieder auftauchen, weist uns darauf hin, dass, obwohl wir einen bestimmten Aspekt des Egos deprogrammiert haben, es eine Illusion wäre zu denken, wir brauchten nun dem, was noch in unserer Psyche gespeichert ist, keine Beachtung mehr zu schenken. Nach unserer persönlichen Erfahrung bringt der Weise weitere negative Aspekte ans Licht in dem Maße, wie wir bereit und in der Lage sind, uns mit ihnen zu befassen. Mit jedem weiteren Schritt in diesem Prozess fühlen wir uns befreiter, uns am Leben zu erfreuen.

Beim Prozeß der Selbstbefreiung ist es offensichtlich nicht hilfreich, das Ego als übermächtig, das heißt größer als wir selbst, zu sehen. Sonst vergessen wir, dass uns ein ganzes Heer von Helfern zur Seite steht, um uns zu schützen und zu verteidigen, wenn wir in unserer Haltung fest und korrekt sind. Fest und korrekt sein heißt, ein inneres Nein zu aktiven Ego-Gedanken und -Emotionen in uns selbst zu sagen sowie zu jeglichem Übergriff seitens des Egos in den Menschen, mit denen wir Umgang pflegen. Es heißt auch, dass wir Ego-Verhalten weder tolerieren noch entschuldigen oder ihm Vorschub leisten. Wir sagen ein inneres Nein und ziehen uns dann innerlich zurück, um dem Ego keine Energie zuzuführen. Wir spielen einfach seine Spielchen nicht mit, was der Fall wäre, wenn wir der Illusion anheim fielen, wir könnten nichts dagegen tun. Der Weise lehrt uns, dass das Sagen eines inneren Nein, gefolgt von unserem Rückzug und der Übergabe der Angelegenheit an den Kosmos, das wirksamste Mittel im Umgang mit dem Ego ist. Das Wort "Beharrlichkeit" hat auch die Bedeutung, nicht müde zu werden, die Helfer in allen Dingen um Hilfe zu bitten.

Angesichts der vielen falschen Begründungen und Ego-Komplexe, die in diesem Buch vorgestellt worden sind, mag sich der Leser von der scheinbaren Macht der Denkstrukturen des Egos überwältigt fühlen, und genau diesen Eindruck, dass wir hilflos dagegen sind, will das Ego vermitteln.

Wir werden jedoch aus diesem Gefühl der Hilflosigkeit herausgehoben, wenn wir uns daran erinnern, dass wir es mit Denkgewohnheiten zu tun haben, die sich, so lange sie können, behaupten werden, die aber einem entschiedenen inneren Nein nicht standhalten können.

Abschließend sei noch erwähnt, dass es ein bestimmtes Gefühl gibt, das uns vor Übergriffen seitens des Egos schützt: Dankbarkeit. Damit ist nicht ein Dankbarkeitsritual gemeint, sondern eine Dankbarkeit, die keiner Demonstration bedarf, nur der dankbaren Erinnerung an die Geschenke, die wir erhalten haben.

Ein weiterer Schutz ist unser regelmäßiges Befragen des I Ging. Wir können es mit dem regelmäßigen Reinigen unseres Hauses vergleichen, nur dass es in diesem Fall darum geht, unser inneres Haus, das sich aus Körper, Geist und Psyche zusammensetzt, von allem, was den inneren Frieden stört, zu befreien. Dazu gehören Ego-Emotionen, unverarbeitete traumatische Erinnerungen und Denkgewohnheiten, die zu deprimierenden Gedanken führen.

Kapitel 14

Hilfe ist näher als wir denken

Die Helfer unserer Psyche

Das Ego möchte den Eindruck erwecken, unsere Psyche sei hilflos seiner Machtübernahme und Kontrolle ausgeliefert. Doch es gibt Wege, durch die uns kosmische Hilfe zuteil wird, um uns aus dem Griff des Egos zu befreien. Einer davon sind Träume, die uns vor bevorstehenden Gefahren warnen, die entweder vom Ego in uns selbst oder von außen kommen. Ein anderer Weg ist die Befragung des I Ging, um die innere Wahrheit eines aktuellen Problems herauszufinden. Auch widrige Schicksale sind ein solcher Weg, insofern sie uns wieder auf den Boden der kosmischen Tatsachen zurück bringen. Die Rückkehr zu Bescheidenheit und Demut, die damit einhergehen, öffnen uns wieder für den Weg unseres kosmischen Schicksals.

Der Eindruck, unsere Psyche sei hilflos der Machtübernahme durch das Ego ausgeliefert, besteht nur, solange unser Verstand unter der Illusion leidet, er sei der Führer der Persönlichkeit. Wie wir in früheren Kapiteln angedeutet haben, gibt es zwei Ursachen für diese Illusion: Die erste besteht darin, dass das kollektive Ego dem Verstand mit der Vorstellung geschmeichelt hat, er sei dem übrigen Körper überlegen, die zweite liegt in der Unterdrückung der Helfer unserer Psyche durch das individuelle Ego.

Die Befreiung beginnt damit, dass die oben erwähnten widrigen Schicksale den mit Heißluft gefüllten Ballon der Arroganz unseres Verstandes zum Platzen bringen. Die entsprechende Demütigung kann zu dem Wunsch führen zu erfahren, wer wir wirklich sind. Wenn wir ihm nachgeben, kann unser Verstand die Erfahrung machen, dass er einen kosmischen Lehrer zur Seite hat, der ihn mit einer Welt von unsichtbaren Helfern bekannt machen möchte, die bereit sind, ihn zu unterstützen. Sind diese Helfer erst einmal mit der Hilfe des Weisen gewonnen, dann ist es möglich, unsere Psyche von der Herrschaft des Egos zu befreien.

Allerdings ist es nicht möglich, das Ego auf einen Schlag zu beseitigen. Um es auseinanderzunehmen, bedarf es eines Prozesses, in dessen Verlauf wir die Akzeptanz, die wir irgendwann einmal den Bildern und Sätzen gegeben haben, aus denen das Ego besteht, zurücknehmen. Es ist gut möglich, dass uns gar nicht bewusst ist, wie und wann wir unsere Zustimmung gegeben haben; das liegt daran, dass sie meist unbewusst erfolgt ist. Zum Beispiel war uns nicht bewusst, dass Ideen, über die wir uns zwar gewundert, die wir aber nicht aktiv verworfen haben, weil wir sie als "wahrscheinlich in Ordnung" eingestuft haben, automatisch in die Psyche aufgenommen werden. Dieses Einstufen als "wahrscheinlich in Ordnung" ist ein unbewusstes Ja. Um uns nun von ihnen zu befreien, nehmen wir dieses Ja zurück, indem wir ein bewusstes Nein zu ihnen sagen. Unser Nein ruft kosmische Hilfe auf den Plan, die unsere Psyche von den betreffenden Teilen des Egos befreit. Dadurch wird auch der Raum um uns herum von ihrem negativen Einfluß befreit.

Der erste Schritt bei diesem Unternehmen besteht darin, die Helfer der Psyche zu befreien. Dazu müssen wir diese Helfer und ihre Funktionen kennen.

Der Weise

Wir haben bereits in Kapitel 8 beschrieben, wie der Weise die Psyche als Atelier benutzt, um unserem Verstand zu helfen, die fehlgeleiteten Ideen und Glaubensvorstellungen zu erkennen, die unsere Probleme und Leiden verursachen. Außerdem koordiniert der Weise die harmonische Zusammenarbeit der verschiedenen Funktionen der Psyche. Eine andere Funktion des Weisen besteht darin, eine Verbindung zwischen unserem Körperbewusstsein und unserem Verstand herzustellen. In allen diesen Fähigkeiten ist der Weise sowohl ein Helfer unserer Psyche als auch ein kosmischer Helfer.

Als kosmischer Helfer verbindet uns der Weise mit allen kosmischen Helfern, die wir zu einem gegebenen Zeitpunkt benötigen.

Eine andere Funktion des Weisen besteht darin, mit unserem Verstand durch Meditationen und Träume zu kommunizieren. Damit der Weise mit uns durch die Meditation kommunizieren kann, müssen wir ihn bitten, uns die Klarheit zu schenken, die wir im Augenblick brauchen (siehe Anhang 4: "Übungen – Das Meditieren"). In der Meditation sind wir es, die an den Weisen mit der Bitte herantreten, uns Klarheit zu geben. In Träumen ist es der Weise, der an uns herantritt. Träume können uns Botschaften verschiedenster Art geben: Vorausahnungen künftiger Ereignisse, Gelegenheiten auf dem Weg unseres kosmischen Schicksals, Warnungen vor unmittelbar drohenden Gefahren oder Botschaften, die uns auf falsche Zuschreibungen oder Giftpfeile aufmerksam machen (siehe Kapitel 21: "Träume – unsere Psyche bei Nacht").

Wir gewinnen die Hilfe des Weisen, wenn wir unsere Beziehung zu ihm anerkennen und ihn um Hilfe ersuchen. Hexagramm 4, *Die Jugendtorheit,* definiert diese Beziehung und die Voraussetzungen, die wir erfüllen müssen, damit der Weise uns helfen kann. Diese Voraussetzungen sind nicht erfüllt, wenn wir uns dem Weisen entweder in einer arroganten oder unterwürfigen Haltung annähern. Eine arrogante Haltung erkennen wir daran, dass wir meinen, es "besser zu wissen", oder daran, dass wir mit dem Vorbehalt kommen: "Mal sehen, was der Weise zu sagen hat…" Das Gegenteil zur arroganten Haltung ist eine Haltung der Unterwürfigkeit. Die Haltung, die die Hilfe des Weisen gewinnt, ist eine des Respekts und der inneren Neutralität beim Stellen unserer Frage.

Der Weise ist zunächst einmal ein Freund und kein Meister, der uns jede Bewegung und Handlung vorschreibt oder der uns verläßt, wenn wir uns nicht an jedes seiner Worte halten. Wir können soviele Fragen wie nötig stellen, um Klarheit darüber zu bekommen, wie wir eine Sache am besten anpacken, aber die Antworten sind nicht als Vorschriften zu verstehen; vielmehr sind sie so gemeint, dass sie unseren gesunden Menschenverstand engagieren und unterstützen wollen. Wenn wir den Weisen zu einem Meister machen, dann erhalten wir Antworten, die nicht mehr vom Weisen, sondern vom Ego in uns kommen. Da wir uns dessen in der Regel nicht bewusst sind, erfahren wir dann den Weisen als einen strengen Zuchtmeister. Jede weitere Frage und Antwort stützt dann nur noch mehr die Idee von gehorsamer Unterwerfung, bis wir uns völlig unserer falschen Vorstellung von der Natur des Weisen verklavt haben. Die Ursache für diese Erfahrung ist das Ego, das versucht, uns von unserem wahren Weg abzubringen, der aus der Versklavung heraus in die innere Freiheit führt. Diese Versklavung wird in Hexagramm 29, *Das Abgründige/Die Gefahr,* auf Platz 6 wie folgt beschrieben: "Mit Stricken und Tauen gebunden, eingeschlossen zwischen dornumhegten Kerkermauern; drei Jahre findet man sich nicht zurecht. Unheil."

Wenn wir uns durch die erhaltenen Antworten "gebunden" fühlen und unseren gesunden Menschenverstand auf der Strecke lassen, dann ist dies ein Hinweis darauf, dass wir unter dem Einfluß einer Angst oder eines “Chips” stehen, der die Erinnerung an ein traumatisches Erlebnis enthält.[29] Eine solche Angst oder traumatische Erinnerung stammt häufig aus einem Erlebnis in der Kindheit, bei dem uns ein Elternteil oder Lehrer gesagt hat: “Tu, was ich sage!” Dieser Befehl war dann mit der Androhung einer strengen Strafe verbunden, wenn wir ihm nicht Folge leisten würden. Der Weise möchte uns helfen, uns von jeglichem Gehorsam gegenüber Autoritäten zu befreien.

Der Helfer der Inneren Wahrheit

Dieser Helfer ist ein Aspekt der *Übertragungsfunktion* der Psyche. Er überträgt die Gefühle unserer inneren Wahrheit an unseren Verstand, nachdem der Weise diese in Worte übersetzt hat. Wenn wir das Gefühl haben, dass unser Zugang zu unserer inneren Wahrheit blockiert ist, dann können wir diesen Helfer bitten, die Blockierung zu durchbrechen. Außerdem können wir diesen Helfer bitten, jemand anderem zu helfen, indem er ihm seine innere Wahrheit zu Bewusstsein bringt. Doch kann dieser Helfer nicht tätig werden, wenn wir den Wunsch haben, jemandem auch nur im Geringsten zu schaden oder uns an ihm zu rächen.

Der Helfer der Kreativität

Dieser Helfer wird aktiviert, wenn wir ihn bitten, uns bei einem schöpferischen Projekt zu unterstützen. Der Helfer benutzt dann die *Fokussierungsfunktion* unserer Psyche, um alle verstandesmäßige und körperliche Energie auf das Projekt zu fokussieren. (Die Fokussierungsfunktion wird von der Energie unseres Willens angetrieben.)

Das I Ging definiert “kreative Aktivität” als einen Prozeß, bei dem etwas, das von unserer inneren Wahrheit inspiriert ist, in einer Form manifest wird. Kreative Aktivitäten werden von bereitstehenden kosmischen Helfern initiiert, die nur darauf warten, dass unser Verstand sich dem Projekt anschließt, um mit ihren Energien durchzubrechen. Wenn unser Verstand dann den Helfer der Kreativität um Hilfe bittet, können ihre Energien frei von diesem Helfer für das Projekt benutzt werden.

Es ist für die Durchführung jedes schöpferischen Vorhabens von großer Bedeutung, den Helfer der Kreativität ausdrücklich um Hilfe zu bitten. Dieser Helfer antwortet auch, wenn wir ihn unter Namen wie “die Muse”, “Helfer der Erfindung” oder “Helfer des

Malens" ansprechen. Entscheidend für den Namen, den wir einem Helfer geben, ist unsere Anerkenntnis, dass wir für eine bestimmte Funktion Hilfe brauchen.

Der Helfer unseres Urbildes

Dieser Helfer verbindet uns wieder mit unserem Urbild, das in unserer Psyche gespeichert ist. Dadurch erinnert er uns daran, wer wir wirklich sind, und daran, dass unsere Existenz vom Kosmos als gültig anerkannt ist. Wenn wir in Gefahr sind, uns zu verlieren, sendet dieser Helfer in einem kurzen Blitz unserem Verstand dieses Urbild. Das kann auch in einem Traum geschehen.

Wir können diesen Helfer bitten, uns wieder mit unserem Urbild in Einklang zu bringen, eine Bitte, die auch hilft, wenn es darum geht, verletzte Körperteile zu heilen. Durch unsere Bitte wird die Qi-Energie in den verletzten Teilen wiederbelebt, sodass die Verletzung geheilt werden kann. Bevor wir den Helfer unseres Urbildes jedoch um diese Hilfe bitten können, müssen wir die Ursache der Verletzung in Gestalt eines Satzes, Bildes oder Chips herausfinden und deprogrammieren.

In der Meditation kann uns dieser Helfer zu einem Körperteil führen, der "leicht reparaturbedürftig" ist. Um dies an einer konkreten Erfahrung zu illustrieren: Ein Mann, der jahrelang so an einem Rückenproblem gelitten hatte, dass er zeitweilig nicht gehen konnte, sah in einer Meditation ein Bild seiner Wirbelsäule. Es fiel ihm auf, dass ein Wirbel im unteren Bereich der Wirbelsäule nach rechts verschoben war. Dann sah er, wie seine Hand sich auf diesen Wirbel zubewegte und ihn zurück an seinen Platz schob. Nach dieser Meditation hatte der Mann für die restlichen dreißig Jahre seines Lebens kein Problem mehr mit seinem Rücken. Andere Personen, einschließlich Carol, haben in der Meditation erlebt, dass ein verschrumpeltes, verschlossenes oder verhärtetes Herz durch ein gesundes Herz von normaler Größe "ersetzt" wurde. Wegen dieser Erfahrungen haben wir in Anhang 4 eine Meditationsübung beschrieben, in der wir den Helfer unseres Urbildes bitten können, uns zu helfen, in diesem Bild "zu sitzen", was möglich ist, weil es ein Hologramm ist. Wie zu erwarten, ist die Wirkung restaurativ.

Der Helfer der Befreiung

Der Helfer der Befreiung dient der *Schutzfunktion* der Psyche. Er wehrt unharmonische und schädliche Gedanken, die entweder von unserem eigenen Verstand oder von außen kommen, ab. Diese Funktion ist wie ein opaquer Spiegel, der Ego-Gedanken abstößt. Dieser Helfer befreit auch andere Helfer ohne Zutun unseres Verstandes. Wir können ihn auch bitten, uns von Angstattacken zu befreien.

Der Helfer der Befreiung ist derselbe Helfer, den wir bei Bedarf als den "Helfer, der Menschen von Schuld befreit" bezeichnen. Da Schuld die Psyche beherrscht und sich gleichzeitig dort verbirgt, sucht dieser Helfer auf unsere Bitte hin die Schuld in ihrem Versteck auf und deprogrammiert sie für uns.

Der Helfer der Verarbeitung

Dieser Helfer hilft uns, negative Erfahrungen zu verarbeiten. Wenn wir ihn bitten, uns während oder gleich nach einer negativen Erfahrung zu helfen, schenkt er uns die Einsichten, die uns den Schlüssel zu ihrer Verarbeitung liefern; dadurch wird jeder Schaden für unsere Psyche vermieden. Als Teil der Verarbeitung aktiviert dieser Helfer unseren *Sinn für Proportion*, sodass wir in der Lage sind zu erkennen, dass das, was das Ego als "wichtig" betrachtet, aus der kosmischen Perspektive kleinlich ist, und umgekehrt: was das Ego als "harmlos" bezeichnen würde, wird uns in seiner Wichtigkeit gezeigt.[30] (Vgl. auch die Beschreibung der *Verarbeitungsfunktion* der Psyche in Kapitel 8).

Unser Persönlicher Helfer

Dieser Helfer hilft uns, unser kosmisches Schicksal zu erfüllen. Wir können unser kosmisches Schicksal mit einem Bilderpuzzle vergleichen, das wir zusammenfügen. Unser Persönlicher Helfer bewirkt, dass wir uns von bestimmten Dingen angezogen fühlen, die wir ergründen wollen, weil sie für unser Bilderpuzzle wichtig sind. Dieser Helfer zieht auch die Personen und Ereignisse an uns heran, die uns wichtige Stücke zu unserem Puzzle liefern. Dabei kann es sich entweder um Menschen handeln, die etwas gemeinsam mit uns angehen, oder auch um vorübergehende Bekanntschaften. Dieser Helfer organisiert alle diese scheinbar unzusammenhängenden Erfahrungen dergestalt, dass das große Muster unseres Schicksalsteppichs deutlich und klar sichtbar wird. Damit stellt uns unser Persönlicher Helfer den roten Faden durch unser Leben zur Verfügung, der allem, was in der Vergangenheit geschehen ist, seine

Bedeutung gibt. Normalerweise sehen wir die-sen roten Faden erst im Rückblick.

Wenn unser kosmisches Schicksal für uns erkennbar wird, spüren wir eine starke Motivation, es anzunehmen und auf unserem Pfad voran zu schreiten.

Der Helfer des widrigen Schicksals

Dieser Helfer hat die Funktion, uns wieder auf den Pfad unseres kosmischen Schicksals zurückzubringen, wenn wir ihm eigenwillig den Rücken gekehrt haben. Er tut dies, indem er die negative Energie, die wir durch unsere unharmonischen Gedanken und Handlungen erzeugt haben, zu uns zurücklenkt. Das widrige Schicksal läßt uns physisch deren unharmonische Energie erleben. Das Erfahren eines widrigen Schicksals gibt uns Gelegenheit, uns die betreffenden Gedanken und Handlungen bewusst zu machen und unser Denken entsprechend zu berichtigen. Wenn wir dies getan haben, dann ist es derselbe Helfer, der unser widriges Schicksal beendet, indem er uns wieder in Einklang mit unserer inneren Wahrheit bringt.

Der Helfer des widrigen Schicksals ist sowohl in der Psyche als auch in der physischen Welt anwesend. In der physischen Welt ist er Bestandteil der physikalischen Gesetze; in diesem Zusammenhang sprechen wir auch vom "Gesetz des widrigen Schicksals".[31]

Der Helfer der Liebesbeziehung

Dieser Helfer ist mit der *Empfangsfunktion* der Psyche verbunden. Diese Funktion macht es möglich, dass die Liebesenergie, die vom Kosmos kommt, von den Liebespartnern empfangen werden kann. Wenn Liebende glauben, die Liebe käme von ihnen selbst, dann ist dieser Helfer ausgeschlossen; die Folge davon ist, dass der Strom der Liebesenergie blockiert wird. Schritt für Schritt fühlt sich jeder der Partner allein, und es kommt zur Entfremdung.

Wenn wir den Helfer der Liebesbeziehung bitten, in einer akuten Situation tätig zu werden, dann blockiert er alle Ego-Elemente, die in der Beziehung zwischen den Liebespartnern aktiv sind. Wenn dieser Helfer im Zusammenhang mit unseren Deprogrammierungsbemühungen um Hilfe gebeten wird, dann löscht er alle negativen Erinnerungen, die die Partner voneinander hatten. Wir können diesen Helfer auch regelmäßig darum bitten, in unserer Liebesbeziehung anwesend zu sein; dann schützt er unsere

Beziehung vor dem künftigen Eindringen von Ego-Elementen.

Dieser Helfer ist zu Beginn jeder Liebesbeziehung anwesend, die kosmischen Ursprungs ist. Er sorgt für die Anziehung zwischen den beiden potentiellen Partnern und hilft ihnen durch die Erfahrungen, die sie gemeinsam machen, ihre Ideen und Glaubensvorstellungen über den Kosmos und seine Beziehung zu den Menschen zu berichtigen. Außerdem hilft er ihnen, ihre Beziehung zu ihrer inneren Wahrheit zu berichtigen.

Dieser Helfer macht den Liebespartnern bewusst, dass einer der Zwecke der Liebesbeziehung darin besteht, ihr wahres Selbst aus der Herrschaft des Egos zu befreien. Wenn sie sich bewusst dieser inneren Aufgabe widmen, wird ihre Liebe von Dauer sein.

Der Helfer der Liebesbeziehung hält auch das innere Band offen, das zwischen zwei Liebespartnern in dem Moment erschaffen wird, da sie das kosmische Geschenk der Liebe empfangen. Dieses Band erleichtert ihre innere Kommunikation und macht es unnötig, Dinge, die unharmonisch laufen, im Außen anzusprechen; alle äußeren Versuche, den Partner zu berichtigen, würden dieses Band umgehen und nur den Stolz des Egos anstacheln.

Wie aus der obigen Beschreibung ersichtlich ist, führt es unweigerlich zum Scheitern der Liebesbeziehung, wenn dieser Helfer ignoriert wird.

Ein wichtiger und eng verwandter Helfer ist der *Helfer der Dauer*, der zu den kosmischen Helfern gehört. In Zeiten, in denen sich das Ego bei einem der Partner in die Beziehung eingemischt hat, ist es wichtig, dass der andere Partner vorübergehend sein Herz verschließt, um zu verhindern, dass das Ego seine Liebe vereinnahmt. Der betreffende Partner kann in dieser Situation den Helfer der Dauer bitten, seine Liebe zu schützen und zu verbergen, bis der andere zu einer Haltung der Wahrhaftigkeit zurückgekehrt ist. Ist dies der Fall, dann gilt es, den "Helfer, der das Herz wieder öffnet", zu bitten, dies zu tun. Dieses Vorgehen unterscheidet sich grundlegend von einem Vorgehen, bei dem wir dem Ego erlauben, unser Herz zu verschließen, was zur Verhärtung des Herzens und zur Entfremdung führt.

Der Helfer der Vollendung

Dies ist der Helfer der *Transformationsfunktion* in der Psyche, der die Dinge durch Transformation zur Vollendung bringt. Die

Hexagramme 64, *Vor der Vollendung*, und 63, *Nach der Vollendung*, handeln von diesem Helfer. Wir brauchen ihn immer dann, wenn wir unser Bestes getan haben, um etwas zu erreichen. An diesem Punkt angelangt, gibt uns Hexagramm 64 den Rat, in unseren Bemühungen inne zu halten, die Angelegenheit loszulassen und dem Helfer der Vollendung zu übergeben. Nur dann kann dieser Helfer seine Funktion ausüben. Nachdem wir die Angelegenheit wirklich vollkommen an diesen Helfer abgegeben haben, verbindet er unser Werk mit den kosmischen Energien, die ihm Lebenskraft verleihen. Anschließend werden die versammelten Energien auf der atomaren Ebene transformiert, wodurch dem Werk ein dauerhafter Erfolg beschieden ist.

Das Hexagramm "Nach der Vollendung" macht uns darauf aufmerksam, dass eine einzige Sache die Dauer des Erfolgs zunichte machen kann: Es ist die allmähliche Aneigung des Erfolgs durch das Ego, was geschieht, wenn wir dem Ego sinngemäß gestatten zu sagen: "Der Erfolg ist allein auf meinem Mist gewachsen."

Der Suchhelfer

Dieser Helfer benutzt die *Kommunikationsfunktion* der Psyche, um einen Satz (oder ein Bild) zu suchen, der einen bestimmten Helfer unserer Psyche eingesperrt hat. Wenn wir den Suchhelfer bitten, uns den gesuchten Satz ins Bewusstsein zu bringen, geht er zu dem eingesperrten Helfer und fragt ihn nach dem Satz (oder dem Bild), der ihn eingesperrt hat; anschließend informiert der Suchhelfer unseren Verstand, damit der betreffende Satz deprogrammiert werden kann.[32]

Die Kosmische Familie

"Kosmische Familie" ist der Name für die Gesamtheit aller Arten von Bewusstsein, aus denen der *Kosmos* besteht. Unter Kosmos verstehen wir sowohl dessen unsichtbare Seite, die wir das *Kosmische Bewusstsein* nennen, als auch seine sichtbare Seite, die *Natur*. Die Natur setzt sich aus der sogenannten unbelebten Materie wie den Steinen und der belebten Materie, wie den Pflanzen, Tieren und Menschen zusammen; jedes davon hat sein einzigartiges Bewusstsein, das zum Gesamtorganismus des Kosmos beiträgt. Zum unsichtbaren Aspekt der Kosmischen Familie gehören die kosmischen Helfer, jene individualisierten Aspekte des Kosmischen Bewusstseins, die es möglich machen, dass der Kosmos als harmonisches Ganzes funktionieren kann. Das I Ging betont das *Prinzip des festen Abschlusses innerhalb der Sippe,* womit es die Notwendigkeit hervorhebt, Elementen, die die Existenz der harmonischen Ordnung des Kosmos verleugnen, nicht zu erlauben, uns in die Irre, das heißt in einen Gegensatz zu unserer Kosmischen Familie, zu führen.[33]

Jeder einzelne Mensch ist von Natur aus Teil der Kosmischen Familie. Wenn wir diese wunderbare Tatsache erkennen, dann brauchen wir uns nicht länger unerwünscht zu fühlen, falls unsere Eltern uns nicht wollten. Und wir wissen auch, wohin wir uns für die Erfüllung aller unserer Bedürfnisse wenden können. Was für unsere menschliche Familie eine Last sein mag, ist nie eine Last für unsere Kosmische Familie. Solange wir die Helfer um die Erfüllung unserer Bedürfnisse bitten, eilen sie freudig herbei. Stellen wir jedoch Ansprüche oder kommen mit Hoffnungen oder Begehren, die vom Ego inspiriert sind, dann ziehen sich die Helfer zurück.

Die Kosmische Familie ergänzt die Helfer unserer Psyche und unterstützt damit alle Bemühungen, die zur Erfüllung unseres kosmischen Schicksals beitragen.

Myriaden von Helfern

Der Weise ist der einzige Helfer, den wir befragen, wenn wir Klarheit über eine Angelegenheit erlangen wollen. Bei den anderen Helfern geht es darum, dass wir sie in spezifischen Situationen um Hilfe bitten. Doch können sie uns nur helfen, wenn wir sie mit dem nötigen Feingefühl und Respekt behandeln. Solange wir nicht vom Ego beherrscht sind, helfen uns die meisten Helfer automatisch aufgrund der natürlichen Anziehungskraft, die zwischen unserer Natur und den kosmischen Helfern besteht. Da aber bei den meisten von uns das Ego unsere Haltung beeinflusst, müssen wir die Helfer um Hilfe bitten. Indem wir dies tun, erkennen wir an, dass wir Hilfe brauchen, wodurch wir zu erkennen geben, dass wir unseren Stolz beiseite gestellt haben. Die Helfer werden nie müde in dem, was sie tun – es macht ihnen sogar Freude. Sie stehen nicht lange herum, um auf unseren Dank zu warten, aber sie freuen sich, wenn wir daran denken. Es gibt einen Helfer für jedes wahre Bedürfnis.

Die Helfer ziehen sich zurück, sobald wir hochmütig, stolz, fordernd oder gleichgültig in unserer Haltung sind. Unter keinen Umständen kompromittieren sie ihre Würde. Sie kehren zurück, wenn wir unser Fehlverhalten bereuen; allerdings zögern sie bisweilen ein wenig, bis sie gewiß sein können, dass wir uns von der negativen Energie befreit haben. Sie reagieren mit Verlegenheit, wenn sie verehrt werden, weil wir uns dadurch erniedrigen. Sie besitzen eine Fülle von Liebe, aber sie geben dem Ego kein Quäntchen davon ab. Der Grund dafür ist, dass sie als kosmische Helfer nicht gegen die Kosmischen Harmonieprinzipien verstoßen können. Ignorieren wir die Helfer, als gäbe es sie nicht, dann hören sie auf, für uns zu existieren. Kehren wir ihnen zynisch den Rücken, dann erzeugt unsere Haltung Hemmnisse, die uns darauf aufmerksam machen, dass wir ihre Hilfe brauchen.

Wie ihre Namen zeigen, hat uns der Weise angeleitet, sie nach der spezifischen Funktion zu benennen, die sie ausüben oder für die wir einen Helfer benötigen. So weist der Name "der Weise" darauf hin, dass dieser Helfer unser Lehrer ist, der uns hilft, alle Dinge zu verstehen, die wir wissen müssen. Andere Helfer tragen Namen wie "der Helfer der Geistreinigung" (er befreit unseren Geist von mentalem Müll) oder "Helfer der Reinigung der Psyche" (er befreit die Psyche von Chips und ähnlichen Dingen, nachdem wir sie verarbeitet haben), "Helfer der Auflösung" (er löst rigide Strukturen in Körper und Geist auf), "Persönlicher Deprogrammierungshelfer" (dieser erhöht die Wirksamkeit des inneren Nein, das wir beim Deprogrammieren sagen), und schließlich ist da die Gruppe der "Kosmischen Helfer", die uns bei einer großen Bandbreite von Aufgaben, einschließlich dem Deprogrammieren, unterstützen.

Wenn wir uns nicht sicher sind, bei welchen Namen wir die Helfer rufen sollen, die wir in einer bestimmten Situation brauchen, können wir den Weisen bitten, die nötigen Helfer heranzuziehen. Wenn wir nicht sicher sind, welche Funktion für die Lösung einer Aufgabe gebraucht wird, fragen wir den Weisen zum Beispiel: "Brauche ich den Helfer der Auflösung?" – "Brauche ich den Helfer der Geistreinigung?" und so weiter.

Die Helfer tun genau das, was der Name besagt: sie helfen – doch müssen wir ihnen auf halbem Weg entgegen kommen und unseren Teil dazutun. Dies wird in einem Hexagramm thematisiert, das den Namen "Gemeinsame Annäherung" trägt (Hexagramm 19). So genügt es zum Beispiel nicht, dass wir nur darum bitten, von einem Schmerz oder Symptom befreit zu werden. Wir tragen unseren Teil bei, indem wir uns bemühen, die Ursache herauszufinden. Sie kann in uns selbst liegen oder bei jemandem, der uns einen schädlichen Gedanken (wie zum Beispiel einen Giftpfeil) gesendet hat. Das

Deprogrammieren der Ursache wird erleichtert, wenn wir die entsprechenden Helfer um Unterstützung bitten.

Nachfolgend geben wir eine Liste weiterer Helfer, die wir im Laufe der Zeit kennengelernt haben:

- unser Gefühlsmanager (er koordiniert unsere Psyche und unseren Körper, indem er unseren Herzschlag mit dem Herzschlag aller anderen Aspekte der Natur harmonisiert, sowie durch das Regulieren unseres Blutdrucks, unseres Lymphsystems, die Produktion von Hormonen, usw.)
- unsere Gesundheitshelfer
- der kosmische Arzt, kosmische Chirurg, kosmische Zahnarzt, kosmische Augenarzt, und so weiter
- die Helfer der Heilung
- der kosmische Bankier (er hilft, wenn wir Geld brauchen)
- der Buchhaltungshelfer (er hilft, wenn wir unsere Steuererklärung machen)
- der Reisehelfer (wenn wir auf Reisen gehen)
- der Helfer des Schutzwalls (er schützt uns vorübergehend vor zusätzlichen schädlichen Gedanken, die von einer Person kommen könnten, von der wir gerade bestimmte schädliche Gedanken identifiziert und deprogrammiert haben)
- der kosmische Helfer der Zeit (er verwaltet unsere Zeit)

Zweifel, die die Helfer blockieren

Zweifel an der Existenz der Helfer sind Giftpfeile, die sie verteufeln. Dazu gehören Behauptungen wie: "Man kann sich nicht auf Dinge verlassen, die man nicht sehen kann", oder "Ich glaube nur an Dinge, die wissenschaftlich bewiesen sind." Zweifel an der Wirksamkeit der Helfer veranlassen diese zum Rückzug. Beispiele: "Woher willst du wissen, dass die Helfer rechtzeitig zu Hilfe kommen?" – "Ich sehe noch kein Ergebnis (meiner Deprogrammierungsbemühungen)." Außerdem gibt es Zweifel, die implizieren, dass wir "es nicht verdient haben, dass man uns hilft", oder sie enthalten die Schlußfolgerung, wir seien "hilflos." Alle hier genannten Zweifel kommen von dem dämonischen Element namens "Der Selbstzweifler" (siehe Kapitel 11: "Die Verfinsterung des Lichts").

Haltungen, die die Helfer engagieren

Das I Ging zeigt uns, dass alle Dinge, die im Einklang mit dem Kosmos sind, "leicht" von der Hand gehen. Leicht bedeutet *einfach*. Sie gehen einfach und leicht, weil sie vollkommen mit unserer wahren Natur übereinstimmen. Wenn die Helfer unserer Natur nicht durch unharmonische Ideen oder Glaubensvorstellungen blockiert sind, dann ziehen sie automatisch die jeweiligen kosmischen Helfer an, die sie in ihren Funktionen ergänzen. Es ist das Ego, das die Dinge kompliziert macht.

Unsere feste Entschlossenheit, Ego-Verhalten weder in uns selbst noch von anderen, mit denen wir in Beziehung stehen, zu tolerieren, freut die Helfer und motiviert sie dazu, uns zu helfen. Sie antworten auf unser ernsthaftes Bemühen, uns jeweils von den Ego-Aspekten, die in einer Situation aktiv sind, zu befreien, indem sie uns Hilfe auf vielerlei unerwartete Art bringen. Unsere Dankbarkeit für ihre Hilfe hält die kosmischen Helfer automatisch in unserer Nähe.

Wir engagieren die Helfer (die Helfer stehen uns bei),

- wenn wir unseren Stolz fahren lassen, indem wir anerkennen, dass wir nicht in der Lage sind, das zu tun, was die Helfer zu tun vermögen,
- wenn wir unseren wahren Platz im Kosmos als gleichwertige Mitglieder der Kosmischen Familie einnehmen,
- wenn wir die Einmischungen des Egos mit seinen Verurteilungen, Zweifeln, Beschwerden, kritischen Äußerungen und Ego-Emotionen wie Ungeduld und Ehrgeiz energisch zurückweisen.

Wenn wir es versäumen, die Einmischungen durch das Ego zurückzuweisen, dann müssen wir mit Hindernissen kämpfen. Dieser Kampf erzeugt Frustration und Verärgerung, die leider allzu häufig gegen den Weisen und die Helfer gerichtet werden, statt dass wir das Ego als ihre wahre Quelle erkennen. Wir weisen Ego-Emotionen und Behauptungen, die vom Ego kommen, zurück, indem wir ein dreifaches Nein zu ihnen sagen.

Kapitel 15

“Wenn du wahrhaftig bist, so hast du im Herzen Gelingen”

Die Gabe der Sprache an uns Menschen

Der positive Titel, den wir für dieses Kapitel über das Wort- und Bildergehirn gewählt haben, ist dem Orakelspruch entnommen, der Hexagramm 29, *Das Abgründige/Die Gefahr,* vorangestellt ist. Der Name dieses Hexagramms bezieht sich auf die Gefahr, die droht, wenn es unserem Verstand (unserem Wortgehirn) an Wahrhaftigkeit fehlt, weil er sich von den wahren Gefühlen unseres Körpers getrennt hat. Der Orakelspruch weist den Weg heraus aus der Gefahr: die Rückkehr zur Wahrhaftigkeit.

Der Platz des Wort- und Bildergehirns in der Persönlichkeit

Wenn wir vom Wort- und Bildergehirn sprechen, dann sprechen wir von den beiden Frontallappen des Gehirns mit ihrer Fähigkeit, in Worten zu denken und Bilder zu formen.

Evolutionsgeschichtlich ist die Fähigkeit, Bilder zu formen, der Fähigkeit, in Worten zu denken, vorausgegangen. Das Formen von Bildern war die notwendige Voraussetzung für die Entwicklung der Sprache.

Beim Menschen beziehen sich das Denken und das Formen von Bildern auf die Fähigkeit, verbale Sprache zu formulieren. Der kosmische Zweck dieser Gabe besteht darin, die kosmische Wahrheit in Worten auszudrücken und damit mehr Ausdrucksmöglichkeiten für das Wunder des Kosmos zu erschaffen.

Da jede Situation in der materiellen Welt sich von jeder anderen in Bezug auf die Zeit und den Ort unterscheidet und außerdem Faktoren einschließt, die wir nicht sehen können, begehen wir einen Fehler, wenn wir sie in *absoluten* Begriffen beschreiben. Außerdem muss eine Sprache, wenn sie die Wahrheit zutreffend ausdrücken will, im Einklang mit den Kosmischen Harmonieprinzipien sein, das heißt sie darf keine Wörter enthalten, die der kosmischen Grundlage entbehren. Ob wir mit diesen Prinzipien im Einklang sind, erkennen wir unter anderem daran, dass das, was wir durch unsere Sprache zum Ausdruck bringen, gerecht und moderat ist.[34]

Unser Verstand

Unser Verstand ist die jüngste Entwicklung in der Evolution des Tierreiches und ist damit die am wenigsten erfahrene Fähigkeit. Das I Ging thematisiert diese Tatsache, indem es vom Verstand als dem "jugendlichen Toren" spricht. Dies ist nicht als negatives Statement gemeint, sondern dient nur dazu, uns daran zu erinnern, dass der Verstand gut daran tut, das Ausmaß seiner Unerfahrenheit anzuerkennen.

Unser Körper, der im Besitz der inneren Wahrheit /DNA ist, bietet dem Verstand freizügig seine Weisheit an, wie wir im Einklang mit dem Kosmos leben können. Außerdem enhält unsere innere Wahrheit das kollektive Wissen um die Existenz des Menschen. Was unser Verstand braucht, ist die Demut und Offenheit, von der Weisheit des Körpers zu lernen. Das ist jedoch nicht möglich, solange der Verstand in der Illusion gefangen ist, er brauche diese Weisheit nicht, weil er dem Körper überlegen ist. Durch Ideen wie diese hat der Verstand sogar, ohne es zu wissen, die innere Quelle seines Wissens, die in unsere Körperzellen eingebettet ist, versiegelt.

Es wird gemeinhin angenommen, dass wir einen vernünftigen Gebrauch von unserem Verstand machen. Diese Annahme erweist sich als falsch, sobald wir beginnen, Fragen wie die folgenden zu stellen: Warum fühlen sich Menschen so oft überwältigt, müde, depressiv, hoffnungslos und hilflos? Die Antwort führt uns zu einer ganzen Litanei von negativen Gedanken und einer Parade von negativen Bildern. Wir könnten meinen, sie kämen von Dingen, die wir um uns herum beobachten; doch bei näherem Hinschauen erkennen wir, dass sie der Ausdruck von negativen Emotionen sind, die von unserem Verstand kommen. Aus ihrem inneren Versteck färben sie unsere aktuellen Erfahrungen, als würden wir eine dunkle Brille tragen. In diesem Fall trinkt unser Verstand unbewusst "aus dem Brunnen erinnerter Verletzungen, Verleumdungen, Ungerechtigkeiten, verletzten Stolzes, Schuldgefühlen und anderen negativen Erfahrungen."[35] Er reagiert automatisch (unbewusst) auf seine Konditionierung.

Das folgende Beispiel mag dies illustrieren: Eine Frau erzählte uns von folgender Erfahrung, als sie ihr Lieblingskinderbuch wiederfand, das sie zur Weihnachtszeit zu lesen pflegte: Als sie nach all den Jahren wieder darin las, begannen ihr automatisch die Tränen zu fließen; sie erinnerte sich, dass sie beim Lesen dieses Buch immer Trauer und Hoffnungslosigkeit empfunden hatte, obwohl die Geschichte einen glücklichen Ausgang nimmt. Nun fiel ihr auf, dass andere Menschen, die dieselbe Geschichte lasen, ganz anders, ja sogar fröhlich darauf reagierten. Auf ihre Bitte hin lasen wir selbst die Geschichte und stellten fest, dass sie mit emotional belasteten Wörtern überladen war, die zwar poetisch klangen, die Frau jedoch mit einer Situation in ihrer Kindheit wiederverbanden, die sie als hoffnungslos erlebt hatte. Ihr Verstand wurde zum Opfer eines gespeicherten Gefühls der Hoffnungslosigkeit, das durch die dunklen, nichts Gutes verheißenden Worte, die dem glücklichen Ausgang der Geschichte vorausgingen, geweckt wurden. Diese Worte hatten in ihrem Verstand eine falsche Zuschreibung gebildet.

Um uns selbst und unsere Kinder davor zu bewahren, unter den Einfluß solcher falschen Zuschreibungen zu geraten, ist es hilfreich, die wahren Funktionen unseres Verstandes zu kennen und zu wissen, wie er unter die Kontrolle des Egos geraten ist. Außerdem müssen wir wissen, dass eine traumatische Erinnerung aus der frühen Kindheit verarbeitet werden und die betroffene Person von den negativen Folgen befreit werden kann.

Unser Verstand und seine wahre Funktion

Unser Verstand nimmt seine wahre Funktion wahr, wenn er einerseits in der Außenwelt anwesend ist, während er andererseits auf die Wahrnehmungen und Gefühle unseres Körpers eingestimmt bleibt; dann gibt er diesem Gefühl in Worten Ausdruck, sei es in Gedanken oder im gesprochenen Wort.

Die Fähigkeit des Verstandes, analytisch zu denken, kommt ins Spiel, wenn der Verstand die Wahrnehmungen und Gefühle des Körpers als Botschaften empfängt. Wir können uns diesen Vorgang wie das Sitzen um einen Konferenztisch vorstellen, an dem dieser vom Körper kommende Input der Analyse unterzogen wird. Das Ergebnis dieser Analyse bildet dann die Grundlage für ein Handeln, das auf unserem gesunden Menschenverstand beruht.

Die Ausnahme von dieser Regel sind Notsituationen. Dann wird unser Verstand von der *Funktion der Spontanreaktion* umgangen, die in den Bereich unserer Psyche gehört. Sie übernimmt die Führung und bestimmt, wie unser Körper auf die Lage reagiert. Wir können die Weisheit, die in dieser Aufgabenteilung liegt, besser verstehen, wenn wir wissen, dass Wissenschaftler herausgefunden haben, dass unser Verstand die Fähigkeit besitzt, etwa 40 Bits Information pro Sekunde zu verarbeiten, während unser fühlendes Bewusstsein in der Lage ist, etwa 40 Millionen Bits Information pro Sekunde zu verarbeiten.[36]

Auch findet ein ständiger Austausch zwischen unserem Verstand und unserer Psyche statt; der Verstand denkt über die positiven Erfahrungen, die in der Psyche gespeichert sind, nach; sie dienen ihm gewissermaßen als Nahrung. Unsere Psyche läßt unseren Verstand in den Spiegel dieser positiven Erinnerungen blicken, wenn es die Lage erfordert; sie läßt dem Verstand auch Geistesblitze durch die Vermittlung des Weisen zukommen.

Unser Verstand in seinem natürlichen Zustand

In seinem natürlichen Zustand ist unser Verstand *geistesgegenwärtig*; dieser Zustand erfordert *innere Neutralität* und *Unschuld* – die Abwesenheit von fixen Vorstellungen und Erwartungen. Diese innere Freiheit und Neutralität ermöglicht unserem Verstand den vollständigen Zugriff auf alle Hilfsquellen, die ihm die Psyche zur Verfügung stellt, damit er mit größtmöglicher Wirksamkeit auf jede Situation antworten kann. Auf diese Weise erhalten wir spontan die Hinweise, was wir am besten tun sollen und wann der richtige Zeitpunkt dafür ist.

Natürlich gibt es Situationen, in denen wir einen Plan aufstellen müssen, wie zum Beispiel, wenn es gilt, das Thema für einen Vortrag festzulegen. Doch sollten wir uns davor hüten, jeden Satz vorzuformulieren, denn dadurch würden wir uns der Möglichkeit begeben, die Gunst des Augenblicks zu nutzen und zuzulassen, dass er etwas enthüllen will. Ein Übermaß an geistiger Vorbereitung hindert uns daran, mit der inneren Wahrheit des Augenblicks verbunden zu sein, was die Voraussetzung für die richtige Einschätzung der Situation und die angemessene Antwort darauf ist. Bei einer zu rigiden Vorbereitung ist unsere Antwort entweder eine Überreaktion auf die Situation oder eine Antwort, die völlig ohne Bezug auf sie ist. Vorbereitungen dieser Art beschäftigen unseren Verstand unnötig mit dem Ausmalen der verschiedensten Szenarien und blockieren zu allem Überfluß auch noch die Helfer unserer Natur.

Ein weiterer Vorteil der Einstimmung auf die Gefühle, die von unserem Körper kommen, ist, dass unser Verstand dann nicht vom Ego durch angeblich "wichtigere" Dinge in der Welt der äußeren

Erscheinungen vereinnahmt werden kann. Die Einstimmung auf unsere körperlichen Gefühle gibt unserem Verstand Klarheit darüber, was harmonisch ist und was nicht. Dann folgen wir dem, was harmonisch ist, und ziehen uns von dem, was nicht harmonisch ist, zurück.

Im natürlichen Zustand hört unser Verstand die Stimme des Weisen, wie er ihm die Weisheit unseres Körpers auf dem Weg über die Psyche vermittelt. Durch den Konditionierungsprozeß, der zur Entwicklung des Egos führt, wird dieser Vorgang regelrecht auf den Kopf gestellt: Unser Verstand hört nicht mehr auf den Weisen, sondern übernimmt die Rolle des Befehlshabers unserem Körper gegenüber.

Bestimmte Funktionen in unserem Verstand, die dem Weisen vorbehalten sind

Unser Verstand muß seine Beschränkungen und seine Abhängigkeit vom Weisen erkennen. Es gibt bestimmte Funk-tionen *in* unserem Verstand, die dem Weisen vorbehalten sind; außerdem erfordern sie auch die Mitarbeit anderer Helfer. Jede Einmischung des Verstandes in diese Funktionen führt dazu, dass sie blockiert werden.

Eine dieser Funktionen ist die *Anpassungsfunktion*. Diese Funktion paßt uns an Veränderungen in unserer Umwelt an, die es uns erlauben, als Spezies zu überleben. Es ist von größter Wichtigkeit, dass sich der Verstand diese Funktion nicht aneignet, was zum Beispiel geschieht, wenn das Ego sagt: "Du musst widrige Umstände in Kauf nehmen." Wenn wir diese Idee akzeptieren und es daher versäumen, ihnen ein inneres Nein entgegenzustellen, dann verhindern wir dadurch, dass die notwendigen Transformationen stattfinden können. Um ein Beispiel zu geben: Nehmen wir an, wir seien krank geworden; die Ärzte wissen nicht, was sie dagegen tun können, und sagen: "Da können wir nichts machen. Damit müssen Sie leben." Es ist unter keinen Umständen angemessen, bewusst die Entscheidung zu treffen, uns einer unharmonischen Situation anzupassen. Selbst wenn wir (noch) nicht wissen, wie die Schwierigkeit behoben werden kann, so sind wir doch in der Lage, ein inneres Nein zu ihrer Existenz zu sagen. Das ruft den Helfer der Transformation auf den Plan. Wenn unser Verstand es sich hingegen zur Aufgabe macht, sich "anzupassen", dann verhindert er die wirkliche Anpassung, die durch Transformationen in der menschlichen DNA geschieht; dies vermögen nur die Helfer unserer Natur unter Anleitung durch den Weisen zu vollbringen.

Maßnahmen zur Gesundung unseres Verstandes

Der erste Schritt zur Gesundung unseres Verstandes besteht darin, uns klar zu machen, worin die Ursachen des selbstauferlegten Stresses liegen. Zu den Hauptursachen gehört das Bild, das unser Verstand sich von sich selbst gemacht hat, wonach er unserem Körper und der ganzen übrigen Natur überlegen ist. Wenn dieses Bild nicht berichtigt wird, würde es letztendlich zur Selbstzerstörung führen. Außerdem muss sich der Verstand darüber klar werden, dass der Stolz auf seine Überlegenheit vom kollektiven Ego dazu benutzt wird, ihn zu kontrollieren; der Gebrauch des Wortes "überlegen", das automatisch das Gefühl von Stolz hervorruft, zeigt, wie unser Verstand durch Wörter manipuliert werden kann.

Um also unseren Verstand zu befreien, ist es notwendig, dass wir auf den bewussten Gebrauch falscher Wörter und die Gefühle, die sie erzeugen, achten. Wir merken, wie uns die Brust schwillt, wenn uns "Überlegenheit" bescheinigt wird, während unsere Brust in sich zusammenfällt und wir uns niedergeschlagen fühlen, wenn wir als "unterlegen" bezeichnet werden. Wir können auch feststellen, wie diese Emotionen weitere Ego-Emotionen nach sich ziehen: Stolz führt zu Hochmut; Selbstgerechtigkeit und Scham führen zu Selbsthaß und zum Haß anderer; außerdem führt Stolz zur Illusion, Macht zu haben, und diese Illusion wiederum verführt uns dazu zu versuchen, uns mit Macht in der Welt durchzusetzen. *Die Erkenntnis, wie Worte bestimmte Energien erzeugen*, ist unabdinglich, wenn wir unseren Verstand vom Einfluß des kollektiven Egos befreien wollen.

Teil der Gesundung und Befreiung unseres Verstandes ist es, zur Unschuld des Geistes zurückzukehren, das heißt unseren Verstand leer zu machen. Dazu muss unser Verstand bereit sein, jede Vorstellung loszulassen, die suggeriert, er sei im Besitz wahren Wissens wie zum Beispiel seine festen Überzeugungen zu wissen, Metapher eines "trockenen Pappelbaumsund was falsch ist und welche Werte für ihn als unumstößlich gelten. Auf diese Weise öffnet er sich für die innere Wahrheit unseres Körpers.

Die Rückkehr zum Zustand der Unsckahlen Baum huld unseres Verstandes kann nicht durch bloßes Lesen erreicht werden. Der Weise lehrt uns am Beispiel konkreter Erfahrungen im Alltag, die Dinge im Licht unserer inneren Wahrheit zu sehen. Wir können beginnen, uns darin zu üben, unseren Geist zu öffnen und unserer inneren Wahrheit zu lauschen, wenn wir das nächste Mal ein Problem haben. So kann sich unser Verstand allmählich von der schmeichelhaften Idee befreien, es sei seine Aufgabe, über unsere Persönlichkeit zu herrschen und generell alle Dinge zu steuern. In dem Maße, wie diese schmeichelhafte Vorstellung weicht und Helfer unserer Natur dazu befreit werden, die Aufgaben zu erfüllen, in denen sie Experten sind, wird unser Verstand von der Last befreit, Dinge zu tun, für die er wirklich nicht gemacht ist.

Um unseren Verstand zu befreien, ist es auch notwendig zu begreifen, dass das kollektive Ego einen Sprachtrick benutzt hat, um uns dazu zu bringen, uns ausschließlich auf unsere Augen zu verlassen, um "die Wahrheit" zu erkennen. Es ist die fehlgeleitete Idee: "Nur die Augen können die Wahrheit erkennen." Durch die Einengung auf einen einzigen Wahrnehmungssinn, der noch dazu am leichtesten zu täuschen ist, wird unser Verstand von allen übrigen Wahrnehmungssinnen getrennt, insbesondere denen unserer *inneren* Wahrnehmung. Dieser Umstand hindert uns daran, eine vollständige Einschätzung der Wahrheit zu gewinnen.

Im nächsten Schritt gilt es, unseren Körper von den Verleumdungen zu befreien, mit denen er belegt wurde. Seine Weisheit steht uns nicht zur Verfügung, solange er im Zustand der Verteufelung ist.

Durch die oben beschriebenen Schritte wird unser Verstand allmählich in die Lage versetzt, auf unseren gesunden Menschenverstand zu hören, der sein natürlicher Berater in allen Angelegenheiten ist. Er berät ihn, wann er "Ja" und wann er "Nein" zu etwas sagen muß. "Ja" bedeutet, dass die Situation harmonisch ist, und zeigt die Richtung an, der es zu folgen gilt. "Nein" bedeutet, dass es notwendig ist, uns zurückzuziehen.

Ein inneres Nein, das wir aus tiefer Überzeugung zu etwas Unharmonischem sagen, hat die Fähigkeit, auf der inneren Ebene zu anderen Menschen durchzudringen und dort eine harmonisierende Wirkung zu haben. Es ist wichtig, ein inneres Nein zu allen negativen Absichten zu sagen, denn sie kommen unweigerlich vom Ego. Wenn sich unser Verstand auf unsere inneren Sinne einstimmt, dann machen sie ihn auf solche Absichten aufmerksam. Wenn wir dann ein inneres Nein zu ihnen sagen, wird ihre negative Energie transformiert.

Die regelmäßige Einstimmung auf die Wahrnehmungen unseres Körpers stellt auch den natürlichen Schutzmechanismus wieder her, der unseren Verstand vor dem Eindringen unharmonischer Ideen schützt. Sie verhindert auch, dass wir in den Bann anderer geraten, die uns beherrschen wollen. Andere Menschen können nur dann Macht über uns gewinnen, wenn wir Zweifel an uns selbst haben oder wenn es ihnen gelingt, solche Zweifel in uns zu säen. Die Wörter, die das Ego benutzt, um Selbstzweifel in uns zu erzeugen, sind oft hypnotischer Natur, wie zum Beispiel die Behauptung, es würde uns eine "wichtige Wahrheit" vermittelt, die uns Macht über unser Leben (und Macht über andere) geben würde; der Haken ist, dass, sobald wir zu Menschen aufschauen, um uns von ihnen führen zu lassen, wir unsere Souveränität an sie abtreten. Das I Ging spricht diesen Punkt in Hexagramm 61, *Innere Wahrheit*, an.[37]

Wenn wir bereits zum Anhänger eines anderen geworden sind, dann ist es wichtig, die Worte der falschen Zuschreibung zu er-kennen, mit denen er uns unter seine Kontrolle gebracht hat. Außerdem müssen wir uns von dem ursprünglichen Giftpfeil befreien, der es möglich gemacht hat, dass wir der Illusion seiner Macht anheim gefallen sind: Es ist die Glaubensvorstellung, wir müssten unsere innere Wahrheit durch einen anderen Menschen finden. Auf einer noch tieferen Stufe liegt der Giftpfeil, der besagt, wir seien als Einzelne unzureichend ausgestattet, um die Wahrheit zu erkennen. Um unsere innere Unabhängigkeit wiederzugewinnen, müssen wir uns auch von der Glaubensvorstellung trennen, wir bräuchten einen menschlichen Meister, der uns den Weg weist.

Die wichtigste Quelle für das, was unser Verstand wissen muß, ist die Schatztruhe unserer inneren Wahrheit, die unser Körper besitzt (Näheres dazu vgl. Kapitel 3).

Der nächste Schritt zur Befreiung unseres Verstandes von der Herrschaft des Egos besteht darin, die Gefahr zu erkennen, die darin liegt, das (individuelle oder kollektive) Ego als "böse" und etwas, das wir bekämpfen müssen, zu sehen. Wenn wir einen Antagonismus zwischen uns und dem Ego erschaffen, dann verwickeln wir uns in einen endlosen Austausch von negativer Energie mit ihm. Für das Ego spielt es keine Rolle, aus welcher Quelle es Energie bekommt. Dies ist der Grund, warum es nicht im Einklang mit den Kosmischen Harmonieprinzipien ist, uns in Opposition zum Ego zu sehen. Das Ego gewinnt auch unsere Energie, wenn wir denken, wir könnten es besiegen, indem wir uns aus der Gesellschaft zurückziehen und spirituelle Einsiedler werden. Die korrekte Art, uns der Kontrolle des Egos zu entziehen, besteht darin, aufzuhören, seine Spielchen zu spielen und allem, was unharmonisch ist, ein entschlossenes inneres Nein entgegen zu setzen.[38] Dies bringt das kosmische Heer auf den Plan. Die Beschränkung auf dieses innere Tun nennt das I Ging "süße Beschränkung."[39] Indem wir uns davor hüten, "das Böse zu bekämpfen", entziehen wir dem Ego unsere Energie; gleichzeitig wird dadurch Qi-Energie in uns erzeugt, die unsere Selbstachtung nährt und stärkt. Außerdem lehrt uns der Weise, dass durch unser Loslassen einer unharmonischen Angelegenheit, nachdem wir ein inneres Nein zu ihr gesagt haben, der Kosmos aktiviert wird, um die Sache zu berichtigen.

Unser Verstand muß die Verantwortung für die Art der Gedanken, die er zuläßt, übernehmen. Jedes Mal, wenn er versucht ist, von unserer inneren Wahrheit abzuweichen, warnt diese ihn mit einem Signal, zu zögern und die Folgen zu bedenken. Das ist der Augenblick, da der Verstand eine klare Entscheidung treffen muß, ob er in Richtung innere Freiheit oder weiterhin in Richtung Versklavung und Selbstzerstörung gehen will. Wenn sich unser Verstand aus der Kontrolle durch das Ego befreien will, muß er entschlossen sein, den Versuchungen des Egos ein entschiedenes Nein entgegen zu setzen.

Die Rolle unseres Verstandes bei der Heilung unseres Körpers

Die Beteiligung unseres Verstandes bei der Heilung unseres Körpers ist ein wichtiges Thema. Da die Ursachen einer Krankheit häufig in krankmachenden Ideen oder Glaubensvorstellungen liegen, die der Verstand irgendwann einmal als wahr akzeptiert hat, muß er mit den Helfern zusammenarbeiten, um die be-treffenden Ideen herauszufinden und zu deprogrammieren. Für den Heilungsprozeß ist es auch wichtig, dass unser Verstand die verletzten Teile des Körpers (Zellen, Organe usw.) als "Brüder" und "Schwestern" oder als "Kinder" betrachtet, die verwundet wurden oder sich in einem Schockzustand befinden. Unter Umständen müssen Schuldzuschreibungen, mit denen unser Verstand den verletzten Teil des Körpers belegt hat, deprogrammiert werden, wie zum Beispiel: "Mein Bein ist schuld daran, dass ich jetzt nicht mehr laufen kann." – "Wenn nur dieser lästige Körper nicht wäre!" Ich bin vom Schicksal mit einem körperlichen Defekt auf die Welt gekommen.

Zusammenfassung

Unserem Verstand mag es zunächst erscheinen, als würde er gewisser Privilegien und Vorteile beraubt, insbesondere da er die Position des Herrn im Haus innehatte. Doch müssen wir ihn daran erinnern, dass er in dieser Position keineswegs frei war, sondern im Dienst des Königs, des kollektiven Egos, stand.

Wenn wir die Kehrseite seiner gehobenen Position betrachten, wird deutlich, dass unserem Verstand übermenschliche Aufgaben übertragen wurden, die nur die Helfer erfüllen können. Die innere Wahrheit der Situation könnte man so beschreiben: Es wird von uns erwartet, dass wir den Ozean schwimmend überqueren, während die ganze Zeit über ein Schiff, das wir nicht sehen können, weil wir so sehr mit dem Gedanken beschäftigt sind, es zur anderen Seite schaffen zu müssen, neben uns herfährt und uns anbietet, uns mitzunehmen. Unter der Oberherrschaft des kollektiven Egos ist unser Verstand aller Hilfquellen beraubt, die ihm vom Kosmos zur Verfügung stehen, um das Leben für unsere ganze Persönlichkeit zu einer freudvollen Erfahrung zu machen.

Wenn unser Verstand bereit ist, den Stolz in seine Überlegenheit und seine Errungenschaften fahren zu lassen, gewinnt er die Hilfe des Weisen; damit wird ihm der Übergang zur kosmischen Wirklichkeit leicht gemacht. Einzig das Ego hat bei diesem Prozeß etwas zu verlieren. Daher geht es in den Widerstand; doch solange unser Verstand bescheiden bleibt, verhindern die Helfer, dass das Ego in seinem Widerstand erfolgreich ist. Bereits nach seinen ersten Bemühungen, seinen Stolz abzulegen, kann unser Verstand die Erleichterung spüren, die ihm die allmähliche Wiedervereinigung mit unserem Körper und seinen Gefühlen und damit auch mit dem Kosmos insgesamt bringt.

Der Bilderaspekt unseres Geistes

Die meisten Menschen verbinden unser Bildergehirn mit Fantasie und Kreativität. Doch besteht Kreativität nicht darin, einfach etwas zu "imaginieren"; der Helfer der Kreativität (ein Helfer unserer Psyche) und eine Reihe von kosmischen Helfern sind an diesem Prozess beteiligt. Werke, die ohne diese Helfer entstehen, können nicht den Anspruch auf Kreativität erheben. Sie kommen vom Ego und sind Formen ohne Inhalt.

Wenn unser Geist an einer kreativen Aufgabe arbeiten will, beginnen wir mehr oder weniger mit einem leeren Geist und warten darauf, dass ein Gedanke oder Bild aufsteigt. Das Bild, das erscheint, kann zum Beispiel eine Erinnerung an ein Erlebnis sein, das für uns bedeutsam war, oder ein Bild, wie ein Arbeitsablauf verbessert werden kann, oder das Bild eines Instruments, das uns die Arbeit erleichtern würde. Es kann auch eine musikalische Passage sein, aus der dann eine ganze Komposition entsteht.[40] Wenn das entsprechende Bild erst einmal im Geist erscheint, beginnt der kreative Prozess, ein Eigenleben zu führen. Wenn wir in diesen Prozess mit der Absicht eingreifen, das Produkt darauf auszurichten, dass es "sich verkauft", uns "Ruhm einbringt" oder die Vorlieben einer bestimmten Zielgruppe erfüllt, dann bringen wir den kreativen Prozess zum Halten.

Fantasie ist nützlich, wenn es um die Schaffung der Struktur eines Theaterstücks geht oder um kreatives Schreiben; doch muss die Fantasie vom Helfer der Kreativität geführt werden. Wir gewinnen seine Mithilfe, wenn unser Geist offen ist, Hilfe zu empfangen. Dann sehen wir in den Fantasiebildern, die ins Bewusstsein kommen, Parallelen zu Dingen, die wir bereits kennen. Bei diesem Prozeß führt die Aktivität des Bildergehirns die des Verstandes an.

Oft ist uns nicht bewusst, welche Rolle unser Bildergehirn beim Erlernen von Sprache spielt; doch machen wir uns den Vorgang klar: Jemand lenkt unsere Aufmerksamkeit auf ein Objekt, während er dessen Namen ausspricht: Baum. Sein Klang verbindet sich mit dem Bild des Baumes, auf den gezeigt wurde. Im Laufe der Zeit vergessen wir, dass hinter jedem Wort ein solches Bild steht. Die Fähigkeit, ein Bild des Baumes in unserem Geist wiedererstehen zu lassen, ist nicht nur dem Menschen gegeben; jedes Tier hat die Bilder der Dinge, die seine Welt bevölkern, in seinem Geist gespeichert. Nur die Fähigkeit, sich abstrakt auf Bäume und andere Objekte zu beziehen, ist beim Menschen einzigartig.

Unser Bildergehirn ist eines der ersten Ziele, auf die das kollektive Ego seine Bemühungen richtet, weil es leicht ist, im kleinen Kind Bilder zu verankern, die ihm Angst oder Selbstzweifel einflößen. Ein Beispiel dafür ist die Einführung des Wortes "Höllenfeuer" in den kindlichen Geist. Obwohl es nirgends in unserem Leben ein konkretes Beispiel für ein Höllenfeuer gibt, wird dem Kind dieses imaginäre Feuer mit solchem Nachdruck vor Augen gehalten, dass es viel bedrohlicher ist als ein wirkliches Feuer und viel mehr gefürchtet wird als die Brandwunde, die wir uns zufügen, wenn wir einen zu heißen Gegenstand anfassen.

Höllenfeuer brennt nicht nur unnatürlich heiß, sondern es brennt ewig und unbarmherzig und würde uns unvorstellbare Schmerzen bereiten, wenn wir dieses oder jenes täten. Fantasiebilder dieser Art sind von dämonischer Natur, das heißt, sie tauchen unbewusst immer wieder vor unserem inneren Auge auf, sobald wir auch nur im Geringsten mit dem Gedanken spielen, ein Gebot oder Verbot zu übertreten. Die Bilder vom Höllenfeuer und von der "Welt nach dem Tod", wo das Höllenfeuer angeblich lodert, werden in der Imagination des Kindes zu riesigen Dimensionen aufgeblasen. Solche Bilder, die in die Köpfe von Kindern eingepflanzt werden, sperren sie ihr ganzes Leben lang in automatische Verhaltensmuster ein. Die "Schlösser", die die Form von "Chips" im Gehirn annehmen, bleiben dort erhalten, bis sie verarbeitet und deprogrammiert worden sind. Die Angst vor dem Höllenfeuer und andere fantasierte Bedrohungen setzen unsere natürliche Fähigkeit, Erlebnisse auf der Grundlage unserer inneren Wahrheit zu beurteilen, außer Kraft.

Wir wollen noch ein anderes Beispiel dafür geben, wie Wörter unsere natürlichen Gefühle desensibilisieren, wenn sie von scheinbar unauslöschlichen Bildern im Kopf begleitet sind. In dem Beispiel geht es um die Erfahrung eines unschuldigen Jungen, der von Grauen gepackt wurde, als er zusehen musste, wie ein älterer Junge einen Frosch mit einem Knallfrosch aufblies. Der ältere Junge war schnell dabei, den jüngeren als "Feigling" zu bezeichnen, und rechtfertigte außerdem seine Grausamkeit mit der Behauptung: "Tiere haben keine Gefühle." Da es beschämend war, als Feigling angesehen zu werden, hinterließ das Erlebnis bei dem kleineren Jungen einen inneren Konflikt. Das *Bild* des Grauens blieb in seiner Psyche gefangen, bis er seiner Mutter von dem Erlebnis erzählte. Glücklicherweise half sie ihm, es zu verarbeiten, indem sie die Unrechtmäßigkeit des Tuns des größeren Jungen herausstellte und ihrem Sohn klar machte, dass der Junge das Wort "Feigling" benutzt hatte, um sein Tun zu rechtfertigen und so zu tun, als sei dies etwas, das für Jungen "normal" sei. Außerdem stellte sie klar, dass Tiere sehr wohl Gefühle haben, und bestärkte dadurch die wahren Gefühle ihres Sohnes. Auch deutete die Mutter an, der ältere Junge habe möglicherweise etwas ähnliches erlebt, als er noch kleiner war, und sei deswegen vielleicht besorgt, selbst als Feigling angesehen zu werden. In der Tat verhält es sich ja so, dass unverarbeitete Erlebnisse dieser Art hinter der Akzeptanz von Grausamkeiten stehen – eine Akzeptanz, die einen dauerhaften Konflikt in der Psyche erzeugt. Dieser Konflikt schwelt solange, bis er verarbeitet wird und die wahren Gefühle, die mit dem ursprünglichen Erlebnis einhergingen, nicht nur erkannt, sondern auch als gültig anerkannt werden.

Ein weiteres Beispiel: Es ist eine allgemein anerkannte Tatsache, dass wir eine natürliche Hemmung haben, einen anderen Menschen zu töten. Um diese Hemmung zu überwinden, müssen Polizeibeamte und Soldaten ausdrücklich an Schießständen üben, auf das Bild einer menschlichen Figur zu schießen. Wörter, die das Töten von Menschen rechtfertigen, erscheinen besonders unverblümt in der Öffentlichkeit, wenn zu einem Krieg aufgehetzt wird; dann werden Menschen nicht mehr als Menschen bezeichnet, sondern umdefiniert zu etwas, das unmenschlich ist. Abstrakte Begriffe wie "Feinde", "Übeltäter", "Terroristen", "Plage für die Menschheit" oder gar "Ungeziefer" werden benutzt, um die Staatsbürger von ihren natürlichen Gefühlen zu distanzieren. Wieder andere Worte heizen das "nationale Interesse" an: "Wir sind angegriffen worden" und/oder "unsere Ressourcen sind bedroht, wenn wir nicht mit überwältigender Stärke zurückschlagen," und: "Sie könnten alles zerstören, worauf wir unser Leben aufgebaut haben." Diejenigen unter uns, denen das Schlachtfeld erspart geblieben ist, haben vielleicht nie darüber nachgedacht, wie enorm zerstörerisch die Wirkung auf die Psyche des einzelnen Soldaten ist, wenn er den Schritt vom imaginierten Töten an einem Schießstand zu einem wirklichen Tötungsakt vollzieht. Ist der tatsächliche Tötungsakt erst einmal geschehen, dann bleibt ihm der innere Konflikt darüber sein Leben lang, es sei denn er verarbeitet ihn bewusst. Viele Soldaten erleben diesen inneren Konflikt in ständiger Wiederholung, begleitet von unvergesslich schrecklichen Bildern. Immer wird der innere Konflikt von Selbsthaß geschürt, weil der Betreffende gegen seine wahre Natur gehandelt hat. Oft wird der Selbsthaß auf die nächsten Angehörigen – die Frau und die Kinder – ausgeweitet, mit denen er sich identifiziert; dieser Selbsthaß ist die Ursache von ehelichem Mißbrauch bei Menschen, die im Krieg getötet haben.

Doch nicht nur die Psyche derjenigen, die die Gewalttaten begehen, wird gestört, sondern auch der Beobachter, der vielleicht nur in der Zeitung darüber liest, erleidet eine Störung, wenn auch nicht in vergleichbarem Maße. Dies gilt insbesondere in Fällen von kollektiver Gewaltanwendung (wie zum Beispiel beim Bombardieren von Städten), wo das Leiden der Zivilbevölkerung als "bedauerliche Begleiterscheinung" oder als "bedauerliche Folge eines notwendigen Angriffs" abgetan wird. Die Bilder, die durch die Wahl solcher Worte erschaffen werden, erlauben es dem Zeitungsleser, die Nachricht von dem Ereignis zu lesen, ohne ihm schlaflose Nächte zu bereiten. Dieser Fall zeigt deutlich, wie Sprache mit Absicht für politische Zwecke benutzt werden kann, um die Gefühle, die wir normalerweise in Bezug auf eine Gewalttat hätten, zu verharmlosen.

Unser Bildergehirn und seine Beziehung zu den Gefühlen

Unter gesunden Bedingungen formt unser Bildergehirn Bilder, die auf den Gefühlen beruhen, die von unserer inneren Wahrheit kommen. An diesem Prozess ist unserer *innerer Sehsinn* beteiligt.

Unser Bildergehirn verfügt über einen Spiegel, ähnlich dem dreiteiligen Spiegel auf einer Ankleidekommode. Dieser Spiegel empfängt die Bilder, die von unserem inneren Sehsinn kommen, der uns die innere Wahrheit einer Situation zeigt. Der Spiegel zeigt dieses Bild dann unserem Verstand, dessen Aufgabe es ist, das Bild in Sprache auszudrücken.

Leider wird unser Bildergehirn von unseren wahren Gefühlen getrennt, wenn unser Geist sich die Idee zu eigen macht, er sei dem Körper überlegen. Dann werden die beiden äußeren Seiten des Spiegels nach innen geklappt, sodass der Spiegel vollständig geschlossen wird. Die Folge davon ist, dass unser Bildergehirn nicht mehr in der Lage ist, dem Verstand die Bilder, die von unserer inneren Wahrheit kommen, widerzuspiegeln. Ab diesem Zeitpunkt sind unser Wort- und Bildergehirn sich selbst überlassen. Abgeschnitten von der Verbindung mit unserem Körper und seinen Gefühlen, sieht sich der Geist von nun an als "allmächtig". Um diese Sicht zu bestätigen, wird ein Ego-Spiegel erschaffen, der den Spiegel unserer inneren Wahrheit ersetzt. Dieser neue Spiegel spiegelt nur noch den vermeintlichen "Glanz" des Geistes wider.

Der Ego-Spiegel

Sobald der Ego-Spiegel erschaffen ist, wird unser Bildergehirn zu einem Anhang des Wortgehirns (Verstandes). In dieser Rolle werden ihm bestimmte Aufgaben übertragen; die erste besteht darin, ein Bild davon zu erschaffen, wer wir sind. Dieses Bild hat die Funktion zu kompensieren, dass wir dazu gebracht wurden, uns als "von Natur aus ungenügend" zu betrachten. Um den Beweis zu erbringen, dass unser neu erschaffenes falsches Selbst existiert, plaziert sich der Ego-Spiegel in den Augen der Menschen um uns herum. Die Frage, die uns von nun an beschäftigt, lautet: Wie sehen mich die anderen? Ist das neue Bild von mir akzeptabel? Die

Rückmeldung, die wir in den Augen der anderen lesen, bestimmt darüber, ob dieses Bild Wirklichkeitscharakter hat und wie gut es im Vergleich zu den Bildern anderer ist: Bin ich besser oder schlechter? Bin ich anderen über- oder unterlegen? Und immer so weiter in dem nie endenden Versuch, einem falschen Bild von dem, was wir sind, Wirklichkeitscharakter zu verleihen.

Wie unsere inneren Wahrnehmungssinne pervertiert werden, um dem Ego zu dienen

In der gesunden Persönlichkeit wird das, was unser äußeres Auge sieht, durch das Bild, das unser inneres Auge sieht, informiert und relativiert. Unser inneres Auge verarbeitet das, was unser äußeres Auge sieht, im Licht unserer inneren Wahrheit. Auch unsere äußeren Sinne für das Riechen, Schmecken, Hören und Tasten werden durch ihnen entsprechende innere Wahrnehmungssinne informiert und in dem, was sie wahrnehmen, relativiert. Wenn die Beurteilung aller unserer inneren und äußeren Wahrnehmungssinne übereinstimmt, dann sprechen wir gewöhnlich von unserer *Intuition*.

Der Weise hat uns gelehrt, dass nur der innere Geruchs- und Geschmackssinn vom Ego überwältigt werden können. Was allerdings unseren inneren Sehsinn angeht, so kann das Ego die Bilder, die von unserer inneren Wahrheit kommen, durch verzerrte Bilder ersetzen. Um diejenigen unserer inneren Sinne, die es nicht überwältigen kann, abzuwerten, unterdrückt das Ego unsere Intuition, indem es behauptet, Intuition entziehe sich der Möglichkeit, ihre Gültigkeit zu testen.

Damit unser Geist eine korrekte Wahrnehmung der äußeren Welt entwickeln kann, müssen unsere inneren Wahrnehmungssinne voll funktionsfähig sein. Die korrekte Wahrnehmung ist entscheidend für das Überleben der menschlichen Spezies. Die überlebenswichtigen Fähigkeiten unserer Wahrnehmungssinne, dem Geist bei der korrekten Beurteilung der Wirklichkeit zu helfen, sind das Ergebnis von Millionen von Jahren menschlicher Entwicklung und Anpassung an die einzigen Prinzipien, die zum Erfolg führen: die Kosmischen Harmonieprinzipien. Immer wieder haben Menschen sich ihnen angepaßt, weil sie intuitiv erkannt haben, dass ihr Überleben nicht davon abhängt, dass sie Macht über andere gewinnen, sondern dass ihre Entscheidungen mit den Kosmischen Harmonieprinzipien in Einklang sind.

Die Perversion der Funktionen unseres Geistes durch das Ego

Die Tatsache, dass unser Geist den Schmeicheleien des kollektiven Egos erlegen ist, hat zu schwerwiegenden Veränderungen in den Funktionen beider Gehirnhälften geführt.

Die Ordnung am "Konferenztisch", wo unser Verstand normalerweise die Weisheiten unseres Körpers (dank seinem Besitz der inneren Wahrheit) zur Grundlage seiner Entscheidungen macht, wird durch eine völlig andere, auf den Kopf gestellte Ordnung ersetzt: Der Verstand hat nun das Bildergehirn zu seinem Sekretär und den Körper zum Empfänger und ausführenden Organ seiner Befehle gemacht.

Der Verstand, der sich dem falschen Motto: "Nur die Augen können die Wahrheit erkennen" verschrieben hat, steht unter Erklärungszwang, was die unsichtbaren Dinge, wie zum Beispiel das Leben nach dem Tod, angeht. Diese Aufgabe überträgt er dem Bildergehirn, das jedoch unter dem Manko leidet, dass es keine wahren Bilder mehr von unserem inneren Sehsinn empfangen kann. In seiner Hilflosigkeit produziert es ein Bild, das die exakte Spiegelung der Außenwelt darstellt, wie sie vom kollektiven Ego erschaffen wurde. Auf diese Weise produziert es Mythen über die Erschaffung der Welt, Beschreibungen einer heldenhaften Vergangenheit, Erklärungen über das Leben nach dem Tod und über die Art und Weise, wie die Dinge angeblich funktionieren.

Ähnlich wird unserem Bildergehirn die Aufgabe übertragen, Bilder zu erschaffen, die die Menschen manipulieren, Dinge zu kaufen, die sie weder wollen noch brauchen.

Weiter gehört es nun zu seinen Aufgaben, sich Katastrophenszenarien auszumalen mit der Begründung, wir müßten uns vor der unbekannten Zukunft schützen. Auch erzeugt es immer wieder Bilder, die uns als hilflos und schutzlos zeigen. Beispiele dafür sehen wir in Träumen oder Meditationen, wo wir uns in einem Raum oder Käfig ohne Tür oder vor einer undurchdringlichen Wand oder einem unüberwindlichen Berg befinden. Solche Bilder sind Hinweise auf die Anwesenheit von dämonischen Mechaniken, die wir "Greifer" genannt haben. (Siehe Kapitel 16: "Das Teufelsland".) Wie ihr Name schon sagt, greifen und blockieren sie die Helfer, die uns aus schwierigen Situationen heraushelfen können. In Kombination mit der fehlgeleiteten Idee, wir müßten alles selber tun, können solche

Greifer ernsthaft unseren Lebenswillen gefährden.

Die Schreckensfantasien über unsere ungewisse Zukunft nehmen an Intensität zu, je länger unser Geist von unserer inneren Wahrheit getrennt ist. Die Ursache für diese Trennung sind falsche Zuschreibungen, die entweder den Geist überhöhen oder unsere Gefühle herabsetzen. Beispiele dafür sind Sätze wie: "Das Denken ist dem Fühlen überlegen." – "Der Geist ist allwissend." – "Weil wir einen Geist haben, sind wir der Natur und den übrigen Spezies überlegen." – "Die Gefühle zählen nicht." – "Du kannst dich nicht auf deine Gefühlen verlassen, denn sie sind ja nur subjektiv."

Um die Auswirkungen solcher falschen Zuschreibungen auf unseren Geist zu verdeutlichen, benutzt das I Ging die Metapher eines "trockenen Pappelbaums":[41] Unter gesunden Bedingungen zieht eine Pappel eine Menge Wasser aus den Tiefen der Erde herauf. Dasselbe würde für die Art und Weise gelten, wie der Geist die Nahrung, die ihm aus der Quelle unserer inneren Wahrheit auf dem Weg über den Hirnstamm (die "Wurzeln") zur Verfügung steht, heraufzieht. Unsere wahren Gefühle sind die Werkzeuge, um diese Nahrung zu erreichen. Doch ein Großhirn, das von seiner Lebensquelle abgeschnitten ist, ist zum Austrocknen verdammt. Angesichts dieses Umstands ist die Angst des Geistes zu sterben real. Das einzige Heilmittel für den Geist besteht darin, zu Demut zurückzukehren und sich mit dem Körper und seinen Gefühlen wiederzuverbinden. Wenn diese Rückkehr nicht durch unsere bewusste innere Arbeit in Gang gesetzt wird, dann kann uns ein widriges Schicksal in Form einer lebensbedrohlichen Krankheit zur Besinnung bringen.

Das Befreien unseres Geistes

Wenn wir die Unwahrheit der Ideen und Glaubenvorstellungen, die die Konflikte zwischen unserem Geist, unserer Psyche und unserem Körper erzeugt haben, klar erkannt haben, dann können wir sie eine nach der anderen deprogrammieren (siehe Anhang 3: "Deprogrammieren"). In dem Maße, wie sie deprogrammiert werden, kehrt unser Geist zu seinem ursprünglichen Zustand der Unschuld zurück, und unser Körper wird aus seiner Verteufelung befreit. Die in Frage stehenden Ideen und Glaubensvorstellungen sind:

- "Der Mensch ist etwas Besonderes, weil er die Fähigkeit des Denkens und der Sprache besitzt."
- Das Bild vom Geist als etwas Besonderes.
- "Nur die Augen können die Wahrheit erkennen"
- "Der Geist muß nach der Wahrheit suchen."
- "Wir brauchen einen Meister, der uns den Weg zeigt."
- "Der Geist weiß, was der Körper braucht."
- "Der Geist muss den Körper kontrollieren."
- "Der Geist ist unsere höhere Natur, der Körper unsere niedere Natur."
- "Der Geist ist unser höheres Selbst, der Körper unser niederes Selbst."
- "Der Körper besitzt keine eigene Intelligenz."
- "Das Denken ist dem Fühlen überlegen."
- "Du kannst deinen Gefühlen nicht vertrauen, da sie nur subjektiv sind."
- "Die Gefühle zählen nicht."
- "Der Geist ist allwissend."
- "Die Tiernatur/Triebnatur des Menschen ist die Quelle des Bösen."
- "Der Mensch ist schuldig/sündig, weil er eine Tiernatur hat."
- "Der Körper ist der Grund für alle Probleme."

Aus unserer eigener Erfahrung der Befreiung von der Herrschaft des Egos können wir bestätigen, dass es möglich ist, unseren Geist von der enormen Last, die ihm das Ego aufgebürdet hat, zu befreien. Sobald wir den Entschluß gefaßt haben, mit der inneren Arbeit zu beginnen, eilen zahlreiche Helfer herbei, um uns darin zu unterstützen.

Kapitel 16

Das “Teufelsland”
Dämonische Elemente in der Psyche

Bei “dämonischen Elementen” denken die meisten Menschen an Geisteskranke. Als normale Menschen haben sie ihrer Meinung nach nicht das Geringste damit zu tun. Dieser Irrtum rührt daher, dass wir normalerweise nicht wissen, worum es sich dabei handelt. Dämonische Elemente sind in der Psyche jedes Menschen anzutreffen, der ein Ego entwickelt hat, nur treten sie bei Geisteskranken deutlicher zutage: Wir können sie beobachten, weil sie die ganze Bühne des Bewusstseins dieser Menschen besetzt haben, sodass dem Betreffenden wenig oder kein Raum für eigene Gedanken und Gefühle bleibt.

Was das Ego vor unserem Blick verbergen möchte, ist die Tatsache, dass es (das Ego) und die dämonischen Elemente, aus denen es besteht, nicht Teil unserer wahren Natur, sondern Fremdkörper sind. Solange wir meinen, sie seien Teil unserer Natur, streiten wir ihre Existenz ab, weil wir uns ihrer schämen.

Die Erkenntnis, dass sie nicht zu unserer Natur gehören, ermöglicht es uns, auf Abstand von ihnen gehen; das ist der erste Schritt auf dem Weg zur inneren Befreiung. Nun gilt es, die Angst davor, sie anzuschauen, und die Angst, sie könnten uns etwas antun, zu überwinden. Dies gelingt, wenn wir uns vor Augen halten, dass alle dämonischen Elemente ihre Existenz ausschließlich falschen Wörtern, Sätzen und Bildern verdanken, die wir als wahr akzeptiert und dadurch in unsere Psyche hineingenommen haben. Wir haben bereits mehrfach erwähnt, dass dieses Akzeptieren häufig weder bewußt noch gewollt geschah; es geschieht oft einfach dadurch, dass wir nicht wissen, ob etwas wahr oder unwahr sind. Diese ungelöste Ambivalenz führt letztlich dazu, dass wir Dinge, nur weil jemand sie behauptet hat, für gültig halten. Ähnlich verhält es sich mit Ängsten, Selbstzweifen und verwirrenden Fantasien, die wir in unsere Psyche aufnehmen.

Drohungen, denen wir als Kinder ausgesetzt wurden, als wir noch zu jung waren, um sie zu verarbeiten, haben sich zu dämonischen Elementen in unserer Psyche entwickelt. Dort residieren sie auch noch, wenn wir erwachsen geworden sind; sie zeigen sich in Form von Ängsten, wie zum Beispiel der Angst, ohne Arbeit, Geld, Krankenversicherung, Altersversorgung und so weiter dazustehen.

Diejenigen von uns, die mit Literatur und Theater vertraut sind, werden erkennen, dass die unterschiedlichen dämonischen Figuren mit ihren Sätzen, Rationalisierungen und Rechtfertigungen oft in Nebenrollen dargestellt werden. Sie fungieren als verselbständigte Teile der Hauptfigur des Stücks, die unter einem inneren Konflikt leidet. Dieser innere Konflikt wird sichtbar gemacht, indem er in den Charakteren der Nebenrollen nach außen gekehrt auftritt. Der Umstand, dass sie eine aktive Rolle im Leben der Hauptfigur spielen, deutet an, dass die betreffende Person nicht genügend Souveränität über ihre inneren Grenzen besitzt, um ihren Einfluß zu verhindern. Folglich haben sie die Macht, die Hauptfigur in die Verzweiflung zu treiben. Als Zuschauer fragen wir uns: "Warum steht die Hauptfigur nicht für sich ein?" Falls sie das Spiel schließlich durchschaut, sind wir zufriedengestellt. Ein gutes Theaterstück oder ein guter Roman ziehen uns an, weil sie unsere inneren Konflikte widerspiegeln.

Die Nebenrollen machen deutlich, dass die Hauptfigur ihre Energie darauf verschwendet, irgendein Selbstbild aufrecht zu erhalten. Es kann das Selbstbild des "höflichen Menschen" (der seine Gefühle nicht zeigt) sein, oder das des "Menschen, der sich der guten Form verpflichtet fühlt" (auf Kosten der wahren Werte), oder das des "gutherzigen Menschen" (der jedes Maß für Angemessenheit verloren hat).

Auch im Text des I Ging finden wir mehrere Hinweise auf solche Zustände, wie beispielsweise in dem folgenden Orakelspruch: "Du hältst zusammen mit Menschen, die nicht die rechten sind" (Hexagramm 8, *Das Zusammenhalten*, Platz 3). An der betreffenden Stelle wird auf unser "Zusammenhalten mit weitverbreiteten Vorstellungen [Bezug genommen], die im Widerspruch zu den Kosmischen Harmonieprinzipien stehen".

Ein klassisches Beispiel für ein dämonisches Element ist natürlich die Figur des Mephisto in Goethes "Faust".

Alle dämonischen Elemente haben ihren Ursprung in den unwahren Wörtern, Sätzen und Bildern des Egos, die wir zum Leben erwecken, indem wir ihnen Gültigkeit zusprechen.

Unsere Entdeckung der ersten dämonischen Elemente: Kobolde, Dämonen und Drachen

Die erste Begegnung mit dämonischen Elementen in ihrer Psyche fand für Carol während zweier Meditationen statt, die sie in den 1970er Jahren im Abstand weniger Wochen hatte. In der ersten Meditation fand sie sich gleich zu Beginn von ihrem Hocker gestoßen. Auf der Suche nach der Ursache sah sie ein kleines, zwergenähnliches Männlein, etwa halb so groß wie sie selbst; es trug Lederhosen, eine grüne Kappe mit Feder und schwarze Lackschuhe. Seine Augen waren scharf und schwarz, seine Nase gekrümmt. Er sah sie mit geschürzten Lippen an, so als wollte er sie beschämen. "Warum hast du das getan?" fragte sie ihn. Worauf er antwortete: "Weil du dich nicht darauf stützen sollst." Verwirrt über die Bedeutung seiner Worte beendete Carol die Meditation. Hatte sie sich zu unrecht auf etwas gestützt? Und wenn ja, auf was? Diese Meditation hatte sich ganz anders angefühlt als die, in denen der Weise, wenn auch unsichtbar, aber doch als wohlwollende Präsenz zu spüren gewesen war. Obwohl ein Rat, der vom Weisen kam, immer das Gefühl von Autorität vermittelte, brachte er doch stets Klarheit und fühlte sich harmonisch an. Ohne weiter über die neue Meditationserfahrung nachzudenken, ließ Carol sie zunächst einmal so stehen, in der Gewißheit, sie werde ihre Bedeutung im Laufe der Zeit enthüllen.

Ein paar Wochen später erschien die zwergenhafte Gestalt wieder. Diesmal war sie winzig, nur etwa zehn Zentimeter groß. Sie huschte an einer Türöffnung auf der anderen Seite des Raumes vorbei, und zwar so rasch, dass sie keine Zeit hatte, sie genauer zu betrachten. Was ihr jedoch auffiel, war, dass ihr Erscheinen und Verschwinden mit einem unzweifelhaft vom Ego kommenden Vorwurf zusammenfiel, den sie aus dem Hintergrund hörte. Nachdem sie den Zusammenhang zwischen dem Vorüberhuschen des Zwergs und dem Gedanken erkannt hatte, wurde die ganze Szene noch einmal wiederholt. Dieses Mal stand jedoch eine hochgewachsene, freundlich gesinnte Figur mit einem Bogen neben ihr; der Bogen war gespannt, und ein Pfeil traf blitzschnell den Zwerg, bevor er wieder verschwinden konnte. Es war Carol gestattet worden, mit den Augen genau am Pfeil entlang zu sehen; seine Zielgenauigkeit war unübertrefflich. Dann kam ihr das Wort "Kobold", und es wurde ihr klar, dass diese zwergenhafte Figur, die nun tot war, ein dämonisches Element in ihrer Psyche gewesen war. Es war die Quelle jener Gedanken aus dem Hintergrund, die ihr vorschrieben, was sie tun oder lassen sollte, und die sie häufig daran erinnerten, was sie, gemessen an dem, was ihr als Kind beigebracht worden war, falsch gemacht hatte. Ihr wurde auch klar, dass der Schütze kosmischer Natur war. Fünfundzwanzig Jahre später, als wir die unsichtbaren kosmischen Helfer kennenlernten, erkannte Carol diesen Schützen als einen von ihnen.

Es dauerte eine Weile, bis eine weitere Meditation Carol mit einer anderen Art von dämonischem Element bekannt machte. Es zeigte sich am Morgen nach einer Dinnerparty, zu der sie eingeladen worden war. Auf der Party hatte sie eine Unterhaltung mit ihrem Tischnachbarn gehabt, der ihr erzählte, er sei gerade im Begriff, seinen Titel als Psychoanalytiker zu bekommen. Im Spaß fragte Carol nach, ob er Freudianer oder Jungianer sei. Überraschend heftig erwiderte er: "Jung! Mit dem habe ich nichts zu tun! Der war ein Verrückter!" Carols Sohn, der ebenfalls anwesend war und mitbekommen hatte, wie der Mann Carol angefahren hatte, machte sie in einem unbemerkten Augenblick darauf aufmerksam, dass der Mann verschiedenfarbige Socken trug! Nun hatte Carol etwas, worüber sie sich innerlich lustig machen konnte; sie empfand Genugtuung. Ihre Meditation am nächsten Morgen begann in einem dunklen Raum; es mochte eine Höhle sein. Sie hörte ein Geräusch, das sie an eine Dampflok erinnerte, die auf einem Abstellgleis steht und langsam vor sich hin schnaubt. Plötzlich eingeschaltete Flutlichter zeigten ihr, dass das Geräusch von einem schlafenden Drachen kam. Es erinnerte sie nun an ihre Empörung vom Vorabend, die nach Genugtuung verlangte. Dieses Gefühl war von einem inneren "hm! hm! hm!" begleitet gewesen. Sogleich erkannte sie, dass sie hier den "Drachen der Genugtuung" vor sich hatte und dass es gut wäre, ihn zu töten, solange er noch schlief. In dem Moment stellte sie fest, dass sie einen Speer in der Hand hielt. Ohne nachzudenken, stieß sie damit zu und tötete den Drachen.

Viele Jahre später wurde uns klar, dass Drachen in der Psyche nicht nur Ausdruck von Ego-Emotionen wie Genugtuung oder Rachsucht sein können, sondern auch Kontrollelemente sind, die mit der Entwicklung des Egos in der Psyche installiert werden, um unsere innere Freiheit durch Ängste oder Schuldgefühle zu unterdrücken. Zu ihnen gehören Bilder von überdimensionalen Bedrohungen wie das eines rachsüchtigen, strafenden Gottes oder das Bild vom Höllenfeuer.

Das nächste dämonische Element, das Carol in der Meditation erschien, war eine affenähnliche Gestalt, die ihren Geist unablässig mit einer bestimmten Angst traktierte. Sie erkannte, dass diese Belästigung, die sie zu jener Zeit häufiger quälte, von einem Dämon kam. Die Geistlosigkeit solcher Quälerei ist typisch für Dämonen; sie ist oft mit Ängsten und Ego-Emotionen wie Haß, Neid, Eifersucht, Schuld, Hoffnungslosigkeit und Hilflosigkeit verbunden. Dämonen benutzen diese Emotionen, um uns anzutreiben – sei es zu ehrgeizigem Streben, zu Vermeidungsstrategien oder zur Flucht. Der einzige Zweck der Dämonen besteht darin, durch das Wecken von Emotionen unsere Energie zu stehlen, um damit bestimmte Drachen zu füttern.

Dämonen sind das Ergebnis der weit verbreiteten Ängste und Selbstzweifel, die uns als Kindern eingepflanzt werden. Für die Eltern mag es so aussehen, als seien die üblichen Drohungen wie "Was wird der liebe Gott denken, wenn du so etwas tust?" notwendig, um ihre Kinder zu erziehen; doch die Vorstellungskraft des Kindes übersteigert eine solche Bemerkung ins Übermenschliche, ähnlich wie ein Filmprojektor ein winziges Bild auf eine Riesenleinwand projiziert. Die Psyche speichert solche Bilder in der übertriebenen Dimension, in der wir sie beim ersten Mal erlebt haben. Ist das Ego erst einmal in der Psyche an die Macht gelangt, dann spielt es sie uns unser Leben lang wieder vor. Diese Aktivität geschieht außerhalb unserer bewussten Wahrnehmung.

Nach diesen frühen Erfahrungen, die Carol mit dämonischen Elementen in der Meditation gemacht hatte, wurde uns klar, dass dämonische Elemente auch in Träumen auftreten, wo sie uns sowohl in menschlicher als auch in Tiergestalt begegnen können. Der folgende Traum, den uns eine Frau in einer Beratungssitzung erzählte, ist ein Beispiel:

"Ich sollte ein Auto von Berlin nach Frankfurt fahren. Als ich in das Auto einsteigen wollte, hatten bereits vier oder fünf Frauen und Männer den Wagen in Besitz genommen; zwei hatten sich sogar in den Kofferraum gezwängt. Ich war ziemlich schockiert und dachte: 'Das ist kein guter Anfang für mein Vorhaben.' Aber ich bestand nicht entschieden genug darauf, sie hinauszuwerfen. Ich dachte, ich müßte mich mit der Situation abfinden.

Als ich auf dem Fahrersitz Platz nehmen wollte, hatte sich bereits einer der Männer halb auf den Platz gequetscht. Ich sagte zu ihm: 'Sie müssen mir auf dem Fahrersitz Platz machen.' Er rückte ein wenig zur Seite, aber ich hatte immer noch kaum Platz zum Sitzen. Das Auto fuhr bereits in langsamem Tempo; sehr bald kamen wir zu einer sehr engen Stelle, wo ein Wagen den größten Teil der Straße einnahm. Die Straße sah auch sehr unordentlich aus. Ich sagte: 'Wir können da nicht durch. Tritt auf die Bremse!' Aber der Mann steuerte das Auto einfach mitten hindurch. Es gelang mir gerade noch, meinen Fuß halb auf die Bremse zu stellen, aber das Auto fuhr einfach weiter und erzwang sich den Weg durch alle Hindernisse hindurch. Ich wachte mit dem Gefühl auf, dass ich die Notbremse ziehen und mich strikt weigern muß, irgendjemanden im Auto mitzunehmen."

Als wir uns den Traum mit Hilfe des Weisen anschauten, erfuhren wir, dass die Leute in dem Auto für vier verschiedene dämonische Elemente in der Psyche der Frau standen: das eine war ein Kobold, der behauptete: "Wir gehören zu dir, du kannst uns nicht loswerden;" das zweite war ein Dämon, der Gefühle der Verpflichtung gegenüber anderen Mitgliedern der Familie, mit denen sie zu jener Zeit Probleme hatte, in ihr weckte; das dritte war ein Drache, der ihr klarmachte: "Es ist zwar dein Auto, aber ich sitze am Steuer" (dieser Drache stand für das kollektive Ego); das vierte war ein weiterer Dämon, der für ein Selbstbild stand, das sich die Frau zugelegt hatte: das des "edlen Menschen", der alles toleriert.

Dämonische Mechaniken

Es sollten mehrere Jahre vergehen bis wir eine andere Art von dämonischen Elementen kennenlernten. Neue Erkenntnisse stellten sich bei unserer Arbeit an dem Buch *I Ging – Das Kosmische Orakel* ein, wie zum Beispiel die Begegnung mit den in Kapitel 12 beschriebenen Wechselbälgern.

Eine andere große Gruppe stellen dämonische Elemente dar, denen wir den Namen "dämonische Mechaniken" gegeben haben. Zu ihnen gehört "Der Selbstzweifler", den wir in Kapitel 11 vorgestellt haben, sowie verschiedenste "Greifer", die sich dadurch auszeichnen, dass sie bestimmte Ego-Emotionen, Sätze oder Bilder ergreifen und gnadenlos auf ihnen herumreiten. Wir sollten lernen, dass bereits die Nennung ihres Namens ihnen viel von der Macht nimmt, die sie über Menschen haben können, ähnlich wie im Märchen von Rumpelstilzchen. Um uns jedoch vollständig von ihnen zu befreien, brauchen wir die Unterstützung durch kosmische Helfer. Dadurch wird verhindert, dass sie in neuem Gewand zurückkehren.

Wie die obigen Beispiele zeigen, dienen dämonische Elemente und dämonische Mechaniken dem Ego dazu sicherzustellen, dass unser wahres Selbst im Unterbewusstsein eingesperrt bleibt und wir in der vom kollektiven Ego erschaffenen Parallelwirklichkeit gefangen bleiben. Sie erreichen dies, indem sie uns ständig die Gefahren vor Augen halten, die uns drohen, wenn wir auf unsere innere Wahrheit hören würden. Im Hintergrund unseres Bewusstseins wiederholen sie die ewige Leier von der Gefahr, von unserer Familie verlassen und von der Gesellschaft ausgeschlossen zu werden. Wie der oben beschriebene Traum zeigt, wird uns weisgemacht, unser Schutz und unsere Sicherheit seien vollständig vom sozialen Netz abhängig, während diese dämonischen Elemente in Wirklichkeit auf unsere Kosten ihr Unwesen treiben und uns vielfältigen Gefahren aussetzen.

Teams von dämonischen Elementen

Es gibt einen Spruch, der besagt: "Ein Übel kommt selten allein"; dieser Spruch trifft besonders für bestimmte dämonische Elemente zu, die "Arbeitsteams" bilden. Wenn wir zum Beispiel danach streben, ein bestimmtes Ideal als Selbstbild zu erfüllen, dann erschafft dieses Selbstbild automatisch einen "Schulddämon", weil es unmöglich ist, ein abstraktes Ideal zu erfüllen. Wenn wir vorgeben, wir hätten das Idealbild verwirklicht, dann stellt sich ein Schwarm weiterer dämonischer Elemente ein: ein Dämon und Drache der Selbstgerechtigkeit, ein Drache der Verurteilung, ein Kobold von Moralvorschriften sowie Wechselbälger, die falsche Begründungen zur Unterstützung jedes dieser dämonischen Elemente liefern. So plagt uns zum Beispiel der "Wechselbalg, der uns am Ideal mißt" mit der Frage: "Bin ich gut (das heißt selbstlos, verantwortungsbewusst, pflichtbewusst, fürsorglich, liebend usw.) *genug*?" Und sein Zwillingsbruder, der "Wechselbalg der Umkehrung", verfolgt uns mit vergleichenden Behauptungen wie "Du bist zu rücksichtslos" oder "Du bist nicht mehr so verantwortungsbewusst wie du früher einmal warst," und so weiter.

Wie wir unbewusst dämonischen Elementen Macht über uns geben

Dämonische Elemente gedeihen umso prächtiger, je mehr wir sie als real existent betrachten. Wir geben ihnen Macht über uns, wenn wir sie als "niedlich, schlau, brillant, trickreich oder angsterregend" sehen und glauben, sie besäßen die Fähigkeit, uns zu überwältigen. Diese Gefahr erleben wir bei bestimmten Sorten von Filmen, die darauf angelegt sind, fantasierten dämonischen Elementen Wirklichkeitscharakter zu verleihen. Tatsache ist, dass sie enorm an Größe und Gewicht zunehmen, solange wir sie als real existent betrachten.

Bestimmte dämonische Elemente, die unserem Blick verborgen sind, eignen sich unsere Fähigkeit zu Humor an, um andere Menschen auszulachen und zu demütigen. Andere eignen sich die Fähigkeit unseres Geistes an, immer schrecklichere Waffen zu erfinden. Wieder andere eignen sich die Fähigkeit unseres Verstandes an, Lug und Trug, Töten und Foltern zu rechtfertigen. Sie schaffen es auch, uns den Eindruck zu vermitteln, wir seien von Elementen besessen, die so durchtrieben sind, dass sie es immer schaffen werden, uns auszutricksen. Auf ähnliche Weise gelingt es ihnen auch, manche Menschen davon zu überzeugen, sie verdankten ihnen den Erfolg ihrer Kreativität oder ihres Talents. Die Folge ist, dass diese Menschen fürchten, ihre Kreativität zu verlieren, wenn sie sich von den dämonischen Elementen trennen würden.[42]

Dämonische Elemente schrumpfen an Größe und Macht, wenn wir uns bewusst machen, dass sie das Produkt von Wörtern, Sätzen und Bildern sind, die jeder kosmischen Grundlage entbehren, und wenn wir klar sehen, wie groß der Schaden ist, den der falsche Gebrauch von Sprache anrichtet. Dann liegt ihr großes Geheimnis offen zutage.

Eine kleine Auswahl dämonischer Mechaniken

Dämonische Mechaniken setzen sich oft aus zwei oder mehr dämonischen Elementen zusammen, die kollaborieren: erstens, um Energie zum Erhalt des Egos von uns zu rauben, und zweitens, um mechanische Reaktionen in den verschiedensten Teilen unseres Körpers zu produzieren.

Falsche Zuschreibungen und Giftpfeile haben bekanntlich die Wirkung, bestimmte Funktionen der Psyche zu fixieren und sie dadurch ganz oder teilweise außer Kraft zu setzen. Um solche Dysfunktionen auszugleichen, erschafft das Ego Verhaltens*mechanismen*, die es uns ermöglichen, mehr schlecht als recht zu funktionieren, solange wir unter dem Einfluss der falschen Zuschreibung oder des Giftpfeils stehen. Da der Verstand nicht über ein fühlendes Bewusstsein verfügt, kann er, wenn er von unseren Gefühlen abgeschnitten ist, nur Dinge erschaffen, die mechanisch funktionieren.[43]

Wie in der Beschreibung von Carols Meditationserfahrung erwähnt, müssen dämonische Elemente "getötet" werden, wenn wir uns von ihnen befreien wollen. In ihrer ersten Medi-tation erschien ein kosmischer Bogenschütze, der absolute Ziel-genauigkeit besaß. In der zweiten Meditation entdeckte Carol zu ihrer Überraschung, dass sie einen Speer in der Hand hielt, und dass der Umstand, dass der Drache schlief, ihr die Gelegenheit bot, ihn zu töten. Im Anhang dieses Buches nennen wir eine Anzahl von Helfern, die wir bitten können, das betreffende dämonische Element, das wir zuvor identifiziert haben, zu töten (vgl. Anhang 3: "Deprogrammieren"). Das Töten des dämonischen Elements ist Teil des Deprogrammierungsvorgangs.

Bei den unten genannten dämonischen Mechaniken sind die falschen Zuschreibungen und Giftpfeile, deren Wirkung sie ausgleichen sollen, nicht unmittelbar erkennbar. Die Namen dieser Verhaltensmechanismen sagen eher etwas über ihre Vorgehensweise aus. In einigen Fällen geben wir Hinweise auf ihre verborgenen Wurzeln, die gleichzeitig mitzudeprogrammieren sind, wenn wir die betreffende dämonische Mechanik deprogrammieren.

Der Selbstzweifler

An erster Stelle unter den dämonischen Mechaniken steht "der Selbstzweifler", der das individuelle Ego erschafft. Er installiert in uns den Grundzweifel an unserer Ganzheit durch die implizite Behauptung, 'so wie wir von Natur aus beschaffen sind, seien wir nicht besonders genug'. Ferner besteht er aus der unwahren Behauptung: "Nur die Augen erkennen die Wahrheit." Durch diese Behauptung werden alle unsere inneren Wahrnehmungssinne ausgeschlossen, die wir zum vollständigen Erkennen der Wahrheit besitzen. Ohne sie sind dem Selbstzweifel Tür und Tor geöffnet (vgl. auch die Beschreibung in Kapitel 11).

Der Greifer

Der Greifer kann in unterschiedlichen Formen auftreten. Am meisten verbreitet ist der "Sorgengreifer". Sorgen sind das Ergebnis unserer Trennung vom Kosmos mit seinen Myriaden unsichtbarer Helfer. Die Ursache dafür liegt entweder in unserem Unglauben, dass es einen fürsorglichen Kosmos gibt, oder darin, dass unsere Ganzheit durch Selbstzweifel gespalten ist. Die Folge dieser Trennung ist, dass wir uns selbst überlassen sind. Der Sorgengreifer greift jedes erdenkliche Thema auf, das uns Sorgen bereitet, und führt uns eine endlose Folge von Szenarien vor, was alles Schlimmes geschehen oder was uns ruinieren könnte.

Der “nächtliche Greifer” kann uns wachhalten, wenn wir nachts aus irgendeinem Grunde aufwachen; typisch für ihn ist, dass er unserem Verstand Situationen vorführt, die Ängste und Sorgen wecken; dann macht er Vorschläge, was wir dagegen unternehmen sollten oder könnten, und hält den Verstand damit beschäftigt, diese “Lösungen” zu überprüfen, bis wir erkennen, dass sie nichts bringen würden. Genau an dem Punkt, da wir die Sache loslassen, präsentiert der Greifer ein neues Problem und sorgt dafür, dass unser Verstand erneut damit beginnt, nach einer Lösung zu suchen. Auf diese Weise setzt der Greifer seine Aktivität *ad infinitum* fort. Der nächtliche Greifer ist die Hauptursache für Schlaflosigkeit. Die unterschwelligen Sorgen, Ängste und Gefühle der Hoffnungslosigkeit, die der Greifer in uns weckt, sind häufig die Ursache von Hitzewellen und nächtlichen Schweißausbrüchen.

Der nächtliche Greifer beruht auf dem Giftpfeil: “Wir Menschen sind für alles, was geschieht, verantwortlich.” Dieser Satz, der irgendwann einmal in unserer Psyche gespeichert wurde, verhindert, dass wir uns daran erinnern, den Kosmos um Hilfe zu bitten. Die Folge davon ist, dass wir es uns, wie Atlas, zur Aufgabe machen, die Welt auf unseren Schultern zu tragen.

Typisch für Greifer ist, dass sie uns Situationen vor Augen führen, an denen wir äußerlich gesehen nichts ändern können, für die wir aber “Verantwortung tragen”, wie zum Beispiel durch Menschen verursachte Umweltschäden, Kriege im Ausland, Naturkatastrophen, Verbrechen, den Niedergang des Sozial- und Erziehungswesens sowie die ganze Litanei negativer Nachrichten und Vorhersagen in den Medien. Greifer benutzen auch verzwickte Familienprobleme, um uns wachzuhalten und uns dazu zu bringen zu überlegen, was wir sagen oder tun könnten; darauf folgen unweigerlich Gründe, warum die Lösungen, die wir uns gerade ausgedacht haben, nichts bringen würden.

Greifer bedienen sich auch unserer Ängste, wie beispielsweise der Angst, wir würden nicht die benötigte Hilfe bekommen, oder der Angst vor der unbekannten Zukunft nach dem Motto: “Man weiß nie, was passieren wird …” Außerdem können sie uns mit Bildern verfolgen, die keinen Ausweg zeigen, wie beispielsweise das Bild einer undurchdringlichen Mauer. Oder sie können sich auf jemanden einschießen, der unserer Meinung nach ein Unrecht begangen hat. Im Extremfall kann dies dazu führen, dass wir die betreffende Person auch physisch verfolgen.

Ein Greifer kann auch Gebote, die als absolute Gebote formuliert sind, dazu benutzen, uns für alles und jedes verantwortlich zu machen. Dafür sorgen Sätze wie: "Du hast die Verpflichtung, für das Wohlergehen deiner Familie zu sorgen." Unser Geist versteht solche Sätze als Befehl, jegliche Beschränkung, die unser gesunder Menschenverstand und unser Sinn für Angemessenheit setzen würden, außer Acht zu lassen. Das Gewicht einer derartigen Verantwortung hält uns nachts wach, weil uns alles einfällt, was wir tun müssen, und alles, was wir zu tun versäumt haben. Was wir versäumt haben, dient dem Greifer als ständige Quelle von Schuldgefühlen. Durch die Verursachung von Schuldgefühlen sorgt er dafür, dass das Ego unsere Persönlichkeit fest im Griff behält. Schuldgefühle können ebenfalls die Ursache nächtlicher Schweißausbrüche sein.

Zu den Behauptungen, die Greifer erzeugen, gehören ferner: "Es gibt keine Garantie [dass uns Hilfe vom Kosmos zuteil wird]" oder: "Vielleicht lohnt es sich nicht [dem Pfad unserer inneren Wahrheit zu folgen]."

Wenn wir den Selbstzweifler und den Greifer nebeneinander betrachten, dann fällt auf, dass der Selbstzweifler uns einredet, wir "seien nicht genug", während der Greifer behauptet, wir "seien für alles verantwortlich"! Damit sind wir vor eine unmögliche Aufgabe gestellt, die uns unserer ganzen Lebenskraft beraubt. Der einzige Nutznießer unserer Anstrengungen ist das Ego.

Das Folterteam

Das Folterteam besteht aus einer Kombination von einem Drachen und zwei weiteren dämonischen Elementen. Der Drache fungiert als der "oberste Richter", der erklärt, wir seien schuldig und müßten bestraft werden. Die beiden anderen dämonischen Elemente haben die Rolle des "Staatsanwalts" und des "Folterknechts". Der Staatsanwalt bringt ständig Argumente vor, warum wir schuldig sind, und der Folterknecht führt die Strafen aus, indem er zum Beispiel auf unsere Körperzellen einschlägt oder an ihnen zieht (durch Ticks, Muskelkrämpfe oder Knochenschmerzen) oder Entzündungen verursacht (wie bei allen Krankheiten mit der Endung "itis"). Der Folterknecht ist immer mit einem Giftpfeil verbunden, der von dem inneren Richter stammt, wie zum Beispiel: "Für Fehler verdient man, bestraft zu werden," oder "Wenn man einen Fehler macht, muß man ewig dafür bezahlen."

Das Folterteam kann seinen Ursprung in einem Elternteil haben, der fest an den Maßstab von "richtig und falsch" glaubte und dem Kind den Eindruck vermittelt hat, es würde später im Leben scheitern, wenn es sich nicht an diese absolute Norm hielt. Die Folge ist, dass seine Angst zu versagen andere erst recht auf seine Mängel aufmerksam macht, und diese ihm dann sagen, wie er es "richtig" machen soll. Sie konzentrieren sich ganz besonders auf seine Fehler, meiden ihn oder signalisieren ihm auf andere Weise ihre Mißbilligung. Der Druck, den ihre Mißbilligung auf ihn ausübt, gibt ihm wiederum das Gefühl, diese Leute nicht ausstehen zu können. Seine Emotionen geben den anderen nicht nur Macht über ihn, sondern füttern auch die Egos in ihnen mit seiner Energie.

Der Folterknechtaspekt des Teams besteht aus einem Kobold und einem Dämon. Der Kobold schürt die Angst des betreffenden Menschen, Fehler zu machen und für sie verurteilt zu werden, und erinnert ihn auch an die Drohung aus seiner Kindheit, verlassen zu werden. Seine Ängste ziehen nun genau die Menschen in seinen Kreis, die das grausame Ego-Spiel von Anerkennungsgewährung und -verweigerung spielen. Der Dämon erzeugt einen uner-träglichen Druck, indem er ständig den Satz wiederholt: "Ich halt das nicht mehr aus." Dieser Druck will sich irgendwann Luft machen. Daran sind zwei weitere Dämonen beteiligt: einer, der das Opfer, und einer, der den Beschwerdeführer spielt. Der Druck verschafft sich nun Luft, indem sich der Betreffende bei anderen über den Unterdrücker beschwert.

Ein Mensch, auf den die obige Beschreibung zutrifft, kann unter Umständen als Kind den Mythos[44] vom "misshandelten Kind" entwickelt haben, um die Wunden zu kühlen, die ihm die ständige Kritik seiner Bezugsperson zugefügt hat.

Wie bereits erwähnt, ist die Wurzel für diese dämonische Mechanik die fehlgeleitete Idee, es gebe so etwas wie einen absoluten Maßstab für "richtig" und "falsch". Diese Idee ist verbunden mit dem Glauben, das Falsche müsse durch Bestrafung ausgerottet werden.

Die dämonische Mechanik von "richtig und falsch"

Diese dämonische Mechanik ist mit dem Folterteam verwandt, unterscheidet sich jedoch dadurch, dass sie auf dem Satz beruht: "Du mußt in der richtigen … sein", das heißt in der richtigen Partei oder Bewegung, oder "du mußt die richtige Meinung haben" und so weiter. Dahinter steht die in der Kindheit gespeicherte Drohung, sonst verlassen zu werden.

Der Aufrechterhalter von Pflichten gegenüber der Familie

Diese dämonische Mechanik entsteht aus einem Gefühl der Verpflichtung gegenüber Mitgliedern der Familie, das den Betreffenden automatisch dazu bringt, auf ihre Forderungen und den Druck, den sie ausüben, einzugehen. “Der Aufrechterhalter von Pflichten gegenüber der Familie” erzeugt einen Schamdämon, der den betreffenden Menschen automatisch überkommt, wenn er es versäumt, seinen Pflichten nachzukommen. Der Schamdämon wird von einem Schwarm von Schuldgefühlen begleitet.

Die Wurzel dieser dämonischen Mechanik ist die fehlgeleitete Glaubensvorstellung: “Du hast alles deiner Familie zu verdanken.”

Die Wolke, die gefühlsblind macht

Diese dämonische Mechanik wird von einem Wechselbalg erschaffen, der den betroffenen Menschen von den Gefühlen abschneidet, die von seinem Herzen kommen, indem er sie mit einer Wolke bedeckt. Die Wolke entsteht durch den rationalisierenden Satz: “Es ist gefährlich, Gefühle zu haben.” (Für Männer in unserer Kultur kann der Satz auch lauten: “Es ist peinlich oder sogar beschämend, Gefühle zu haben.”) Dadurch, dass der Wechselbalg den Betroffenen für seine wahren Gefühle blindmacht, kann er diese in Ego-Emotionen umwandeln: wahre Wut wird in Rachsucht oder Haß verwandelt, aus einem wahren Gerechtigkeitsgefühl wird Selbstgerechtigkeit, und ein neutrales Gefühl wird zu Gleichgültigkeit. Die Ego-Emotionen, die durch diesen Wechselbalg erzeugt werden, nehmen dann die Form von Verhaltensmechanismen an, wie das folgende Beispiel des “dämonischen Heers” verdeutlicht.

Das dämonische Heer

Das dämonische Heer ist eine Horde wütender Kämpfer in der Psyche des Betroffenen, die nach Möglichkeiten Ausschau hält, eine ihm irgendwann zugefügte Ungerechtigkeit zu rächen. Dieses Heer läßt ihn nachts nicht schlafen, weil er darüber nachsinnt, wie er es der Person, die ihm das angetan hat, heimzahlen kann. Wenn dieser wütenden Horde auch nur einen Tag lang erlaubt wird, die Psyche zu beherrschen, wird ein psychischer Erinnerungs-Chip gebildet, der dann zur Ursache von passiv-aggressivem Verhalten gegenüber völlig unbeteiligten Personen wird. Sein Verhalten erscheint *passiv*, weil er das Bild des Opfers aufrechterhalten muß. Seine versteckte Aggressivität löst eine aggressive Reaktion in seinem Gegenüber aus, die ihm dann erneut Grund gibt, sich als das Opfer einer ungerechten Behandlung zu fühlen. Die Anwesenheit des "dämonischen Heeres" hält einen Teufelskreis aufrecht, dessen Opfer das wahre Selbst des Betroffenen ist.

Diese dämonische Mechanik gibt vor, die unverarbeitete Wahrnehmung der ursprünglichen ungerechten Behandlung zu bewältigen, ohne sie jedoch zu *verarbeiten.*

Der Verfolgungsmechanismus

Der Verfolgungsmechanismus wird dadurch erschaffen, dass wir das aus der Sicht des kollektiven Egos "Unaussprechliche" getan haben: Wir haben zum Beispiel eine Freundschaft, Ehe, Eltern- oder Geschwisterbeziehung beendet, ein Schritt, der in der Gesellschaft, in der wir leben, absolut tabu ist. Die Wurzel dieser dämonischen Mechanik ist der Satz: "Was du getan hast, wird dich dein Leben lang verfolgen."

Der stolze Vorhersager

Diese dämonische Mechanik ist mit dem stolzen Selbstbild des Menschen, "der die Zukunft kennt", verbunden. Seine Kenntnis bezieht sich insbesondere auf "die schlimmen Dinge, die geschehen werden". Er kann an Sätzen wie den folgenden erkannt werden: "Sobald ein Unglück vorüber ist, kommt das nächste." – "Das Böse lauert immer irgendwo." Wenn wir gerade von einer Krankheit genesen sind, sagt er: "Sie wird wiederkommen," oder "Man kann nie sicher sein, ob sie nicht wiederkommt." Diese dämonische Mechanik bildet oft einen psychischen Erinnerungs-Chip, der verschiedene Schmerzen im Körper verursacht, die die frühere Krankheit imitieren, sodass der Betroffene glaubt, sie sei tatsächlich wiedergekommen (siehe Kapitel 18: "Die schmerzlose Befreiung von traumatischen Erinnerungen").

Als vermeintlicher Bewältigungsmechanismus bereitet dieses dämonische Element den Betroffenen angeblich auf die "nächste schlimme Sache" vor. Die Erwartung erzeugt dann prompt die "nächste schlimme Sache."

Der Vorhersager von Unglück

Diese dämonische Mechanik ist am Werk, wenn es um negative Voraussagen im Bereich der Wissenschaft, Religion, des Moralverhaltens und so weiter geht.[45] Vorhersagen dieser

Art können leicht die negativen Dinge, die sie voraussagen, hervorrufen. Ein Beispiel dafür ist die medizinische Prognose: "Sie haben noch ungefähr drei Monate zu leben." Selbst wenn unser Geist entschlossen ist, die Prognose zu bekämpfen, wird der Wille unserer Körperzellen weiterzuleben gebrochen, es sei denn wir deprogrammieren die Prognose samt der dämonischen Mechanik.

Die Wurzel des Vorhersagers von Unglück ist der falsche Glaube: "Die Menschen müssen die *Wahrheit* wissen, damit sie sich darauf einstellen können."

Triumph und Niederlage

Diese beiden dämonischen Elemente bilden ein Team. Nachdem ein Durchbruch in einer schwierigen Lage erzielt worden ist, sagt der "Triumph": "Endlich ist dieses alte Problem gelöst." Sofort wendet die "Niederlage" ein: "Das hast du schon öfter gesagt, aber dann war doch alles für die Katz." Es kann sein, dass ein Kobold ihn durch die Bemerkung unterstützt: "Der Erfolg sollte doch ganz anders aussehen!" Dieses Team ist häufig von einem Drachen begleitet, der sichtbare Beweise einfordert.

Die Wurzel dieser dämonischen Mechanik ist die fehlgeleitete Idee: "Man kann nur glauben, was man sehen kann."

Der Selbstverdammer und sein Partner

Der "Selbstverdammer" sagt: "Du bist und bleibst ein Versager, ganz gleich was du tust." Darauf sein "Partner": "Niemand wird glauben, dass du kein Versager bist, bis du es unter Beweis gestellt hast." Die Behauptung des Selbstverdammers ist eine falsche Zuschreibung, die den Betreffenden als Versager fixiert; der Zusatz seines Partners veranlaßt ihn, danach zu streben, das Gegenteil zu beweisen. Doch läßt sich eine falsche Zuschreibung so nicht brechen. Es handelt sich um eine dämonische Mechanik, von der ausschließlich das Ego profitiert.

Der Aufbläher

Der Aufbläher macht aus einer Mücke einen Elefanten. Dazu benutzt er eine Mechanik, die unsere Aufmerksamkeit auf die *Größe* des Problems lenkt, anstatt auf seine *Ursache*, die normalerweise in einer fehlgeleiteten Idee, Glaubensvorstellung oder in einem Bild liegt – etwas, das das I Ging als eine "kleine Sache" bezeichnet. Damit nimmt uns der "Aufbläher" den Mut, überhaupt nach der Ursache des Problems suchen zu wollen.

Die Wurzel dieser dämonischen Mechanik ist das Wort "Problem". Es erweckt das Bild eines unüberwindlichen Berges.

Der Klopfer

Diese dämonische Mechanik ist nur bei Nacht aktiv und verursacht Schlaflosigkeit. Sie ist immer mit dem Ego-Komplex namens "Du-musst-auf-der-Hut-sein" verbunden. Der einzige Satz, auf dem dieser Ego-Komplex beruht, lautet: "Du musst vor Übergriffen durch das Ego auf der Hut sein." Damit wird dem Geist eine Aufgabe übertragen, die er unmöglich ausführen kann, während er schläft. Aus diesem Grund wird die dämonische Mechanik des Klopfers erschaffen, um den Geist wachzuhalten. Dies ist ein gutes Beispiel für die absurden Situationen, die entstehen, wenn dem Ego – vermittels des Geistes – die Aufgabe übertragen wird, uns vor dem Ego zu schützen.

Anmerkung: Der Klopfer ist nicht mit dem Klopfen eines Helfers zu verwechseln, der uns zu der Erkenntnis wecken möchte, dass wir wie ein Schlafwandler durchs Leben gehen und im Begriff sind, die "ganze Reise zu verpassen", wenn wir nicht bald aufwachen.

Der Inquisitor

Diese dämonische Mechanik stellt uns die Frage: "Und was tust DU angesichts des Elends in der Welt?" Der "Inquisitor" ist mit einem Schuldkobold verbunden. Wegen der Falle, die uns durch eine solche Frage gestellt wird, schauen wir zum Kosmos oder zu Gott mit derselben Frage: "Was machst du (Kosmos/Gott) angesichts dieser Lage?" Der Inquisitor bestärkt den Ego-Komplex namens "Der Kosmos-Komplex" (vgl. Kapitel 13). Als Verhaltensmechanismus projiziert der Inquisitor unsere Schuldgefühle für das Versäumnis, "etwas dagegen zu tun", auf den Kosmos beziehungsweise auf Gott.

Schuldgefühle für den Wunsch, geheilt zu werden

Diese dämonische Mechanik zeigte sich in einer Meditation als große schwarze Tarantel. Sie ist das Produkt der fehlgeleiteten Glaubensvorstellung, unser Wunsch, geheilt zu werden, solange andere Menschen leiden, mache uns schuldig.

Wenn wir bei der Suche nach einem Hindernis im Heilungsprozeß auf einen Dämon stoßen, der uns zweifeln läßt, dass wir rechtzeitig geheilt werden können, dann gilt es nachzufragen, ob die oben beschriebene dämonische Mechanik die Heilung verhindert.

Der Zensor

Diese dämonische Mechanik macht negative persönliche Bemerkungen, die darauf abzielen, uns von der Möglichkeit abzuschneiden, etwas zu tun, von dem wir das Gefühl haben, es würde uns Erfüllung bringen. Beispiele für solche Bemerkungen sind: "Du wirst nie ein guter Schriftsteller" oder "Du hast zu große Füße, um Modell zu werden." Der "Zensor" zeigt sich im Hochziehen einer Augenbraue. Er ist auch innerpersönlich aktiv, wenn wir uns zu etwas hingezogen fühlen, das uns persönliche Erfüllung bringen würde.

Der Zensor als dämonische Mechanik ist bisweilen mit einem "Drachen der Zensur" verbunden, der uns an ein strenges religiöses oder gesellschaftliches Verbot erinnert, etwas zu tun, das zu unserer persönlichen Erfüllung beitragen würde. Er ist ein Beispiel für einen Verhaltensmechanismus, der vorgibt, uns vor Niederlagen zu schützen, indem er uns einredet, wir hätten nicht das Zeug, um die "Norm" zu erfüllen, die verlangt sei, um in einem bestimmten Bereich erfolgreich zu sein.

Der Resignierer und der Antreiber zum Erfolg

Diese dämonische Mechanik besteht aus einem Team von dämonischen Elementen, die aktiv werden können, wenn in einem Gespräch unser rationaler Verstand mit seinem Latein am Ende ist. Das Ziel des Teams besteht darin, dem anderen um jeden Preis unseren Standpunkt aufzuzwingen. Jeder taktische Schritt wird von einem anderen dämonischen Element ausgeführt. Beispiel: Person A möchte Person B von einer bestimmten Idee überzeugen, um das eigene Ego zu befriedigen, was ihr jedoch nicht gelingt. An diesem Punkt läßt ein Wechselbalg A einen Seufzer ausstoßen, der von dem Gedanken begleitet ist: "Ich bin am Ende meines Lateins; da ist nichts zu machen." Dieser Gedanke aktiviert einen Drachen, der für die Idee steht, dass es "für alles eine Erklärung gibt"; dieser Drache sagt: "Es *muss* eine Erklärung geben," womit er dem Verstand befiehlt, mit einer Erklärung aufzuwarten. Dieser Befehl aktiviert wiederum den "Dämon der Wiederholung", der dafür sorgt, dass der Versuch wieder von vorne beginnt. Nun übernimmt ein Wechselbalg die Angelegenheit, der darauf spezialisiert ist, alte Erklärungen in neue Gewänder zu kleiden; er bringt sie vor in dem erneuten Versuch, den Standpunkt von A herüberzubringen. Wenn gar nichts mehr geht, ruft ein anderer Wechselbalg aus: “Die Lage ist, wie sie ist. Daran gibt es nichts zu rütteln!”

Dieselbe Dynamik kann sich auch im Geist ein und derselben Person abspielen. Hierbei handelt es sich um einen unterschwelligen Dialog zwischen den oben genannten dämonischen Elementen, während die Person schläft. Obwohl dieser Dialog uns nicht hellwach hält, beeinträchtigt er doch die Qualität unseres Schlafs.

Die oben beschriebene dämonische Mechanik beruht auf der fehlgeleiteten Glaubensvorstellung, man müsse ein gesundes Argument verbreiten, um zu verhindern, dass “falsche Glaubensvorstellungen vorherrschen, die der Grund für die Unordnung auf der Welt sind”. Dieser Glaube wurzelt wiederum in der fehlgeleiteten Idee, wir seien persönlich für das Fortbestehen der Unordnung verantwortlich, wenn wir unserem Argument nicht zum Sieg verhelfen. Dahinter steht ferner die menschenzentrierte Sicht auf die Welt, wonach sich alles einzig und allein um die Existenz des Menschen dreht.

Der Wundenlecker

Diese dämonische Mechanik setzt sich aus einem Dämon und einem Drachen des Selbstmitleids zusammen. Dahinter verbirgt sich das Gefühl der Hilflosigkeit und Hoffnungslosigkeit, dem eine Kritik am Leben als solchem zugrunde liegt. Wer von dieser Mechanik betroffen ist, muss nach einem psychischen und/oder körperlichen Erinnerungs-Chip suchen, der die Erinnerung an ein traumatisches Erlebnis enthält, auf das diese beiden Ego-Emotionen zurückgehen.

Die einzige Gelegenheit

Diese dämonische Mechanik ist ein Team aus mehreren dämonischen Elementen, das am Werk ist, wenn eine Person A unnötig die Zeit einer anderen Person B in Anspruch nimmt. Ein Dämon in A sagt: “Du musst die Gelegenheit nutzen, denn es ist die einzige Gelegenheit, Zeit mit B zu verbringen.” Ein Wechselbalg bestärkt A mit den Worten: “Nutze den Augenblick.” Teil dieses Teams kann ein Selbstbild wie zum Beispiel das des “einsamen Menschen” sein. Als weitere Elemente kommen ein “Dämon der Langeweile” und ein “Drache der einzigen Gelegenheit” in Betracht.

Hinter der Idee der “einzigen Gelegenheit” steckt möglicherweise ein Giftpfeil, mit dem A in seiner Jugend belegt wurde und der den

Rat enthält: "Du musst engen Kontakt mit den Leuten pflegen, sonst vergessen sie dich." Der Rat enthielt also die Bedrohung, verlassen zu werden, wenn man nicht ausdrücklich dafür sorgt, dass Kontake gepflegt werden.

Das Bild von Komplexität

Diese dämonische Mechanik hält uns das Bild von Komplexität einer zu lösenden Aufgabe vor Augen und bewirkt dadurch eine Art geistiger Paralyse. Die verborgene Wurzel dieser Mechanik ist die fehlgeleitete Glaubensvorstellung, der Geist sei "überlegen und habe daher die Fähigkeit, schwierige Dinge zu entflechten". Diese Vorstellung verführt unseren Geist entweder dazu, Konfliktknäuel zu erschaffen, die er nicht lösen kann, oder von Konfliktknäueln angezogen zu werden, damit er sich daranmachen kann, sie zu lösen. Diese Übung hält den Geist beschäftigt, weil unser Stolz geweckt ist, die Überlegenheit unseres Geistes unter Beweis zu stellen (siehe auch "Konfliktknäuel" und "Der Konfliktknäuelkomplex" in Kapitel 13).

Der Akt

Diese dämonische Mechanik bringt einen Menschen dazu, sein natürliches Verhalten durch einen gespielten Akt zu ersetzen, wie zum Beispiel, um anderen zu gefallen. Die verborgene Ursache dafür ist der Giftpfeil: "So wie du von Natur aus bist, bist du nicht gut genug." Der "Akt" soll das negative Selbstbild, das dieser Giftpfeil erschaffen hat, ausgleichen, indem er die Person als "komische Figur" oder als "gebildet", "besonders intelligent", "besonders talentiert" oder was auch immer darstellt – etwas, womit die Betroffene glaubt, ihr Zielpublikum zu beeindrucken. Am tiefsten Grunde fühlt sie sich in ihrer Haut nicht zu Hause und benutzt den Akt, um sich geschützt zu fühlen.

Die Revolution

Diese dämonische Mechanik ist Ausdruck der fehlgeleiteten Idee: "Du musst radikale Veränderungen in deinem Leben vornehmen." (Bezogen auf eine kollektive Situation würde der Satz lauten: "Eine Revolution ist das einzige, das hilft.") Diese dämonische Mechanik lenkt den Betreffenden davon ab, die Wurzel seiner Unzufriedenheit zu ergründen, indem sie ihn auf der Ebene äußerer Veränderungen gefangen hält. Es gibt viele mögliche Ursachen für die Unzufriedenheit eines Menschen. Welche Ursache auf jemanden zutrifft, muss mit Hilfe des I Ging oder des Weisen herausgefunden werden.

Die Inkompetenz

Die Wurzel dieser dämonischen Mechanik ist die fehlgeleitete Idee, "der normale Mensch sei inkompetent", wenn es darum geht, sich von einem widrigen Schicksal zu befreien – er brauche dafür einen Spezialisten (einen Schamanen, spirituellen Führer oder Meister). Diese Idee blockiert die unsichtbaren Helfer, die wir brauchen, um ein widriges Schicksal zu beenden.

Die Vollkommenheitsnorm

Diese dämonische Mechanik ist ein im Geist installiertes Gebot, das besagt, der betreffende Mensch müsse die Vollkommenheitsnormen des kollektiven Egos erfüllen, um anerkannt zu werden. Der Mechanismus bewirkt, dass der Betreffende sein Verhalten ständig an diesen Normen mißt, weil er sie als den einzigen Maßstab dafür sieht, dass er existiert. Die Folge ist, dass er sich starr an die Form hält.

Die Vollkommenheitsnorm leugnet die Einzigartigkeit jedes Individuums.

Kapitel 17
Verwirrte Gefühle

Unsere wahren Gefühle im Unterschied zu Ego-Emotionen

Wir nehmen gemeinhin an, dass alles, was wir fühlen, unsere natürlichen Gefühle sind. Dem Leser wird aber inzwischen klar geworden sein, dass dies keineswegs so ist und dass wir zwischen unseren wahren Gefühlen und solchen, die vom Ego kommen, unterscheiden müssen. Unsere wahren Gefühle werden häufig zu unrecht beschuldigt, sie würden uns in Schwierigkeiten bringen. Das liegt daran, dass sie mit Ego-Emotionen verwechselt werden. Was uns in Schwierigkeiten bringt, sind Ego-Emotionen wie Haß, Rachegefühle, Selbstgerechtigkeit und so weiter.

Es stimmt allerdings, dass uns unsere wahren Gefühle im Zuge unserer Konditionierung im Kindesalter oft Schwierigkeiten einbrocken, weil die Wahrheit, die sie ausdrücken, den Erwachsenen unangehm ist. Folglich lernen wir, unsere wahren Gefühle entweder zu verbergen oder zu unterdrücken. Die Unterdrückung unserer wahren Gefühle gehört zu den wichtigsten Taktiken des kollektiven Egos, uns unserer Souveränität über uns selbst zu berauben oder uns das Gefühl zu geben, wir müßten uns für sie entschuldigen oder wir hätten die "falschen" Gefühle.

Zu unseren wahren Gefühlen gehört an erster Stelle die Liebe und ferner die Gefühle der Fürsorglichkeit, Trauer, Freude, Wut, Zärtlichkeit, des Friedens und der Harmonie. Gefühle, die unseren inneren Frieden stören, deuten auf die Anwesenheit des Egos hin. Einige Ego-Emotionen entstehen zum Beispiel dadurch, dass das Ego unsere wahren Gefühle ergreift und sie dann in Instrumente verwandelt, die seinen Zwecken dienen. Andere Ego-Emotionen wie zum Beispiel Hilflosigkeit, Hoffnungslosigkeit, Rachegefühle, Neid und Eifersucht entstehen direkt aus fehlgeleiteten Ideen, die vom Ego kommen.

Der Hauptunterschied zwischen unseren wahren Gefühlen und Ego-Emotionen ist der, dass unsere wahren Gefühle *Helfer unserer Natur* sind, die bei Bedarf durch kosmische Helfer unterstützt werden. Im Unterschied dazu *blockieren Ego-Emotionen sämtliche Helfer*. Die

Helfer unserer Gefühle werden beispielsweise blockiert, wenn das Ego in uns erklärt: “Ich bin ein liebender/fürsorglicher Mensch.” Ein solcher Satz übereignet unsere wahren Gefühle einem stolzen Selbstbild, das wir der Welt zeigen wollen. Ego-Emotionen sind darauf gerichtet, eine bestimmte Wirkung auf andere Menschen zu haben, um wiederum Ego-Emotionen in ihnen hervorzurufen, wie zum Beispiel Neid, Anerkennung, Mitleid, Schuldgefühle, verletzter Stolz oder die Gefühle von Hilflosigkeit und Einschüchterung oder das Gefühl, sich verteidigen zu müssen.

Unsere wahren Gefühle bewegen uns, Dinge zu tun, die unserer inneren Wahrheit Ausdruck verleihen, sei es in Worten oder Taten oder einfach nur als körperliche Geste. Sie sind ein unschuldiger Ausdruck unserer wahren Natur. Im Unterschied dazu machen Ego-Emotionen es dem Ego möglich, unsere Lebenskraft zu stehlen und, wenn möglich, das Ego in anderen auf den Plan zu rufen, um so den Gewinn für alle beteiligten Egos zu maximieren. Das kollektive Ego erwartet zum Beispiel, dass wir bestimmte Gefühle bei bestimmten Anlässen zur Schau stellen. Erfüllen wir diese Erwartung nicht, dann fühlen wir uns schuldig, weil wir nicht fühlen, was wir “eigentlich fühlen sollten”.

Unsere wahren Gefühle

Liebe

Die Quelle aller Liebe ist der Kosmos. Liebe ist der Name für seine Energie. Als Teil des Kosmos besitzen wir Menschen Liebe in unserer Natur. Kosmische Liebe ist das Qi, die Lebenskraft in allem, was lebt. Wir sehen sie in Menschen ebenso wie in den von uns gefürchteten Krokodilen, wenn sie mit ihren Köpfen auf den Körpern ihrer Artgenossen ruhen. Der kosmische *Helfer der Liebe* bringt diese Lebenskraft zu jedem einzelnen Lebewesen.

Gefühle der Liebe fließen vom Kosmos zu unserem Herzen, wenn es dafür empfänglich ist. Die Voraussetzung dafür, dass wir Liebe vom Kosmos empfangen können, ist, dass wir unseren Wert und unsere Würde so schätzen, dass wir sie nicht kompromittieren. Das ist die Bedeutung von “uns selbst lieben”. Wer dieses enge Verhältnis zum Kosmos hat, fühlt sich immer geliebt, selbst wenn er allein ist. Gefühle der Liebe fließen zu anderen Menschen, wenn diese ebenfalls empfänglich sind, wenn sie ihre eigene Würde respektieren und sich in ihrem Wert weder über noch unter andere stellen.

Wahre Liebesgefühle sind von ihrem Wesen her zart und feinfühlig. Was diese Gefühle verhindert oder gar zerstört, ist das Ego. Bei seiner Suche nach Energie macht sich das Ego die Tatsache zunutze, dass die Liebe den Menschen Raum gibt, Fehler zu machen. Anstatt aber zuzulassen, dass sie aus ihren Fehlern lernen und daran wachsen können, tut das Ego alles dafür, dass ihnen die Fehler zum Gefängnis werden.

Das kollektive Ego hat wenige, dafür aber tödlich wirkende Ideen über die Liebe erfunden, die es ihm ermöglichen, sich diese Energie anzueignen. Dazu gehört die Idee, Liebe müsse bedingungslos gegeben werden. Eine andere ist die Idee, Liebe und Sexualität seien zwei verschiedene Dinge, die nichts miteinander zu tun hätten. Wenn wir diese Trennung vollziehen, wird unser wahres Selbst gedemütigt, und das Ego gewinnt die Herrschaft über unser Herz und unsere Psyche. Eine weitere Idee des Egos besagt: "Es ist unser Recht, geliebt zu werden", was impliziert, dass der Kosmos uns Liebe "schuldet". Eine andere Gruppe von Ideen bezieht sich auf die Liebe zwischen zwei Menschen, wie zum Beispiel: "Liebe muß von den Institutionen sanktioniert sein, sonst hat die Gesellschaft das Recht, sie für unrecht zu erklären." Eine andere Idee ist moralischer Natur: "Es gibt nur *eine* wahre Liebe im Leben." Zusätzlich zu obigen Ideen, die der Liebe Beschränkungen auflegen, gibt es solche, die das Wesen der Liebe verleumden und es damit dem Ego ermöglichen, die Liebesbeziehung zu zerstören: "Wahre Liebe währt nicht ewig." – "Liebe ist für Narren," und "Wahre Liebe gibt es nicht."

Liebe als die grundlegende Energie des Kosmos ist da, um alles, was Teil der harmonischen Ordnung des Kosmos ist, zu erhalten und zu fördern. Der Grund, warum der Kosmos dem Ego seine Liebesenergie verwehrt, ist der, dass das Ego versucht, die kosmische Ordnung mit ihren Harmonieprinzipien durch sein eigenes Wertesystem zu ersetzen.

Trauer

Trauer ist nicht, wie vielfach angenommen, ein negatives Gefühl. Genauer betrachtet ist kein einziges unserer wahren Gefühle negativ. Jedes ist für sich genommen der angemessene Ausdruck der inneren Wahrheit einer Situation. Wenn wir zum Beispiel durch den grundlegenden Zweifel an unserer Vollkommenheit von unserer Verbindung mit den Helfern abgeschnitten sind, dann hilft der *Helfer der Trauer* unserem wahren Selbst, unserer inneren Wahrheit treu zu bleiben, bis wir die Ursache für den Selbstzweifel deprogrammiert haben. Während dieser schwierigen Zeit erschafft der Helfer der Trauer einen vorübergehenden Unterkunftsort für die Gefühle unseres Herzens. Dieser Ort befindet sich in unserer Psyche.[46]

Wir fühlen auch Trauer, wenn ein geliebter Mensch aus unserem Leben geschieden ist; wenn wir dieses Gefühl zulassen, dann zieht es den *Helfer des Trostes* an. Dieser Helfer vergewissert uns, dass es dem anderen gut geht, und bringt uns Erleichterung. Wenn die Zeit reif ist, zieht der Helfer der Trauer den *Helfer der Freude* an, damit wir fortfahren können, unser Leben freudvoll in dem Wissen zu leben, dass sich der Verstorbene auf seinem eigenen Weg befindet, während wir unseren gehen. Wenn es der Weg unserer inneren Wahrheit ist, dann sind wir nie allein.

Das Ego würde sagen, wir haben einen geliebten Menschen "verloren", und verwandelt damit unsere Trauer in ein untröstliches Gefühl. Das I Ging lehrt uns, dass es so etwas wie einen "Verlust" im Kosmos nicht gibt. Was wir als "Tod" bezeichnen, ist eine Transformation in eine unsichtbare Dimension, aber keineswegs das Ende des Lebens. Was der Verstorbene den Hinterbliebenen bedeutet hat, geht nicht verloren. Natürlich vermissen wir seine Gegenwart für eine gewisse Weile. Und selbst wenn der Hinterbliebene keine bewusste Verbindung zum Kosmos hat, sorgt die Kosmische Familie dafür, dass er getröstet wird und sich ganz allmählich auch geliebt fühlt.

Trauer ist auch unsere natürliche Antwort darauf, dass wir beobachten, wie jemand sich immer mehr von seinem wahren Selbst entfremdet oder wie er einen Fehler begeht, der unserem Gefühl nach zu einem widrigen Schicksal führt. In diesen Fällen ist unsere Trauer eine Form der Fürsorglichkeit. Unsere natürliche Antwort darauf ist, dass wir den Weisen-in-der-Gegenwart des Betreffenden um Hilfe bitten, ihm eine Eingebung zu schicken, die ihn sich besinnen läßt. Das Ego würde uns in die entgegengesetzte Richtung führen und entweder sagen, wir müßten den anderen durch Worte oder Taten retten, ihn als hoffnungslos aufgeben oder ihm mit aller Deutlichkeit sagen, er sei im Begriff, in sein Unglück zu rennen. In allen diesen Fällen würden wir Werturteile fällen, die den Betreffenden mit Projektionen, falschen Zuschreibungen oder Giftpfeilen belegen und ihn in seinen Fehlern festschreiben würden. Dabei sind leicht Gefühle der Verachtung, Entfremdung oder Härte für einen solchen Menschen mit im Spiel.

Tränen, die normalerweise das Gefühl der Trauer begleiten, sind ein Ausdruck des Helfers der Trauer. Sie haben dieselbe Qualität wie das *flüssige Licht*, das wir in bestimmten Heilungsmeditationen benutzen, in denen es Ego-Elemente transformiert, die zu kristallinen Strukturen geworden sind.[47]

Es ist jedoch nicht normal, wenn wir nicht aufhören können zu weinen. Dann ist es ein Zeichen, dass das Ego unser Gefühl der Trauer ergriffen und es mit Wut vermischt hat. Dabei handelt es sich in Wirklichkeit um Wut als Reaktion auf das Wort "Verlust". Damit wird klar, dass diese Art von Wut vom Ego erzeugt ist, denn wenn wir das Verscheiden eines Menschen, der uns lieb war, als Verlust betrachten, dann entwickeln wir Wut über das Verlassenwerden – entweder als Wut auf den Verschiedenen oder auf den Kosmos, weil dieser ihn "uns genommen hat". In Beratungssitzungen können wir beobachten, wie den Betroffenen spontan Tränen aus den Augen springen, wenn an aufgestaute Wut über eine vermeintliche Ungerechtigkeit, die ihnen widerfahren ist, gerührt wird. In einem solchen Fall gibt der Tränenfluß den Weg frei, um an die Erinnerungs-Chips heranzukommen, in denen das traumatische Erlebnis gespeichert ist.

Das I Ging spricht von "blutigen" Tränen, wenn es um Tränen geht, die mit Ego-Wut verbunden sind. Blutige Tränen können auch fließen, wenn wir die Aussicht aufgegeben haben, jemals ein Ziel, das für unser wahres Selbst wichtig ist, zu erreichen – das Ziel seiner Befreiung oder das Ziel der Vereinigung mit einem geliebten Menschen oder das Ziel, eine Tätigkeit zu finden, die uns Erfüllung bringen würde.

Wenn wir am Ende eines Films über den glücklichen Ausgang der Geschichte weinen müssen, dann werden Tränen freigesetzt, die durch Gefühle der Hoffnungslosigkeit unterdrückt waren. Der Film hat uns eine Erfahrung widergespiegelt, die wir im eigenen Leben gemacht haben und die in uns ein Gefühl der Hoffnungslosigkeit zurückgelassen hat. Wenn wir dann sehen, wie die Geschichte eine unerwartet glückliche Wendung genommen hat, fühlen wir Erleichterung, und es wird uns bewusst, dass eine solche plötzliche Wendung möglich ist.

Das Vergießen von "bitteren" Tränen kann bedeuten, dass wir uns (ohne wahren Grund) dafür schämen, etwas nicht beachtet zu haben, das einen hohen Rang in der Werteskala des Egos einnimmt. Solche

Tränen sind unbedingt von den Tränen der Reue zu unterscheiden, die fließen, wenn wir gewahr werden, dass wir gegen unsere wahre Natur verstoßen haben. Zum Beispiel haben wir vielleicht nicht auf unser Gefühl des Zögerns gehört, als wir unser Kind jemandem überlassen haben, der ihm Schaden zugefügt hat. Obwohl es sich um eine bittere Erkenntnis handelt, muss sie nicht zu bitteren Tränen führen. In diesem Augenblick ist es wichtig, dem Ego nicht zu erlauben, unser Gefühl der Reue zu ergreifen und es in ewige Selbstvorwürfe zu verwandeln. Vielmehr gilt es herauszufinden, welches Ego-Element uns dazu gebracht hat, so zu handeln, es dann zu deprogrammieren und den Kosmos zu bitten, den Schaden zu beheben und unsere Schuld dem Kosmos gegenüber zu löschen.

Bittere Tränen fließen auch, wenn wir uns verraten fühlen – vom Kosmos oder von einem Menschen, dem wir persönlich vertraut haben, oder von einer Institution, der wir unser Geld oder eine sonstige Sicherheitsleistung anvertraut haben. Bittere Tränen werden auch vergossen, wenn wir ein widriges Schicksal erfahren, das wir als unverdient betrachten.

In allen Fällen, in denen blutige oder bittere Tränen fließen, rät uns das I Ging, uns von diesen Emotionen abzugrenzen und zu prüfen, welche Rolle das Ego darin spielt.

Wenn Trauer in Depression umschlägt, dann ist dies ein Zeichen, dass das Ego sie mit Gefühlen der Hilflosigkeit und des Ausgeliefertseins und der Schlußfolgerung verbunden hat, unsere Lage sei hoffnungslos. Was zu dieser Schlußfolgerung führt, sind fehlgeleitete Glaubensvorstellungen, die besagen: "So ist nun mal das Leben." – "So sind nun mal die Menschen" oder "So bin ich nun mal." – "Ich bin unter einem ungünstigen Stern geboren" oder "Depression kommt von einem chemischen Ungleichgewicht im Gehirn, und daran kann man nichts machen."

Fürsorglichkeit

Wir sind uns oft nicht bewusst, wie sehr fürsorgliche Gefühle etwas ganz Natürliches für uns Menschen sind, und zwar selbst für Menschen, deren Gefühle ziemlich verhärtet sind. Ihr Gefühl der Fürsorglichkeit zeigt sich zum Beispiel in ihrer natürlichen Hemmung, ein Tier, das plötzlich die Fahrbahn überquert, einfach zu überfahren. Dasselbe Gefühl zeigt sich auch in dem Erwachsenen, der plötzlich sieht, wie ein fremdes Kind auf die Straße läuft, und spontan hinzuspringt, um es in Sicherheit zu bringen. Solche Gefühle kommen vom *Helfer der Fürsorglichkeit*, den jeder Mensch als Teil seiner Natur besitzt. In Notfällen läßt uns dieser Helfer den Kosmos um Hilfe anrufen. Er versetzt uns in die Lage, jeweils das zu tun, wozu wir unter den gegebenen Umständen in der Lage sind.

Unser natürliches Gefühl der Fürsorglichkeit wird pervertiert, wenn wir das *Selbstbild* des "fürsorglichen Menschen" annehmen oder wenn wir meinen, wir müssten Mitgefühl üben. Der Grund dafür ist folgender: Wenn wir danach streben, das Selbstbild des "mitfühlenden Menschen" zu erfüllen, dann versäumen wir es, ein inneres Nein zu den unkorrekten Verhältnissen und ihren Ursachen zu sagen. Außerdem fühlen wir uns dann schuldig, wenn wir den "hungernden Kindern in der Welt" nicht direkt helfen oder im Außen nichts gegen die Mißhandlung von Tieren, der Natur allgemein oder der Erde tun können. Der Glaube, wir müßten Mitgefühl entwickeln, beruht auf der fehlgeleiteten Idee, es gebe keine Helfer, und enthält die Vorstellung, es sei edel, Mitgefühl zu praktizieren. Wenn wir aus diesem Selbstbild heraus handeln, erschaffen wir ein widriges Schicksal.

Das Gefühl der Empathie ist nicht mit Sympathie zu verwechseln. Empathie ist das Gefühl, die wahren Gefühle eines anderen zu verstehen und zu teilen, ohne uns mit ihnen zu identifizieren. Im Unterschied dazu bedeutet jemandem Sympathie zu zeigen, der leidet oder sich in einer schwierigen Lage befindet, dass wir uns in die Gefühle von Hilflosigkeit und Hoffnungslosigkeit oder den Schmerz des anderen mit hineinziehen lassen. Damit helfen wir niemandem. Während das Gefühl der Sympathie uns dazu bringt, unsere Mitte zu verlieren, läßt uns Empathie die Helfer um Hilfe bitten. Empathie ist ein anderer Name für "Fürsorglichkeit". Das I Ging zeigt uns noch einen Aspekt der Fürsorglichkeit, der keinen Zweifel daran läßt, dass es sich dabei nicht um Sympathie oder Mitgefühl handelt. Ein anderer Name für den Helfer der Fürsorglichkeit ist "Helfer des Durchbeißens"! Er trägt diesen Namen, weil er die nötige Hilfe bringt, um die Idee oder Glaubensvorstellung "durchzubeißen", die das Leiden verursacht. "Durchbeißen" heißt, ein entschiedenes inneres Nein zu der betreffenden Idee oder Glaubensvorstellung zu sagen (vgl. Hexagramm 21, *Das Durchbeißen*).

Der Helfer der Fürsorglichkeit hilft uns zu erkennen, wo Hilfe benötigt wird und in welcher Form. Wenn wir zum Beispiel miterleben, wie jemand in eine Verhaltensweise eingesperrt ist, die ihn dauernd in ein schlechtes Licht stellt, dann hilft uns dieser Helfer dabei, die Ursache zu finden; wir können sie dann stellvertretend für diesen Menschen deprogrammieren.

Dieser Helfer hilft uns auch, aufwiegelnde Parolen zu deprogrammieren, wie sie von Nationen, die im Konflikt miteinander stehen, gebraucht werden. Dazu gehören Wörter wie "böse", "Schuldiger" oder Aussagen, die eine Festschreibung bewirken, wie der Satz: "Das System der anderen ist zu starr, um sich verändern zu können."

Der Helfer der Fürsorglichkeit hilft uns auch, falsche Zuschreibungen und Giftpfeile zu deprogrammieren, mit denen unsere natürliche Umwelt und die Tiere in unserer Umgebung belegt worden sind.

Diese Beispiele zeigen, dass echte Fürsorglichkeit nicht bedeutet, unsere Bedürfnisse zugunsten der Bedürfnisse anderer zu opfern, unsere Sicherheit in Demonstrationen für eine Sache aufs Spiel zu setzen oder generell äußerlich einzugreifen, um Situationen zu berichtigen; solche Handlungen sind nicht mit Fürsorglichkeit zu verwechseln. Vielmehr sind sie politische Stellungnahmen, die dem jeweils anderen Energie zuführen, indem wir mit dem Finger auf ihn zeigen. Die Selbstgerechtigkeit derer, die sich eine Sache auf die Fahne schreiben, läßt leicht die Tatsache übersehen, dass es nicht mit der kosmischen Ordnung im Einklang ist, irgendetwas oder irgendjemanden als Gegner zu betrachten. Echte Fürsorglichkeit reagiert vielmehr auf der inneren Ebene auf die Bedürfnisse des Augenblicks, um die Lage von falschen Zuschreibungen zu befreien, die das Problem verursacht haben.

Echte Fürsorglichkeit bedeutet nicht, dass wir nur für die eine Seite in einem Konflikt deprogrammieren. Es gilt unparteiisch die falschen Zuschreibungen und Giftpfeile an der Wurzel des Konflikts für beide Seiten zu deprogrammieren. Tun wir dies nicht, dann besteht die Gefahr, dass die Quelle für einen neuen Konflikt bestehen bleibt. Dies ist die Gefahr, von der in Hexagramm 21, *Das Durchbeißen*, auf Platz 5 die Rede ist.[48]

Dankbarkeit

Das Gefühl der Dankbarkeit, das wir empfinden, kommt von einem weiteren Helfer unserer Natur – dem *Helfer der Dankbarkeit*. Carol erinnert sich an ein Erlebnis aus den ersten Jahren ihrer Ehe, das für sie zum Prüfstein für Dankbarkeit werden sollte: Sie und ihr

Mann hatten sich vorgenommen, einen Hof zu bewirtschaften, den sie später mit dem Erlös der Ernte kaufen wollten. Der Hauptanbau bestand aus 100 000 Zwiebelpflanzen, die sie auf einem Frühbeet vorgezogen hatten. Der Tag, an dem sie mit der Unterstützung einer Gruppe von Helfern mit dem Auspflanzen begannen, war der erste Tag einer Dürreperiode, die über 30 Tage dauerte. Jeder neue Pflanztag war heiß und trocken, und nach zwei Wochen ohne Regen begannen bereits die ersten Pflanzen zu sterben. Das junge Paar beschloß, die Möglichkeit zu erkunden, ein umfangreiches Bewässerungssystem zu installieren. Doch es scheiterte an mangelnder Hilfe und mangelndem Kapital. Gegen Ende des Sommers bestand kein Zweifel mehr, dass ihr Versuch, in die Landwirtschaft einzusteigen, gescheitert war. In dieser aussichtslos erscheinenden Lage hatte Carol ein unerwartetes Erlebnis. Wie gewohnt war sie die Viertelmeile zum Briefkasten gegangen. Sie wandte sich zurück; dabei schweifte ihr Blick von dem Hügel, auf dem sie stand, über den Hof. Deutlich hörte sie den bezaubernden Gesang der Vögel. Sie spürte die Stille und den Frieden, der über der ganzen Umgebung lag. Plötzlich wurde ihr bewusst: sie hatten den Hof an diesem Ort wegen der Schönheit seiner Umgebung gewählt; doch ihre Pläne und ihre Arbeit hatten sie so absorbiert, dass sie sich nie die Zeit genommen hatte, den Vögeln zuzuhören oder einfach still dazustehen und dem Plätschern des nahegelegenen Baches zu lauschen. Tausend andere Dinge hatten sich dazwischen gemischt. Plötzlich wich das bedrückende Gefühl, versagt zu haben; sie fühlte, wie die Schönheit der Natur in sie einströmte und sie dankbar machte für das Geschenk des Lebens. Erst später wurde ihr klar, dass von jenem Tag an die Dinge eine Wende nahmen – Verzweiflung und Reue waren rasch verflogen, und neue Türen sollten sich öffnen.

Dankbarkeit war etwas, das sie oft vergaß, doch kam dieser Helfer stets in entscheidenden Augenblicken der Verzweiflung zurück. Allmählich bemerkte sie, dass die Erinnerung an die schönen Augenblicke in ihrem Leben stets jede schlechte Laune vertrieb. Dieses dankbare Sich-Erinnern war anders als das, was sie im Kindergottesdienst gelernt hatte, und auch anders als das Dankgebet, das zu Hause bei Tisch gesprochen worden war. Es war kein Dank für etwas, das man sich vorstellte oder erhoffte, sondern ein lebendiges Gefühl der Erinnerung, das das Herz erwärmte.

Carol fiel auf, dass früher die düstere Stimmung, die ihre negativen Erfahrungen begleitet hatte, ihren natürlichen Frohsinn völlig zum

Verschwinden zu bringen pflegte. Das rührte daher, dass das Ego einen Schleier des Vergessens über alle ihre Erfahrungen zog, für die sie Dankbarkeit empfand, indem es Bemerkungen machte, wie "schlimm" es um die Dinge bestellt sei. Die solchermaßen ins Negative verkehrten Erinnerungen weckten Ängste vor neuen negativen Erfahrungen, die dann auch prompt eintraten. Sich "fürs Schlimmste" zu rüsten, führte jedoch nur zu immer mehr negativen Erfahrungen, für die ihre Vorkehrungen sich regelmäßig als unzureichend erwiesen.

Eines Tages, als Carol die Natur beobachtete, kam ihr eine Eingebung, wie Dankbarkeit sich in der Natur äußert. Vor ihrem inneren Auge sah sie das Bild einer Kuh, die mit Genuß das saftige Gras auf ihrer Weide fraß. Es kam ihr der Gedanke, dass der Genuß, mit dem die Kuh fraß, der reinste Ausdruck von Dankbarkeit war. Später sollte sie lernen, dass unsere Dankbarkeit für vergangene kosmische Geschenke die Segnungen des Kosmos an uns heranzuziehen vermag.

Unsere Beziehung zum Kosmos ist in erster Linie eine gefühlsmäßige Beziehung. Die Segnungen des Kosmos stehen uns immer zur Verfügung. Die einzige Bedingung, um sie anzuziehen, ist, dass auch unser Verstand diese Tatsache anerkennt. Was uns daran hindert, sie zu sehen, ist unsere menschenzentrierte Sichtweise und die Überheblichkeit, die diese Sichtweise erzeugt. Unsere Blindheit wird noch durch das falsche Bild verstärkt, das uns den Kosmos als einen tyrannischen und gleichgültigen Herrscher zeigt. Auch die widersprüchliche Beschreibung der Natur des Menschen, wonach sein Geist angeblich das "Licht der Schöpfung" ist, während seine Körpernatur als "gierig und lüstern" hingestellt wird, isoliert uns vom Kosmos und seinen Segnungen.

Dankbarkeit stellt sich oft erst durch ein Schockerlebnis ein – wenn die Welt um uns herum zerstört wurde, während wir unversehrt dastehen. Immer wieder kommt es vor, dass ein Feuer jedes Haus in einer Häuserzeile zerstört, bis auf eines. Solche außerordentlichen Tatsachen beweisen, dass der Kosmos eingegriffen hat, um einen bestimmten Menschen oder eine bestimmte Familie zu schützen. Das Ego würde sagen, der Kosmos sei nicht fair, doch gibt es in allen diesen Fällen eine innere Wahrheit, die wir noch nicht kennen.

Freude

Der *Helfer der Freude* ist ein weiterer Helfer unserer Natur. Wir empfinden wahre Freude, wenn wir eine kosmische Wahrheit entdeckt haben, die uns von einer bedrückenden Idee befreit. Wir empfinden auch Freude, wenn wir den wahren Namen eines Dinges entdeckt haben, der sein Wesen ausdrückt. Das Erleben von Freude hat häufig etwas mit unserer Sprache zu tun; Freude stellt sich immer dann ein, wenn wir die Worte finden, die die innere Wahrheit einer Sache oder Situation treffen. Sie stellt sich auch ein, wenn unser wahres Selbst mit dem wahren Selbst eines anderen Menschen kommuniziert oder wenn wir eine gefühlsmäßige Kommunikation mit einem Tier oder einem anderen Aspekt der Natur haben.

Freude wird pervertiert, wenn das Ego sie benutzt, um andere davon zu überzeugen, wie fröhlich wir sind, oder wenn wir uns das Selbstbild des "fröhlichen Menschen" zulegen. Dahinter mag die Idee stehen, dieses Bild würde uns beliebt machen, uns Freunde gewinnen und Menschen für uns einnehmen. Doch ein solches Selbstbild erzeugt immer den Eindruck, dass hier etwas zu dick aufgetragen wird.

Freude wird auch dann in ihrer Bedeutung pervertiert, wenn wir die fehlgeleitete Idee akzeptieren, dass wahre Freude nur im Leben nach dem Tod gefunden werden kann. Diese Idee schließt die Möglichkeit aus, wahre Freude zu erleben, während wir in einem Körper leben. Außerdem macht sie uns verlegen, wenn wir tatsächlich Freude in und mit unserem Körper erleben. Carol erinnert sich noch an Besuche bei ihren Vettern, die auf dem Hof ihrer Urgroßeltern lebten; das Grab der Urgroßeltern lag in einem Familienfriedhof auf einem Hügel oberhalb des Hofes. Die sechs Vettern tanzten gern zur Musik von Glenn Miller, doch pflegten sie jedes Mal zum Hügel hinaufzuzeigen mit der Bemerkung: "Unsere Urgroßmutter würde sich im Grabe herumdrehen, wenn sie uns in ihrem Haus tanzen sähe."

Unsere spontane Freude wird auch dann pervertiert, wenn sie durch mentale Begründungen gestützt wird, wie zum Beispiel die Idee, "anderen oder Gott oder einer guten Sache zu dienen." Echte Freude ist auch nicht mit einem Zustand der Ekstase zu verwechseln, der durch zunehmende Erregung erzeugt wird und den Betreffenden hypnotisiert. Echte Freude ist einfach und nicht spektakulär.

Wahre Freude wird auch in der intimen Liebesbeziehung erlebt, wenn beide Partner Feingefühl besitzen und es keiner gespielten Gefühle bedarf. Es ist sowohl eine freudvolle körperliche Erfahrung als auch eine Freude des Herzens. Wenn es jedoch an Liebe fehlt oder die Liebe in göttliche und irdische Liebe getrennt ist, dann wird die Freude der körperlichen Liebe pervertiert.

Manche Menschen sprechen von Siegesfreude, wenn sie einen Rechtsstreit oder einen Krieg gewonnen haben. Dabei handelt es sich eindeutig um eine Ego-Emotion, die vom Verstand und nicht vom Herzen kommt. Wahre Freude wird niemals auf Kosten anderer erlebt. Dasselbe gilt für Schadenfreude angesichts der Niederlage eines anderen.

Um Ego-Freude handelt es sich auch, wenn jemand sich darüber "freut", dass er erfolgreich ein Selbstbild erfüllt hat, wie das des "erfolgreichen Autors", des "großen Schauspielers" oder des "mächtigen Politikers". Diese Art von Freude währt nicht lange, weil die Erfüllung jedes Selbstbildes zu einem widrigen Schicksal führt. Erfolge dieser Art sind vom Kosmos gestohlen und müssen auf die eine oder andere Weise zurückgezahlt werden. Natürlich passen solche Rückzahlungen nicht in das Bild, das das Ego von Gerechtigkeit hat.

Wut

Wahre Wut ist eine Energie, die uns in bestimmten Situationen vom Kosmos zufließt, und zwar immer dann, wenn wir ungerecht oder mit Gleichgültigkeit behandelt worden sind, andere unsere Grenzen überschritten oder uns absichtlich Schaden zugefügt haben, oder wenn wir Zeugen sind, wie andere Menschen, Tiere oder die Natur mißhandelt werden. Die Tatsache, dass uns Wutenergie vom Kosmos zufließt, ist ein Zeichen dafür, dass alle diese Handlungen an erster Stelle gegen die Harmonie des Kosmos verstoßen. Gefühle von wahrer Wut wollen uns darauf aufmerksam machen, dass ein Unrecht geschehen ist.

Die Wut hat den Zweck, folgende Reaktion einzuleiten: Wir sagen ein *inneres Nein* zu dem Angreifer und übergeben dann unsere Wut dem Kosmos, der sie in eine Energie transformiert, die später in der genau angemessenen Form durchbricht, um den Angreifer zu korrigieren. Die transformierte Wutenergie wird vom Kosmos auch dazu benutzt, die Verletzung zu heilen. Es ist weder die Aufgabe der Person, die ungerecht behandelt wurde, dem Angreifer zu verzeihen noch ihm nicht zu verzeihen, denn dieser hat sich ja an erster Stelle gegen den Kosmos vergriffen. Wenn wir die Angelegenheit an den Kosmos abgeben, können wir sicher sein, dass kosmische Gerechtigkeit die Sache berichtigen wird. Wenn der Angreifer wahre Reue empfindet, wird dadurch seine Beziehung zum Kosmos wiederhergestellt.

Aggressive Akte erzeugen immer ein widriges Schicksal, das wie ein Bumerang zum Angreifer zurückkehrt, wenn nicht in diesen Vorgang eingegriffen wird. Wenn aber das Ego im Opfer nach Vergeltung ruft oder an der Wut festhält, dann ist dies ein Eingriff in die Bahn des widrigen Schicksals, wobei sich der Betreffende darin verwickelt. Auf diese Weise bleibt er negativ mit dem Angreifer verbunden und gibt ihm seine Energie. Für das Opfer ist es wichtig, den Weisen zu bitten, ihn von jeglichem Gram, Groll, Rachsucht oder nachtragenden Gedanken zu befreien. Indem er sich von diesen Ego-Emotionen reinigt, zieht er den Helfer des widrigen Schicksals an, der dann seine Verteidigung übernimmt und dafür sorgt, dass die Angelegenheit zu einem gerechten Abschluß kommt.

Wenn unsere Wutenergie vom Ego ergriffen wird, dann wird sie dem Angreifer blind entgegen geschleudert, indem wir ihn offen beschuldigen oder selbst aggressiv zurückschlagen. Durch solche Handlungen wird die Wutenergie zerstreut und kann nicht mehr vom Kosmos gebraucht werden. Ebensowenig geht es darum, die Wut zu unterdrücken, denn dann richtet sich ihre Energie gegen uns selbst. Unterdrückte Wut wird in körperlichen oder psychischen Erinnerungs-Chips gespeichert. Im Laufe der Zeit entwickelt sie sich zu einer Entzündung.

Wut ist auch nicht dazu da, uns Luft zu machen, indem wir uns bei unbeteiligten Dritten über die ungerechte Behandlung beklagen. Dadurch wird die Wutenergie zerstreut und wir vergessen, ein inneres Nein zu sagen und die Angelegenheit dem Kosmos zur Berichtigung zu übergeben.

Zärtlichkeit

Zärtliche Gefühle sind eine natürliche Antwort auf einen Zustand der Unschuld. Wir empfinden Zärtlichkeit gegenüber dem unschuldigen Kind oder einem Tierbaby. Gegenüber einem Erwachsenen haben wir nur dann zärtliche Gefühle, wenn sein wahres Selbst anwesend ist.

Es ist unmöglich, zärtliche Gefühle in der Gegenwart des Egos zu haben. Besitzergreifendes Verhalten oder Dominanzstreben verhindern sie. Wenn das Ego abwesend ist, wie es zum Beispiel nach einem Unfall vorkommt, bei dem das Ego durch den Schock vorübergehend außer Kraft gesetzt ist, empfinden wir zärtliche Gefühle für den Betroffenen, während wir an seinem Krankenbett stehen.

Gefühle von echter Zärtlichkeit können vom Ego nicht pervertiert werden, weil es uns unmöglich ist, zärtliche Gefühle für jemanden zu hegen, der Zärtlichkeit von uns verlangt. Jeder Versuch, einem solchen Verlangen zu entsprechen, veranlaßt unsere zärtlichen Gefühle dazu, sich zurückzuziehen. Was dann stattfinden kann, ist lediglich das Befolgen eines erzwungenen Verhaltens. Es entspringt dem Wunsch, sich um jeden Preis mit jemandem zu verstehen; dahinter steht die Angst, den anderen vor den Kopf zu stoßen, oder die Angst vor einer aggressiven Reaktion.

Wir können auch für uns selbst zärtliche Gefühle empfinden.

Gefühle der Harmonie und des Friedens im Unterschied zu Gefühlen mangelnder Harmonie

Die ersten beiden Hexagramme des I Ging zeigen uns, was es heißt, in einer harmonischen Beziehung zu sein: Hexagramm 1, *Das Kosmische Bewusstsein*, handelt von der Weise, wie Dinge sich in der Form manifestieren. Bevor diese Manifestation stattfindet, formt sich ein Bild von dem Ding im Kosmischen Bewusstsein. Dieses Urbild ist vollkommen harmonisch und gut. Dies gilt für alle Lebewesen auf der Erde. Hexagramm 2, *Die Natur,* handelt von allem, das sich bereits in einer Form manifestiert hat. In jedem individuellen Ding ist sein Urbild gespeichert. Dieses Urbild, das bei uns Menschen in der Psyche gespeichert ist, übermittelt unseren Körperzellen die Informationen, die diese brauchen, um zu wachsen, und es erinnert uns wenn nötig daran, wer wir sind.

Unser Urbild bleibt sich selbst treu, ganz gleich, wie weit wir uns von ihm entfernt haben. Wir fühlen uns harmonisch, wenn wir gewissermaßen darin Platz genommen haben. Es ist gleichbedeutend mit dem Einnehmen unseres wahren Platzes im Kosmos als gleichwertig mit allen anderen Aspekten des Kosmos.

Wenn wir aus dem Zustand der Harmonie herausgefallen sind, kann uns der *Helfer unseres Harmoniegefühls* vorübergehend wieder in Einklang mit unserem Urbild bringen, wenn wir ihn darum bitten. Dies bringt uns unseren inneren Frieden wieder.

In Bezug auf unsere Gesundheit können wir den Helfer unseres Urbildes in einer Meditation bitten, die Zerrbilder, die uns als krank, deformiert oder an Mangel leidend zeigen, zu korrigieren. So werden beispielsweise bestimmte Schmerzen, die Menschen mit Amputationen erleben, von dem Bild, das den amputierten Körperteil als "verloren" zeigt, verursacht. In diesem Fall wäre es hilfreich, wenn der Betreffende das Bild des amputierten Körperteils integriert, indem er zu seinem Urbild zurückkehrt, das ihn als unversehrt zeigt.

Der Zustand der Harmonie ist auch der optimale Zustand für Kreativität. Damit meinen wir eine Kreativität, die frei von Ego ist.

Gefühle mangelnder Harmonie zeigen immer die Anwesenheit des Egos an. Wir haben solche Gefühle, wenn wir entweder selbst unter dem Einfluß des Egos stehen oder wenn das Ego in anderen anwesend ist. Unser Sinn für Vorsicht warnt uns, wenn wir uns im Energiefeld eines Egos befnden. Verglichen mit dem Gefühl von Harmonie, haben wir dann ein Gefühl der Zerrissenheit. Immer wenn wir das Gefühl haben, dass unsere innere Harmonie gestört ist, gilt es herauszufinden, woher dieses Gefühl kommt – liegt es an uns oder an anderen oder an beiden? Haben wir die Ursachen der Störung herausgefunden, dann können wir sie in der Regel mit kosmischer Hilfe deprogrammieren. Dadurch wird alle negative Energie transformiert und die Harmonie wiederhergestellt.

Gefühle mangelnder Harmonie, die darin wurzeln, dass wir verletzt, mißbraucht oder ungerecht behandelt worden sind, erfordern ein inneres Nein zu der ungerechten Behandlung; danach übergeben wir die Angelegenheit dem Kosmos, wie oben unter dem Stichwort "Wut" beschrieben.

Ego-Emotionen

Alle Ego-Emotionen werden als Gefühl mangelnder Harmonie empfunden. Bisher haben wir nur solche Ego-Emotionen erwähnt, die dadurch entstehen, dass das Ego sich unserer natürlichen Gefühle bemächtigt und sie sich dienstbar macht. Im Folgenden wollen wir jene Ego-Emotionen aufzeigen, die ihre Wurzeln in einer einzigen fehlgeleiteten Idee haben – der Idee, dass wir von Natur aus ungenügend beziehungsweise von Geburt aus mit Mängeln behaftet sind. Die nachfolgende Aufstellung zeigt, dass so gut wie alle störenden Gefühle in dieser einen Idee ihre Wurzel haben. Die Pfeile deuten jeweils an, wie aus einer Ego-Emotion weitere hervorgehen.

- Minderwertigkeit > Überlegenheit
- Schuld > Scham
- Scham > Verlassensein

- Selbstzweifel > Nervosität/Gereiztheit
- Selbsthaß > Haß
- Neid > Unzufriedenheit
- Ego-Begehren > Besitzergreifen
- Ego-Wut > Rachsucht
- Stolz > verletzter Stolz, Selbstgerechtigkeit, Rachsucht, Empörung und nachtragende Gefühle
- Selbstmitleid > Mitleid
- Mangelndes Selbstwertgefühl > Verehrung anderer
- Ehrfurcht > Ego-Begeisterung
- Hilflosigkeit >Hoffnungslosigkeit
- Langeweile > Depression
- Gefühl des Gehemmtseins > Verzweiflung
- Unsicherheit > Besitzergreifung

Durch Akzeptieren der einen fehlgeleiteten Idee, dass wir "von Natur aus ungenügend" sind, machen wir uns ein Bild von uns selber, das im Widerspruch zu unserem Urbild steht. Außerdem machen wir uns ein Bild vom Leben, das im Widerspruch zu dem kosmischen Bild vom Leben als der Erfahrung von Fülle steht. Infolgedessen führt das falsche Bild, das wir von uns selbst haben, dazu, dass wir unser natürliches Selbstvertrauen, unser Selbstwertgefühl, unsere Würde und unsere Verbindung mit den zahlreichen Helfern unserer Natur und des Kosmos verlieren. Es ist leicht einzusehen, warum uns Gefühle der Hilflosigkeit und des Gehemmtseins übermannen, wenn wir glauben, dass wir von Natur aus ungenügend für das Leben ausgestattet sind. Aus diesen Gefühlen der Ohnmacht entspringen dann Ego-Wut, Ego-Begehren, Gereiztheit und alle anderen oben genannten Ego-Emotionen. Wir können auch erkennen, welche Rolle Gefühle der Ehrfurcht und Ego-Begeisterung darin spielen, uns aus unseren Gefühlen des Selbstzweifels und der Unsicherheit emporzuheben. Wir können nun verstehen, warum wir das Bestreben nach Überlegenheit haben und warum Überlegenheit zur Ausbildung von Stolz und selbstgerechtem Verhalten führt, wenn wir erst einmal in den Augen der Öffentlichkeit als überlegen anerkannt worden sind.

Ego-Emotionen, die von anderen abgeleitet sind

Aggressive Gefühle

Aggressive Gefühle können ihre Wurzel darin haben, dass wir andere um ihren Besitz beneiden. Sie können zu individuellen oder kollektiven aggressiven Handlungen führen. Aggressive Gefühle sind typisch für den Dieb oder Räuber, ganz gleich ob es sich um materiellen oder immateriellen Besitz handelt wie zum Beispiel eine Position, Privilegien, Wissen, Erkenntnisse oder eine Entdeckung. Neidgefühle können zu Kriegen führen, deren Ziel es ist, den Handel, Wohlstand oder die natürlichen Ressourcen einer anderen Nation in den eigenen Besitz zu bringen.

Aggressive Gefühle gegenüber dem eigenen Partner, den eigenen Kindern oder anderen Familienmitgliedern können darin wurzeln, dass wir uns benachteiligt, übersehen oder wiederholt ungerecht behandelt fühlen. Sie können aus dem Gefühl entspringen, wir müßten uns rechtfertigen, Beleidigungen und Verleumdungen heimzahlen oder Ungerechtigkeiten gewaltsam berichtigen.

Aggressionen, die wir gegen uns selber richten, sind eine Form von Selbstbestrafung, weil wir die fehlgeleitete Glaubensvorstellung haben, wir seien entweder schuldig, minderwertig, nicht liebenswert oder hässlich. Sie können auch die Folge davon sein, dass wir von den Eltern oder anderen verlassen wurden. Selbstaggression kann auch eine Folge des Glaubens sein, das “Böse in uns” könne nur durch strenge Selbstdisziplin besiegt werden.

Aggressive Gefühle können auch der falschen Vorstellung entspringen, Fortschritt sei nur dadurch möglich, dass wir uns und unsere Interessen (oder die unserer Firma usw.) aggressiv geltend machen. Ein Verkäufer handelt in diesem Glauben, wenn er versucht, den gesunden Menschenverstand eines potentiellen Käufers zu überrumpeln. Lobbyisten, die politische Gunst erkaufen, folgen diesem Weg ebenso wie monopolistische Unternehmen, die sich aggressiv verhalten, indem sie die Löhne der Arbeiter drücken oder das Angebot manipulieren, um den höchsten Preis für ihre Ware zu erzielen.

Aggressive Gefühle im Umgang mit der Natur rühren von der menschenzentrierten Sichtweise her, die Natur sei einzig dazu da, dem Menschen zu dienen. Sie werden durch Behauptungen untermauert wie “bestimmte Teile der Natur seien schlecht oder unnütz”, weil sie nicht den menschlichen Bedürfnissen dienen. Dies gilt dann als Argument, sie auszurotten. Selbst jene Teile, die als nützlich für den Menschen erachtet werden, werden aggressiv behandelt, so als bestehe keine Beziehung zwischen der Natur und dem Menschen. Dies geschieht mit der Begründung, die Natur würde uns ihre Gaben nicht freiwillig geben.

Alles aggressive Handeln und aller Gebrauch von Macht und Gewalt sind Ausdruck eines inneren Konflikts, der seine Ursache in der fehlgeleiteten Glaubensvorstellung hat, die Welt sei von Mangel geprägt; diese wiederum ist darauf zurückzuführen, dass wir die Existenz kosmischer Fülle und kosmischer Hilfe verleugnen.

Konfliktgefühle

Jeder äußere Konflikt beginnt als ein innerer Konflikt. Innere Konfliktgefühle haben ihre Ursache in Ideen und Glaubensvorstellungen, die im Widerspruch zu unserer wahren Natur stehen. Sie beruhen letztlich auf einem oder mehreren der fünf falschen Wörter, die keine Grundlage im Kosmos haben: "etwas Besonderes", "böse", "Schuld"/"Schuldiger", "Macht" und "Rechte/ Pflichten".

Beschuldigen

Wir beschuldigen Menschen oder Dinge, weil uns das Ego daran hindert zu erkennen, dass die Ursache aller Probleme im Ego und dem von ihm gesteuerten Denken liegt.

Mißtrauische und abwehrende Gefühle gegenüber der Natur

Mißtrauische und abwehrende Gefühle gegenüber der Natur gehen auf die Ansicht zurück, die Natur habe ihre "Tücken" und sei uns Menschen feindlich gesinnt. So sah man in früheren Zeiten die Flüsse und Felder als von Geistern oder Gottheiten beherrscht, die durch Opfer besänftigt werden mussten. Solche Praktiken waren Bestandteil von Natur- und Erdreligionen. Glaubensvorstellungen dieser Art haben zur Folge, dass die Natur mit widrigen Schicksalen antwortet, wie zum Beispiel in Form von Unwettern und sogenannten Naturkatastrophen. Die Natur möchte, dass wir in einer vertrauensvollen Symbiose mit ihr leben, anstatt in Furcht vor ihr.

Das Gefühl des Sieges über einen Teil der Natur

Dieses Gefühl stellt sich ein, wenn wir dem Ego erlauben, kulturelle Leistungen, die ausschließlich dank der Unterstützung durch die Helfer möglich waren, allein menschlichen Leistungen zuzuschreiben. Hierhin gehört die Bemerkung: "Der Mensch hat erneut einen Sieg über die Natur errungen!" Wenn wir in diesem Gefühl schwelgen, erschaffen wir unausweichlich ein widriges Schicksal. Der Verlust der Demut bringt eine stetige Minderung des Erreichten mit sich.

Das Gefühl der Ängstlichkeit, als Schuldiger gesehen zu werden

Das Gefühl der Ängstlichkeit, als Schuldiger gesehen zu werden, läßt unseren Geist danach Ausschau halten, was mit anderen nicht stimmt. Das I Ging nennt diese Aktivität "den Geist mit kleinlichen Dingen beschäftigen und sich dadurch Unglück zuziehen" (Hexagramm 56, *Der Wanderer*, Platz 1).

Schuld

Schuld als Ego-Emotion ist die Folge der Erfindung des Schuldbegriffs durch das kollektive Ego. Dieser Begriff unterstellt fälschlicherweise, dass ein unauslöschlicher Fleck auf unserer Natur entsteht, wenn wir, gemessen an den Normen des kollektiven Egos, nicht "gut" sind. Die Idee von etwas Negativem, das unauslöschlich ist und unsere Natur befleckt, verletzt die kosmische Ordnung. Tatsache ist, dass wir uns *kosmische Schuld* zuziehen, wenn wir gegen unsere wahre Natur handeln – was gleichbedeutend ist mit einer Verletzung der kosmischen Ordnung. Diese Schuld wird gelöscht, sobald wir unseren Fehler erkennen, ihn bereuen und unser Denken entsprechend berichtigen. Diese Möglichkeit, aus unseren Fehlern zu lernen, erlaubt es uns, Fortschritte zu machen. Da Ego-Schuldgefühle aus Gift bestehen und unserer Natur völlig entgegengesetzt sind, tun wir, bewusst oder unbewusst, alles, um die Schuld auf andere abzuwälzen, wenn wir als Schuldige bezichtigt worden sind.

Der Ego-Begriff der Schuld übt mehr als jeder andere Begriff Kontrolle über die Menschen aus, weil er die Drohung beinhaltet, dass derjenige, der für schuldig befunden wird, auf ewig gebrandmarkt ist und aus der Gesellschaft ausgeschlossen werden kann.

Die Kontrollmacht des kollektiven Egos über das Individuum geht sogar noch einen Schritt weiter mit der Idee, wir Menschen seien mit einer "Erbschuld" beziehungsweise "Erbsünde" geboren. Der einzelne

Mensch, der in eine Kultur hineingeboren wird, die diese Idee vertritt, befindet sich automatisch unter dieser falschen Zuschreibung. Wie bei allen falschen Zuschreibungen wird der Betroffene dadurch in ein Verhaltensmuster gesperrt, das nicht seiner Natur entspricht. Die generelle Schuldzuschreibung ermöglicht es dem kollektiven Ego, die Lebenskraft der Menschen unendlich auszubeuten, weil sie sich schuldig fühlen, was immer sie auch tun (und sogar für die Dinge, die sie nicht tun – "wie du's auch machst, es ist verkehrt"). Die Idee der Erbschuld stiftet Verwirrung, denn sie unterstellt, der Kosmos habe eine defekte Ordnung erschaffen, indem er alle Menschen mit Schuld beladen hat.

Das kollektive Ego bietet eine Reihe von Lösungen an, wie wir uns angeblich von Schuld befreien können – durch Arbeit für eine gute Sache, durch Hingabe und Gebet, durch das Opfern unserer Tiernatur oder durch die Unterdrückung unserer sexuellen Bedürfnisse in dem Bestreben, "spirituell" zu sein. Alle diese Strategien dienen nur zwei Zwecken: noch mehr von unserer Lebenskraft abzuziehen und uns als Individuen unter Kontrolle zu halten.

Das I Ging zeigt uns den Weg aus der Schuld, indem es uns klar macht, dass der *Ego-Begriff* der Schuld falsch ist. Wir müssen Nein zur Gültigkeit dieses Begriffes sagen, einschließlich dem Bild eines unauslöschlichen Flecks auf unserer Natur. Wir können ihn mit kosmischer Hilfe deprogrammieren. Außerdem gilt es, Schuld immer dann zu deprogrammieren, wenn wir sie in Verbindung mit einem Selbstbild oder einer fehlgeleiteten Glaubensvorstellung finden oder wenn sie Teil eines Chips ist, der die Erinnerung an ein traumatisches Erlebnis enthält.

Selbstbeschuldigung

Diese Ego-Emotion kettet uns an Fehler, die wir in der Vergangenheit gemacht haben. Sie besteht nur aus einem einzigen Satz: "Es ist deine Schuld." Durch diese Beschuldigung, die ohne jede zeitliche Begrenzung ist, fühlen wir uns für immer "falsch" oder "schlecht" beziehungsweise "böse". Auf diese Weise hindert sie uns daran, nach der wahren Ursache des betreffenden Fehlers zu suchen und ihn zu deprogrammieren. Selbstbeschuldigungen können die Ursache für Krankheiten und psychische Probleme sein.

Anhaftung

Wenn es sich bei der Anhaftung um eine Ego-Emotion handelt, dann wurzelt sie in der Angst, dass uns etwas, von dem wir uns fälschlicherweise abhängig gemacht haben, genommen werden könnte. Anhaftung entsteht, weil wir vom Kosmos als der wahren Quelle unserer Sicherheit und dem freien Strom seiner Segnungen und Gaben abgetrennt sind. Anhaftung erzeugt das widrige Schicksal, dass wir verlieren, woran wir uns anhaften. (Die einzige Anhaftung, die keine Ego-Emotion ist, ist die Anhaftung an unsere innere Wahrheit.)

Anhaftung an fehlgeleitete Ideen und Glaubensvorstellungen, die uns ein falsches Gefühl der Sicherheit geben, kommt daher, dass wir von unserer inneren Wahrheit abgetrennt sind. Das I Ging weiß um diesen Tatbestand und verlangt nicht von uns, dass wir eine Idee aufgeben, bis wir klar sehen können, dass sie unwahr ist.

Glaubensvorstellungen, die besagen, der Vollzug eines Rituals oder die Plazierung eines Fetisch an einem bestimmten Ort würde uns schützen, erzeugen die Anhaftung an das Ritual oder den Fetisch.

Anhaftung wird paradoxerweise auch durch das Anhaften an die Idee des Nichtanhaftens erzeugt, die in spirituellen Glaubensvorstellungen weit verbreitet ist. Diese Idee hindert uns daran, uns an das Einzige anzuhaften, das unsere Anhaftung verdient: unsere innere Wahrheit.

Depression

Alle oben beschriebenen Ego-Emotionen erschöpfen unsere Lebensenergie und führen daher allmählich dazu, dass wir uns leer und niedergeschlagen fühlen. Das I Ging beschreibt diesen Zustand in folgenden Worten: "Man sitzt bedrängt unter einem kahlen Baum und gerät in ein finsteres Tal."[49] Beschrieben ist hier ein Mensch, dessen Bemühungen fruchtlos geblieben sind und der sich daher beschuldigt, versagt zu haben. Nun hat er den Schluß gezogen, dass es "keinen Ausweg gibt". Ein Greifer der Selbstkritik (ein spezifisches dämonisches Element), hat ihm seinen Lebenswillen genommen.

Was ein solcher Mensch nicht erkennt, ist erstens, dass sein Versagen ein widriges Schicksal ist, dessen Ursache darin liegt, dass er gegen seine wahre Natur gehandelt hat, und zweitens, dass das widrige Schicksal in dem Augenblick beendet werden kann, in dem er die fehlgeleiteten Ideen, die es erzeugt haben, erkennt und deprogrammiert. Das Ego in ihm verdankt seine übermächtige Kontrolle dem Umstand, dass es ihn in der Selbstkritik und in Schuldgefühlen gefangen hält. Ein Satz wie: “Dieses Problem geht mir nicht mehr aus dem Sinn” ist typisch für diese Situation.

Wir lassen einem Greifer freien Lauf, weil uns nicht bewusst ist, dass es nicht unser wahres Selbst ist, das spricht, sondern ein Eindringling, der mit entsprechend festem Willen zum Schweigen gebracht werden kann, indem wir zu seinen Sätzen ein inneres Nein sagen.

Kapitel 18

Die schmerzlose Befreiung von traumatischen Erinnerungen

Traumatische Erlebnisse, die zur Zeit ihres Geschehens nicht verarbeitet wurden, werden unter anderem in der Psyche gespeichert, wo sie vor unserem Blick verborgen sind. Wir bezeichnen sie als "Chips". Chips sind wie Mikroprozessoren, die mechanische Reaktionen erzeugen; der Unterschied ist nur, dass sie ausschließlich *ungesunde Reaktionen* hervorrufen.

Chips

Chips enthalten die detailgetreue Erinnerung an das ursprüngliche Erlebnis in komprimierter Form; zusätzlich können sie Schlußfolgerungen und Entscheidungen enthalten, die wir aufgrund des Erlebten getroffen haben. Die automatischen Reaktionen, die sie hervorrufen, überrollen unseren gesunden Menschenverstand und widersetzen sich allen mechanischen Versuchen, sie zu unterdrücken oder zu verändern. Darunter verstehen wir Versuche, die Situation mit unserem Verstand oder Willen zu steuern. Chips bleiben hartnäckig so lange potentiell aktiv, bis das Erlebnis, auf das sie zurückgehen, mit allen Komponenten (Schock, Schlußfolgerungen, irrtümliche Akzeptanz) erfolgreich identifiziert, verarbeitet und deprogrammiert wird.

Unter *Identifizieren* verstehen wir das Identifizieren des ursprünglichen Erlebnisses und der Komponenten des Chips und ihre Verifizierung mit Hilfe des Weisen.

Unter *Verarbeiten* verstehen wir, dass das ursprüngliche Erlebnis in kosmischen Begriffen gesehen und verstanden wird, wodurch verhindert wird, dass die Ängste, Schuldgefühle und anderen Ego-Emotionen, die damit verbunden waren, unseren Verstand überwältigen. Die Klarheit, die ein solches Verarbeiten bringt, hat die Eigenschaft, den Chip bereits zu 75 Prozent aufzulösen. Die endgültige Auflösung erfolgt durch Transformation mit Hilfe der Helfer, wenn wir den Inhalt des Chips deprogrammieren. Durch diesen Prozess wird unsere Psyche und gegebenenfalls auch unser Körper dauerhaft von dem Chip befreit.

Unter *irrtümlicher Akzeptanz* verstehen wir die implizite Annahme, wir müssten mit dem, was uns widerfahren ist, leben nach dem Motto: "Was geschehen ist, ist geschehen. Punkt."

Wir unterscheiden sechs verschiedene Sorten von Chips: 1. Erinnerungs-Chips, die in der Psyche gespeichert sind; 2. Erinnerungs-Chips, die im Körper gespeichert sind; 3. Ego-Chips, die im Geist gespeichert sind; 4. Geburts-Chips, die im *Gehirn* und in anderen Teilen des Körpers gespeichert sind; 5. Empfängnis- Chips, die im Gehirn gespeichert sind; und 6. sogenannte Stop-Chips, die ebenfalls im Gehirn gespeichert sind. (Letztere werden ausführlich im nächsten Kapitel behandelt.)

Man mag sich fragen, warum alle die hier genannten Sorten von Chips für ein Buch über die Psyche relevant sind. Der Grund dafür ist, dass sie durch ihre automatischen Reaktionen psychische Funktionen überrollen.

Die oben genannten Sorten von Chips können unkontrollierte Verhaltensweisen wie Stottern, rastlose Bewegungen (Ausschen oder Wippen der Füße, Ringen oder rastloses Bewegen der Hände), unkontrolliertes Erröten, Schweißausbrüche, Gewaltakte und bestimmte Arten von Zwangsverhalten verursachen.

Bei allen genannten Verhaltensweisen leiht sich das Ego die *psychische Funktion der natürlichen Spontanreaktion* aus und benutzt sie dazu, unser natürliches Verhalten zu überrollen. Ein Beispiel ist eine Depression, die alljährlich um ein bestimmtes Datum herum einsetzt, wie beispielsweise das Datum, an dem eine Person, der wir nahe standen, gestorben ist. Dieses unnatürliche Gedenken wird durch Schuldgefühle hervorgerufen, die mit dem Tod im Zusammenhang stehen: vielleicht, weil wir damals nicht für diese Person da waren oder weil wir sogar soweit gehen zu glauben, wir seien an ihrem Tod mitschuldig. Chips sind häufig auch die Ursache für unkontrollierte emotionale Ausbrüche, Schlaflosigkeit und geistige Störungen. Sie können auch der Grund für wiederholtes Versagen in bestimmten Bereichen wie Beziehungen, Beruf, Finanzen oder Gesundheit sein.

Wir können uns Chips als eine Art von "Umschlag" vorstellen, der im Körper, in der Psyche, im Gehirn oder Geist gebildet wird, um die Erinnerung an das traumatische Erlebnis einzukapseln und damit den übrigen Körper oder den Rest der Psyche oder des Gehirns vor seinen negativen Auswirkungen zu schützen.

Die meisten Chips werden durch Gedanken, Worte, Emotionen und/oder Handlungen von Eltern, Geschwistern, nahen Verwandten, Lehrern oder anderen Bezugspersonen verursacht. In vielen Fällen sind ihnen diese Dinge unbewusst geblieben, insbesondere wenn es sich um Ängste oder Schuldgefühle handelte, die sie weitergegeben haben. Wenn wir uns daranmachen, Chips zu identifizieren und zu verarbeiten, dann können wir nicht umhin, die betreffenden Personen als *Verursacher* zu benennen, doch geht es nicht darum, einen *Schuldigen* zu finden. Wenn dieser Unterschied nicht klar getroffen wird, dann tragen wir unbewusst dazu bei, dass bestimmte Chips nicht angegangen werden, weil sie einen Menschen für schuldig erklären würden, den zu achten und zu ehren uns beigebracht wurde. Beim Umgang mit Chips machen wir uns klar, dass es dabei nicht um eine Angelegenheit zwischen uns und dem Verursacher geht, sondern um eine Angelegenheit zwischen dem Verursacher und dem Kosmos einerseits und uns selbst und dem Kosmos andererseits. Der Kosmos ist für beide Seiten der Bezugspunkt. Das erzeugt die nötige Weite, um die Verstrickung zu lösen.

Psychische Erinnerungs-Chips

Wie der Name besagt, sind diese Erinnerungs-Chips in der Psyche gespeichert. Wenn wir auf die Metapher des Teppichs zurückgreifen, der in der Psyche gewoben wird, dann sind psychische Erinnerungs-Chips wie Knoten, Löcher, Flecken oder Schmiere in einem bestimmten Bereich des Teppichs. Sie steuern unser Verhalten und filtern unsere Erfahrungen dergestalt, dass sie die falschen Schlußfolgerungen, Ängste, Zweifel und Schuldgefühle, die in den Chips gespeichert sind, immer aufs Neue bestätigen.

Psychische Erinnerungs-Chips werden in Situationen aktiviert, die an das gespeicherte traumatische Erlebnis erinnern. Der Chip läßt uns genau wie damals reagieren. Er wird aktiviert, bevor wir überhaupt eine andere Reaktion in Betracht ziehen können. Er drückt sich in unwillkürlichen Verhaltensweisen und Störungen aus wie zum Beispiel Lernstörungen oder Blockierungen im Annehmen von Hilfsangeboten oder in der automatischen Zurückweisung von Geschenken, Gelegenheiten und freundlich gemeinten Handlungen. Aus der Sicht des Beobachters sind die Reaktionen ein völliges Rätsel und scheinen keinerlei Bezug zur aktuellen Situation zu haben.

Die Mehrzahl dieser Chips entsteht bereits vor Erreichen unseres dreißigsten Lebensjahres; einige entstehen bereits im Mutterleib.

Psychische Erinnerungs-Chips sind häufig mit *körperlichen* Erinnerungs-Chips verbunden, die auf dasselbe Erlebnis zurückgehen. Obwohl eine spätere Wiederholung des Ereignisses nicht dieselbe emotionale Intensität hat wie das ursprüngliche Trauma, so wird doch eine allergische Reaktion ausgelöst, die die alten Emotionen weckt. Die erneute Inszenierung des ursprünglichen Traumas ist kein Zufall, sondern sie wird zum Beispiel durch die Angst davor, die Erinnerung an das Geschehene nie mehr loszuwerden, oder durch die Erwartung, es werde wieder geschehen, systematisch konstelliert. Psychische Erinnerungs-Chips schränken unsere Möglichkeiten ein, Dinge außerhalb der im Chip projizierten Sätze, Ängste und Erwartungen zu erleben.

Die verallgemeinernden Schlußfolgerungen, die in psychischen Erinnerungs-Chips gespeichert sind, schließen gezielt zukünftige positive Erfahrungen in dem Bereich aus, in dem die negative Erfahrung gemacht wurde. Der Bruch einer Beziehung, der durch Mißverständnisse zustande gekommen ist, kann zum Beispiel Anlaß zu folgenden verallgemeinernden Schlußfolgerungen gegeben haben: "Man kann niemandem vertrauen." – "Alle Männer sind Egoisten." – "Das kann mir jederzeit wieder passieren." Und den Entschluß: "Ich werde mir nie wieder erlauben, mich so tief auf eine Beziehung einzulassen."

Wenn psychische Erinnerungs-Chips Ego-Emotionen wie Schuldgefühle oder unterdrückte Wut enthalten, können sie die Ursache für Krankheiten sein.

Beispiele für psychische Erinnerungs-Chips:
Ein psychischer Erinnerungs-Chip als Ursache für eine allergische Reaktion

Dieser Chip hatte sich in einer Frau im Alter von 23 Jahren als Ergebnis der wiederholten Erfahrung gebildet, dass ihr Mann ihren verbalen Ausdruck kritisierte. Der Chip enthielt Sätze wie: "Denk, bevor du sprichst" und "Es wird Zeit, dass du deinen hinterwäldlerischen Hintergrund ablegst." Außerdem enthielt er einen Ärgerkobold und einen Drachen der Rechthaberei. Lange nachdem sie sich von ihrem Mann getrennt hatte, brachte sie der Chip dazu, ärgerlich aufzubrausen, sobald jemand den Anschein erweckte, ihren verbalen Ausdruck zu kritisieren. Das führte zu zahlreichen Konfliktsituationen und wechselseitigen Beschuldigungen, wenn

Menschen in ihrem Umfeld eine Ansicht vertraten, die von der ihren abwich. Als sie die Angelegenheit mit Hilfe des Weisen untersuchte, fand sie heraus, dass in dem Augenblick, da jemand nicht ihrer Meinung war, der in dem Chip gespeicherte Ärgerkobold und Drache der Rechthaberei in ihr die Projektion kreierten, der Betreffende verhalte sich "genauso wie mein damaliger Mann".

Ein psychischer Erinnerungs-Chip als Ursache für Schwierigkeiten, vom Weisen zu lernen (viele Chips in diesem Bereich stammen aus traumatischen Erlebnissen während der Schulzeit)

Barbara war Teilnehmerin eines Seminars, dessen Thema das Lernen vom Weisen war. Schon bald wurde ihr bewusst, dass sie Angst vor dem Weisen hatte. Als wir sie baten, diese Angst genauer zu identifizieren, fand sie heraus, dass es um die Angst ging, der Weise würde sie im Stich lassen, wenn sie nicht "gut" sei. Ihre weitere Suche führte sie zu einem psychischen Erinnerungs-Chip, der sich im fünften Schuljahr gebildet hatte. Das traumatische Erlebnis war, dass sie von Klassenkameraden mit Billigung des Lehrers beleidigt und beschimpft worden war. Der Chip enthielt darüber hinaus folgende verallgemeinernde Schlußfolgerungen: "Es ist gefährlich, meine Gefühle zu zeigen." – "Ich kann mich nicht zeigen." – "Ich muss mich verstecken." Und: "Ich bin das Opfer." Da es für das Lernen vom Weisen erforderlich ist, dass wir die beschämenden Ereignisse aus unserem Leben vor dem Weisen enthüllen, hatten die in dem Chip gespeicherten Schlußfolgerungen ihr vor dem Weisen Angst gemacht.

Nachdem sie sich von diesem psychischen Erinnerungs-Chip befreit hatte, fand Barbara große Freude daran, vom Weisen zu lernen, denn nicht zuletzt geht es dabei ja gerade darum, uns von Ängsten und anderen uns bedrückenden Ego-Elementen zu befreien.

Körperliche Erinnerungs-Chips

Wie der Name sagt, sind diese Chips im *Körper* gespeichert. Sie enthalten die Erinnerung an eine vom Körper als traumatisch erlebte Erfahrung. Wenn sich gleichzeitig ein psychischer Erinnerungs-Chip gebildet hat, dann ist es möglich, dass der körperliche Erinnerungs-Chip nur bestimmte Aspekte des Ereignisses enthält, nämlich die Sinneserfahrungen, Worte, die gesprochen wurden, sowie sämtliche Ego-Emotionen mit Ausnahme von Schuldgefühlen. Ebenso sind darin nicht enthalten: verallgemeinernde Schlußfolgerungen oder

Entschlüsse, die Zukunft betreffend.

Die Mehrzahl der körperlichen Erinnerungs-Chips geht auf die Zeit vor unserem dreißigsten Lebensjahr zurück. Das rührt daher, dass wir traumatische Ereignisse mit zunehmendem Alter besser verarbeiten können. Körperliche Erinnerungs-Chips können auch bereits während der Zeit im Mutterleib gebildet werden.

Körperliche Erinnerungs-Chips werden von angstbesetzten Erwartungen seitens der Körperzellen aktiviert, die von dem ursprünglichen Ereignis betroffen waren, so zum Beispiel von der Angst, es könne wieder geschehen, der Angst, die Erinne-rung nie mehr loszuwerden, oder der Angst, die durch eine negative medizinische Prognose verursacht wurde. Körperliche Erinnerungs-Chips können unsere Fähigkeit, positive Erfahrungen zu machen, die außerhalb dessen liegen, was die gespeicherten Sätze, Erwartungen oder Prognosen voraussagen, erheblich einschränken.

Ein körperlicher Erinnerungs-Chip, der über einen längeren Zeitraum unentdeckt geblieben ist, kann sich in Form von Knoten, Basalzellen, Zysten, Arterienverkalkung und Krankheiten manifestieren; ferner als Tick, unkontrolliertes Ausschlagen der Beine, unerwartetes Erröten, Schweißausbruch, Stottern sowie unerklärliche Schmerzen, die wiederholt in bestimmten Teilen des Körpers auftreten. Unwillkürliche Bewegungen der Finger während einer Unterhaltung oder unkontrollierte Bewegungen der Beine und Füße haben in der Regel ebenfalls ihre Ursache in einem körperlichen Erinnerungs-Chip. Ferner kann diese Sorte von Chips die Ursache für Nahrungsmittel-, Haut- und andere Allergien oder auch die Angst vor einer engen Beziehung sein.

Beispiele für körperliche Erinnerungs-Chips: Nächtliche Schweißausbrüche

Eine Frau, die wir Jane nennen wollen, kam zu uns und bat uns, ihr zu helfen, die Ursache für die seit einiger Zeit regelmäßig auftretenden nächtlichen Schweißausbrüche zu finden. Sie berichtete, dass sie keine Probleme mit dem Einschlafen habe, doch nach ein oder zwei Stunden würde sie in Schweiß gebadet aufwachen. Sie war noch nicht sehr mit dem I Ging vertraut und neigte dazu, eine mechanische Ursache für das Problem zu suchen wie zum Beispiel, nach Dingen zu forschen, die sie gegessen hatte. Doch war sie bereit, ihren Geist für das, was das I Ging dazu sagen würde, offen zu halten.

Die Befragung des I Ging führte uns zu Hexagramm 57, *Das*

Durchdringende, Platz 5, und hier wiederum nur zu dem folgenden Satz: "Diese Linie macht auch auf die Notwendigkeit aufmerksam, den Kobolden, Drachen und Dämonen, aus denen sich das Ego zusammensetzt und die in dämonischen Formen die Psyche bevölkern, absolut den Garaus zu machen." Mit Hilfe der Drei-Münz-Rückfrage-Methode fanden wir heraus, dass es sich dabei um dämonische Elemente handelte, die ihr eine Tante, mit der sie nach vielen Jahren der Nichtkommunikation begonnen hatte, Mails auszutauschen, geschickt hatte. Als Jane noch sehr jung war, hatten ihre Eltern die Tante in ihr Haus aufgenommen, damit sie eine bessere höhere Schule besuchen konnte als die, die es in ihrer Heimatstadt gab. Viele Jahre später bemerkte Jane, dass die Tante im Rückblick die Zeit, die sie in Janes Familie verbracht hatte, in einem negativen Licht zeichnete. Sie hatte zum Beispiel die Bemerkung fallen lassen: "Jane hatte Vorteile, die ich nicht hatte. Ihre Familie hätte mich auch aufs College schicken können, aber sie haben es nicht getan." Und: "Ich musste Dinge im Haus tun, um die sich die anderen gedrückt haben." Das I Ging machte uns darauf aufmerksam, dass es sich hier um falsche Zuschreibungen und Giftpfeile handelte, mit denen Jane sie belegt hatte. Mit den Jahren hatten sie sich zum zentralen Mythos im Leben der Tante formiert, dem zufolge sie ein benachteiligter Mensch war. Die Sätze waren in ihrer Psyche zu Kobolden, Dämonen und Drachen transmutiert, die den Mythos wie eine ewige Leier abspielten: "Gott hat Jane bevorzugt, und nicht mich." – "Sie ist einer der Gründe, warum ich mit 18 Jahren allein in eine große Stadt pendeln musste, um einem Job nachzugehen." – "Jane ist privilegiert." – "Sie wurde königlich behandelt, während ich wie eine Dienstmagd behandelt wurde." – "Das werde ich ihnen nie verzeihen." Diese Worte und die Schuldgefühle, die sie unbewusst in Jane geweckt hatten, hatten einen Erinnerungs-Chip in Janes Körper gebildet, genauer gesagt in ihren Schweißdrüsen. Während der Zeit der Nichtkommunikation hatte der Chip geruht und war erst durch die Wiederaufnahme der Korrespondenz aktiviert worden. Sobald Jane den Chip mit allem, was er beinhaltete, deprogrammiert und aufgehört hatte, ihre Tante anteilnehmend als von Jugend an benachteiligt zu sehen, hörten die nächtlichen Schweißausbrüche völlig auf.

Außerdem zeigte der Weise Jane, dass die negativen Erinnerungen in der Psyche der Tante einen Erinnerungs-Chip gebildet hatten, den Jane deprogrammieren durfte. Dieser war nicht mit Janes körperlichem Erinnerungs-Chip identisch, sondern enthielt lediglich die folgenden Komponenten: "Jane genoß Vorteile, die mir verwehrt wurden." – "Gott hat sie bevorzugt und nicht mich." – "Sie ist einer der Gründe, warum ich mit 18 Jahren allein in eine große Stadt pendeln musste, um einem Job nachzugehen," und "Das werde ich ihnen nie verzeihen."

Ein körperlicher Erinnerungs-Chip als Ursache für den wiederholten Mißerfolg einer Liebesbeziehung

Als Jackie zur Beratung kam, beschrieb sie ihr Problem folgendermaßen: Sie hatte sich noch einmal mit einem früheren Freund getroffen. Nachdem sie wieder intim miteinander geworden waren, fand sie heraus, dass er zur selben Zeit eine Beziehung zu einer anderen Frau hatte. Das setzte ihrer Beziehung erneut ein Ende. Weil sie aber nicht mit dem Gefühl leben wollte, dass die Beziehung auf einer negativen Note geendet hatte, rief sie ihn zwei Monate später an und bat ihn um ein Gespräch. Er stimmte zu, und sie hatte das Gefühl, dass auch er ein Interesse daran hatte, den Mißklang aus dem Weg zu räumen. Es kam erneut zu einer intimen Begegnung.

Jackies Kommentar dazu: "Ich wollte die Verbindung zu ihm wieder herstellen und mich in seiner Gegenwart gut fühlen, so wie es am Anfang unserer Beziehung gewesen war. Vielleicht wollte er das auch, aber es schien uns dauernd an Feingefühl füreinander zu mangeln, und es kam zu solchen Mißverständnissen, dass wir uns wieder trennten, und zwar mit einem ziemlich schlechten Gefühl. Ich bin traurig darüber und habe Schuldgefühle, und gleichzeitig fühle ich mich machtlos; aber ich möchte so gern alles wieder in Ordnung bringen. Ich muss die ganze Zeit daran denken, und zwar so sehr, dass ich kaum etwas anderes tun kann. Ich fühle mich so in meinen Gedanken gefangen, dass ich nicht mehr imstande bin, mit dem Guten in mir in Kontakt zu kommen und mit dem, wofür ich meine Zeit und mein Leben verwenden möchte. Ich komme nicht voran. Vielleicht ist das größte Problem, dass ich nicht mit meinem wahren Selbst in Kontakt kommen kann."

Als wir den Weisen in dieser Sache befragten, wurden wir auf zwei körperliche Erinnerungs-Chips aufmerksam gemacht, die sich zu Beginn der Beziehung zwischen Jane und ihrem Freund gebildet hatten; jeder von ihnen besaß einen davon. Obwohl sie damals eine glückliche Beziehung hatten, hatte sich bei beiden die Angst eingeschlichen, 'das Glück könne nicht von Dauer sein'. Ein zweites Ego-Element hatte sich aus dieser Angst heraus entwickelt: eine Anhaftung an die gute Erinnerung an diese Zeit. Die Angst, ihr Glück könne nicht von Dauer sein, hatte bei Janes Freund außerdem zur Annahme einer anderen Ego-Idee geführt: "Du brauchst noch etwas, auf das du zurückfallen kannst, falls es mit dieser Beziehung nicht klappt." Als die beiden sich wieder getroffen hatten, ohne die körperlichen Erinnerungs-Chips verarbeitet zu haben, bemächtigten sich die darin gespeicherten Zweifel und Ängste der beiden und verhinderten damit, dass sie die guten Gefühle, die sie ganz zu Beginn füreinander empfunden hatten, wiedererleben konnten. Es war eher so, dass sie sich mit dem Gefühl trennten, jeweils vom anderen getäuscht worden zu sein; Schuldgefühle und wechselseitige Beschuldigungen stellten sich ein. Mit Erlaubnis des Weisen konnte Jackie die körperlichen Erinnerungs-Chips für sich und für ihren Freund deprogrammieren und damit ihrer Beziehung eine neue Chance geben.

Eine tiefere Untersuchung dessen, was geschehen war, förderte die folgende negative Glaubensvorstellung des Freundes zutage: "Das Glück ist bestenfalls eine Illusion." Leider ist diese Ansicht gar nicht so selten anzutreffen. Sie verbirgt sich hinter den verschiedensten Vorbehalten, unter denen Beziehungen eingegangen werden. Vorbehalte dieser Art sind fast eine Garantie für das Fehlschlagen der Beziehung, weil der Körper die zunehmende Entfremdung fühlt, die sie produzieren.

Ein körperlicher und psychischer Erinnerungs-Chip als Ursache für die Unfähigkeit, Qi-Energie von der Natur aufzunehmen

Daniel litt an einem extremen Mangel an Ausdauer und emotionaler Energie. Dies deutete auf eine Störung seiner Fähigkeit, Qi-Energie von der Natur aufzunehmen, hin. Die Ursache fand sich in einem körperlichen und psychischen Erinnerungs-Chip aus der Zeit im Mutterleib. Beide Chips enthielten ein Bild, das Daniels Mutter sich zu jener Zeit von sich gemacht hatte – es zeigte sie als diejenige, "die das Baby mit allem versorgt, was es braucht". Damit hatte sich die Mutter selbst an die Stelle der Natur gesetzt und Daniels eigene Beziehung zur Natur abgeschnitten.

Allgemein gesprochen können wir uns leicht vorstellen, dass sich jemand mit dieser Art von Störung einen Partner/eine Partnerin sucht, der/die seine Mutter in der geschilderten Rolle ersetzt. Daniel hatte keine Partnerin, was seinen starken Energieverlust erklärte.

Damit soll natürlich nicht die Empfehlung gegeben werden, sich einen Partner zu diesem Zweck zu suchen! Vielmehr kann Daniels Beispiel eine mögliche Erklärung liefern, wenn ein Partner in einer Partnerschaft die Mutterrolle zugeschoben bekommt.

Ego-Chips

Ego-Chips sind im *Geist* gespeichert. Sie zeichnen sich dadurch aus, dass sie mit Ideen verbunden sind, die sich um die *Familie* oder den *Klan* drehen. Sie können im Mutterleib sowie bis etwa zum Alter von acht Jahren gebildet werden. Ein Ego-Chip kann auch die Ursache einer Kinderkrankheit sein. In diesem Fall ist die Krankheit der Versuch des Körpers, das Kind von dem Ego-Chip zu befreien. Dieser Zweck wird leider verfehlt, wenn die Krankheit durch Ego-Interventionen an Komplexität zunimmt und dadurch zu einem chronischen Zustand wird.

Beispiele für Ego-Chips:

Das Streben nach Anerkennung durch die Familie

Jennifer war eine Frau in den Vierzigern, von der gesagt wurde, sie kaufe immer "die falschen Geschenke". Verantwortlich dafür war ein Ego-Chip, der folgendes Denkmuster enthielt: "Ich muss ihre Anerkennung gewinnen. Ich muss etwas tun, das in ihren Augen Gewicht hat. Es muss groß aussehen. Es muss Eindruck machen. Für die Künstler in meiner Familie muss es eher etwas Ausgefallenes sein."

Das Prahlen einer Mutter

Eine Frau, die zu uns zur Beratung kam, erzählte, sie habe das Gefühl, ihre Mutter habe alle ihre negativen Eigenschaften auf sie projiziert mit dem Ergebnis, dass sie widersprüchliche Gefühle in Bezug auf sich selbst hatte. Der Weise deutete auf einen Ego-Chip, der sich bereits im Mutterleib gebildet hatte. Der Chip enthielt ein Bild der Mutter während der Schwangerschaft; in dem Bild zeigte sie mit dem Finger auf ihren Bauch und prahlte: "Seht, wie Gott mich gesegnet hat!"

Der Weise erläuterte dazu, dass die Mutter durch ihr Prahlen das Kind herabgesetzt hatte (ein Kind ist immer ein Geschenk des Kosmos), indem sie sich selbst als "etwas Besonderes" betrachtete. Damit hatte sie dem Kind sein Selbstwertgefühl und die Souveränität über sich selbst genommen. Die natürliche Bindung zwischen

Mutter und Kind wurde durch eine negative Bindung ersetzt, die Selbstzweifel im Kind verursachte. Kurz gesagt, die Mutter hatte von dem Kind Besitz ergriffen. Eine der Folgen davon war, dass sich die Tochter unbewusst mit den Emotionen ihrer Mutter identifizierte und das Gefühl hatte, dass die Mutter alle Dinge, die sie an sich selbst nicht leiden konnte, auf sie projiziert habe. Das Deprogrammieren des Ego-Chips befreite die Frau aus ihrer Gefühlsverwirrung und gab ihr ihre Souveränität über sich selbst zurück.

Das Prahlen eines Vaters

Ein Ego-Chip, den wir bei Conrad, einem Mann Ende Zwanzig, fanden, ging darauf zurück, dass sein Vater damit geprahlt hatte, ein Kind gezeugt zu haben. Ähnlich wie im zuletzt geschilderten Beispiel ging es darum, dass der Vater sich das kosmische Geschenk, das ein Kind ist, angeeignet hatte. Die Folgen davon waren, 1. dass Conrad Zweifel an seiner Souveränität über sich selbst hatte, 2. dass seine Ganzheit gespalten war, und 3. dass Conrad an seinem kosmischen Ursprung zweifelte. Diese Dinge hatten einen Dämon und Drachen des Grolls auf seinen Vater erzeugt, die ebenfalls Bestandteile des Ego-Chips waren. Da ein Sohn ja keinen Groll auf seinen Vater haben "sollte", hatte Conrad außerdem Schuldgefühle seinem Vater gegenüber, die er dadurch zu kompensieren versuchte, dass er sich bemühte, seinem Vater zu gefallen.

Conrads Kommentar zur Entdeckung des Ego-Chips lautete: "Die Erkenntnis, dass ich Zweifel an meinem kosmischen Ursprung hatte, beantwortet für mich viele Fragen. Als ich den Ego-Chip in der Meditation deprogrammierte, sah ich einen Koffer, der jetzt zum ersten Mal geöffnet wurde. Ich konnte auspacken, ich bin angekommen. Der Koffer war wie die Arche Noahs: Es kam alles heraus, was meinem wahren Selbst ein neues Leben bringen wird. Vor ein paar Tagen habe ich in der Meditation sogar eine weiße Taube mit einem Olivenzweig im Schnabel vorbeifliegen sehen!"

"Eine Familie hält zusammen"

Dieser Ego-Chip enthielt folgende Sätze: "Wir sind eine Familie." – "Eine Familie muss zusammenhalten." – "Du bist ein Vertreter deiner Familie." – "Du bist verantwortlich für das, was deiner Familie zustößt." Der Chip hatte bei einer Frau ein widriges Schicksal in Form von wiederholt auftretenden gesundheitlichen Störungen verursacht, die nach folgendem Muster abliefen: Zuerst pflegte sie sich erschöpft zu fühlen; dieser Zustand weckte die Angst in ihr, krank zu werden, und dann wurde sie auch tatsächlich krank. Außerdem hatte die Tatsache, dass sie sich für die Familie verantwortlich fühlte, die Folge, dass sie ihren kosmischen Schutz verloren hatte. Die Idee, wir müssten um jeden Preis mit unserer Familie zusammenhalten, setzt eine wichtige Funktion unseres Geistes außer Kraft – es ist die Funktion des Zusammenhaltens des Geistes mit unserer inneren Wahrheit.

Überlebensgroße Verwandte

Typisch für diese Art von Ego-Chips sind überlebensgroße Figuren in der Verwandtschaft, mit denen sich ein Individuum identifiziert, um Stolz zu empfinden. "Mein Großvater/Ur-großvater/einer der ersten Siedler auf dem amerikanischen Kontinent, war der und der, und er hat das und das getan, was ihn berühmt und hochgeehrt machte." Der Stolz, der von einem solchen Ego-Chip herrührt, führt zu dem widrigen Schicksal, dass andere über den Betreffenden hinter seinem Rücken lachen oder dass er auf andere Weise gedemütigt wird.

Hinter dem Bedürfnis, einen Verwandten zu einer überlebensgroßen Figur zu machen, steht der Versuch des Geistes, einen Ausweg für erdrückende Minderwertigkeitsgefühle zu schaffen. Eine ähnliche Identifikation kann sich auf den Klan oder Stamm erstrecken, dem man angehört. Die Quelle der Minderwertigkeitsgefühle sind Eltern, die ihren Kindern das Gefühl gegeben haben, klein und unbedeutend im Vergleich zu ihren legendären Vorfahren zu sein.

Die Neigung, Verwandte zu mythologisieren, kommt auch im umgekehrten Sinne vor. In diesem Fall verweist das Individuum, das aus ärmlichen Verhältnissen stammt, stolz auf seine eigenen Leistungen und Erfolge. Wenn der Betreffende zum Beispiel einen hohen Bildungsgrad erreicht hat, dann benutzt er diesen als Waffe, um andere herabzusetzen, die aus seiner Sicht mit Privilegien zur Welt gekommen sind. Der Chip enthält somit alte Ressentiments gegenüber den Privilegierten und gegenüber sich selbst als jemandem, der "unterprivilegiert" geboren wurde. Außerdem enthält der Chip das Selbstbild "des Menschen, der etwas erreicht hat."

Die Ausdehnung der Grenzen der eigenen Person auf alle Mitglieder der Familie oder des Klans

Eine Person mit dieser Art von Ego-Chip dankt zum Beispiel dem Geber eines Geschenks, das dieser einem anderen Mitglied der Familie gemacht hat, so als wäre es auch ihr gegeben worden; in einem anderen Fall fühlt sich die Person wegen des schlechten Benehmens eines anderen Mitglieds der Familie beschämt und entschuldigt sich dafür.

Ein anderes Beispiel ist das einer Frau, die sich geschworen hatte, sie würde nie zulassen, dass ihren Kindern dasselbe zustoßen sollte wie ihr als Kind. Die Frau verteidigte vehement alles schlechte Benehmen ihrer Kinder oder deckte es, um Dritten gegenüber das Bild einer perfekten Familie zu präsentieren.

Angeblich ererbte gesundheitliche Probleme

In diesen Zusammenhang gehört ein Ego-Chip, in dem wir den Satz: "Bestimmte Dinge stammen daher, dass sie in der Familie weitervererbt wurden," fanden. Der Chip hatte dazu geführt, dass bestimmte körperliche Symptome auch bei anderen Mitgliedern der Familie aufgetreten waren. Die Frau, die diesen Ego-Chip bei sich entdeckte, konnte sich durch das Deprogrammieren des Chips erfolgreich von dem Symptom befreien, das sie auf die Existenz des Chips aufmerksam gemacht hatte.

Falsche Bescheidenheit

In diesem Zusammenhang wurde ein Ego-Chip gefunden, der den Satz enthielt: "Niemand verdient es, luxuriöse Dinge zu haben." Der Chip enthielt außerdem Schuldgefühle für das Begehren oder Besitzen solcher Dinge, einschließlich von Dingen, die man kaum als luxuriös bezeichnen konnte.

Geburts-Chips

Bei Geburts-Chips handelt es sich um Chips, die vor, während oder unmittelbar nach der Geburt gebildet und im Gehirn und an anderer Stelle im Körper gespeichert werden. Ähnlich wie Ego-Chips haben sie immer etwas mit der *Familie* zu tun.

Beispiel: Das Gefühl, nicht ins Leben zu gehören

Der folgende Geburts-Chip wurde entdeckt, als wir mit Hilfe des I Ging nach der Ursache dafür fahndeten, warum Beverly sich als "Fremde im Leben" empfand. Wir fanden heraus, dass der Chip auf einen Gedankengang von Beverlys Mutter während der Geburt zurückzuführen war. Sie hatte den Gedanken, das Baby könnte entweder eine Totgeburt sein, oder, falls es nach der Geburt sterben sollte, "wäre es immer noch das beste".

Der Hintergrund zu diesen Überlegungen war, dass sie bereits zwei Kinder hatte und sich davor fürchtete, eine große Familie zu haben. Diese Furcht kam wiederum von ihrer eigenen Mutter, die von ihrem Ehemann während der großen Depression mit acht Kindern sitzen gelassen worden war. Als zweitältestes Kind musste Beverly sich um die jüngeren Geschwister kümmern, konnte daher nicht die nötige Schulausbildung erhalten und fühlte sich um ihre Zukunft betrogen. Während der Befragung des I Ging zu diesem Thema meldete sich bei Beverly ein Schmerz im linken Brustbereich. Sie fragte den Weisen, ob sie nach etwas suchen müsse, das mit ihrem Herzen zu tun hatte. Die Antwort war Ja. Sie fand heraus, dass die Überlegungen ihrer Mutter ihr das Gefühl gegeben hatten, ihr Herz würde gebrochen, genau in dem Augenblick, als sie im Begriff war, geboren zu werden. Die Gedanken ihrer Mutter hatten Beverly eine Angst vor dem Leben mitgegeben und zu der Schlußfolgerung geführt: "Ich gehöre nicht ins Leben."

Der Weise machte uns darauf aufmerksam, dass die Umstände der Geburt eines Menschen auch einen Einfluß darauf haben können, ob sich dieser Mensch als fest mit beiden Beinen auf der Erde stehend erlebt. Dies hat mit der Rolle des *Helfers der Erde* bei der Geburt zu tun. Unter normalen Umständen heißt dieser Helfer das Kind auf der Erde willkommen und gibt ihm das Gefühl, dass die Erde ein sicherer Ort ist und dass er von der Erde und der Natur geliebt wird. Unter Umständen wie den oben beschriebenen sind diesem Helfer die Hände gebunden. Infolgedessen fühlt sich der Betreffende nicht geerdet, das heißt auf der Erde "nicht zu Hause".

Der Weise hat uns ferner darauf aufmerksam gemacht, dass wir Geburts-Chips als die grundlegendste Ursache betrachten müssen, was Störungen in unserem Gefühl der Sicherheit im Leben angeht. Falsche Vorstellungen in Bezug auf den Kosmos, die Natur und die menschliche Natur verstärken dieses Gefühl der Unsicherheit noch. Geburts-Chips bestimmen nicht nur die gefühlsmäßige Beziehung eines Menschen zur Erde, sondern auch die Beziehung zwischen seinem Geist und seinem Körper. Wenn bei einem Menschen die Verbindung mit der Erde nicht gestört ist, dann können ihm die Verteufelungen der menschlichen Natur seitens des kollektiven Egos wenig anhaben; ist diese Verbindung jedoch gestört, dann können diese Verteufelungen verheerende Auswirkungen auf die körperliche Gesundheit des Betroffenen haben.

Glücklicherweise kommt der Kosmos dem Menschen, der aufgrund einer negativen Geburtserfahrung in einer Lage feststeckt, zu Hilfe. Das "Feststecken" deutet darauf hin, dass der Betreffende eine Verbindung zum Helfer der Erde herstellen muß, weil es dieser Helfer ist, der uns hilft, Fortschritte im Leben zu machen. Wenn wir den Helfer der Erde um Hilfe bitten, dann kooperiert er mit dem Helfer der Transformation.

Empfängnis-Chips

Empfängnis-Chips sind im *Gehirn* gespeichert. Während andere Sorten von Chips dafür verantwortlich sein können, dass jemand vor Aufregung "in die Luft geht", äußert sich ein Empfängnis-Chip darin, dass der Betreffende "mauert". Empfängnis-Chips können die Ursache für Funktionsstörungen in Drüsen und andere Störungen im Gehirn sein. Sie können das Wachstum und die Reifung eines Kindes beeinträchtigen und die Ursache für Hyperaktivität auch noch beim erwachsenen Menschen sein. Ein allgemeines Merkmal von Empfängnis-Chips besteht darin, dass sie es dem betreffenden Menschen schwer machen, seine Einzigartigkeit auszudrücken, weil sie die Art, wie er beim ersten Kontakt mit anderen Menschen reagiert, festschreiben. Anstatt offen die positiven Möglichkeiten, die in einer Begegnung stecken, willkommen zu heißen, verbirgt er sich hinter einer Mauer aus Angst, Selbstzweifeln, Scham oder Schuld – oder einer Mischung aus diesen Ego-Emotionen. Es kann sein, dass der Betroffene sich zur Kompensation dieser Emotionen eine selbstgerechte und überlegene Haltung zulegt nach dem Motto: "Ich weiß, was richtig und was falsch ist".[50] Das Traurige an der Sache ist, dass diese Haltung es ihm verbietet, sich hilfesuchend an den Weisen zu wenden, und er somit nicht lernen kann, wie er seine Probleme am besten angeht.

Beispiele für Empfängnis-Chips:

"Was mögen die anderen über mich denken?"

Bernhard, ein Mann in den Vierzigern, bezeichnete sich selbst als jemanden, der "eine Menge Gedanken darauf verschwendet, was andere Leute über ihn denken könnten." In einer Beratung mit Hilfe des Weisen wurden wir auf einen Empfängnis-Chip aufmerksam gemacht, der folgende Dinge enthielt: Ängste und Schuldgefühle seitens seiner Mutter, die sich in dem Satz ausdrückten: “Ich hoffe, es fällt nicht auf (dass ich schwanger bin).” Ferner Schuldgefühle von Bernhards Seite, weil er der Grund für die Schamgefühle seiner Mutter war, sowie sein Entschluß: “Ich werde meiner Mutter keine Unehre machen.” “Ich will ihr Ehre machen.”

Der Wunsch, perfekt zu sein

Bei Anna war der Wunsch, perfekt zu sein, eine Quelle für ständige Selbstbeschuldigungen. Als wir nach der Ursache für diesen Wunsch forschten, fanden wir einen Empfängnis-Chip, der die damals vorherrschenden Emotionen ihrer Eltern und ihrer vierjährigen Schwester enthielt: Für den Vater war es das Gefühl, das Heim für die Familie verloren zu haben; für die Mutter war es das Gefühl, von aller Welt verlassen zu sein; für ihre Schwester war es das Gefühl emotionaler Kälte, die ihr von den Menschen in der Umgebung entgegen schlug, weil die Familie, die aus einem anderen Land stammte, “unerwünscht” war. Anna nahm alle diese negativen Gefühle in sich hinein. Die Folgen dieses Chips für Anna waren ihre Angst vor Zurückweisung, Zweifel an ihrem Selbstwert und – um dafür zu kompensieren – der Wunsch, perfekt zu sein.

Kristalline Emotionen

Unverarbeitete Traumata können auch kristalline Emotionen wie unterdrückte Wut, Schuldgefühle, Selbstbeschuldigungen, Selbsthaß und Ängste zurücklassen. Sie können die Ursache für allergische Reaktionen körperlicher oder psychischer Natur sein. Außerdem verursachen sie Schmerzen in dem Bereich des Körpers, der von dem traumatischen Erlebnis betroffen war. Kristalline Emotionen können auch in der Psyche gespeichert sein, wenn sie mit einem psychischen Erinnerungs-Chip verbunden sind.

Beispiele:

Kristalline Wut

Ein Junge hatte eine Zeichnung angefertigt, in der eine Atombombe explodierte. Die Zeichnung war technisch gesehen außerordentlich eindrucksvoll, doch seine Eltern machten sich Sorgen wegen des Themas, das er gewählt hatte. Als wir die Angelegenheit dem Weisen zur Erklärung vortrugen, erfuhren wir, dass die Zeichnung ein

Hinweis auf kristalline Wut war, die kurz davor war zu explodieren. Die Ursache für die Wut war ein Giftpfeil des Neides, mit dem ihn ein Klassenkamerad belegt hatte. Der Giftpfeil lautete: "Ich wünschte, ich könnte so zeichnen wie er. Aber dafür ist er in anderen Fächern ein Versager." Die Eltern des Jungen deprogrammierten den Giftpfeil und die kristalline Wut für ihren Sohn. Vor dieser Begebenheit war der Junge zurückgezogen und wenig kommunikativ; nach dem Deprogrammieren war er freundlicher und offener im Umgang mit anderen.

Kristalline Angst

Eine Frau, die zur jährlichen medizinischen Voruntersuchung gegangen war, hatte einen Angsttraum, der sie dazu veranlaßte, zu uns in die Beratung zu kommen. Wir fanden heraus, dass der Traum sie auf einen psychischen Erinnerungs-Chip aufmerksam machen wollte, der falsche Zuschreibungen und Giftpfeile enthielt, mit denen sie der Arzt belegt hatte. Der Arzt hatte gesagt: "Es sieht ernst aus. Das Ergebnis der Blutuntersuchung kann verschiedene Dinge bedeuten: entweder handelt es sich um eine bakterielle Infektion oder etwas Ernsthafteres." Der psychische Erinnerungs-Chip war von der kristallinen Angst vor "etwas Ernsthafterem" begleitet. Der Traum machte sie auf die Gefahr aufmerksam, die von den gespeicherten Worten und der von ihnen erzeugten Angst ausging. Diese Gefahr ist eine durchaus ernstzunehmende Angelegenheit, weil der Erinnerungs-Chip und die ihn begleitende kristalline Angst die gefürchtete Krankheit tatsächlich wahr machen können. Krankheiten, die als "unheilbar" bezeichnet werden, können das Ergebnis einer versteckten kristallinen Angst sein.

Kristalline Erinnerungen

Kristalline Erinnerungen sind nicht mit Chips zu verwechseln, da sie nicht in einem "Umschlag" enthalten sind. Charakteristisch für sie ist, dass sie immer versteinerte Schuldgefühle* für ein Versagen enthalten. Kristalline Erinnerungen können an dem Umstand erkannt werden, dass sie allergische Reaktionen körperlicher oder psychischer Natur hervorrufen. Sie können in unterschiedlichen Teilen des Körpers oder in der Psyche gespeichert sein.

Ein Beispiel ist das eines Mannes, der unfähig war, die innere Arbeit zu leisten, die notwendig war, um sein wahres Selbst zu befreien, obwohl er dies ganz klar wollte. Unsere Untersuchung brachte ans Licht, dass die Ursache für seine Unfähigkeit eine kristalline Erinnerung an einen mehrere Jahre zurückliegenden gescheiterten Versuch mit demselben Anliegen war. Die kristalline Erinnerung bestand aus Schuldgefühlen für sein Versagen und der Schlußfolgerung: "Innere Arbeit ist etwas, das ich nicht kann." Diese Schlußfolgerung schützte die kristalline Erinnerung und ließ sie unangetastet, bis er den betreffenden Satz deprogrammierte. Danach war er in der Lage, die ganze Erinnerung ebenfalls zu deprogrammieren.

*Bei Schuldgefühlen sprechen wir davon, dass sie "versteinert" sind, wenn sie in bestimmten Organen wie den Nieren, der Gallenblase, dem Harnleiter und im Kolon gespeichert sind.

Kapitel 19

Die Befreiung von entwicklungshemmenden traumatischen Störungen

Dieses Kapitel ist ganz einer bestimmten Art von Chips gewidmet, die der Weise als Stop-Chips bezeichnet. Wie der Name sagt, hat diese Sorte Chip die Eigenschaft, den betroffenen Menschen in seiner Selbstentwicklung in dem von dem Chip betroffenen Bereich zu hemmen. Stop-Chips werden sehr früh im Leben aufgrund von Bemerkungen, Ereignissen oder Handlungen seitens einer engen Bezugsperson gebildet. Dabei kann es sich um einen der folgenden Eingriffe in die Souveränität des Kindes handeln:

- der Versuch, den Willen eines Kindes zu brechen,
- der intensive Versuch, in die Psyche des Kindes einzudringen, indem ihm zum Beispiel gesagt wird: "Du musst mir alles sagen;" oder das Bestehen darauf, dass das Kind die "richtige" Reaktion auf die Dinge hat – was ihm keinen eigenen Raum läßt, seinen Gefühlen zu folgen, oder nachzudenken,
- das Verleugnen der Tatsache, dass die innere Wahrheit des Kindes Gültigkeit hat,
- religiöse Gebote,
- die Drohung: "Gott sieht alles", wobei damit gemeint ist, "Gott sieht das Böse in dir" .

Diese Beschreibungen machen deutlich, dass Stop-Chips beim Kind den Verlust seiner Souveränität über sich selbst verursachen. Unter Souveränität verstehen wir das Verfügen über unseren persönlichen Raum, die Achtung unserer inneren Wahrheit und die Sicherheit unserer Grenzen – alles Dinge, die durch unsere angeborene Fähigkeit, "Nein" zu sagen, gewährleistet werden.

Jeder Stop-Chip, den wir untersucht haben und im folgenden beschreiben werden, hat sich negativ auf das Wachstum des betroffenen Kindes in einem bestimmten Bereich ausgewirkt. Stop-Chips haben die Wirkung, ein "Halt"-Schild vor einem Bereich des Bewusstseins des Kindes zu errichten, das ihm signalisiert: "Kein Zutritt!" Das Halt-Schild sperrt das betreffende Gebiet und die mit ihm verbundenen Gefühle ab und erlaubt damit dem kollektiven Ego den ungehinderten Zugang und die ungehinderte Kontrolle darüber.

Wie die Beispiele zeigen werden, können auch körperliche Folgen mit einem Stop-Chip verbunden sein. Das läßt uns unwillkürlich an die großen Mauern denken, die im Laufe der Jahrtausende von Kaiserreichen errichtet wurden, eine Praxis, die sich bis in die heutige Zeit fortgesetzt hat.

Die Ängste, die in einem Stop-Chip gespeichert sind, können zu einer gekrümmten Haltung, Schwierigkeiten im Atembereich oder selbsterniedrigendem oder selbstbestrafendem Verhalten führen. *In allen Fällen verursachen Stop-Chips Behinderungen in der Fähigkeit, ein inneres Nein zu sagen*, sei es zu den Eltern oder anderen Autoritätspersonen oder sei es zu Ideen und Glaubensvorstellungen, die "nicht zu hinterfragen" sind.

Die in den Stop-Chips gespeicherten Ängste können den Verstand überwältigen, wenn sie durch Situationen aktiviert werden, die das Kind und später den Erwachsenen an das ursprüngliche Trauma erinnern. Sie können sich zum Beispiel in plötzlichem Stottern, Erröten, einer plötzlichen Erhöhung des Blutdrucks oder einer Panikreaktion manifestieren.

Die erfreuliche Nachricht ist, dass wir inzwischen schon in hunderten von Fällen die Erfahrung gemacht haben, dass Menschen, die unter Stop-Chips gelitten haben, von den Chips und ihren schädlichen Folgen durch Deprogrammieren mit kosmischer Hilfe befreit werden können. Auch hat uns der Weise darauf aufmerksam gemacht, dass der Kosmos trotz der Stop-Chips dem Kind und später dem Erwachsenen immer wieder Hilfen zum Wachsen anbietet, die leider nicht immer als solche erkannt werden, wenn sie zum Beispiel in Form einer Krankheit kommen. Auch wenn der Weise unseren Verstand nicht immer schützen kann, weil er durch den Chip abgeblockt ist, so handelt der Weise doch im Sinne unserer inneren Wahrheit, indem er diese schützt und verteidigt, vorausgesetzt wir sind uns selbst gegenüber aufrichtig. Dies ist deshalb möglich, weil unsere Aufrichtigkeit die Hindernisse zwischen uns und dem Weisen beseitigt. Wenn wir aufrichtig sind, kann der Weise jeweils vorübergehend die Mauer beseitigen und uns mit unserem gesunden Menschenverstand verbinden. So kann uns der Weise zum Beispiel durch Träume zeigen, dass die Sache, die wir am meisten fürchten und die unsere Entwicklung angehalten hat, gar nicht so schlimm ist, wie sie uns das Ego präsentiert. Durch solche kleinen Schritte zerstreut der Weise unsere Ängste und verbindet unseren Verstand mit unserer inneren Wahrheit, wenn das Ego schläft.

Natürlich wird das Ego durch den Kontakt unseres Verstandes mit unserer inneren Wahrheit verunsichert. Als Reaktion auf die vom Verstand gewonnenen Einsichten versucht das Ego seine Kontrolle über die Persönlichkeit zu verteidigen, indem es die innere Wahrheit mit "Ja, aber"-Einwänden kontert. Wenn wir uns daran machen, uns von Stop-Chips zu befreien, müssen wir mit Widerständen seitens des Egos rechnen und diese ebenfalls deprogrammieren.

Beispiele für Stop-Chips:
"Ich war unfähig, Entscheidungen über mein Leben zu treffen."(Hannas Beispiel)

Im ersten Kapitel habe ich mein Erschrecken beschrieben, als mich ein Freund fragte, welche Beschäftigung mir denn Spaß machen würde. Der Freund dachte, seine Frage würde mir helfen herauszufinden, was ich mit meinem künftigen Leben anfangen wollte; stattdessen tat sich in mir nur ein tiefer dunkler Abgrund auf. Alles, worauf ich meine Existenz gegründet hatte, war zusammengebrochen. Erst kürzlich, achtunddreißig Jahre später, machte mich der Weise auf zwei Stop-Chips aufmerksam, die die Ursache für mein Dilemma waren. Ich fand folgendes:

Als ich fünf Jahre alt war, sagte meine Mutter mit einem Seitenblick zu meinem Vater zu mir: "Mütter wissen besser als Väter, was ein Kind fühlt." Sie sagte dies mit einem Ton absoluter Autorität. Die Folge war, dass sich ein Stop-Chip in mir bildete, der mir die Souveränität über meine Gefühle nahm. Weil ich den Worten meiner Mutter glaubte, zog ich den Schluß, sie kenne meine Gefühle besser als ich, und wandte mich fortan an sie, wenn ich wissen wollte, was ich fühlte. Kurz danach gab es ein zweites einschneidendes Ereignis: Eine Tante, die im selben Haus wohnte und die ich heiß liebte, hatte von etwas erfahren, das ich getan hatte, das mich nicht im besten Licht zeigte. (Ich kann mich nicht erinneren, worum es dabei ging.) Um mich zu schützen, sagte sie zu mir: "Erzähl aber ja deiner Mutter nichts davon." Das Ergebnis war, dass Schuldgefühle die einzigen Gefühle waren, die ich für mich besaß. Der Weise zeigte mir, dass die Worte meiner Tante in Kombination mit den Schuldgefühlen einen zweiten Stop-Chip gebildet hatten. Der Weise half mir dann zu verstehen, dass der Konflikt zwischen den beiden Stop-Chips dazu geführt hatte, dass ich das Gefühl hatte, nicht mehr zu wissen, wer ich war. Natürlich ist es möglich, dass es noch einen anderen

Grund dafür gab, warum ich die Ansicht meiner Mutter so fraglos übernommen hatte, aber ich brauchte ihn nicht herauszufinden, um mich von diesen beiden Stop-Chips zu befreien. Ich erwähne dies, um zu zeigen, dass der Weise es versteht, uns von einem Problem zu befreien, auch ohne dass wir ihm erschöpfend auf den Grund gehen.

Meine Unfähigkeit zu wissen, wer ich war, weil ich von meinen Gefühlen abgeschnitten war, wurde zum Grund einer unterschwelligen Depression. Ich erinnere mich noch gut daran, dass ich etwa ab dem fünften Lebensjahr oft nicht wusste, was ich mit mir anfangen sollte, wenn ich Gelegenheit hatte zu spielen. Dann pflegte ich zu meiner Mutter zu gehen und sie zu fragen: "Mutti, was soll ich spielen?" In der Regel folgte ich dann ihrem Vorschlag. Der nächste entscheidende Moment in meinem Leben kam, als ich mit sechzehn Jahren die Schule verließ und entscheiden mußte, was ich danach machen wollte. Ich hatte keine Idee. Wieder kam die Antwort von meiner Mutter. Ich war froh über ihren Vorschlag und folgte ihm wie eine pflichtbewusste Tochter. Der Augenblick der Wahrheit sollte im Alter von fünfunddreißig kommen, als alles zusammenbrach, einschließlich der Rolle der pflichtbewussten Tochter (siehe die Beschreibung in Kapitel 1). Zu jenem Zeitpunkt kam das I Ging in mein Leben, um mich zu meinen eigenen Gefühlen zurückzuführen. Der Prozess, der damals begann, geht auch heute noch weiter. Viele der Entdeckungen, die ich auf meinem Weg gemacht habe, sind in diesem Buch beschrieben. Sie waren möglich geworden durch die Hilfe, die mir der Weise auf mannigfache Art gegeben hat, indem er die Mauer umging, die meinen Verstand von meinen wahren Gefühlen trennte. Zu dieser "Hilfe durch Umgehen" gehören meine Träume, denen ich seit dem Zusammenbruch viel Beachtung geschenkt habe. Eine weitere Möglichkeit, mich mit meiner inneren Wahrheit zu verbinden, waren die Botschaften, die ich durch das I Ging erhielt. Ebenfalls dazu gehören die zahlreichen "hilfreichen Zufälle" in Form von Begegnungen mit für mich wichtigen Menschen sowie jede Menge Gelegenheiten, etwas Wichtiges zu lernen; und nicht zuletzt wäre da noch die Hilfe zu erwähnen, die in Form von Geistesblitzen kam. Ich erwähne alle diese Dinge, um zu zeigen, dass der Weise es verstanden hat, meinem Verstand die innere Wahrheit der Dinge zur Kenntnis zu bringen, obwohl es die Stop-Chips gab. Seit der Entdeckung der beiden oben beschriebenen Chips habe ich noch eine ganze Anzahl weiterer Stop-Chips gefunden. Zum Zeitpunkt, da ich dies niederschreibe, kann ich sagen, dass ich meine Gefühle viel deutlicher erlebe und dass ich das Gefühl der Depression völlig hinter mir gelassen habe.

Atemschwierigkeiten und eine gekrümmte Haltung

Jane, eine Frau Ende Fünfzig, die bereits mit dem I Ging und unseren Deprogrammierungsmethoden vertraut war, hatte seit ihrer Kindheit mit Atemschwierigkeiten zu tun gehabt. Genauer gesagt, ihr Atem war meistens relativ flach. Bisweilen fiel ihr ein tiefer Seufzer auf, der darauf hindeutete, dass etwas sie daran hinderte, tief durchzuatmen. Nun hatte sie den Wunsch, sich von diesem Problem zu befreien. Sie fand heraus, dass die Ursache in einem Stop-Chip lag, der sich außerdem zu ihrer großen Überraschung als die Ursache eines anderen Problems entpuppte: ihrer gekrümmten Körperhaltung.

Der Weise führte sie zu einer Begebenheit zurück, die sich ereignete, als Jane fünf Jahre alt war. Zu dem fraglichen Zeitpunkt musste ihr Vater sich um sie kümmern. Jane wollte sich nicht vor ihm ausziehen, weil sie kurz vorher sexuell von ihrem Onkel, der im selben Haus wohnte, belästigt worden war. Ihr Vater, der davon nichts wusste, sagte zu ihr: "Du kannst dich ruhig ausziehen, der Papa tut dir doch nichts." Außer diesen Worten enthielt der Stop-Chip die Schlußfolgerung, die Jane damals gezogen hatte, dass es besser wäre, nicht erwachsen zu werden nach dem Motto: "Solange ich klein bin, beschützt mich Papa." Der Chip enthielt außerdem die Vorstellung, dass, falls sie erwachsen werden sollte, die Gefahr wachsen würde, weil Papa dann nicht mehr da wäre, um sie zu beschützen. Die Angst, erwachsen zu werden, war die Ursache für ihre gekrümmte Körperhaltung; zusammen mit der Angst vor den Gefahren des Lebens für ihre Unversehrtheit trug sie außerdem zu den Atemschwierigkeiten bei, die Jane fast ihr Leben lang begleitet hatten. Eine weitere Ursache fand Jane in einem körperlichen Erinnerungs-Chip, der sich zur selben Zeit gebildet hatte. Er enthielt den Satz: "Wenn ich nicht zu tief einatme, dann werde ich aufhören zu wachsen."

Trotz der gekrümmten Haltung reifte Jane heran. Wiederholte Ermahnungen ihrer Eltern, gerade zu sitzen, machten die Sache nur schlimmer, indem sie eine Trotzhaltung in Jane hervorriefen: "So bin ich nun mal!" pflegte sie darauf zu antworten. Nachdem Jane den Stop-Chip, den körperlichen Erinnerungs-Chip und die falsche

Zuschreibung ("So bin ich nun mal!") deprogrammiert hatte, richtete sich ihr Körper binnen weniger Wochen auf, ohne dass Jane sich gedanklich damit beschäftigen musste. Und schon wenige Tage nach dem Deprogrammieren spürte sie eine wesentliche Erleichterung, was das Atmen anging. Innerhalb weniger Monate verschwanden die Atemschwierigkeiten völlig.

Dies ist ein gutes Beispiel dafür, dass Haltungsschwierigkeiten bei Kindern korrigierbar sind, indem wir mit Hilfe des Weisen die innere Wahrheit über ihre Ursache(n) herausfinden.

Vorauseilender Gehorsam

Greta, eine Frau, die bereits seit mehreren Jahren mit unseren Methoden gearbeitet hatte, berichtete uns von folgendem Stop-Chip, den sie selbst herausgefunden hatte. Sie hatte beschlossen, der Ursache auf den Grund zu gehen, warum sie ständig damit zu kämpfen hatte, dass sie die Bedürfnisse anderer zulasten ihrer eigenen erfüllte.

Der Weise führte sie zu einem traumatischen Erlebnis im Alter von acht Jahren. Das Ereignis war ihr noch lebhaft in Erinnerung: Gretas Mutter, eine hart arbeitende Frau, pflegte jeden Sonntag ihre Migräne zu "nehmen", was ihr die Erlaubnis gab, länger im Bett zu bleiben. Es hatte sich so eingespielt, dass Greta ihrer Mutter das Frühstück ans Bett brachte. An jenem Sonntagmorgen hatte der Vater Greta abgelenkt, sodass sie erst später als üblich zur Mutter ins Schlafzimmer ging. Obwohl Greta sich für die Verspätung entschuldigte, rief die Mutter außer sich: "Wie konntest du mich nur vergessen! Dafür gibt es keine Entschuldigung!" Noch fünfzig Jahre später erinnerte sich Greta lebhaft daran, wie sie sich voller Selbstanklage auf das Sofa geworfen und untröstliche Tränen geweint hatte. Ihr innerer Konflikt spiegelte sich in den Dingen wieder, die in dem Stop-Chip gespeichert waren, der sich damals gebildet hatte: die Worte der Mutter, Gretas Schlußfolgerung: "Es gibt einen Abgrund des Bösen in mir, der mein Leben zerstören kann." – "Das Böse kann herausschlüpfen, ohne dass ich es merke." An die Stelle des Vertrauens in das Gute ihrer Natur traten Mißtrauen und die Angst, dass auch andere Menschen Dinge an ihr finden könnten, die unentschuldbar waren.

Um sicherzustellen, dass sie nie wieder ihre Pflicht vergessen würde, die Bedürfnisse anderer über ihre eigenen zu stellen, was unverzeihlich war, entwickelte sie einen Vermeidungsmechanismus. Er beruhte auf dem Satz: "Wenn ich immer tue, was andere Leute von mir erwarten, kann ich nichts falsch machen."

Eine weitere Folge dieses Erlebnisses war, dass Greta einen Ego-Komplex entwickelte, den man als "Komplex vorauseilenden Gehorsams" bezeichnen kann. Er bewirkte, dass sie nicht nur tat, was andere von ihr erwarteten, sondern dass sie versuchte, zu erfüllen, *was sie dachte*, dass es die anderen erwarteten. Dieser Komplex beruht auf der Projektion und dem Giftpfeil: "Du musst fühlen, was der andere braucht, und es erfüllen." Der Weise machte Greta darauf aufmerksam, dass dieser Ego-Komplex ebenfalls Bestandteil des Stop-Chips war und dass dieser Chip Greta daran gehindert hatte, ihre eigenen Bedürfnisse ernst zu nehmen.

Das Deprogrammieren dieses Stop-Chips befreite Greta von dem zwanghaften Bedürfnis herbeizueilen, um anderen zu helfen, ohne sich zu fragen, ob es angemessen war; es befreite sie auch von den Schuldgefühlen, die sich eingestellt hätten, wenn sie nicht mehr wie früher, ohne Rücksicht auf die Umstände ungefragt zu Hilfe eilte.

Die Behinderung der Fähigkeit, innerlich Nein zu sagen

Die Fähigkeit, innerlich Nein zu sagen, schützt uns auf natürliche Weise vor Grenzüberschreitungen durch das Ego in uns selbst und in anderen.

Wir unterstreichen die Bedeutung des Wortes "innerlich", weil ein solches Nein nicht vom Ego gehört werden kann und somit das Ego nicht auf den Plan ruft. Ein innerlich gesagtes Nein ist die innere Anerkenntnis, dass etwas unharmonisch ist und wir nicht bereit sind, es zu akzeptieren, zu tolerieren oder aktiv zu unterstützen. Das innere Nein ist wie ein unsichtbares Schwert, das unserem Verstand zur Verfügung steht, um unsere innere Grenze intakt zu halten. Es ist unser Hauptschutz vor Grenzüberschreitungen. Das innerliche Nein-Sagen schützt uns auch davor, dass das Ego die Herrschaft über unsere Persönlichkeit an sich reißen kann.

Wenn wir es versäumen, innerlich Nein zu etwas zu sagen, das unharmonisch ist, dann verleihen wir dieser Sache Gültigkeit. Das betrifft nicht nur Dinge, die sich unberechtigterweise in unserer Psyche eingerichtet haben, sondern auch alles Unharmonische in der Außenwelt. Es geschieht durch solche einfachen Versäumnisse, dass wir als Individuen dem kollektiven Ego in der Außenwelt Macht geben. Das innerliche Nein-Sagen ist unsere kosmische Verantwortung.

Es ist klar, dass das kollektive Ego Ja-Sager möchte, die sich seinen falschen Werten anpassen. Es ist weniger offensichtlich, dass es auch möchte, dass wir uns an seine unharmonische Wirklichkeit anpassen. Menschen, die *offen* die Gültigkeit der Werte des kollektiven Ego bestreiten, sind nicht willkommen. Unsere Eltern und wiederum deren Eltern und Großeltern wurden bestraft, wenn sie Nein sagten, und dafür belohnt, dass sie Ja sagten. Da Eltern nicht möchten, dass ihre Kinder mit der Gesellschaft in Konflikt geraten, reichen sie diese Werte in der Regel an ihre Kinder weiter. Wenn einem Kind verboten wird, Nein zu seinen Eltern, Lehrern und anderen Autoritätspersonen zu sagen, dann verliert es die Fähigkeit, Nein zu sagen; selbst die Fähigkeit, innerlich Nein zu ihnen zu sagen, kommt ihm abhanden. Dasselbe gilt für das Nein-Sagen zu unwahren Ideen und Glaubensvorstellungen, die infrage zu stellen uns verboten wird. Alle traumatischen Erlebnisse, in denen wir eine Behinderung in unserer Fähigkeit, Nein zu sagen, erfahren haben, sind in einem Stop-Chip gespeichert. Das betreffende Erlebnis kann mit einer ausgesprochenen Drohung verbunden gewesen sein ("Wenn du noch einmal Nein sagst, dann ...") oder es kann eine autoritäre Feststellung gewesen sein ("Kinder müssen tun, was ihre Eltern sagen") oder das Versprechen von Anerkennung ("ein gutes Kind sagt niemals Nein") oder durch subtile Formen, wie sie die oben beschriebenen Beispiele zeigen.

Ein Stop-Chip kann sich auch bilden, wenn einem Kind, das nach dem "Warum" fragt, bevor es eine Behauptung als wahr akzeptiert (weil sie sich nicht wahr anfühlt), geantwortet wird: "Weil ich es sage!"

Es sei hier angemerkt, dass jemand, der einzelne Bestandteile eines Stop-Chips bereits deprogrammiert hat, ohne zu wissen, dass sie zu einem solchen Chip gehörten, den Chip möglicherweise auf diesem Weg bereits deprogrammiert hat. Unsere Beschreibungen sollen eher dem Zweck dienen zu erklären, wie Stop-Chips unser Wachstum anhalten. Mit dieser Kenntnis ausgerüstet, können wir Stop-Chips als Ursache für Schwierigkeiten, die wir gern verstehen möchten, mit in Betracht ziehen.

Wie wir uns von Behinderungen unserer Fähigkeit, innerlich Nein zu sagen, befreien können

Die Behinderung unserer Fähigkeit, innerlich Nein zu sagen, kann entweder partiell oder total sein. Dieser Punkt ist in jedem Einzelfall als erstes zu klären. Partiell kann bedeuten, dass die Behinderung nur in Bezug auf bestimmte Situationen oder Menschen gilt. Als nächstes müssen wir uns auf die Suche nach einem Stop-Chip machen, der die Erinnerung an das traumatische Erlebnis enthält, das die Behinderung verursacht hat. Um einen Stop-Chip zu identifizieren, brauchen wir das traumatische Erlebnis nicht noch einmal zu durchleben; jeder Versuch in dieser Richtung wäre sogar kontraproduktiv. Vielmehr bewahren wir eine emotionale Distanz und machen uns klar, dass wir das Erlebnis nun mit unserem erwachsenen Verstand betrachten.

Mit Hilfe der DMR-Methode finden wir heraus 1. wann der Chip gebildet wurde, 2. wer die Bezugsperson oder Autoritätsperson war, 3. welche Worte gesprochen wurden, und 4. welche Schlüsse wir möglicherweise aus dem Erlebnis gezogen haben.[51] Wenn wir den Inhalt des Stop-Chips ermittelt haben, bitten wir den Weisen und die Helfer (wir brauchen ihre Namen in diesem Fall nicht im einzelnen zu kennen), uns von dem Stop-Chip zu befreien. Mit Hilfe der Münzen fragen wir am nächsten Tag nach, ob wir diese Bitte wiederholen müssen. Wir tun dies, bis wir die Antwort "nein, nein" oder "nein, nein, nein" erhalten.

Ein abschließender Blick auf den Stop-Chip

Die in diesem Kapitel beschriebenen Beispiele für Stop-Chips zeigen, wie diese Chips die geistige und emotionale Entwicklung des Individuums beeinträchtigen. Wir verstehen auch, wie die unwahre Idee, das Böse sei Teil unserer Natur, von einer Generation zur nächsten weitergegeben wird.

Diese Idee ist das größte Hindernis für unser Erwachsenwerden. Unser wahres Selbst kann nur dadurch erwachsen werden, dass wir unsere wahre Natur erkennen. Wenn wir die Falschheit der Wörter durchschaut haben, aus denen das Denken des kollektiven Egos besteht, und uns von ihnen befreit haben, dann wissen wir aus der konkreten Erfahrung, dass wir unserer Tiernatur vertrauen können; und wir wissen auch, dass wir dem Leben und dem Kosmos vertrauen können. Im übrigen gilt, dass unser Befreiungsprozess bereits Teil der Erfüllung unseres kosmischen Schicksals ist.

Wir können nicht in Frieden leben, solange wir die Idee ak-zeptiert haben, es gebe etwas Böses in unserer Natur. Diese Idee erzeugt eine ständige Unruhe aus folgenden Gründen: 1. ein Teil unserer Natur bekämpft einen anderen Teil unserer Natur; 2. unser Verstand denkt, er müsse ständig auf der Hut vor dem Bösen in uns sein; 3. wir werden von der Angst umgetrieben, uns schuldig zu machen, indem wir auf das Böse in uns hören oder ihm folgen; 4. wir leiden unter Ängstlichkeit, weil uns, als wir noch klein waren, nie jemand genau klar gemacht hat, worin das Böse besteht, vor dem wir uns in Acht nehmen sollen. Alle diese Faktoren geben uns Anlaß zu denken, wir müßten "etwas tun", um das ominöse Böse in unserer Natur zu meiden. Der Druck, etwas *tun zu müssen*, bringt uns oft dazu, völlig unangemessene Dinge zu tun.

Wir können nicht genug betonen, dass uns der Kosmos nie im Stich läßt. Der Weise kommt uns unser Leben lang ständig zu Hilfe. Wenn wir uns aufrichtig bemühen, uns vom Ego zu befreien, und uns auf die Suche nach unserer inneren Wahrheit begeben, begleitet uns der Helfer der Aufrichtigkeit, um uns vor jeglicher Gefahr zu schützen, bis unser wahres Selbst sich sicher als Führer unserer Persönlichkeit etabliert hat.

Solange jemand sich noch nicht klar entschieden hat, sein wahres Selbst zu befreien, ist die Gefahr groß, von Ängsten aus seinem Unterbewusstsein überwältigt zu werden, insbesondere zu Zeiten, da die Dinge, die ihm das Gefühl der Sicherheit gegeben haben, um ihn herum zusammenbrechen. Diese Gefahr kann durch einen Stop-Chip verursacht werden, der ein falsches Gefühl der Sicherheit enthalten hat, das ihm zunächst von den Eltern gegeben wurde und das er später auf die Institutionen der Gesellschaft übertragen hat. Bei diesen Institutionen kann es sich um einen Arbeitgeber, eine Versicherungsgesellschaft, eine Bank oder die Regierung handeln. Das in einem Stop-Chip enthaltene falsche Gefühl der Sicherheit und des Schutzes entpuppt sich zum Beispiel als Falle, wenn ein Elternteil gestorben ist oder eine Ehe oder enge Freundschaft in die Brüche gegangen ist, wenn wir unseren Arbeitsplatz verloren haben oder eine wirtschaftliche Krise eingetreten ist. Dieselben Worte, die das Kind vor dem Gefühl der Unsicherheit schützen sollten, erzeugen nun die Öffnung für seine Ängste. Wir fühlen uns nun von zwei Seiten von Ängsten bedrängt: auf der einen Seite ist es die Angst, ungeschützt dazustehen, weil das, was uns bisher äußerlich Sicherheit gegeben zu haben schien, weggefallen ist; und auf der anderen Seite ist es die Angst vor unserer wahren Natur, die noch im Unterbewusstsein gespeichert ist. In dieser kritischen Lage kommt der Weise mit kosmischer Nahrung zu Hilfe, um unser Herz zu stärken. Das I Ging beschreibt diese Hilfe in den Worten: "Ein Krug Wein, eine Reisschale als Zugabe, Tongeschirr, einfach zum

Fenster hineingereicht" (Hexagramm 29, Platz 4). Dies beschreibt die Umstände, in denen wir, Carol und Hanna, uns befanden, als das I Ging in unser Leben trat. Wenn wir allerdings unser Herz gegenüber dem Kosmos verschließen und ihn für unser Mißgeschick verantwortlich machen, dann kann die angebotene Nahrung nicht empfangen werden.

Kapitel 20

Verarbeitung statt Konditionierung

Konditionierung

Wie aus allen vorangegangenen Kapiteln deutlich wird, benutzt das kollektive Ego das Mittel der Konditionierung, um uns als Individuen von Geburt an den Werten und Bräuchen der betreffenden Kultur und ihrer hierarchischen Ordnung zu unterwerfen. Dies geschieht, indem uns bereits im frühen Kindesalter ein Bild vorgehalten wird, wie wir die Welt zu sehen haben und wo unser Platz darin ist. Das Bild wird dann "eingerahmt" und in unserem Kopf installiert, sodass wir daran gehindert sind, irgendetwas zu sehen, was sich außerhalb des Rahmens befindet. Dieses Bild ebenso wie der Rahmen dazu kommen mit Anweisungen, an denen wir alle unsere Erfahrungen zu messen und zu bewerten haben. Mit Erreichen des Erwachsenenalters sind wir so abhängig geworden von dem, was wir sehen, dass wir kaum noch in der Lage sind, außerhalb dieses Rahmens zu denken. Unsere Wahrnehmung ist auf diesen einen Wahrnehmungssinn – das äußere Sehen – beschränkt worden, was uns daran hindert, einen wirklichen Sinn für die Wirklichkeit zu haben. So entwickeln wir eine unreflektierte Haltung, was unsere Erfahrungen angeht; wir denken darüber so, wie es uns unsere Konditionierung vorschreibt.

Dieser Rahmen ist ein Bezugsrahmen, der unsere Erfahrungen in Kategorien einteilt, die uns auf der einen Seite sagen, was wir als glücklich, angenehm, akzeptabel und erfolgreich anzusehen haben, und auf der anderen Seite, was als unglücklich, tragisch, schrecklich, furchterregend und erfolglos zu betrachten ist. Unser starrer Bezugsrahmen definiert außerdem, was unserer sozialen Schicht als angemessen zu erachten ist: unsere Möglichkeiten, Freiheiten und Grenzen; und er definiert auch, was für uns in bezug auf unsere Geschlechts- und Rassenzugehörigkeit angemessen ist.

Die genannten Bezugsrahmen bestimmen auch, wie wir auf die Erfahrungen anderer Menschen reagieren beziehungsweise reagieren sollen. Die Folge davon ist, dass unser Verstand der Möglichkeit beraubt wird, Situationen unvoreingenommen zu beurteilen, weil er von seiner inneren Wahrheit abgetrennt ist.

Um die Auswirkungen des Konditionierungsprozesses auf unsere Psyche zu verstehen, müssen wir wissen, wie Konditionierung stattfindet. In erster Linie stützt sie sich auf das Prinzip von Belohnung und Strafe. Beide Mittel können äußerst subtil angewendet werden – denken wir zum Beispiel an eine hochgezogene Augenbraue als Warnung oder das Vorenthalten von Belohnungen als Bestrafung. Sie können aber auch drastische Formen wie körperliche oder emotionale Mißhandlungen annehmen. In allen Fällen entstehen psychologische Verletzungen.

Zusammengefaßt kann gesagt werden, dass unsere Natur dazu gebracht wird, sich selbst zu bekämpfen. Diese Spaltung führt zu einem Leben, in dem Konflikt die Grundlage aller unserer Beziehungen bildet.

Die Rolle von Chips im Prozess der Konditionierung

Wie die beiden vorangegangenen Kapitel gezeigt haben, ersetzen Chips, die vorformulierte Antworten enthalten, unsere natürlichen und spontanen Antworten selbst auf die alltäglichsten Ereignisse. Diese vorformulierten Antworten beruhen sämtlich auf negativen Konditionierungserfahrungen. Sie rufen daher mechanische Reaktionen in uns hervor, die nicht das Geringste mit unserer inneren Wahrheit und mit unserem wahren Menschsein zu tun haben. Stattdessen sind wir von unseren wahren Gefühlen abgetrennt und werden von mechanischen Impulsen gesteuert.

Das Verarbeiten

Unter Verarbeiten verstehen wir die Auflösung von Chips, die durch traumatische Erlebnisse zustande gekommen sind. Dies geschieht durch die Einbeziehung der *Verarbeitungsfunktion* unsere Psyche und der Hilfe des Weisen.

Der Weise hilft uns dabei, die schädlichen Komponenten der Chips ans Licht zu bringen, ohne dass wir das traumatische Ereignis noch einmal durchleben müssen. Diese Komponenten bestehen aus den Dingen, die gesagt, gedacht und getan wurden (unter Vermeidung von Details, die die Fantasie anregen würden), ferner aus den Bildern und Ego-Emotionen, die mit diesen Dingen einhergingen, und den Schlußfolgerungen, die das Opfer aus der Erfahrung gezogen hat. (Der Weise hat uns darauf aufmerksam gemacht, dass unabhängig davon, ob es sich um das Identifizieren eines Chips in uns selbst geht oder ob wir einer anderen Person dabei helfen, es von größter Wichtigkeit ist, zu vermeiden, noch einmal in körperliche Empfindungen von damals einzusteigen. Dies würde die Gefahr in sich bergen, dass wir unter den emotionalen Einfluß des ursprünglichen Erlebens geraten und die emotionale Trennung, die für die Verarbeitung notwendig ist, verloren geht.)

Bei der Verarbeitung von Traumata verbindet der Weise unseren Verstand mit unserer inneren Wahrheit und aktiviert unseren metaphorischen Sinn für Proportion, sodass die Erkenntnis, die wir gewinnen, eine emotionale Überreaktion auf das Geschehene verhindert. Die Verarbeitungsfunktion der Psyche rückt die Komponenten des Geschehnisses in die kosmische Perspektive. Die Klarheit, die sich daraus ergibt, trägt uns bereits dreiviertel des Wegs zur Befreiung von dem betreffenden Chip; damit dieser jedoch dauerhaft entfernt werden kann, bedarf es noch seiner Deprogrammierung mit kosmischer Hilfe.

Die Fähigkeit zu unterscheiden

Wenn die Psyche erst einmal von den Komponenten eines Chips befreit ist, dann kann unser Verstand von seiner Fähigkeit zu unterscheiden Gebrauch machen.

Die Fähigkeit zu unterscheiden unterdrückt automatisch die konditionierten Beurteilungen, weil sie es uns ermöglicht, unsere Erfahrungen in Worten auszudrücken, die wiedergeben, was wir wirklich fühlen. Im Unterschied zu Beurteilungen, bei denen jeder Aspekt einer Erfahrung in die Schublade konditionierter Meinungen gestopft wird, beruht Unterscheidung auf dem größeren Bild, das die innere Wahrheit der Situation einschließt. Um ein Beispiel zu nennen: Ein Kind, dem geholfen wird zu verstehen, dass ein Spielkamerad, der es geschlagen hat, auf Gewalt reagiert, die ihm selbst angetan wurde, ist in der Lage, zu einem ausgewogenen und gerechten Verständnis der Situation zu gelangen.[52] Die Fähigkeit zu unterscheiden läßt uns Ursache und Wirkung in ihrer wahren Beziehung zueinander sehen. Im Unterschied dazu wird beim Fällen von Werturteilen nur der äußere Schein in Betracht gezogen: das “böse” Kind hat ein anderes geschlagen, “weil es von Natur aus böse ist.”

Die Rolle der Eltern beim Verarbeiten

Es gehört zu den wichtigsten Aufgaben von Eltern, ihren Kindern zu helfen, traumatische Erlebnisse zu verarbeiten. Im Folgenden schildern wir ein traumatisches Erlebnis, das zur Zeit des Geschehens nicht von der Mutter verarbeitet wurde:

Bei dem Ereignis ging es um einen sexuellen Mißbrauch, der an der siebenjährigen Tochter verübt wurde. Der Ort des Geschehens war eine kleine Stadt, in der jeder jeden kannte. Das Mädchen fühlte sich durch die Tat gedemütigt und erniedrigt und brannte vor Wut. Außerdem hatte sie Schuldgefühle für das, was geschehen war, und schämte sich, weil die Täter sie im Anschluss an die Tat dafür hänselten. Auch fühlte sie sich von ihrer Kusine verraten. Sie hatte die Kusine besucht, und diese hatte gesagt, ihr älterer Bruder wollte sie "drüben bei der Scheune" sehen. Es war ihr damals seltsam erschienen, dass ihre Kusine nicht mitkam und dass deren Mutter, die normalerweise da war, abwesend war. Es stellte sich heraus, dass das Mädchen von dem sechzehnjährigen Vetter und mehreren seiner Freunde aus dem Ort in eine Falle gelockt worden war.

Wie hätte die Mutter des Mädchens ihrer Tochter helfen können, das Geschehnis korrekt zu verarbeiten? Als erstes hätte sie die wahren Gefühle ihrer Tochter unterstützt – ihr Gefühl, dass ihr Unrecht geschehen und sie verraten worden war. Dies hatte die Mutter tatsächlich seinerzeit getan. Zweitens galt es, dem Mädchen klar zu machen, dass es absolut keinen Grund gab, sich schuldig zu fühlen oder sich zu schämen. Dies hatte die Mutter seinerzeit versäumt. Ferner hätte sie dem Mädchen klar machen müssen, dass nichts, was die Jungen ihr angetan hatten, ihren wahren Wert minderte, und dass die Tat ein klarer Verstoß nicht nur gegen sie, sondern gegen den Kosmos war. Außerdem hätte die Mutter klar stellen müssen, dass die Tatsache, dass es geschehen war, nicht bedeutete, dass es wieder geschehen würde. Und schließlich hätte sie dem Mädchen versichern müssen, dass der Kosmos immer dafür sorgt, dass Gerechtigkeit – oft im Verborgenen – geschieht, wenn wir die ganze Angelegenheit völlig loslassen und dem Kosmos übergeben. Was diesen Punkt betraf, hätte die Mutter auch sagen müssen, dass es nicht ihre Aufgabe als Mutter sei, äußerlich tätig zu werden, denn es gibt keinen Menschen, der in der Lage wäre, die wahre, das heißt angemessene Gerechtigkeit herzustellen. Nur der Kosmos weiß, was es dazu braucht.

Glücklicherweise hatte die Mutter damals die Angelegenheit nicht an die Öffentlichkeit gebracht, weil sie vermeiden wollte, dass das Mädchen zum Gegenstand eines Skandals wurde und fortan in der kleinen Stadt als sexuell beschmutzt gesehen würde. Sie erzählte nicht einmal ihrem Mann von der Geschichte, weil es dadurch zu einer ernsthaften Fehde zwischen ihm und den Eltern des Jungen hätte kommen können, mit denen er im ersten Grad verwandt war.

Was nie verarbeitet worden war, waren die Schuld- und Schamgefühle des Mädchen, die Verletzung ihrer Würde, das Gefühl von Verrat und die aufgestaute Wut. Alle diese Dinge waren in einem psychischen und körperlichen Erinnerungs-Chip gespeichert. Und noch etwas anderes war nie bearbeitet worden: die Frage nach dem Warum. Warum hatten die Jungen es getan? Diese Frage hatte die Frau ihr Leben lang beschäftigt. Mit Hilfe des Weisen fanden wir heraus, dass der Grund für die Tat Neid auf Seiten der Familie des Vetters war. Die prominente Familie hatte eine Menge Geld während der Depression verloren, während die Familie des Mädchens nicht gelitten hatte. Der Sohn hatte es sich zur Aufgabe gemacht, sich an der Familie des Mädchens zu rächen. Dies erklärte auch die Komplizenschaft ihrer Kusine mit ihrem älteren Bruder.

Auch was die Mutter des Mädchens anbetraf, gab es Dinge zu verarbeiten: ihre Gefühle der Hilflosigkeit, Wut, Angst vor Beschämung und Schuldgefühle, weil sie nichts unternahm, um ihre Tochter aktiv zu verteidigen. Das Ereignis hatte auch in ihrer Psyche einen Erinnerungs-Chip hinterlassen.

Aus komischer Sicht betrachtet, hatten auch die beteiligten Jungen allen Anlass, das Geschehene zu verarbeiten. Sie trugen psychische und körperliche Erinnerungs-Chips davon, in denen ihr Selbstverrat gespeichert war. Der Weise informierte uns, dass dieser Selbstverrat einen inneren Todeswunsch und den Wunsch nach Selbstbestrafung in ihnen erzeugt hatte. Dieser Wunsch führte dazu, dass der Vetter einige Jahre später im Zweiten Weltkrieg getötet wurde. Auch die anderen Jungen wurden irgendwie aus dem Leben des Mädchens herausgenommen. Hätte die Mutter das Geschehnis korrekt verarbeitet – was die Verarbeitung für die Jungen hätte mit einschließen müssen –, dann hätten sie Reue empfinden können, was die Sache kosmisch betrachtet berichtigt hätte. Das hätte die Jungen auch davon befreit, weitere Akte des Selbstverrats zu begehen.[53]

Wie die obige Schilderung zeigt, hat die gründliche Verarbeitung eines traumatischen Geschehens eine Korrekturfunktion für alle Beteiligten. Auf diese Weise lernt jeder etwas aus der Sache, ohne dass Wunden zurückbleiben müssen. Der Weise benutzte die Gelegenheit, um zu erklären, dass unverarbeiteter Selbstverrat eine der häufigsten Wurzeln von kriminellem Verhalten und Gewalttaten ist.

Der erste Schritt im Prozess der Verarbeitung besteht darin, das Geschehen aus der kosmischen Perspektive zu sehen. Diese Perspektive schließt das verdeckte Motiv für die Tat mit ein. Im obigen Beispiel war es der Neid auf Seiten der Familie des Vetters. Das mißbrauchte Mädchen machte sich zu unrecht Schuld- und Schamgefühle zu eigen; auch zog sie den falschen Schluß, ihr wahrer Wert sei verletzt worden. Dies wiederum führte zu der Angst, etwas ähnliches könne sich wieder ereignen, und der Schlußfolgerung, sie sei nicht sicher. Auch sah sie damals die Sache als etwas, das nur zwischen ihr und den Jungen geschehen war. Der Kosmos und die kosmische Gerechtigkeit fehlten in ihrem Bild. Folgende Komponenten waren aus dem Ereignis zu extrahieren und zu deprogrammieren:

der Neid des Vetters, der sich in folgenden Gedanken ausdrückte, die wir mit Hilfe des Weisen identifizierten: "Ich werde ihr zeigen, wo ihr Platz ist," und "Ich werde sie schon klein kriegen",

- Schuld- und Schamgefühle auf Seiten des Mädchens,
- das höhnische Lachen der Jungen, während sie sich an dem Mädchen vergingen,
- die Angst, es könne sich wieder ereignen,
- die Schlußfolgerung: "Ich bin in dieser Stadt nicht mehr sicher",
- das Gefühl, hilflos zu sein; es führte zu der unausgesprochenen Schlußfolgerung: "Niemand hilft mir",
- die Wut, die sie selbst noch im Alter von fünfundsiebzig Jahren hatte.

Noch etwas anderes war für die Frau wichtig: Ihr früherer Verdacht, dass der Kosmos die Jungen aus ihrem Leben herausgenommen hatte, war bestätigt worden. Dies war wichtig, um sich unmißverständlich klar zu machen, dass der Kosmos nicht tatenlos zugesehen, sondern sie vor weiteren Übergriffen geschützt hatte. Warum, so mögen wir uns dann fragen, greift der Kosmos in einem Fall wie diesem nicht schon früher ein, um das Kind zu beschützen? Hinter dieser Frage steht das Bild vom Kosmos als Allmacht. Tatsache ist jedoch, dass der Kosmos nicht auf Macht, sondern auf Harmonieprinzipien gegründet ist, zu denen auch das Prinzip des Lernens aus freiem Willen gehört. Ferner gehört dazu das Prinzip der Selbstberichtigung sowie weitere Prinzipien, die alle das Ziel des Lernens unterstützen. Wenn wir alle Möglichkeiten berücksichtigen, die die korrekte Verarbeitung des oben geschilderten Ereignisses bietet, dann kann ein solches Erlebnis als Teil eines Lernprozesses gesehen werden.

Die Tatsache, dass wir ein traumatisches Erlebnis verarbeiten, bedeutet nicht, dass wir leugnen, was geschehen ist. Vielmehr wird unsere Sicht auf das Geschehene korrigiert, und vor allem wird die negative emotionale Energie in eine positive Energie transformiert, die nun die Wunden heilen kann.

Das Verarbeiten ist der erste Schritt zur Entfernung eines wie auch immer gearteten Chips aus dem Teil des Körpers, der Psyche, des Gehirns oder Verstandes, in dem er gespeichert war. Der zweite und letzte Schritt besteht darin, ihn zu deprogrammieren (siehe Anhang 3: “Deprogrammieren”).

Bevor wir mit dem Verarbeiten beginnen können

Wenn wir den Verdacht haben, dass die Ursache eines störenden Symptoms in einem Chip liegen könnte, vergewissern wir uns mit Hilfe der DMR-Methode, dass dies zutrifft.

Die Person, die unter dem Chip leidet, muss sich darüber im Klaren sein, dass, selbst wenn Schuldgefühle in dem Chip gespeichert sind, dies *unter gar keinen Umständen bedeutet*, dass die Erforschung des Chips den Zweck verfolgt herauszufinden, ob sie schuld an dem ist, was damals geschehen ist. Der Ego-Begriff von Schuld kann in keiner Weise die innere Wahrheit einer Situation beschreiben. Es ist möglich, dass eine Schuld gegenüber dem Kosmos in dem Chip gespeichert ist, wie im Fall des Jungen, der seine Kusine missbraucht hat. Doch wird eine solche Schuld in dem Augenblick getilgt, da der Betreffende wahre Reue für seine Tat empfindet und die Ego-Elemente, die ihn dazu gebracht haben, etwas Unrechtes zu tun, deprogrammiert werden. Im obigen Beispiel hätte der Junge seinen Neid auf die Kusine und den Satz: “Mädchen muss man ihren Platz zeigen” deprogrammieren müssen. Wenn das Ego eine Schuld, die wir uns gegenüber dem Kosmos zugezogen haben, in Ego-Schuldgefühle verwandelt, dann sind diese als Bestandteil des Chips mit zu deprogrammieren.

Wenn Schuldgefühle in einem Chip gespeichert sind, kann dieser Umstand es für die betroffene Person schwierig machen, das Ereignis, das zu dem Chip geführt hat, zu erinnern. Der Grund dafür ist, dass das Ego Schuld als einen unauslöschlichen Fleck auf unserer Natur definiert hat; weil diese Vorstellung so unerträglich ist, unterdrücken wir die Erinnerung daran. Das Ego zieht einen Vorteil aus diesem Umstand und verbirgt sich hinter dem Schuldgefühl. Wenn es uns schwerfällt, uns an ein traumatisches Erlebnis wegen solcher Schuldgefühle zu erinnern, können wir den Weisen bitten, die Schuldgefühle solange außer Kraft zu setzen, bis der Chip identifiziert und ausreichend erforscht ist, um deprogrammiert zu werden. Auf diese Weise ist es möglich, an die unterdrückte Erinnerung heranzukommen.

Wenn wir einen Chip untersuchen, wird in keinem Fall von uns verlangt, noch einmal durch irgendeine schmerzhafte Erfahrung hindurchzugehen. Im Gegenteil, wenn es notwendig ist, uns von dem negativen emotionalen Inhalt des Chips zu distanzieren, dann bitten wir den Weisen, uns das betreffende Ereignis zu zeigen, als würden wir einen Film anschauen. Während wir die Bilder und Handlungen verfolgen, machen wir uns klar, dass wir ein erwachsener Beobachter sind, der eine emotionale Distanz zu dem Geschehen hat. Wenn es dennoch geschehen sollte, dass wir in einen Zustand geraten, in dem wir uns hilflos fühlen wie damals, dann müssen wir rasch den Weisen bitten, uns zu helfen. Ein innerlicher Ruf "Hilfe!" genügt. Wenn wir in der Rolle des psychologischen Begleiters sind, dann bitten wir rasch den Weisen, die betreffende Person bei ihrem Namen zu rufen. Dann ruft sie der Weise zu sich selbst zurück.

Das Identifizieren eines Chips

Um einen Chip zu identifizieren, benutzen wir die DMR-Methode, um mit Hilfe des Weisen folgende Punkte zu klären:

- Um welche Sorte Chip handelt es sich: ist es ein psychischer oder körperlicher Erinnerungs-Chip, ein Ego-Chip, Stop-Chip, Geburts-Chip oder Empfängnis-Chip?
- In welchem Alter wurde der Chip gebildet (die Zeit im Mutterleib einschließen)?
- In welchem Zusammenhang wurde er gebildet (zum Beispiel zu Hause, in der Schule, im Freundeskreis)?
- Wer war daran beteiligt?
- Das Ereignis als solches.

Als nächstes sind die Komponenten des Chips zu identifizieren. Die folgende Aufstellung zeigt, wonach wir suchen müssen:

- Worte oder Sätze, die gesagt wurden
- Bilder, die mit dem Ereignis verbunden waren

- Emotionen wie zum Beispiel Hilflosigkeit, unterdrückte Wut, Scham, Beschämung, Rachegefühle, Selbstgerechtigkeit, verletzter Stolz, Neid, Eifersucht, Hass
- Schuldgefühle, Selbstbeschuldigungen, Beschuldigungen seitens des Täters
- Mögliche Schlußfolgerungen: "Es gibt keine Hilfe." – "Darüber werde ich nie hinwegkommen." – "Ich kann niemandem vertrauen." – "Ich habe es verdient, bestraft zu werden." – "Was ich getan habe, ist unverzeihlich."
- Ein Selbstbild, das wir uns infolge des Erlebnisses zugelegt haben, wie zum Beispiel "Ich bin ein schlechter Mensch." – "Ich bin für mein Leben gezeichnet." – "Ich bin ein Opfer."
- Ängste wie zum Beispiel: "Es kann jederzeit wieder geschehen."
- Zum Schluß fragen wir, ob einer oder mehrere Wechselbälger mit dem Chip verbunden sind

Anleitungen zum Deprogrammieren von Chips aller Art finden sich im Anhang 3: "Deprogrammieren".

Kapitel 21

Träume

Unsere Psyche bei Nacht

Unter allen nächtlichen Aktivitäten unserer Psyche ist uns die des Träumens am stärksten bewusst. Wir haben bereits erwähnt, dass die Psyche der Arbeitsplatz des Weisen ist. Durch Träume kann der Weise unserem Verstand eine innere Wahrheit vermitteln, wenn unser normaler Zugang dazu blockiert ist. Der Hauptvorteil bei dieser Art der Kommunikation besteht darin, dass sie stattfindet, während das Ego "schläft". Die Sprache, die der Weise in unseren Träumen benutzt, besteht aus *Metaphern,* das heißt sie verwendet bestimmte Dinge, die auf mehreren Ebenen verstanden werden können. Nehmen wir als Beispiel eine Falltür. Das Bild einer Falltür weckt ein *Gefühl*, das jeder kennt. Es kann auch eine *Erinnerung* wecken oder eine *Angst* oder einen *Verdacht* auslösen. Der Träumer muss herausfinden, was die Falltür für ihn bedeutet. Träume sind immer persönlich; es gibt keine objektive Deutung für einen Traum. Sie wollen im Zusammenhang der Lebensumstände des Träumers verstanden werden.

Eine zweite Kategorie bilden Träume, die eine innere Kommunikation zwischen verschiedenen Teilen unseres Körpers darstellen. Sie kommen mit Hilfe einer Funktion unserer Psyche zustande, die wir in Kapitel 8 als die *Remitter-Funktion* beschrieben haben. Die Kommunikation dient dazu, Hilfeersuchen eines Körperteils an einen anderen Körperteil sowie an den Verstand zu übermitteln. Wenn solche Träume uns bewusst werden, dann sind sie auch als Bitte an unseren Verstand zu verstehen, den betreffenden Körperteil in Bezug auf die Schwierigkeit zu unterstützen.

Eine dritte Kategorie von Träumen kann vom Ego kommen, wenn es hellwach ist. Das kommt zum Beispiel vor, wenn das Ego fürchtet, die Kontrolle über die Persönlichkeit zu verlieren. Es reagiert dann zum Beispiel mit einem Traum, in dem eine Autorität auftritt, die versucht, uns einzuschüchtern, weil wir angeblich eine Unterlassungssünde begangen haben.

Träume, die vom Weisen kommen

Ungeachtet der Tatsache, dass jeder Traum wegen der persönlichen Bezüge, die er enthält, subjektiv verstanden werden muss, können wir Beispiele für die verschiedenen Zwecke geben, denen ein Traum, den uns der Weise gibt, dienen kann. Der Weise hat uns dabei geholfen, das folgende Schema zu erstellen. Ein Traum kann den Zweck haben, uns auf folgende Dinge aufmerksam zu machen:

- die Tatsache, dass wir entweder gerade ein widriges Schicksal erschaffen haben, dass eines im Gange ist oder gerade sein Ende gefunden hat,
- eine Angst, die durch eine Projektion, falsche Zuschreibung oder einen Giftpfeil verursacht wurde, mit denen wir uns entweder selbst belegt haben oder von anderer Seite belegt wurden,
- eine Projektion, falsche Zuschreibung oder einen Giftpfeil, mit denen wir jemand anderen belegt haben (unsere Reaktion der Verärgerung ist ein Zeichen dafür, dass der andere uns im Gegenzug eine falsche Gedankenform geschickt hat),
- dämonische Elemente in unserer Psyche wie Kobolde, Dämonen, Drachen, Wechselbälger oder eine Ego-Mechanik, damit wir diese deprogrammieren können (im Traum befinden wir uns entweder in der Rolle des Beobachters oder erhalten Hilfe im Umgang mit den betreffenden dämonischen Elementen), einen Ego-Komplex.
- Träume, die vom Weisen kommen, können auch den Zweck haben:
- uns die Lösung zu einer Angst zu zeigen,
- uns rechtzeitig zu warnen, damit wir eine Krankheit oder einen Unfall abwenden können,
- uns kreative Inspirationen zu schenken,
- uns eine Vision von etwas zu schenken, das durch uns verwirklicht werden will,
- uns etwas zu lehren – über unsere eigene Natur, die Natur draußen, den Kosmos oder die Helfer,
- uns einen Einblick in einen Prozess zu geben, der sich in unserer Psyche abspielt,
- uns einen Ordnungsprozess zu zeigen, der unter der Leitung des Weisen in unserem Verstand im Gange ist (es empfiehlt sich, den Traum aufzuschreiben, selbst wenn wir ihn noch nicht verstehen können; das Aufschreiben hilft uns später, den Zweck des Traumes zu verstehen),

- uns an etwas zu erinnern, das wir erledigen müssen,
- uns etwas über die innere Wahrheit eines uns nahe stehenden Menschen zu zeigen (oft geht es darum, dass wir etwas für diesen Menschen deprogrammieren sollen, oder dass wir um Hilfe für ihn bitten).

Träume, die vom Ego kommen

Solche Träume sind oft ein Zeichen dafür, dass das Ego befürchtet, die Kontrolle über die Persönlichkeit zu verlieren. Um sein Territorium zurückzugewinnen, benutzt das Ego verschiedene Taktiken wie das Erregen von Ängsten, das Stiften von Verwirrung oder die Verwendung von Täuschungen mit Hilfe von Bildertricks.

Das folgende Beispiel schildert einen Traum, von dem uns der Weise bestätigte, dass er vom Ego kam. Er stammt aus der Zeit, als wir, Hanna und Carol, kurz davor standen, unsere Neufassung des I Ging fertig zu stellen:

“In dem Traum waren ich (Hanna) und Carol in einem fremden Land. Wir hatten viele Kaufhäuser durchstreift, hatten dabei eine Menge Dinge, die zum Kauf angeboten wurden, geprüft, aber so gut wie nichts gekauft. Wir hatten uns von den Verkäufern die verschiedensten Dinge zeigen lassen, aber bis auf eine Ausnahme die Läden wieder verlassen, ohne einen Kauf zu tätigen. Wir waren im Begriff, das Land zu verlassen, als eine Frau, die uns auf der ganzen Einkaufstour gefolgt sein musste, uns zur Rede stellte: ‘Sie haben nichts gekauft!’ sagte sie in einem Ton, der unterstellte, dass wir etwas Unrechtes getan hatten. Ich erwiderte in entschuldigendem Ton, wir hätten sehr wohl ein zweiteiliges Kleid mit ‘Accessoires’ als Geschenk für jemanden gekauft und auch ein wenig Zeichenmaterial. Die Frau bestand darauf, dass wir diese Dinge auspackten. Als ich das Kleid sah, das sich nun lediglich als ein dünnes Röckchen entpuppte, wurde mir klar, dass ich viel zu viel dafür bezahlt hatte. Als die Frau mein Erschrecken sah, deutete sie auf den Saum des Rockes und faltete ihn auseinander; dabei erschien das Oberteil des Kleides. Es war äußerst primitiv im Schnitt, und ich bedauerte zutiefst, es gekauft zu haben. Das ‘Zeichenmaterial’ stellte sich bei näherer Betrachtung als vier ganz gewöhnliche Buntstifte heraus. Die Frau sprach Deutsch, obwohl es nicht ihre Muttersprache war. Ich antwortete ihr mal auf Deutsch, mal auf Englisch, und wusste nicht so recht, was ich ihr sagen sollte oder in welcher Sprache ich mit ihr reden sollte.” Hier endete der Traum.

Der Weise bedeutete mir, ein Hexagramm zu erstellen, um den Traum besser zu verstehen. Ich erhielt Hexagramm 18, *Die Ursachen des Niedergangs beseitigen*, mit Wandlung auf den Plätzen 1 und 2. Auf Platz 1 galt es folgenden Text zu lesen:

> Diese Linie deutet auf die Gewohnheit des Fragestellers hin, Behauptungen zu akzeptieren, bloss weil eine Autorität, wie zum Beispiel seine Eltern, gesagt haben, sie seien wahr. Er verhält sich wie ein "guter Sohn", der seinen Eltern keine Schande machen will. Auf diese Weise vermeidet er auch Schuldgefühle – der Hinweis auf "Gefahr" –, die sich aufgrund seiner Konditionierung melden würden, sobald er infrage stellen würde, was seine Eltern gesagt haben. Diese Linie bedeutet ihm, dass er den Schuldbegriff des kollektiven Egos durch ein inneres Nein deprogrammieren muss, und dass er prüfen kann, ob eine Aussage wahr ist, indem er den Weisen mit Hilfe der DMR-Methode befragt.
>
> "Der Sohn" ist auch eine Metapher für einen Menschen, der traditionellen Vorstellungen folgt, weil er den Vater (die Tradition) liebt oder fürchtet und daher entschuldigt, was unkorrekt ist. Diese falsche Treue zur Tradition bringt die Gefahr mit sich, dass er versäumt, das innere Nein zu sagen, das die Lage korrigieren würde. Wenn er sich seiner Verantwortung erinnert, einen festen Stand einzunehmen gegenüber allem, was unkorrekt ist, bringt es am Ende allen Gewinn.
>
> Diese Linie deutet auch darauf hin, dass der Fragesteller bestimmte Tabus hinterfragen muss, die das kollektive Ego errichtet hat, um seine Macht zu sichern. Diese Tabus existieren in Form von Ge- und Verboten, die mit dem Bild einer mythischen patriarchalen oder matriarchalen Autorität verbunden sind.
>
> Der Hinweis auf Gefahr bezieht sich auch auf einen Trick des Egos: sobald jemand das kollektive Ego als den Verursacher des Niedergangs erkannt hat, stellt es das kollektive Ego als zu hassendes Objekt oder als Schuldigen hin.

Hanna verstand aus dem obigen Text, dass sie nach einem Keimsatz suchen musste, den sie fälschlicherweise als wahr akzeptiert hatte und der dazu geführt hatte, dass sie sich von der forsch auftretenden Frau hatte einschüchtern lassen. Es war der Satz: "Wer die Macht hat hat immer recht." Der Traum ereignete sich zu einer Zeit, als Hanna und Carol gerade erkannt hatten, dass das Konzept von "Macht" eine Erfindung des kollektiven Egos war. Das Ego versuchte, mit Hilfe dieses Traums Hannas Aufmerksamkeit von dieser Erkenntnis abzulenken.

Von Platz 2 war der folgende Textteil relevant:

> Zurechtbringen des von der Mutter Verdorbenen. Man darf nicht zu beharrlich sein.
>
> "Die Mutter" ist eine Metapher für die Angst erzeugenden Vorstellungen vom "strafenden Unbekannten", die Mütter ihren Kindern vermitteln, wenn sie ihnen bestimmte Glaubensvorstellungen aufzwingen.

Der Weise bedeutete Hanna, dass sie nach einer Drohung des kollektiven Egos suchen müsse. Es war der Satz: "Du kannst die Welt des kollektiven Egos nicht verlassen (das fremde Land im Traum), ohne etwas gekauft zu haben, das du mitnimmst." Doch der Traum hatte zugleich die Wahrheit enthüllt: Es gab nichts von Wert, das man hätte einkaufen können, und die wenigen Dinge, die Hanna tatsächlich gekauft hatte, hatten sich entweder als Betrug entpuppt oder als etwas, das das kollektive Ego als "wertlos" (die Buntstifte) bezeichnen würde.

Träume, die Hilfeersuche von einem Körperteil an einen anderen sowie an den Verstand sind

Die Nacht ist die Zeit, da unsere Organe und bestimmte Systeme unseres Körpers – wie unser Kreislauf und unsere Lymphsysteme – besonders aktiv sind. Wenn ein Organ oder ein System unseres Körpers überlastet oder aus anderem Grund nicht in der Lage ist, normal zu funktionieren, dann bittet es andere Teile des Körpers und häufig auch den Verstand um Hilfe. Dieses Hilfeersuchen geschieht durch die Remitter-Funktion der Psyche. Der Weise hat Hanna zu einem vorläufigen Verständnis eines solchen Traumes verholfen.

"In diesem Traum sollte ich, Hanna, mit einer Gruppe von Leuten eine andere Gruppe treffen. Doch zuerst musste ich zur Toilette gehen; sie befand sich in einem großen Raum, in dem die anderen auf mich warteten. Obwohl ich ziemlich lange Zeit brauchte, konnte ich mein "Geschäft" nicht erledigen. Auf der einen Seite fühlte ich mich unter Zeitdruck, und auf der anderen Seite spürte ich, dass es wichtig war, mir die Zeit zu nehmen. Als ich endlich fertig war, begann ich diverse nicht näher identifizierbare Dinge aufzulesen, die ich mitnehmen musste, doch bald war ich so überladen, dass die Sachen mir immer wieder aus den Händen und von den Armen rutschten. Es schienen Kleidungsstücke und andere Dinge zu sein, die schwer zusammenzuhalten waren."

Noch am selben Morgen befragte Hanna den Weisen zu diesem Traum und erfuhr, dass es sich darin um das Ersuchen eines Körperteils an einen anderen handelte, zu warten. Genauer gesagt, bat ihre Ausscheidungsfunktion bestimmte Teile ihrer Verdauungsfunktion zu warten, bis sie ihre Aufgabe erledigt hätte. Der Grund, warum die Ausscheidungsfunktion mehr Zeit brauchte, lag an den "Dingen", die schwer zusammenzuhalten waren: bei diesen Dingen handelte es sich um Nahrungsmittel, die nicht nähren, weil sie gefühlsleer sind.* Ihre Adrenalindrüse und ihre Nieren, die beide zur Ausscheidungsfunktion gehören, waren außerstande, diese "Dinge" zu verarbeiten, sodass ein anderer Weg gefunden werden musste, um sie auszuscheiden. Der Traum zeigte nicht, wie diese Schwierigkeit gelöst wurde.

*Damit ist zum Beispiel Gemüse gemeint, das mit Kunstdünger anstelle von natürlichem Dünger gezogen wurde. Dasselbe gilt für das Fleisch von Tieren, die mit Hormonen und Antibiotika gefüttert wurden. Der Grund liegt darin, dass "Chemikalien" aus natürlichem Material, das in seine Bestandteile zerlegt worden ist, gewonnen werden. Natürliches Material hat ein fühlendes Bewusstsein. Wenn jedoch ein Bestandteil von seinem Quellenmaterial getrennt wird, dann verliert es sein fühlendes Bewusstsein. Die innere Wahrheit/ DNA unseres Körpers hat dann keine Möglichkeit, diesen Bestandteil zu erkennen. Zwar können wir unsere körperlichen Helfer bitten, solche Nahrungsmittel zu verwerten, doch enthielt der Traum zugleich die Botschaft, Nahrungsmittel zu meiden, die nicht nähren, weil unser Körper seine Nahrung aus dem fühlenden Bewusstsein der Nahrung gewinnt.

Beispiele für Träume, die vom Weisen kommen

1. Ein Traum, der den Zweck eines widrigen Schicksals enthüllt

Drei Tage nach einem schweren Autounfall erhielten wir eine Mail von Ronald, in der er uns einen Einblick in das gab, was ihn bewegte:

"Heute Abend habe ich ein starkes Gefühl der Dankbarkeit gegenüber dem Weisen, den Helfern und dem Kosmos dafür, dass sie mich davor bewahrt haben, bei dem Unfall zu sterben. Obwohl der Unfall mir einen Riesenschock versetzt hat, fühle ich es mit meinem ganzen Sein, dass er um einiges schlimmer hätte ausgehen können.

Letzte Nacht träumte ich, dass mein Haus aus seinem Fundament gehoben, an einen anderen Ort gebracht und auf ein neues Fundament gestellt wurde. Ich kann nicht umhin, darin ein Beispiel dafür zu sehen, wie ökonomisch der Kosmos vorgeht und wie man durch

Ereignisse wie diesen Unfall oder etwas, das andere als Tragödie bezeichnen würden, gemehrt wird.

Das I Ging hat mir gezeigt, dass ich ein widriges Schicksal erschaffen hatte, das den Zweck hatte, mich von alten Mustern freizuschütteln."

2. Ein Traum, der das Ende eines widrigen Schicksals enthüllte, das durch einen Geburts-Chip erschaffen worden war

Kurz bevor Hanna fünfzig wurde, hatte sie folgenden Traum: Sie saß in einem Zug, der mitten in der Nacht auf einem Bahnhof hielt. Da alle Leute ausstiegen, beschloss sie ebenfalls, den Zug zu verlassen. Einer Intuition folgend ging sie an der Kette der Wagen entlang, bis sie beim letzten Wagen angekommen war. Dort traf sie auf einen Mann mit einer Laterne, der ihr etwas zeigen wollte. Als sie den Wagen betrat und der Mann mit der Laterne in das Abteil leuchtete, erschrak sie zutiefst: das Abteil war voller ausgehungerter Säuglinge, die hilflos auf dem Boden lagen und ihre Ärmchen zur Mitte streckten. Ein grauenerregender Anblick!

Zu jener Zeit war Hanna in psychoanalytischer Behandlung. In ihrer nächsten Sitzung berichtete sie von dem Traum. Ihre Analytikerin schlug vor, der Traum könnte ihr etwas über die Umstände ihrer Geburt enthüllt haben, und ermunterte sie, ihr zu erzählen, was sie darüber wusste. Hanna erinnerte sich genau an die Erzählungen ihrer Mutter. Sie war als Kind deutscher Eltern kurz nach Ende des Zweiten Weltkriegs in der Tschechoslowakei geboren worden. Deutschland hatte den Krieg verloren, und viele Tschechen hatten noch starke Ressentiments, weil sie während der Besatzung von den deutschen Truppen unterdrückt worden waren. Dies spiegelte sich in der Haltung des Krankenhauspersonals gegenüber der Mutter und ihrem Kind wieder – weder die Mutter noch das Baby erhielten ausreichende Nahrung und Hilfe. Hannas Mutter hatte ihr erzählt, eine der Schwestern habe ihr auf die Bitte um etwas Milch sogar gesagt: "Ach, lass sie doch verrecken!"

Während Hanna mit geschlossenen Augen ihre traurige Geschichte erzählte, hatte das Selbstmitleid sie mehr und mehr überwältigt. Plötzlich hörte sie die klare Stimme ihrer Analytikerin: "Es stimmt, Sie wären fast gestorben, aber Sie sind doch hier! Sie haben doch überlebt! Was Sie mir gerade erzählt haben, ist der Mythos von Ihrer Geburt!" Hanna war schockiert! Wie konnte die Frau das, was sie erfahren hatte, als "Mythos" bezeichnen? Zweifelte sie daran, dass

Hanna die Wahrheit gesagt hatte?

Hanna lernte, dass ein Mythos auf einer Halbwahrheit beruht; er monumentalisiert eine Hälfte der Geschichte und verschweigt die andere. Hanna begriff, dass sie ihr ganzes bisheriges Leben auf den zwar traurigen, aber in ihrer Bedeutung völlig überhöhten tragischen Umständen ihrer Geburt errichtet hatte. Einen Augenblick lang hatte sie das Gefühl, als sei ein Teppich unter ihren Füßen weggezogen worden, doch schon im nächsten Augenblick fühlte sie eine Riesenerleichterung: Sie war frei, ein neues Leben zu beginnen!

Die große Zahl von Neugeborenen in ihrem Traum, die nach Nahrung verlangten, veranschaulichten das Maß an Überhöhung, das sie der Situation verliehen hatte. Der Traum zeigte ihr außerdem, dass sie das Ende des widrigen Schicksal erreicht hatte, das der Mythos erschaffen hatte. Der Weise erklärte ihr, dass, solange sie ihr Leben auf diesem Mythos aufgebaut hatte, dieser wiederholt widrige Schicksale für sie erschaffen hatte, von denen sie jetzt befreit war.

Anmerkung: Es sollten etliche Jahre vergehen, bis wir etwas über Geburts-Chips lernten.

3. Träume, die auf Schuldgefühle hindeuten

Schuldgefühle zeichnen sich durch ihre besondere Zähigkeit aus, was häufig in den entsprechenden Träumen wiedergespiegelt wird: Der Träumer muss durch Morast waten oder steckt im Morast fest; der Träumer hat das dringende Bedürfnis, zur Toilette zu gehen, aber die Toilette ist übervoll mit Exkrementen. Dies deutet darauf hin, dass der Träumer sich von Schuldgefühlen befreien möchte, aber in einem solchen Morast von Schuldgefühlen gefangen ist, dass er keinen Ausweg weiß. Während Träume über Morast auf Schuldgefühle hindeuten, die in der Psyche gespeichert sind, verweisen Träume, in denen Exkremente vorkommen, auf Schuldgefühle, die in einem körperlichen Erinnerungs-Chip gespeichert sind.

Ein Schulddämon kann sich auch als Riesenspinne, umgeben von hunderten von Babyspinnen, zeigen. In diesem Fall zeigt das Traumbild den giftigen Aspekt von Schuldgefühlen. Es zeigt an, dass unser Verstand unter der falschen Zuschreibung von "schuldhaften Erinnerungen" steht.

Eine Unterwasserpflanze mit Fangarmen, die drohen, den Träumer zu umschlingen, steht für den verschlingenden Aspekt von Schuldgefühlen.

4. Albträume, die vom Weisen kommen

Albträume, deren Thema sich wiederholt, kommen in der Regel von einem Chip, der die Erinnerung an ein traumatisches Erlebnis beinhaltet (siehe Kapitel 18 und 19). Die Albträume spiegeln die Bemühungen unserer Psyche wieder, diese Erinnerungs-Chips zu brechen. Jedes Mal, wenn wir mit einem Schreck erwachen, wird ein Stück von dem Chip abgebrochen. Wir können solchen Albträumen ein Ende setzen, indem wir herausfinden, um was für einen Chip es sich handelt, und ihn deprogrammieren.

Eine spezifische Art von wiederholten Albträumen kann durch die Erinnerung an ein Ereignis verursacht werden, bei dem der Träumer eine andere Person als "hoffnungslosen Fall" aufgegeben hat. Im Traum erlebt er die Situation mit verkehrten Rollen – der Träumer erlebt sich als derjenige, der aufgegeben wurde: Er wird verfolgt und vom Tode bedroht. Der Traum zeigt ihm, wie es sich anfühlt, von jemandem in Gedanken "hingerichtet" und als hoffnungslos abgeschrieben zu werden; der Traum möchte den Träumer auf die schädliche Wirkung seines Gedankens, bei dem es sich um einen Giftpfeil handelt, aufmerksam machen und ihm die Gelegenheit geben, ihn zu deprogrammieren. Tut er dies, dann wird der Träumer von dem widrigen Schicksal, das er erschaffen hat, und die andere Person von dem Giftpfeil befreit.

5. Ein Konfliktknäuel

Vor vielen Jahren hatte Hanna einen Traum, in dem es um ihre damalige Liebesbeziehung ging. In dem Traum wurde ihr eine Wohnung mit zwei Zimmern gezeigt. Die Tür zu dem einen Zimmer war offen, während die andere geschlossen war.

Beim Nachdenken über diesen Traum am anderen Morgen hatte Hanna das Gefühl, dass es hinter der geschlossenen Tür etwas gab, das sie herausfinden musste. Sie beschloss, sich in einer Meditation aktiv in die Szene mit der verschlossenen Tür hineinzuimaginieren. Sie bat innerlich um ein Zeichen an der Tür, das ihr einen Hinweis darauf geben würde, was sich in dem Raum verbarg. Sofort erschienen die Worte "Kein Ausgang" auf der Tür. Sie interpretierte sie als Warnung, den Raum nicht zu betreten. Vorsichtig öffnete sie die Tür einen Spalt: Der ganze Raum war bis zur Decke mit Müll angefüllt! "Beziehungsmüll", schoß es ihr durch den Kopf, und sie musste an die endlosen wechselseitigen Beschuldigungen denken, unter denen ihre Beziehung litt. Hanna wurde klar, dass es sinnlos war, den Raum zu betreten und zu versuchen, jedes Teil noch einmal anzuschauen, bevor sie es wegwerfen würde. Es gab nur eine Möglichkeit, alles los zu werden: um Hilfe zu bitten, es möge geräumt werden. Zur damaligen Zeit war ihr die Möglichkeit des Deprogrammierens noch nicht bekannt, und sie wusste auch noch nichts über Helfer; doch sie kannte eine Methode der inneren Raumreinigung. Als erstes visualisierte sie violettes Licht, das den ganzen Raum ausfüllte. Nach einer kleinen Weile visualisierte sie ein weißes Licht, das sich von der Mitte des Raumes allmählich ausbreitete, bis es den ganzen Raum erfüllt hatte. Dabei verwandelte er sich in einen Raum der Stille und des Friedens. In seiner Mitte war eine Lotusblüte mit einem Brunnen. Hanna wurde klar, dass der Raum sich in einen Ort verwandelt hatte, an dem der Weise anwesend war. Sie sah sich auf einem Meditationshocker in einiger Entfernung von dem Brunnen sitzen, und ein paar Meter weiter saß ihr Partner ebenfalls in Meditationshaltung. Beide schauten zur Mitte des Raumes. Zusammen mit dem Weisen bildeten sie ein Dreieck! Schlagartig wurde ihr klar: Sie und ihr Partner hatten nicht zum Weisen als dem Mittelpunkt ihrer Beziehung geschaut, sondern nur jeweils den anderen gesehen. Sie hatten geglaubt, ihre Beziehung sei lediglich eine Angelegenheit zwischen ihnen beiden! Und diese Sichtweise hatte alle ihre Schwierigkeiten erzeugt.

Später lernten wir, dass der "Raum ohne Ausgang" ein anderer Name für das war, was das I Ging als "Konfliktknäuel" bezeichnet. Ein Konfliktknäuel beginnt damit, dass wir uns oder jemand anderen als "Schuldigen" betrachten. Dieses Wort dient dem einzigen Zweck, einen Konflikt in Gang zu setzen und sicherzustellen, dass er sich durch wechselseitiges Beschuldigen endlos fortsetzt. Hannas Meditation zeigte ihr, wie er beendet werden konnte.

6. Wie ein Egokomplex durch einen neuen ersetzt wird

Dieser Traum ereignete sich zu einer Zeit in Hannas Leben, als sie sich entschieden hatte, professionelle Hilfe zu suchen, um ihr aus einer Depression heraus zu helfen. In dem Traum befand sie sich in einem geräumigen Haus, das aufgelassen worden war. Es fand eine Auktion des Inventars statt. Sie beschloss, den Ort zu verlassen, doch dann sah sie direkt beim Ausgang ein Paar Stiefel stehen, die jemand dort anscheinend für sie bereit gestellt hatte. Die Stiefel gefielen ihr. Sie zog sie an und verließ das Haus. Draußen betrat sie einen Pfad, der auf einen Hügel hinaufführte und an dessen Ende sie bereits ein viel größeres Haus sehen konnte als das, das sie gerade verlassen hatte.

Dieser Traum war noch lebhaft in Hannas Erinnerung, als sie viele Jahre später lernte, Träume mit Hilfe des Weisen zu interpretieren. Zu ihrer Überraschung erfuhr sie, dass das erste Haus für einen Überlegenheitskomplex gestanden hatte. Da dieser nicht zum erwarteten Erfolg geführt hatte, hatte Hanna beschlossen, ihn zurückzulassen. Die Auktion zeigte die Aktivität kosmischer Helfer, die dabei waren, das psychische "Inventar", das in hilfreiche Fähigkeiten transformiert werden konnte, einzuschätzen. Leider wurde die Hilfe, die diese Helfer anboten, durch einen Wechselbalg blockiert, der die Stiefel beim Ausgang abgestellt hatte. Das Anziehen der Stiefel und Zugehen auf das größere auf dem Hügel gelegene Haus deutete an, dass sie sich gerade einen neuen Ego-Komplex zugelegt hatte: den Psychoanalysekomplex.

Der Traum zeigte, dass das Versagen eines Ego-Komplexes nicht notwendigerweise zur Befreiung von der Herrschaft des Egos führen muss; dies kann nur gelingen, wenn wir den Komplex deprogrammieren und sicherstellen, dass auch etwaige Wechselbälger, die mit ihm verbunden sind, von den Helfern beseitigt werden. Durch die Erfindung einer neuen Begründung ("Die Psychoanalyse wird mir helfen") hatte das Ego sein Erfolgsprogramm den neuen Erfordernissen angepaßt. Das I Ging bezeichnet dies als "das Laufen von einem konventionellen Hilfsmittel zum anderen, ohne die Ursache der Störung an der Wurzel zu packen".[54] Dieses Beispiel soll nicht die Hilfe, die eine Psychoanalyse anbieten kann, verleugnen. Es ist lediglich eine Feststellung, dass eine Menge mehr Hilfe möglich wäre, wenn die Ego-Elemente deprogrammiert würden.

7. Ein Hilfeersuchen

In diesem Traum war Hanna eingeladen, an einem Fest anläßlich der Einweihung eines neu renovierten Hauses teilzunehmen. Die Menschen waren sehr freundlich und zeigten ihr die neuen Holzverkleidungen an den Wänden, die mit einem erlesenen Muster angestrichen waren. Obwohl es reichliche Speise und viele Gäste gab, war es Hanna nicht möglich, sich dem Fest anzuschließen. Stattdessen wanderte sie mit verschiedenem Papiermüll in der Hand umher auf der Suche nach einem Papierkorb. Sie verließ die belebten Zimmer und wanderte durch breite Flure, die zu weiteren Fluren und zu großen Räumen führten, in denen noch andere Menschen ihre Familienfeiern begingen. Die Leute waren überwiegend elegant gekleidet. In anderen Teilen dieses Wohnkomplexes waren Arbeiter mit der Restaurierung von Fußböden und anderen Holzarbeiten beschäftigt. Sie machten eine Menge Staub. Der ganze Komplex erinnerte sie an jene großräumigen Galerien in Italien, die von gläsernen Domen überspannt sind. Sie schloß daraus, dass sie irgendwo zwischen Italien und der Schweiz sein mußte. Dann kletterte sie steile, gefährliche Treppen hinab, gelangte aber glücklich nach unten. Überdrüssig, weil sie keinen Papierkorb finden konnte, warf sie den Papiermüll in eine leere, verlassene Badewanne, die in einem der Flure herumstand. Kurz vor dem Aufwachen kamen ihr die Worte: "Ich habe aufgestaute Gefühle und weiß nicht, wohin damit."

Als Hanna den Traum mit Hilfe des Weisen erforschte, erfuhr sie, dass das "Ich" im Traum nicht sie selber war, sondern eine junge Frau, mit der sie durch Familienbande verbunden ist. Der Weise benutzte den Traum, um Hanna auf eine gefährliche Aktivität in der Psyche der jungen Frau aufmerksam zu machen. In dem anschließenden klärenden Gespräch mit dem Weisen erfuhr Hanna, wie sie ihr helfen konnte.

Die Worte "Ich habe aufgestaute Gefühle und weiß nicht, wohin damit" erinnerten Hanna an den Selbstzweifelkomplex. Die enorme Größe des "Wohnkomplexes" legte nahe, dass ihr der Traum eine Ansammlung von Ego-Komplexen gezeigt hatte, die die junge Frau dabei war, auf einen neuen Stand zu bringen. Der Weise bestätigte diese Vermutungen. Die Renovierungsarbeiten waren ein Hinweis darauf, dass das Ego im Begriff war, zwei neue Ego-Komplexe hinzuzufügen. Der eine war der "Restaurierungskomplex", der auf dem Satz beruht: "Ich muss ein besserer Mensch werden." Der andere war der "Revolutionskomplex", der auf der Feststellung beruht: "Was ich bisher geglaubt habe, stimmt nicht; das Gegenteil muss wahr sein."

Der Weise erklärte Hanna, dass die junge Frau sich mit Selbstbeschuldigungen etwa folgenden Inhalts belegt hatte: "Mit meiner Ausbildung sollte ich in der Lage sein, mehr zu verdienen." – "Ich sollte in der Lage sein, mir einen richtigen Urlaub zu leisten." Diese Sätze deuteten darauf hin, dass sie vorher einer Unwahrheit aufgesessen war, die nicht gehalten hatte, was sie versprach. Es war der Satz: "Arm zu sein ist spirituell." Nun hatte sie sich ein neues (falsches) Motto zu eigen gemacht: "Ich muß positiv denken." – "Ich muß in Begriffen von Reichtum denken." – "Ich muß großräumig denken."

Der Traum zeigte Hanna, wie das Ego in einem Menschen falsche Begründungen benutzen kann, um eine ganze Mischung aus Ego-Komplexen, die ihren Appeal verloren haben, den neuesten Erfordernissen anzupassen. Doch diese Anpassung brachte keine Lösung der Frage, um die es im tiefsten Inneren der jungen Frau ging: Wohin mit ihren aufgestauten Gefühlen, die zu Papiermüll entwertet worden waren?

Hilfreiche Hinweise für das Verstehen Ihrer Träume

Der Weise hilft uns dabei, die Botschaft eines Traums zu verstehen. Wir benutzen dazu die Drei-Münz-Rückfrage-Methode, kurz "DMR-Methode" genannt (zu ihrer Beschreibung siehe Anhang 1).

Zuerst fragen wir uns, welches Gefühl der Traum hinterlassen hat. Ist es das Gefühl, er könnte eine Botschaft für uns beinhalten? Wenn wir nicht sicher sind, benutzen wir die DMR-Methode, um den Weisen zu fragen. Lautet die Antwort Ja, dann ist es hilfreich, die Quelle des Traumes zu klären: Kam er vom Weisen, von einem Teil unseres Körpers oder vom Ego?

Die folgenden Vorschläge können als Leitlinie verwendet werden, um ein tieferes Verstehen des Traums zu gewinnen:

Schreiben Sie alles auf, was Sie von dem Traum erinnern, oder machen Sie eine Zeichnung. (Manche Menschen stellen sich auch ein Tonbandgerät ans Bett, um sich das Aufschreiben zu ersparen.) Achten Sie besonders auf das Gefühl, mit dem Sie aufgewacht sind. War es ein wahres Gefühl wie Freude, Dankbarkeit oder Wut, oder war es eine Ego-Emotion wie Frustration, Angst, Schuldgefühle und so weiter. Wenn es sich um eine Ego-Emotion handelte, dann ist die Wahrscheinlichkeit groß, dass der Traum von einer falschen Zuschreibung oder einem Erinnerungs-Chip handelte.

Es kann hilfreich sein, den Zweck des Traumes herauszufinden, indem Sie die zu Beginn dieses Kapitels aufgeführte Liste unter "Träume, die vom Weisen kommen" durchgehen. Das gibt Ihrer weiteren Erforschung bereits eine Richtung. Wenn Sie zum Beispiel herausfinden, dass der Traum Sie auf eine falsche Zuschreibung aufmerksam machen will, dann können Sie nach folgendem Schema verfahren, um sie zu identifizieren:

Fragen Sie nach, ob Sie sich selbst mit dieser falschen Zuschreibung belegt haben. Wenn Nein, identifizieren Sie den Verursacher. Bitten Sie dann den Suchhelfer Ihrer Psyche, Ihnen den Wortlaut ins Bewusstsein zu bringen. Überprüfen Sie, ob sie den Wortlaut ausreichend genau verstanden haben und ob er vollständig genug ist. Deprogrammieren Sie ihn dann gemäß den Anleitungen in Anhang 3.

Falls der Traum Sie auf eine traumatische Erinnerung, die in einem Chip gespeichert ist, aufmerksam machen will, folgen Sie den Leitlinien zur Erforschung von Chips in Kapitel 20.

Gelegentlich kommt es vor, dass ein Traum uns auf weitere Träume vorbereiten will, aus denen sich dann ein vollständigeres Bild ergibt. Träume können uns auch Fortschritte widerspiegeln, die wir in einem bestimmten Lebensbereich machen. Das ist besonders der Fall, wenn wir das Ende einer falschen Zuschrei-bung oder eines Chips erleben, die uns Albträume bereitet haben (vgl. das oben beschriebene Beispiel: "Ein Traum, der das Ende eines widrigen Schicksals enthüllte, das durch einen Geburts-Chip erschaffen worden war").

Es ist wichtig zu bedenken, dass das "Ich" im Traum nicht unbedingt die eigene Person sein muß. In solchen Fällen ist es möglich, dass der Weise uns ein unmittelbares Gefühl für das geben möchte, was ein anderer Mensch fühlt, den wir zum Beispiel mit einer falschen Zuschreibung belegt haben, oder der an bestimmten Ego-Komplexen leidet. Oder es kann sich beim Traum-Ich um einen Körperteil von uns handeln, dessen Bedrängnis wir spüren sollen (vgl. oben: "Träume, die Hilfeersuche von einem Körperteil an einen anderen sowie an den Verstand sind").

Vergessen Sie nicht, dass Träume eine metaphorische Sprache verwenden und dass Metaphern mehrdimensionale Bedeutungen haben können: Sie können für etwas sehr Konkretes, aber ebensogut für etwas Unsichtbares stehen. Geld kann zum Beispiel auf eine aktuelle Geldangelegenheit hindeuten oder auf eine Sache, die etwas mit dem wahren Wert von etwas zu tun hat.

Häufige Metaphern, die in Träumen vorkommen

Zeit und Ort. Da die Inhalte der Psyche nicht den Beschränkungen von Raum und Zeit unterliegen, sind auch unsere Träume nicht innerhalb dieser Parameter zu verstehen. Wir haben alle schon die Erfahrung gemacht, dass wir im einen Augenblick an einem Ort und unmittelbar darauf an einem völlig anderen Ort waren. Was der Traum uns möglicherweise zeigen will, ist die Beziehung zwischen *Ursache und Wirkung*. Dies wird in dem Traum über die Ausscheidungsfunktion (siehe "Hilfeersuche von einem Körperteil an einen anderen ...") deutlich: Die "Dinge", die die Ursache dafür waren, dass die Ausscheidungsfunktion mehr Zeit brauchte, wurden erst gezeigt, *nachdem* diese Funktion ihr "Geschäft" erledigt hatte. Der Umstand, dass die Psyche nicht den Beschränkungen von Raum und Zeit unterliegt, sondern das Wissen um Ursache-und-Wirkung hat, ermöglicht sowohl Vorausahnungen als auch Flashbacks.

Menschen in Träumen können sowohl für Aspekte realer Personen als auch für fehlgeleitete Ideen, die sich der Träumer zu eigen gemacht hat, stehen. Beispiel: ein Drogenhändler kann für die Idee stehen: "Wir müssen Händel abschließen, um das im Leben zu bekommen, was wir brauchen/wollen." Eine solche Idee sperrt den Weisen ein, mit der Folge, dass der Weise außerstande ist, die kosmischen Helfer, die uns in allen Dingen Unterstützung geben würden, herbeizurufen. Eine Person in einem Rollstuhl kann für eine Funktion unserer Psyche oder unseres Körpers stehen (jede Funktion ist ein Helfer!), die durch einen Giftpfeil dysfunktional gemacht worden ist. Personen in Träumen können auch für Helfer unserer Natur stehen oder für kosmische Helfer. In anderen Träumen können Menschen für Kobolde, Dämonen oder Drachen stehen. So kann zum Beispiel die Tatsache, dass wir unseren Vater sehen, die Anwesenheit des "Autoritätsdrachens" bedeuten (siehe auch den in Kapitel 16 geschilderten Traum: "Wie wir die ersten dämonischen Elemente entdeckt haben").

Tiere erscheinen häufig in Träumen. Dieser Umstand erinnert uns daran, dass wir zum Tierreich gehören und eine Tiernatur haben. Wir müssen uns klar machen, dass unsere Tiernatur aus den Bewusstseinen vieler Tiere zusammengesetzt ist, von denen wir einige kennen und andere nicht.[55] Jedes dieser Tierbewusstseine übt eine oder mehrere genau definierte Funktionen in unserem Körper, unserer Psyche oder unserem Geist aus. Es ist wichtig darauf zu achten, welches Gefühl von dem Tier in unserem Traum ausgeht. Ist es ein freundliches Gefühl, dann möchte sich die betreffende Tierfunktion uns vorstellen, so als würde sie sagen:

"He, ich möchte dir zeigen, was ich für dich tun kann," und "ich möchte, dass du weisst, dass ich dich mag." Wenn ein Tier im Traum uns Angst macht oder deformiert aussieht, dann ist dies ein Zeichen, dass seine wahre Natur verteufelt wurde. Beispiele: 1. Die Spinne, die oben im Zusammenhang mit dem giftigen Aspekt von Schuldgefühlen erwähnt wurde. 2. Ein Tier in einem Käfig kann bedeuten, dass seine Funktion durch eine falsche Zuschreibung eingesperrt ist. Ein Tiger in einem Käfig will uns möglicherweise sagen, dass wir *alle unsere körperlichen Sinne* befreien müssen. 3. Wenn wir Fische sehen, die sich in Menschen oder in etwas anderes verwandeln, dann haben wir wahrscheinlich unsere *inneren Wahrnehmungssinne* mit einer falschen Zuschreibung belegt, durch die ihre Wichtigkeit verleugnet wird. 4. Ein totes Säugetier kann ein Hinweis darauf sein, dass eine bestimmte körperliche Funktion dadurch außer Kraft gesetzt worden ist, dass wir das Gefühl, das mit dieser Funktion verbunden ist, abgeschnitten haben. Wenn wir zum Beispiel eine tote Stute sehen, dann kann dies heißen, dass unsere innere Festigkeit, uns dem Ego entgegenzustellen, unterhöhlt worden ist. Ein toter Wasservogel kann ein Hinweis darauf sein, dass ein bestimmter Aspekt unserer Kreativität durch eine Verleumdung abgetötet wurde. Glücklicherweise können alle diese Funktionen wiederbelebt werden. Das ist der Grund, warum uns der Traum darauf aufmerksam macht, dass dringend Hilfe benötigt wird. Wir können diese Hilfe leisten, indem wir herausfinden, welche falsche Zuschreibung oder welcher Giftpfeil für den traurigen Zustand verantwortlich ist, und diese dann mit kosmischer Hilfe deprogrammieren.

Große Gebäude oder andere Strukturen können für Ego-Komplexe stehen, die die Hauptstadt des Egos und die sie umgebenden Verteidigungsstrukturen ausmachen. Wenn wir uns in dem Gebäudekomplex befinden, dann kann dies darauf hinweisen, dass wir in eine Aktivität verstrickt sind, die durch den betreffenden Ego-Komplex, wie zum Beispiel den Selbstbestrafungskomplex, verursacht ist. Schauen wir *von außen* auf den Gebäudekomplex, dann kann dies bedeuten, dass wir ehrfürchtig zu der fehlgeleiteten Idee aufschauen, auf der dieser Egokomplex beruht. Es kommt auch vor, dass uns gezeigt wird, dass ein Ego-Komplex ausgebrannt ist.

Ein in Vergessenheit geratenes Apartment oder Zimmer können den Träumer auf einen körperlichen oder psychischen Erinnerungs-Chip aufmerksam machen wollen.

Ein Zug deutet normalerweise auf ein widriges Schicksal hin. Ein Zug fährt auf einem festgelegten Gleis zwischen zwei Orten. Wegen dieser Eigenschaft ist er eine perfekte Metapher für die Art, wie ein widriges Schicksal wie ein Boomerang zu seinem Verursacher zurückkehrt (vgl. auch oben: "Ein Traum, der das Ende eines widrigen Schicksals enthüllt").

Ein Bus kann entweder eine kosmische oder eine vom Ego bestimmte Bedeutung haben. In seiner kosmischen Bedeutung kann er für die Einheit von Körper und Psyche stehen; dann ist der Weise der Busfahrer. Wenn uns eine Fahrt in einem solchen Bus angeboten wird, kann dies bedeuten, dass unsere bescheidene Haltung es möglich macht, in die Einheit mit dem Kosmos zurückzukehren. Bei diesem Bus ist es typisch, dass kein Fahrgeld verlangt wird. Hat der Bus hingegen eine vom Ego bestimmte Bedeutung, dann kann er für unsere Sehnsucht nach Ganzheit stehen; diese deutet auf die Trennung von Körper und Psyche durch den grundlegenden Selbstzweifel hin, der am Beginn der Entwicklung des Egos in unserer Psyche steht.

Ein Auto kann für die Gesamtheit unserer körperlichen Helfer stehen. Wenn wir gesund sind, dann operieren sie als ein fühlendes Bewusstsein. Dieser Zustand ermöglicht es uns, reibungslos Fortschritte zu machen. Wenn das Auto in unserem Traum schlecht funktioniert, müssen wir die Ursache herausfinden. Fehlen ihm zum Beispiel die Lichter, dann sind unsere inneren Wahrnehmungssinne und unsere metaphorischen Sinne mit falschen Zuschreibungen belegt.

Ein Fahrrad stellt ein langsameres Mittel dar, Fortschritte zu machen. Es deutet gewöhnlich darauf hin, dass wir uns in unserem Verhalten auf gesellschaftliche Regeln anstatt auf unsere wahren Gefühle stützen. (Das kann sich entweder auf unsere Verhalten generell oder auf die Art beziehen, wie wir uns in einer ganz bestimmten Sache verhalten.) Ist das Fahrrad in unserem Traum in gutem Zustand, dann machen wir immerhin ein gewisses Maß an Fortschritt, doch nicht soviel, wie es mit einem Auto möglich wäre (was der Fall wäre, wenn wir uns von unseren wahren Gefühlen tragen ließen). Ist das Fahrrad reparaturbedürftig, kann dies ein

Hinweis darauf sein, dass wir durch eine körperliche oder geistige Beeinträchtigung in gewissem Maße lahmgelegt sind.

Landschaften in Träumen können entweder für unsere eigene psychische Landschaft oder die einer anderen Person stehen. Die Landschaft ist unser "Innenreich" und will uns einen bestimmten Aspekt davon zeigen, sei es, damit wir seine natürliche Schönheit sehen können, oder sei es, dass etwas darin zerstört worden ist oder etwas darin errichtet wurde, das dort nicht hingehört (siehe auch "Die Landschaft der Psyche" in Kapitel 8).

Kapitel 22

Wo der Weg sich gabelt

Der Abschied vom Leben in der Wirklichkeit des Egos

Der Augenblick der Entscheidung

Irgendwann kommt auf unserer inneren Reise der Augenblick, an dem wir eine bewusste Entscheidung treffen müssen: Will ich weiterhin in der vom kollektiven Ego erschaffenen Parallelwirklichkeit leben, oder will ich in der kosmischen Wirklichkeit leben? Die Entscheidung ist nicht eine reine Verstandessache, weshalb der Augenblick, da sie getroffen werden will, ganz von allein kommt. Wir haben in der Zeit davor in vielen Dingen die Hilfe des Weisen erfahren: beim Heilen einer Erkrankung, bei der Suche nach einer neuen Arbeitsstelle oder bei der Lösung eines Beziehungsproblems. Wir haben auch die Erfahrung gemacht, dass ein innerlich gesagtes Nein zu Ego-Verhalten unsererseits oder bei anderen eine harmonisierende Wirkung gehabt hat. Alle diese Dinge haben dazu beigetragen, das Vertrauen in den Weisen und in die Unterstützung, die uns vom Kosmos allgemein zur Verfügung steht, aufzubauen.

An diesem Punkt gabelt sich der Weg. Das Bild einer Weggabelung ist nicht gleichzusetzen mit dem Bild eines Scheideweges. Das Bild des Scheideweges unterstellt, dass uns die Entscheidung für den einen Weg in einen Widerspruch zu dem Weg bringt, für den wir uns nicht entschieden haben. Da wir uns zurecht vor dem inneren Konflikt fürchten, schieben wir die Entscheidung so lange wie möglich hinaus. Wenn wir sagen, dass wir "zurecht" den inneren Konflikt fürchten, dann deshalb, weil uns eine solche Entscheidung lediglich weiterhin im Denken des Egos gefangen halten würde. Der Grund dafür ist, dass das Bild vom Scheideweg von einem Wechselbalg stammt, der uns fälschlicherweise suggeriert, das Befolgen des Pfades unserer inneren Wahrheit würde automatisch bedeuten, uns in einen Gegensatz zum kollektiven Ego zu begeben. Die Wahrheit ist jedoch, dass der Pfad unserer inneren Wahrheit sich außerhalb jedes Gegensatzes befindet, weil die Idee des Gegensatzes im Widerspruch zu den Kosmischen

Harmonieprinzipien steht. Das Bild der Weggabelung steht für den Ort, an dem wir uns vom konventionellen Denken lossagen, um den Pfad zu beschreiten, den wir in Begleitung der Helfer selbst erschaffen, indem wir unser Leben in der kosmischen Wirklichkeit leben.

Das Ego wird einwenden, durch Beschreiten dieses Pfades würden wir die gesellschaftliche Ordnung untergraben. Wir müssen diesen Einwand als den letzten Versuch des Egos erkennen, uns Angst einzujagen. In Wahrheit verhält sich die Sache umgekehrt: Es ist das kollektive Ego, das ständig die natürliche Gesellschaftsordnung untergräbt. Andere verbreitete Einwände des Egos lauten: "Wenn du deinem eigenen inneren Weg folgst, übst du Verrat an deinen Vorfahren, du wendest dich von deiner Familie und deinen Freunden ab, und dann wirst du ganz alleine dastehen."

Der Weise hat uns darauf aufmerksam gemacht, dass unser Ja zum Leben in der kosmischen Wirklichkeit drei zusätzliche Helfer in unserer Psyche erschafft, die uns von diesem Zeitpunkt an zusätzlich unterstützen: Der eine von ihnen sorgt dafür, dass wir von Selbstzweifeln verschont bleiben, was es wiederum dem Weisen ermöglicht, uns mehr Klarheit zu geben. Der andere Helfer stärkt unseren Persönlichen Helfer in seiner Aufgabe, uns zu helfen, unser kosmisches Schicksal zu erfüllen. Der dritte Helfer verstärkt unseren kosmischen Schutz.

Unsere klare Entscheidung für diesen Weg hilft unserem wahren Selbst, erwachsen zu werden und die Verantwortung für unser Denken und Handeln zu übernehmen. Das heißt nicht, dass der Kosmos von nun an von uns erwartet, dass wir perfekt sind oder das Unmögliche tun. Indem wir bewusst Ja zu unserem Wunsch sagen, in der kosmischen Wirklichkeit zu leben, sagen wir Ja zu unserer Ganzheit und Ja zu unserem wahren Platz im Kosmos. Es bedeutet, dass wir unsere Souveränität zurückgewinnen.

Unerledigtes zu Ende bringen

Das I Ging gibt uns in Hexagramm 40, *Die Befreiung*, den Rat: "Wenn es noch etwas gibt, wohin man gehen muss, dann bringt Raschheit Erfolg." Bei dem Unerledigten geht es um *Schuldgefühle*. Wir können den Abschied von der Parallelwirklichkeit nicht vollziehen, solange wir durch das *falsche Konzept von Schuld* an das kollektive Ego gebunden sind. Um uns davon zu befreien, brauchen wir absolute Klarheit, warum dieses Konzept im Widerspruch zu den

Kosmischen Harmonieprinzipien steht.

Unter allen absurden Ideen, die das kollektive Ego erschaffen hat, ist die Idee, dass es eine Schuld gibt, die einen unauslöschlichen Fleck auf unserer Natur erzeugt, die Idee mit der größten Zerstörungskraft.

Der Logik des kollektiven Egos zufolge "schützt" *die Angst, schuldig zu werden*, das Individuum davor, dem "Bösen" in sich Gehör zu verleihen. Außerdem dient sie dem angeblich guten Zweck, den Einzelnen dazuzubringen, die Entwicklung seiner "höheren Natur" anzustreben.

Diese angeblich guten Seiten des Glaubens an den Schuldbegriff des Egos dienen ausschließlich dazu, uns zu Sklaven des kollektiven Egos zu machen, indem wir unter Aufgabe unserer inneren Wahrheit unsere Lebenskraft seinen Zielen opfern.

Ganz anders das *fühlende* Band, durch welches das Kosmische Bewusstsein alles, was zu ihm gehört, zusammenhält. Es wird durch die Anziehung gebildet, die zwischen den komplementären Aspekten des Kosmos besteht. Der Kosmos wendet keine Macht an, kennt keine Drohungen und keine Strafen. Auch bedarf es keiner außerordentlichen Anstrengungen, keiner außerordentlichen Taten, keiner Verträge, Versprechen und keiner Beichten, dass wir gesündigt haben. Der Kosmos empfängt uns da, wo wir in unserer Wahrhaftigkeit sind, und kommt uns auf halbem Wege entgegen. Alles, was wir brauchen, ist der ernsthafte Wunsch, dem kollektiven Ego, das uns in die Trennung von unserem wahren Zuhause geführt hat, den Rücken zu kehren.

(Um den Schuldbegriff des kollektiven Egos und andere Schuldgefühle, die wir akzeptiert haben, zu deprogrammieren, siehe Anhang 3: "Deprogrammieren".)

"Dies über alles: Sei dir selber treu."

Dieser Rat des Polonius an seinen Sohn Laertes in Shakespeares "Hamlet" drückt aus, wem unsere wahre Treue gebürt. Wenn wir unserem wahren Selbst treu bleiben, dann halten wir mit unserer inneren Wahrheit zusammen, die uns mit der Kosmischen Wahrheit verbindet. Dieses unsichtbare Band bringt uns den kosmischen Segen in Form von Hilfe und Schutz in allen Dingen.

Die Kosmischen Harmonieprinzipien der Mehrung und Fülle

Mehrung im kosmischen Sinne beschreibt die Art, wie alles gemehrt wird, was seinen wahren Platz im Kosmos als Gleichwertiges unter Gleichen einnimmt.[56] Wenn wir unseren Platz im Kosmos so verstehen, dann trägt das, was uns persönlich mehrt, auch zur Mehrung des Ganzen bei.

Ganz anders die Bedeutung von Mehrung im Denken des kollektiven Egos: Mehren ist darin definiert als der Erwerb von Reichtum, Macht, Ruhm und Wissen. Diese Art der Mehrung dient nur Wenigen und mindert das Ganze. Was auf diese Art gewonnen wird, hat unweigerlich ein widriges Schicksal zur Folge, das über kurz oder lang den Gewinn zunichte macht. Weil die Welt aus der Sicht des kollektiven Egos vom "Mangel an Ressourcen" gekennzeichnet ist, fördert es die Ansammlung der Ressourcen in den Händen Weniger. Das Denken des Egos dreht sich um den Kampf um die knappen Ressourcen – ein Kampf, bei dem jeder für sich allein kämpft.

Ähnlich verhält es sich mit dem Verständnis von *Fülle*. In seiner kosmischen Bedeutung beschreibt dieses Wort die Beziehung zwischen dem Kosmischen Bewusstsein und jedem, der seinen wahren Platz im Kosmos einnimmt: Der Kosmos schenkt ihm Nahrung, Schutz, Förderung und Hilfe in Fülle; außerdem hat der Kosmos eine Fülle von Geduld mit unserem menschlichen Lernprozeß.

Unsere allmähliche Ablösung vom Denken des Egos

Zu Beginn unseres Lernprozesses unter der Leitung des Weisen neigen wir dazu, das Bild einer höheren Autorität (wie zum Beispiel Gott) auf den Weisen zu übertragen, weil wir stillschweigend annehmen, dies gehöre zur "natürlichen Ordnung der Dinge". Der Weise toleriert diese Denkgewohnheit eine Zeitlang, weil er weiss, wie uns anerzogen wurde, unserem gesunden Menschenverstand zu mißtrauen; auch berücksichtigt der Weise, dass wir Zeit brauchen, um uns von unserem Zweifel an der harmonischen Natur des Kosmos zu befreien.

Was vom Weisen nicht unterstützt wird, ist unser Wunsch, der Weise möge alle Entscheidungen für uns treffen. Hinter diesem Wunsch verbirgt sich die Angst, wir könnten einen Fehler machen und für schuldig befunden werden; diese Angst läßt uns dem Weisen gegenüber eine unterwürfige Haltung annehmen, als sei er ein strafender Gott. Fehlermachen gehört zu unserem Lernprozeß, und in den Augen des Kosmos gibt es keine unauslöschliche Schuld.

Es mag zunächst unmöglich erscheinen, uns vom Denken des Egos abzulösen, während wir in einer Welt leben, die fast ganz von diesem Denken beherrscht ist. Das Ego würde sagen: "Wenn du diesen Weg gehen willst, dann musst du dich entweder in die Einsamkeit der Berge zurückziehen, oder du gehörst zu denen, die das System bekämpfen." Beide dieser "Lösungen" würden uns im System des Egos gefangen halten, weil sie auf der Idee beruhen, dass es nur zwei Möglichkeiten gibt: entweder wir gehen mit dem System konform, oder wir befinden uns in Opposition zu ihm. Mit dieser Sichtweise würden wir dem System weiterhin unsere Lebensenergie geben. Rückzug vom kollektiven Ego heißt aber, dass wir aufhören, ihm unsere Lebensenergie zu geben.

Der Rat des I Ging lautet: "Fördernd ist es zu haben, wohin man geht." Dieser Ort liegt in unserem Inneren. Wir verweilen in unserer Mitte, halten uns an den Rat unseres gesunden Menschenverstandes und des Weisen und treffen uns mit unseren Freunden, den unsichtbaren Helfern, die vom Weisen je nach Bedarf herangezogen werden. Uns inneren Rat zu holen, bevor wir etwas in der äußeren Welt unternehmen, bedeutet, dass wir darum bitten, den kosmischen Umgang mit einer anstehenden Angelegenheit gezeigt zu bekommen, bevor wir im Außen handeln. Das heißt, wir bitten zunächst darum, dass uns die innere Wahrheit der Schwierigkeit gezeigt wird, die in Projektionen, falschen Zuschreibungen, Giftpfeilen, dämonischen Elementen, Selbstbildern oder Egokomplexen liegen kann. Haben wir die genaue Ursache identifiziert, dann deprogrammieren wir sie mit kosmischer Hilfe und bitten anschließend die Helfer, alles Notwendige zu tun, um die Schwierigkeit zu lösen. Wir vermeiden, über die innere Wahrheit, die uns gezeigt wurde, zu reden, es sei denn, es handelt sich um Menschen, die genügend Feingefühl für die innere Welt der Helfer besitzen. Laotse nannte diese Art und Weise des inneren Handelns "das Nicht-Tun, und doch wird alles getan."

Unser wahres Selbst führt unsere Persönlichkeit

Wir mögen uns fragen: Kann es denn "Führung" im Einklang mit den Kosmischen Harmonieprinzipien geben? Wie paßt Führung zum Prinzip der Gleichwertigkeit? Setzt sie nicht eine hierarchische Ordnung voraus? Wir brauchen offensichtlich eine kosmische Definition dieses Begriffs: Führung im kosmischen Sinne verstanden beruht auf der Anerkenntnis, dass

- unser wahrer Platz im Kosmos ein Platz unter Gleichen ist,
- wir für alle Bedürfnisse vom Kosmos abhängig sind,

- der Kosmos uns freizügig seinen Segen in Form von Nahrung, Schutz, Hilfe und Förderung gibt, wenn wir wahrhaftig sind, das heißt weder eine fordernde Haltung noch die eines Bittstellers (im unterwürfigen Sinne) einnehmen.

Unser wahres Selbst übt die Führung unserer Persönlichkeit aus, indem es Ja zu unseren kosmischen Besitztümern und Gaben sagt und ein inneres Nein zu jedem Versuch des Egos, sich in unser Leben einzumischen; es bittet den Kosmos um Hilfe, wenn es etwas braucht, und macht es sich zur Aufgabe, alle Dinge, die unsere Fähigkeiten überfordern würden, den Helfern zu übertragen.

Unsere Unternehmungen haben Erfolg, der von Dauer ist

Wenn wir anerkennen, dass die Motivation für das, was wir unternehmen, von den Helfern kommen muss, und wir sie auch in die Ausführung unserer Unternehmungen einschließen, stellen wir fest, dass sie von Erfolg gekrönt sind, der von Dauer ist. Der Grund dafür ist, dass sowohl unser Ziel als auch seine Umsetzung im Einklang mit dem Kosmos sind. Der Helfer der Transformation vollendet unsere Unternehmung und erfüllt sie mit Lebenskraft.

Ganz anders, wenn wir uns ein Ego-Ziel gesetzt haben und mit der Einstellung zu Werke gehen, wir seien es, die alles zustande bringen: Dann müssen wir feststellen, dass unser Erfolg nur von kurzer Dauer ist, selbst wenn er anfänglich groß erschien. Das Gesetz des widrigen Schicksals macht den Gewinn, der durch Leistungen unter der Führung des Egos erzielt wurde, wieder zunichte.

Solange wir noch unter alten Minderwertigkeitsgefühlen leiden, besteht die Gefahr, dass das Ego versucht, sich den Erfolg zuzuschreiben, selbst wenn wir eine Aufgabe frei von jeglicher Einmischung durch das Ego erfolgreich zu Ende gebracht haben. Wir erkennen die Einmischung durch das Ego an Sätzen wie: "Schau, was *ich* zustande gebracht habe" (wir rühmen uns) oder: "Ich hab's geschafft!" (wir beglückwunschen uns) oder: "Jetzt werde ich berühmt (oder reich) werden!" (Wichtigtuerei).

Wir sagen das innere Ja und das innere Nein

Die Wörter Ja und Nein sind die zwei grundlegenden Wörter in der kosmischen Sprache: Wir sagen Ja zu dem, was harmonisch ist, und Nein zu dem, was unharmonisch ist. "Nein" ist eines der ersten Wörter, die ein Kind lernt. Der Grund ist, dass es intuitiv weiß, dass es zur Sicherung seiner Grenzen wichtig ist, Nein zu allem zu sagen, was unharmonisch ist. Leider sind viele Eltern und andere Bezugspersonen der Ansicht, sie hätten das Recht, die Grenzen des Kindes nach Belieben zu überschreiten. Dies hat zwei ungesunde Folgen: Erstens wächst das Kind in dem Glauben heran, es habe kein Recht darauf, Grenzen zu setzen, und zweitens entwickelt das Kind ein ungesundes Muster, indem es praktisch zu allem Nein sagt – was dem Nein seinen Sinn nimmt.

Viele Erwachsene sind gehemmt, ein inneres Nein zu sagen, weil sie als Kinder von Autoritätspersonen dafür bestraft wurden. Infolgedessen haben sie keine Möglichkeit, ihren persönlichen Raum, der ihnen ihre Würde verleiht, zu schützen. Solchermaßen ungeschützt akzeptieren sie die fehlgeleiteten Ideen und Glaubensvorstellungen des kollektiven Ego (vgl. auch Kapitel 19: "Die Befreiung von entwicklungshemmenden traumatischen Störungen").

Es ist absolut erforderlich, ein inneres Nein zu Aktivitäten des Egos in uns selbst und zu Ego-Einmischungen von dritter Seite zu sagen, um unharmonische Situationen zu berichtigen.

Wir lassen zu, dass der Kosmos die gestörte Harmonie durch widrige Schicksale wiederherstellt

Während wir lernen, wie der Kosmos die Dinge regelt, ertappen wir uns gelegentlich noch bei dem Wunschgedanken: "Wäre es nicht wunderbar, wenn der Kosmos ein Wunder vollbringen und die Welt von allem Leiden, das die Menschen erzeugt haben, befreien würde?" Dieser Gedanke beruht auf der fehlgeleiteten Idee, der Kosmos gebrauche Macht. Tatsache ist aber, dass der Gebrauch von Macht die Kosmischen Harmonieprinzipien verletzt.

Der Gebrauch von Macht, wie beispielsweise durch Bestrafungen, Drohungen oder Allmachtsverhalten, um unharmonische Situationen zu "berichtigen", verhindert, dass die Menschen etwas aus ihren Fehlern lernen. Widriges Schicksal ist hingegen die Art und Weise, wie der Kosmos aus Fürsorge für uns Menschen das Ego mindert. Widriges Schicksal ist wie eine Mauer, ein Energiegürtel, gegen den wir prallen und der uns zu der Demut zurückbringt, die wir brauchen, um mit unserer inneren Wahrheit in Verbindung zu kommen. Widriges Schicksal ist keine Bestrafung, sondern dient dem Schutz der Kosmischen Harmonieprinzipien. Je verbissener wir uns an das Ego klammern, desto härter prallen wir gegen die

Mauer des widrigen Schicksals. Das widrige Schicksal hilft uns in mehrfacher Hinsicht:

- Es befreit unsere inneren Wahrnehmungssinne und befreit damit unseren gesunden Menschenverstand.
- Durch seinen Schock wird das Ego für eine Zeitlang in den Zustand der Bewusstlosigkeit versetzt, sodass wir die Gelegenheit haben, mit unserer inneren Wahrheit in Kontakt zu kommen und die Ursache für das widrige Schicksal zu erkennen.
- Selbst wenn wir seine Ursache nicht erkennen, hat ein widriges Schicksal eine begrenzte Laufzeit, ähnlich wie ein Gefängnisurteil.
- Während es seinen Lauf nimmt, wird die negative Energie, die das widrige Schicksal erzeugt hat, in positive Energie transformiert, die unserem wahren Selbst zuwächst.
- Ein widriges Schicksal kann vorzeitig beendet werden, wenn wir seine Ursache erkennen (eine felgeleitete Idee, Glaubensvorstellung, ein Selbstbild o.ä.) und uns mit kosmischer Hilfe durch Deprogrammieren davon befreien.

Aus persönlicher Erfahrung können wir sagen, dass wir mit zunehmendem Fortschritt in unserem Lernprozess immer weniger häufig ein widriges Schicksal erzeugen, und wenn es doch geschieht, dann nicht mehr in derselben verheerenden Form. Auch machen wir die Erfahrung, dass widrige Schicksale sich in Form von leichten Warnungen ankündigen, indem wir uns zum Beispiel den großen Zeh stoßen oder die Finger in der Tür quetschen. Solche Begebenheiten wollen uns dazu bringen, uns zu fragen, welcher unharmonische Gedanke uns kurz zuvor durch den Kopf gegangen ist. Auf diese Weise können wir unser Denken rechtzeitig korrigieren, sodass es gar nicht erst zu einem widrigen Schicksal kommen muss. Das Ergebnis ist, dass wir uns entscheiden, im Einklang mit den Kosmischen Harmonieprinzipien zu leben, weil es sich gut anfühlt, in Harmonie und Eintracht zu leben.

Es geht nicht darum, die Kosmischen Harmonieprinzipien als von außen kommende Verhaltensvorschriften zu betrachten, denen wir folgen müssen. Wir folgen ihnen vielmehr unbewusst, wenn wir unserem Gefühl für das, was harmonisch ist, folgen. Das Ego möchte uns dazu verleiten, die Kosmischen Harmonieprinzipien als moralische Gebote zu sehen, denen wir gehorsam folgen in der Erwartung, dass uns dann ein widriges Schicksal erspart bleibt. Diese Haltung fordert aber geradezu ein widriges Schicksal heraus, weil sie den Kosmos zu einer Kopie des kollektiven Egos macht.

Im Einklang mit der kosmischen Ordnung leben

Ein bewusstes "Ja" zum Leben in der kosmischen Wirklichkeit zu sagen, bedeutet nicht, dass der Kosmos von uns verlangt, dass wir irgendwelche *Veränderungen* in unserem bisherigen Leben vornehmen. Wir gehen weiterhin unserer Arbeit nach, zahlen unsere Steuern, kaufen im Supermarkt ein und benutzen das Internet. Doch haben wir möglicherweise festgestellt, dass sich, seitdem wir uns auf unsere innere Reise begeben haben, bestimmte Dinge von innen heraus für uns verändert haben: So bringt es uns vielleicht weniger Spaß, mit bestimmten Menschen zu verkehren, über dieselben Witze zu lachen, dieselben Fernsehprogramme anzuschauen oder bestimmte Arten von Musik zu hören. Bestimmte Dinge haben ganz einfach ihre Anziehungskraft für uns verloren. Wir ziehen es vielleicht vor, stattdessen mehr Zeit mit uns allein zu verbringen oder in die Natur zu gehen; oder wir haben vielleicht begonnen, ein Instrument spielen zu lernen, das wir schon immer lernen wollten.

Obwohl wir mehr Zeit mit uns allein verbringen, haben wir nicht das Gefühl, einsam zu sein. Da ist nicht mehr die Einsamkeit, der wir dadurch entrinnen wollten, dass wir gemeinsam mit anderen Vergnügungen nachgegangen sind, die unsere wahre Natur und unsere Würde verraten haben.

Das I Ging leugnet nicht, dass uns der Wunsch, unser wahres Selbst zur Reife zu bringen, für eine gewisse Zeit in eine schwie-rige Lage bringt: Die Menschen, die früher zu unserem engeren Kreis gehört haben, nehmen es uns übel, dass wir nicht mehr an ihren Ego-Aktivitäten teilnehmen. Sie missverstehen unser Verhalten und fordern uns dazu heraus, ihnen Erklärungen dafür zu geben oder uns verteidigen. Die korrekte Antwort auf solche Herausforderungen ist ein inneres Nein zu den unkorrekten Forderungen dieser Menschen; außerdem bitten wir den Weisen-an-ihrer-Seite, das Ego in ihnen in den Griff zu nehmen. Dann üben wir Zurückhaltung, bis der Weise eingegriffen hat.

Herausforderungen können jedoch nicht nur von anderen Menschen sondern auch von unserem eigenen Verstand kommen, der alle möglichen Gründe vorbringt, warum wir besser daran täten, uns wieder den Werten unserer Familie, Freunde oder anderen gesellschaftlichen Kontake anzupassen. Wir hören Argumente wie: "Du entwickelst dich zum Einsiedler." – "Keiner will mehr etwas mit dir zu tun haben." – "Du musst verrückt geworden sein" und so weiter.

Wir müssen ein entschiedenes inneres Nein zu solchen Argumenten sagen. Außerdem müssen wir achtgeben, nicht vor Menschen, denen es an Einfühlungsvermögen fehlt, von unseren einzigartigen Erfahrungen der inneren Welt zu berichten. Sie würden die Helfer nur lächerlich machen und sie herabsetzen. Allmählich finden wir neue Freunde, mit denen wir uns in Freude austauschen können.

Die Bande unserer Identifizierung mit Gruppen auflösen

Unsere Familie und unsere Freunde bilden unsere engsten Bande; sie stellen daher auch die stärksten Ansprüche und Forderungen in bezug auf unsere Treue und Zugehörigkeit. Unter dem Vorwand der Identität mit diesen Gruppen werden Ansprüche an uns gestellt, wie wir fühlen, denken und uns verhalten sollten. Dahinter steht eine umfassendere gesellschaftliche Norm, die definiert, welche Treuepflichten wir gegenüber der Familie und gegenüber Freunden haben. Diese Forderungen sind durch Drohungen abgesichert, von der Gesellschaft isoliert, lächerlich gemacht oder für schuldig erklärt zu werden. Die Tatsache, dass diesen Forderungen durch subtile und häufig versteckte Drohungen Nachdruck verliehen wird, ist ein Hinweis darauf, dass die natürliche Anziehung, die zwischen den wahren Selbsten der Menschen besteht, durch eine Ego-Struktur ersetzt worden ist. Die Entwicklung und Reifung unseres wahren Selbst setzt voraus, dass wir unserer inneren Wahrheit treu sind, selbst wenn dies bedeutet, dass wir uns von unseren engsten Freundschaften zurückziehen müssen, wann immer sie verlangen würden, dass wir unsere innere Wahrheit kompromittieren. Das heißt, wir gehen unseren Weg allein, wenn wir nicht in die Ego-Spiele der Menschen in unserer Umgebung verwickelt werden wollen. Damit ist nicht gemeint, dass wir notwendigerweise die Beziehung zu unserer Familie oder unseren Freunden äußerlich abbrechen müssen, sondern es geht darum, innerlich unsere Identifizierung mit der Gruppe aufzulösen.

In Zeiten, in denen es Mißverständnisse und Konflikte mit anderen Mitgliedern unserer Familie gibt, können wir den Weisen um Hilfe bitten, die innere Wahrheit der Situation zu verstehen. Wenn wir zum Beispiel herausfinden, dass die Konflikte ihre Ursache in Chips oder falschen Zuschreibungen haben, können wir fragen, ob es angemessen ist, dass wir diese Dinge für die Betroffenen deprogrammieren. Solche inneren Korrekturen können eine große Hilfe zur Wiederherstellung des Friedens in der Familie sein.

Nachwort

Normalerweise käme es uns gar nicht in den Sinn, zu einem Buch wie diesem, das sich ganz mit dem Innenleben befaßt, ein Nachwort zu schreiben. Doch die enormen Schwierigkeiten, mit denen sich soviele Menschen angesichts der großen Finanzkrise von 2008 und 2009 konfrontiert sehen, haben uns zu denken gegeben. Nicht zuletzt haben wir dieses Buch doch gerade für Menschen geschrieben, die sich wie wir selbst vor vielen Jahren in der Stunde ihrer tiefsten Not befinden.

Für beide von uns gilt, dass unsere Hilferufe damals nicht nur das I Ging in unser Leben gebracht haben, sondern auch genau die äußeren Gelegenheiten, die wir brauchten, um den Weg zu uns selbst zu finden.

Die perfekte Lösung für alle meine Bedürfnisse

Als mir, Carol Anthony, klar wurde, dass ich meine vier Kinder im Teenageralter allein würde großziehen müssen, stellte ich mir die Frage, was ich denn einem potentiellen Arbeitgeber zu bieten hätte. Schnell wurde mir klar, dass es wahrscheinlich unmöglich war, eine Arbeitsstelle zu finden, die genug Geld einbringen würde, um für uns alle zu reichen. Bevor ich eine Vollzeitmutter geworden war, war ich eine privilegierte junge Frau gewesen. Auf der Universität hatte ich Fächer belegt, die meine Fähigkeit als kreative Schriftstellerin förderten. Ich hatte dann in sehr jungem Alter geheiratet und nie eine Stelle innegehabt, außer dass ich die Büroarbeiten und Buchhaltung für das Geschäft meines Ehemannes erledigte. Als er mich verließ, kannte er meine Umstände sehr wohl, hatte aber die Erwartung, dass ich meine "privilegierte" Ursprungsfamilie um Unterstützung angehen und unser Haus, das wir gerade abbezahlt hatten, verkaufen würde, um ihm seine Hälfte auszuzahlen. Für mich stand hingegen der Gedanke, meine Eltern um Unterstützung zu bitten, völlig außer Frage. Meine Aussichten waren entsprechend düster. In dieser Lage rief ich den Kosmos um Hilfe an. Wieder einmal sollte die Hilfe in einer Form kommen, die mich völlig überraschte.

Dazu muß ich ein wenig Hintergrundinformation geben: Obwohl mein Ehemann mehrere Jahre lang als Personalchef in einem großen Industrieunternehmen tätig gewesen war, hatte er seinen Job eines Tages verlassen, um einen An- und Verkauf mit gebrauchten

Volkswagen zu eröffnen. Automobile waren schon immer sein Hobby gewesen, und als der Volkswagen in den 1960er Jahren auf den Markt kam, hatte er nebenbei mit dem An- und Verkauf dieser Automarke begonnen. Nachdem er dies zehn Jahre lang als Vollzeitbeschäftigung ausgeübt hatte und er unsere Ersparnisse dahinschwinden sah, beschloß er, anderswo eine Arbeit anzunehmen, und machte mir klar, dass er nicht zurückkommen würde. Der Zufall wollte es, dass er mir vier gebrauchte Volkswagen zurückließ; ich war mir aber nicht sicher, dass ich sie verkaufen konnte, denn ich hatte noch nie ein Auto verkauft. In dieser äußerst ungewissen Lage erhielt ich den Anruf eines Franzosen. Er sei interessiert, einen der Wagen zu kaufen, um ihn mir dann nach drei Monaten wieder zu verkaufen. Er war zu einem dreimonatigen Training bei einer rasch expandierenden Computerfirma in unserer Gegend gekommen. Ich fragte ihn, welchen Betrag er denn insgesamt für den Gebrauch des Wagens kalkuliert hätte. Der Betrag, den er nannte, kam auf umgerechnet fünf Dollar pro Tag. Sofort erkannte ich die Gelegenheit, ihm den Wagen zu vermieten, anstatt ihn zu verkaufen. Er stimmte meinem Vorschlag zu und erwähnte noch, in Kürze würden eine ganze Menge Leute aus verschiedenen Ländern zum Training kommen und sie seien alle daran interessiert, Autos mit Knüppelschaltung zu mieten.

Blitzartig erkannte ich die Möglichkeit, die mich retten konnte. Binnen einer Woche hatte ich bereits die restlichen drei Wagen an Leute vermietet, die der Franzose kannte, und schon bald hatte ich eine Liste von weiteren Mietanwärtern. Der langen Rede kurzer Sinn, innerhalb von zwei Jahren hatte ich 64 Volkswagen, die ständig vermietet waren, und drei Angestellte. Nach weiteren vier Jahren hatte ich meinem Mann seine Hälfte des Hauses ausbezahlt, alle 64 Mietwagen bezahlt und sogar meinen Scheidungsanwalt selbst finanziert. Inzwischen waren auch meine Kinder groß geworden und konnten für sich selber sorgen.

Meine Autovermietung war die Lehrwerkstatt, in der ich I-Ging-Prinzipien lernte. Während der ersten zehn Jahre notierte ich mir alle Erkenntnisse, die ich auf meinem Weg gesammelt hatte. Sie sollten das Material zu meinem ersten Buch unter dem Titel *A Guide to the I Ching* abgeben, das ich 1980 verlegte.[57] Das I Ging war ein wunderbarer Lehrmeister, was das Führen eines Geschäftsbetriebes und den rechten Umgang mit den vielen verschiedenen Menschen und Situationen anging, die mit einer Autovermietung einhergehen. Nachdem ich 1980 meinen eigenen Verlag gegründet hatte, trug mich die Autovermietung noch drei weitere Jahre finanziell, bis ich fest im Verlagsgeschäft etabliert war. Inzwischen war die Trainingseinrichtung der Computerfirma an einen anderen Ort verlegt worden, konkurrierende Autovermietungsfirmen hatten sich in meiner Nähe angesiedelt, und es gab auch nicht mehr die Kundschaft, auf die mein Angebot so perfekt zugeschnitten gewesen war. Mir war klar, dass mir der Kosmos genau die Gelegenheiten und Unterstützung geboten hatte, die ich brauchte, um mich auf das vorzubereiten, was mir wirklich Spaß machen würde. Ich war finanziell selbständig geworden, meine Kinder hatten ihre Ausbildung abgeschlossen, und ich besaß 13 Jahre Erfahrung in der Hilfe durch das I Ging.

Auf dem Weg zur Erfüllung meines kosmischen Schicksals

Als ich, Hanna, auf die Kanarischen Inseln ging, war die Wilhelmsche Übersetzung des I Ging das einzige Buch, das ich in meinem Rucksack mit mir herumtrug. Mein Verständnis der Botschaften, die ich von ihm erhielt, wuchs in dem Maße, wie ich zuließ, dass sich mir ihre Bedeutung durch meine alltäglichen Erfahrungen im nachhinein enthüllte.

Kurz nach meiner Rückkehr nach Deutschland trat Ulf Diederichs, der damalige Mitinhaber des Eugen Diederichs Verlags, an mich heran. Er hatte den Plan, eine Anthologie herauszugeben, die einerseits Beiträge über das I Ging aus der Feder berühmter Autoren wie C.G. Jung und Hermann Hesse enthalten sollte und andererseits Beiträge von lebenden Personen, die praktische Erfahrungen mit dem I Ging gemacht hatten. So kam es, dass meine ersten Erfahrungen unter dem Titel "Eine Reise mit dem I Ging" gedruckt wurden.[58] Dies führte bald danach zu einer weiteren Anfrage, meine I-Ging-Erfahrungen weiterzugeben – dieses Mal in einem Interview für einen Film über das I Ging, der für den WDR produziert wurde.

Ich war von meiner Rucksackreise mit einem zuvor nicht gekannten Vertrauen in die unbekannte Zukunft zurückgekommen, doch sah ich noch keinen klaren Weg, wie es für mich weitergehen sollte. Auf meine Befragung des I Ging mit der Bitte, mir Auskunft über meine "Berufung" zu geben, wie ich es damals nannte, hatte ich Hexagramm 5, *Das Warten*, erhalten. Der entsprechende Orakeltext lautet:

> DAS WARTEN. Wenn du wahrhaftig bist,
> so hast du Licht und Gelingen.
> Beharrlichkeit bringt Segen.
> Fördernd ist es, das große Wasser zu durchqueren.

Wilhelms Kommentar dazu: "Das Warten ist kein leeres Hoffen. Es hat die innere Gewißheit, sein Ziel zu erreichen. Nur diese innere Gewißheit gibt das Licht, das allein zum Gelingen führt. Das führt zur Beharrlichkeit, die Heil bringt und die Kraft verleiht, das große Wasser zu durchqueren. Eine Gefahr liegt vor einem, die überwunden werden muß. Schwäche und Ungeduld vermögen nichts. Nur wer stark ist, wird mit seinem Schicksal fertig, denn er kann infolge der inneren Sicherheit ausharren. Diese Stärke zeigt sich in unerbittlicher Wahrhaftigkeit. Nur wenn man den Dingen, so wie sie sind, ins Auge zu schauen vermag, ohne jeden Selbstbetrug und Illusion, entwickelt sich aus den Ereignissen ein Licht, das den Weg zum Gelingen erkennen läßt. Auf diese Erkenntnis muß entschlossen beharrliches Handeln folgen; denn nur, wenn man entschlossen seinem Schicksal entgegengeht, wird man damit fertig. Dann kann man das große Wasser durchqueren, das heißt die Entscheidung treffen und die Gefahr bestehen.

Und der Text zu dem Abschnitt, der "Das Bild" beschreibt, lautet: "Wolken steigen am Himmel auf: das Bild des Wartens. So ißt und trinkt der Edle und ist heiter und guter Dinge." Wilhelms Kommentar dazu: "Wenn die Wolken am Himmel aufsteigen, so ist das ein Zeichen, dass es regnen wird. Da läßt sich dann weiter nichts machen als zu warten, bis der Regen fällt. So ist es auch im Leben, wenn ein Schicksal sich vorbereitet. Solange die Zeit noch nicht erfüllt ist, soll man nicht sorgen und durch eigenes Machen und Eingreifen die Zukunft gestalten wollen, sondern in Ruhe Kraft sammeln durch Essen und Trinken für den Leib, durch Heiterkeit und Guter-Dinge-Sein für den Geist. Das Schicksal kommt ganz von selbst, und dann ist man bereit."

Ich verstand die Worte des I Ging als Auskunft, dass der Zeitpunkt noch nicht reif war – dass sich meine Berufung mir noch nicht zeigen konnte. So begnügte ich mich damit, eine Teilzeitbeschäftigung anzunehmen, die meine unmittelbaren Bedürfnisse abdeckte. Die verbleibende freie Zeit sollte Raum für das Neue bieten, das in mein Leben treten wollte.

Ungefähr drei Jahre später erhielt ich einen Anruf vom Verleger des Eugen Diederichs Verlags: Hätte ich Interesse daran, als Lektorin für seinen Verlag zu arbeiten? Ich war völlig überrascht. 'Was', so schoß es mir durch den Kopf, 'qualifizierte mich, als Lektorin zu arbeiten?' Ich hatte ein Diplom in Volkswirtschaftslehre, aber kein

Studium der Germanistik vorzuweisen, das nach meiner Vorstellung Voraussetzung für eine Lektoratsstelle war. Trotzdem stimmte ich einem Vorstellungsgespräch zu. Es sollte ein Gespräch mit vertauschten Rollen werden: Ich saß da, während mir der Verleger aufzählte, was mich für die Stelle qualifizierte: meine gute Art, mit Menschen umzugehen, mein guter Schreibstil, meine Kenntnisse der französischen und englischen Sprache und nicht zuletzt meine "Lebenserfahrung", die dafür sprach, dass ich eine Offenheit für neue Wissensgebiete besaß. Er vertraute mir auch an, was ihn dazu bewogen hatte, bei der Besetzung dieser Stelle an mich zu denken. Die Idee dazu war ihm erst gekommen, nachdem er eine beträchtliche Zahl von Vorstellungsgesprächen mit Kandidaten geführt hatte, die mindestens zwei Doktortitel in den Themenbereichen besaßen, auf die sein Verlag spezialisiert war. Das Problem lag seiner Einschätzung nach darin, dass sie zwar das intellektuelle Wissen in diesen Bereichen hatten, dass es ihnen aber an Lebenserfahrung fehlte.

Ich sollte insgesamt 13 Jahre als freie Lektorin und Übersetzerin für seinen Verlag tätig sein. Meine Beschäftigung endete erst, als ich in die Vereinigten Staaten umzog, um mit Carol Anthony zusammenzuarbeiten. In all diesen Jahren wurde ich mit dem Lektorieren und Übersetzen neuer Bücher über das I Ging betraut, darunter auch *Das Handbuch zum klassischen I Ging* und zwei weitere Bücher von Carol Anthony. Daneben erhielt ich Anfragen, Vorträge über das I Ging in Buchhandlungen zu halten. Außerdem organisierte ich Seminare, in denen ich an andere weitergab, was ich über das Befragen des I Ging gelernt hatte.

Ohne dass ich wußte, wie mir geschah, hatten mich meine innere und äußere Reise zu eben jenem Punkt geführt, um den ich gebeten hatte: meine Berufung gezeigt zu bekommen.

Fussnoten

1 Ein Hexagramm ist eines von 64 Kapiteln des I Ging. Jedes Hexagramm behandelt ein bestimmtes Thema.

2 Siehe Hexagramm 51, *Schock*.

3 David Bohm, *On Creativity*, Routlege, London, 1998, S. 33. "In der Wissenschaft ist man gemeinhin davon ausgegangen, dass Theorien und Beobachtungen, die mit Hilfe von Instrumenten gemacht werden, die Welt widerspiegelten, so wie sie ist. Später kam man nicht umhin zuzugeben, dass ein solch einfacher Reflektionsprozess nicht die ganze Wirklichkeit zu erfassen vermag. Jede Theorie und jedes Instrument wählt automatisch bestimmte Aspekte einer Gesamtwelt aus, die sowohl qualitativ als auch quantitativ unendlich ist. Gemäß der modernen Physik (insbesondere der Quantentheorie) gilt nun — wenn man sich in der Größenordnung der atomaren beziehungsweise subatomaren Ebene bewegt —, dass das beobachtende Instrument vom Prinzip her untrennbar ist vom Objekt der Beobachtung, mit der Folge, dass dieses Instrument nicht umhin kann, das beobachtete System in unwiderruflicher Weise zu stören: ja es trägt sogar dazu bei, den Gegenstand der Beobachtung zu erschaffen und ihm Form zu geben. Man kann diese Situation mit einer psychologischen Beobachtung vergleichen, die in ähnlicher Weise einen störenden Einfluß auf eben die Menschen, über die man etwas erfahren möchte, haben kann, sodass man Teil des Vorgangs wird und somit genau die Phänomene miterschafft und mitformt, die man beobachtet." (Übers. Hanna Moog)

4 Anmerkung: Diese Definition von Ego entstammt dem I Ging. Danach setzt sich das Ego aus einer Anzahl von Selbstbildern zusammen, die unserer wahren Natur widersprechen. Sind diese Selbstbilder erst einmal in die Psyche eingeführt worden, dann streben sie danach, die Persönlichkeit zu beherrschen. Zur detaillierten Beschreibung, wie das Ego in die Psyche eingeführt wird und wie es funktioniert und sich schützt, siehe Kapitel 4 und 5.

5 Das I Ging unterstützt nicht den Glauben an Karma, der unter anderem davon ausgeht, dass wir unerledigte Schuld in dieses Erdenleben mitbringen.

6 Die antiken Mittelmeerkulturen glaubten, dass jeder Mensch mit einem inneren Lehrer geboren wird, den sie *genius* nannten.

7 Aus der westlichen Medizin kennen wir sie als T-Helferzellen,

deren Funktion am besten am Beispiel jener Krankheit deutlich wird, die aus ihrer Abwesenheit entsteht: AIDS.

8 Vgl. Bohm, David, *Wholeness and the Implicate Order*. Routledge and Kegan Paul, London, S. 262. Bohm war einer der Begründer der Quantentheorie.

9 Das I Ging in der Übertragung von Richard Wilhelm spricht von der Intelligenz des Körpers als "die Gemeinen". Wie uns der Weise zeigte, ist dies darauf zurückzuführen, dass die Intelligenz der Körperzellen auf einer kindlichen Stufe angehalten wird, solange sie vom Verstand nicht anerkannt werden und folglich nicht reifen können. In ihren Meditationen hat Carol sie in verschiedenen Entwicklungsstadien sehen können, die jeweils den Stufen ihrer eigenen Bewusstseinsentwicklung entsprachen (siehe ihr Buch Meditationen zum I Ging, Eugen Diederichs Verlag, München 1993.)

10 Der Weise ist stärker mit unserer Psyche als mit unserem Verstand verbunden, weil er ein Fühlbewusstsein ist.

11 Es ist bemerkenswert, dass das chinesische Zeichen für "Unheil/ Krise" die zweite Bedeutung von "neue Möglichkeit" hat.

12 Wie Carol später lernen sollte, war die Eidechse beziehungsweise das Chamäleon die Vorlage für das Bildzeichen "I" im Namen "I Ging". Es steht für Transformation.

13 Frost beschrieb seine Erinnerung in einer Rede, die er bei der Einführung von John F. Kennedy in das Präsidentenamt hielt.

14 Hexagramm 33, *Der Rückzug*, Platz 6: "Heiterer Rückzug. Alles ist fördernd." Auszug aus dem Kommentar: "Diese Linie bezieht sich auf die Art, wie der Weise sich vom Ego in einem Menschen zurückzieht: Er tut dies nie aus Wut oder mit Rachegefühlen oder in der Absicht, den Betreffenden zu bestrafen. Sein Rückzug ist heiter, weil er weiß, wie erleichtert der Mensch am Ende sein wird, wenn er dem Ego in sich den Rücken kehrt, um sich mit dem Weisen wieder zu vereinigen. Der Rückzug des Weisen zwecks Unterstützung des wahren Selbst des Betreffenden ist die Bedeutung der Worte "Alles ist fördernd".

15 In seiner metaphorischen Sprache drückt das I Ging das Ende unserer Trennung vom Kosmos wie folgt aus: "Durch Gegensatz vereinsamt, sieht man seinen Gefährten wie ein schmutzbeladenes Schwein, wie einen Wagen voll Teufel. Erst spannt man den Bogen nach ihm, dann legt man den Bogen weg. Nicht Räuber er ist, will freien zur Frist. Beim Hingehen fällt Regen, dann kommt Segen." (Hexagramm 38, *Die Trennung/Der Gegensatz*, Platz 6.)

16 Von dieser Funktion ist im I Ging die Rede, wenn es heißt: "Zieht man Bandgras aus, so geht der Rasen mit. Jedes nach seiner Art." Bandgras ist eine Metapher für die fehlgeleiteten Ideen und Glaubensvorstellungen, deren sich ein Mensch entledigen muß, um mit dem Kosmos wieder in Einklang zu kommen. (Hexagramm 11, *Harmonie/Friede/Gedeihen*, Platz 1.)

17 Korzybski, Alfred, *Science and Sanity, An Introduction to Non-Aristotelian Systems and General Semantics,* 1st ed. 1933, The Non-Aristotelian Library Publishing Co., Lancaster, PA, und S.I. Hawakawa, Language in Action, 1st ed.,1939, Harcourt, Brace and Co., NY.

18 Carol musste an ein Buch von Stefan Zweig denken, in dem er ausführlich beschreibt, wie berühmte deutsche Schriftsteller wie Hölderlin, Kleist und Nietzsche von inneren Dämonen geplagt wurden, die sie "ihr Leben lang verfolgten". Zweig glaubte tatsächlich, diese Schriftsteller verdankten ihre Größe diesen Dämonen. Zweig verübte später Selbstmord. Siehe Zweig, Stefan, *Der Kampf mit dem Dämon: Hölderlin, Kleist, Nietzsche.* Insel Verlag, Leipzig 1925.

19 Die Wirkung von Giftpfeilen auf den Körper wird in unserem Buch *Heile dich selbst im Einklang mit dem Kosmos*, AT Verlag, Baden/ Schweiz 2008, behandelt.

20 Der Film "Little Lord Fountleroy" ist ein gutes Beispiel dafür.

21 Das I Ging beschreibt diesen Vorgang in Hexagramm 44, *Das Entgegenkommen.* Sobald Selbstzweifel aufkommen, müssen wir ein inneres Nein zu ihnen sagen. Das ist die Bedeutung der häufig im I Ging anzutreffenden Metapher: "Fördernd ist es, fest und korrekt zu sein."

22 "Commonsense is the consensus of all our senses."

23 Diese Gewohnheit Napoleons wird von Alfred DeVigny in seiner Kurzgeschichte "The Malacca Cane" geschildert. In: *Great French Short Novels*, The Dial Press, New York 1952, S. 146-158.

24 Wenn wir von dämonischer Natur sprechen, dann heißt dies, dass sie unserer wahren Natur entgegengesetzt sind und uns schaden.

25 Die Idee, dass es etwas gibt, das "besonders" ist, verletzt das *Kosmische Harmonieprinzip der Gleichwertigkeit* jedes Aspekts des Kosmos. In der kosmischen Ordnung gibt es keine Hierarchie. Alles, das in der Form existiert, existiert zuerst als ein Bild im Kosmischen Bewusstsein, und jede Form, die sich aus einem harmonischen Gefühl heraus manifestiert, ist ein einzigartiger Ausdruck des Kosmischen Bewusstseins.

26 Einen Ego-Komplex zu deprogrammieren, ohne psychologische Schwierigkeiten befürchten zu müssen, bedeutet zu vermeiden, dass das prekäre Gleichgewicht zwischen zwei sich gegenseitig komplementierenden Ego-Komplexen gestört wird. Wir achten darauf, jeweils beide gleichzeitig zu deprogrammieren.

27 Siehe Hexagramm 10, *Das Auftreten*, Platz 3: "Ein Einäugiger kann sehen, ein Lahmer kann auftreten. Er tritt auf des Tigers Schwanz. Der beißt den Menschen. Unheil!" Der Text erklärt, dass der betreffende Mensch, obwohl er bis zu einem gewissen Grad in der Lage ist, zu sehen und sein Leben zu führen, nicht im Einklang mit dem Kosmos ist. Infolgedessen erzeugt er ein widriges Schicksal nach dem anderen.

28 Siehe Hexagramm 42, *Das Mehren*, Platz 4: "Fördernd ist es, benützt zu werden bei der Verlegung der Hauptstadt.

29 Siehe Kapitel 19: "Die Befreiung von entwicklungshemmenden traumatischen Störungen".

30 Siehe Hexagramm 56, *Der Wanderer*, Platz 1: "Wenn der Wanderer sich mit kleinlichen Dingen abgibt, so zieht er sich dadurch Unglück zu."

31 Siehe Hexagramm 56, *Der Wanderer*, Platz 6: "Dem Vogel verbrennt sein Nest. Der Wanderer lacht erst, dann muss er klagen und weinen."

32 Siehe Hexagramm 40, *Die Befreiung*, Das Urteil: "Wenn es noch etwas gibt, wohin man gehen muss, dann bringt Raschheit Erfolg."

33 Hexagramm 37, *Die Familie*, Platz 1.

34 Siehe Hexagramm 30, *Das Erreichen von Klarheit*, Platz 2: "Der gelbe Schein von Klarheit steht im Kontrast zum grellen, weißen Licht eines Urteils, das auf der Anwendung von absoluten Normvorstellungen durch den Intellekt beruht."

35 Hexagramm 48, *Der Brunnen*, Platz 6.

36 Bruce Lipton spricht in seinem Audioprogramm "The Wisdom of the Cells" (Sounds True 8003339185) von der Fähigkeit des Verstandes, 40 Stimuli pro Sekunde zu verarbeiten im Unterschied zum "Unterbewusstsein" mit 40 Millionen Stimuli pro Sekunde.

37 Dort heißt es auf Platz 2: Der Text beschreibt "einen Menschen, der nach Anhängern Ausschau hält, indem er ausruft: 'Ich möchte die gute Botschaft mit euch teilen.' Wer einem solchen Menschen folgt, wird in sein widriges Schicksal verwickelt."

38 Siehe Hexagramm 14, *Der Besitz von Großem*, Platz 1: "Keine Beziehung zu Schädlichem, so bleibt man ohne Schuld."

39 Siehe Hexagramm 60, *Die Beschränkung*, Platz 5: "Süße Beschränkung bringt Glück."

40 Mozart berichtete, wie er seine Kompositionen in vollständiger Länge "hörte", bevor er sie zu Papier brachte. Der Weise erklärte uns auf unsere Nachfrage, dass der kosmische Helfer der Kreativität die Musik in seiner Psyche gespielt hat, von wo sie dann an den Geist weitergegeben wurde.

41 Siehe Hexagramm 28, *Des Großen Übergewicht,* Platz 2.

42 Wir haben darüber in Kapitel 10 unter Bezugnahme auf Stefan Zweig und sein Buch *Der Kampf mit dem Dämon: Hölderlin, Kleist, Nietzsche* gesprochen.

43 Hierauf bezieht sich der Orakelspruch auf Platz 3 von Hexagramm 10, *Das Auftreten/Das Verhalten*. Er lautet: "Ein Einäugiger kann sehen, ein Lahmer kann auftreten. Er tritt auf des Tigers Schwanz. Der beißt den Menschen. Unheil!"

44 Ein Mythos beruht immer auf einer Halbwahrheit. Er überhöht eine Seite des Geschehenen, während er die andere Seite, nämlich dass er die Verletzung überlebt hat, unterschlägt.

45 Der Orakelspruch auf Platz 6 von Hexagramm 43, *Der Durchbruch*, macht uns auf die Anwesenheit dieser dämonischen Mechanik aufmerksam in den Worten: "Kein Ruf! Schließlich kommt Unheil."

46 Siehe Hexagramm 56, *Der Wanderer*, Platz 4: "Der Wanderer ruht an einem Unterkunftsort. Er erlangt seinen Besitz und eine Axt. Mein Herz ist nicht froh."

47 Siehe auch Anhang 3: "Das Deprogrammieren von kristallinen Ego-Emotionen".

48 Der Spruch auf Platz 5 lautet: "Beißt auf ausgemagertes Fleisch. Erhält gelbes Gold. Beharrlich der Gefahr bewusst sein."

49 Siehe Hexagramm 47, *Das Unterdrücken/Erschöpfen*, Platz 1.

50 Von dieser Mauer heißt es in Hexagramm 13 auf Platz 4: "Er steigt auf seine Mauer, er kann nicht angreifen. Glück." Der Interpretationstext zu dieser Metapher spricht davon, dass die Mauer ein Ort sein kann, von der herab jemand selbstgerecht argumentiert, anstatt nach der Ursache des Problems zu suchen. Er kann das Problem daher nicht in der rechten Weise "angreifen." Das "Glück" liegt darin, dass er auf diese Weise ein widriges Schicksal erzeugt, das ihn zur Besinnung bringt.

51 DMR-Methode = Drei-Münz-Rückfrage-Methode; siehe deren Beschreibung in Anhang 1.

52 Siehe Hexagramm 30, *Das Erreichen von Klarheit*, Platz 2. Dort wird der Unterschied zwischen dem “grellen weißen Licht des Urteils” und dem “gelben Licht der inneren Wahrheit” beschrieben.

53 Später bestätigte uns der Weise, dass der damals sechzehnjährige Vetter selbst zu einem früheren Zeitpunkt das Opfer eines sexuellen Mißbrauchs gewesen war, und dass dieser unverarbeitete Missbrauch den Ausschlag dafür gegeben hatte, dass er dieses Mittel gewählt hatte.

54 Siehe Hexagramm 57, *Das Durchdringende*, Platz 3: “Wiederholtes Durchdringen. Beschämung.”

55 Die Evolution der Tiere hat sich vom Einzeller zu immer größeren Ansammlungen von Zellen bei zunehmender Spezialisierung entwickelt. Wir sehen dies in der Biologie am Beispiel von Tieren, die nur einen Magen darstellen, wie die Hohltiere, oder von Tieren, die nur einen organisierten Darm bilden, wie die Würmer. Der menschliche Organismus ist eine Ansammlung der Intelligenzen solcher Organismen. Diese Organismen haben es gelernt, in einer harmonischen Symbiose zu leben. Auf diese Weise teilen wir Menschen unsere Biologie auf die eine oder andere Weise mit allen Lebensformen.

56 Vgl. Hexagramm 42, *Das Mehren.*

57 Erschienen in deutscher Sprache als Teil 2 in dem Buch *Handbuch zum klassischen I Ging*, Eugen Diederichs Verlag, München 1989.

58 In: *Erfahrungen mit dem I Ging*, herausgegeben von Ulf Diederichs, Eugen Diederichs Verlag, Köln 1984.

59 Das Buch der Wandlungen war zunächst eine Sammlung von Zeichen für Orakelzwecke. Orakel wurden im Altertum allenthalben gebraucht, und die ursprünglichsten unter ihnen beschränkten sich auf die Antworten Ja und Nein. So liegt auch bei dem Buch der Wandlungen diese Orakelentscheidung zugrunde. Das “Ja” wurde durch einen einfachen ganzen Strich angedeutet —, das “Nein” durch einen gebrochenen Strich - -” (Einleitung, S. 11). *I Ging. Das Buch der Wandlungen,* aus dem Chinesischen übertr. u. hrsg. Von Richard Wilhelm. Eugen Diederichs Verlag, München 1990.

Anhang 1

Die Verwendung der Drei-Münz-Rückfrage-Methode (DMR-Methode)

Die Drei-Münz-Rückfrage-Methode ist eines unserer Hauptinstrumente, um mit dem Weisen zu kommunizieren. Wir verwenden sie unter anderem, wenn es darum geht, nach den Ursachen eines inneren oder äußeren Konflikts oder den Ursachen von Stress, Sorgen, Ängsten, nervösen oder anderen emotionalen Störungen zu suchen.

Dazu benötigen wir drei gleiche Münzen, wie zum Beispiel Cents. Wir definieren die eine Seite als "Ja", die andere als "Nein." Die Festlegung, welche Seite wir als Ja und welche wir als Nein definieren, ist dem Fragesteller selbst überlassen. Es gibt kein "richtig oder falsch", aber es empfiehlt sich, dass wir uns dann an die einmal getroffene Wahl halten, um Verwirrung zu vermeiden. Wir benutzen diese drei Münzen, um Fragen an den Weisen zu richten. [59]

Die hier beschriebene Methode wurde im Jahr 1994 von Carol entdeckt, als sie in Bedrängnis war und eine rasche Auskunft benötigte. Sie hatte die drei Münzen, die sie normalerweise benutzte, um ein Hexagramm zu erstellen, zur Hand, und warf sie mit der inneren Bitte an den Weisen, ihr eine Ja/Nein-Antwort zu geben. Die Antwort war so hilfreich, dass sie dazu überging, diese Methode regelmäßig zu benutzen; nachdem sie sich Zeit genommen hatte, die Bedeutung eines aktuell erhaltenen Hexagramms zu ergründen, fragte sie anschließend den Weisen, "Habe ich die Botschaft richtig verstanden?" Ohne dass sie sich dessen bewusst gewesen war, hatte ihr der Weise eine Möglichkeit gezeigt, nicht nur die Bedeutung der Botschaft des Hexagramms abzuklären, sondern die Methode ermöglichte es dem Weisen auch, ihr völlig neue Einblicke zu eröffnen.

Obwohl diese Methode zu aufregend neuen Entdeckungen führte, hatte Carol schließlich doch ein leichtes Unbehagen, weil sie nicht dem gängigen Gebrauch des I Ging entsprach. Konnte es sein, dass der Zugang zum Weisen so einfach war? Ihr Zweifel ließ sie eines Tages die Frage an den Weisen stellen: "Ist dies eine rechtmäßige Methode, um Fragen an den Weisen zu richten?" Daraufhin warf sie zehn Cent-Münzen auf den Tisch und erhielt neun Mal "Ja"! Von dem Zeitpunkt an benutzte sie diese Methode regelmäßig, um einen Dialog mit dem Weisen zu führen.

Wenn die Münzen anzeigten, dass sie die Botschaft des Hexagramms nicht richtig verstanden hatte, dann war dies oft ein Hinweis, dass der Weise über den engen Rahmen des Verständnisses, den der Wilhelmsche Text implizierte, hinausgehen wollte. (Zu jener Zeit benutzte sie die Übertragung des I Ging von Richard Wilhelm.)Um dem Weisen diese Möglichkeit zu geben, pflegte sie dann Hypothesen darüber aufzustellen, was gemeint sein könnte. Diese Art des Gebrauchs führte zu der Bezeichnung "Drei-Münz-Rückfrage-Methode".

Erst etliche Jahre später fand Carol beim Lesen von Richard Wilhelms Einleitung zu seiner Übertragung des I Ging ins Deutsche einen Hinweis, dass das I Ging sich tatsächlich aus einer Methode entwickelt hatte, bei der Ja/Nein-Fragen an das Orakel gerichtet worden waren.[59]

Mit zunehmender Erfahrung in der Benutzung dieser Methode begriff Carol, dass sie am meisten Gewinn brachte, wenn sie dem Weisen den nötigen Raum gab, die kosmische Sicht auf den Gegenstand der Befragung zu erläutern, was soviel hieß wie die *innere Wahrheit* der Angelegenheit gezeigt zu bekommen. Diese innere Wahrheit zeigte, warum eine Sache erfolgreich war (weil Kosmische Harmonieprinzipien beachtet wurden) oder im Mißerfolg endete (weil diese Prinzipien mißachtet worden waren). Wenn sie nachfragte, warum jemand Schwierigkeiten wie zum Beispiel Schlafprobleme hatte oder unter Ängstlichkeit litt, verwies der Weise stets auf die Gedanken dieses Menschen oder auch auf Gedanken von Menschen in seiner Umgebung, die ihn negativ beeinflußten. Der Weise verwies nicht auf die äußerlich sichtbaren Faktoren. Daraus lernte sie, dass sich die Aussagen des Orakels stets auf die innere Wahrheit der Situation beziehen und dass die Hexagrammtexte nur dann richtig verstanden werden können, wenn wir sie in diesem Licht betrachten.

Dank des Gebrauchs dieser Methode waren die Botschaften der Hexagramme im I Ging nicht mehr so sehr eine Frage des Erratens. Wie wir an einigen Beispielen in Anhang 2 zeigen werden, können wir die DMR-Methode in bestimmten Fällen auch ohne Bezug auf ein Hexagramm benutzen. Allerdings gilt es, uns klar zu machen, dass sich das Ego in unsere Fragestellungen einmischen kann. Wenn dies geschieht, dann kommen die Antworten nicht vom Weisen, sondern sie spiegeln unsere Ängste, Hoffnungen, Zweifel oder

Voreingenommenheiten wieder. Daher empfiehlt es sich, von Zeit zu Zeit nachzufragen: "Hat sich das Ego in meine Fragestellungen eingemischt?" Auf diese Frage erhalten wir immer eine Antwort vom Weisen. Im folgenden werden wir auf die Art von Fragen, die vom Ego kommen und die zu verwirrenden Antworten beziehungsweise zum Rückzug des Weisen aus der Kommunikation führen, näher eingehen. Wenn wir die Ursachen eines größeren inneren oder äußeren Konflikts oder einer komplizierten Krankheit herausfinden wollen, dann brauchen wir dazu unbedingt eines oder beide der folgenden Bücher: *I Ging – Das Kosmische Orakel* und *Heile dich selbst im Einklang mit dem Kosmos.*

Der Wurf von drei Münzen kann vier mögliche Antworten zeitigen:

Der Erhalt von Ja, Ja, Ja (+++) bedeutet ein eindeutiges Ja.

Der Erhalt von Ja, Ja, Nein (++-) bedeutet ein relatives Ja.

Der Erhalt von Nein, Nein, Nein (- - -) bedeutet ein klares Nein.*

Der Erhalt von Nein, Nein, Ja (- - +) bedeutet ein relatives Nein.*

*Weitere Hinweise siehe unten: "Was eine Nein-Antwort bedeuten kann".

Aus Gründen der Vereinfachung benutzen wir die folgenden Abkürzungen, um die Antworten des Weisen zu notieren: (+++), (++), (- - -), und (- -).

Der Weise leitet unsere Untersuchung

Bei der Benutzung der DMR-Methode müssen wir von Anfang bis Ende die Führung dem Weisen übergeben. Der Hauptzweck unserer Untersuchung besteht darin, die innere Wahrheit einer Angelegenheit zu verstehen. Haben wir ihre verborgenen Ur-sachen herausgefunden, dann gilt es herauszufinden, was wir tun müssen, um sie durch Deprogrammieren zu berichtigen.

Jede Untersuchung besteht aus drei Hauptphasen: 1. die innere Wahrheit und/oder die Ursache(n) eines Problems zu verstehen; 2. das Material zu identifizieren, das deprogrammiert werden muss; 3. das Deprogrammieren dieses Materials.

Das Untersuchen einer Angelegenheit erfordert zwar die Mitwirkung unseres Verstandes, doch ist es nie ausschließlich eine Sache des Verstandes. Um zu einem Verständnis aus der kosmischen Sicht zu gelangen, muss unser Verstand sich auf unsere wahren Gefühle einstimmen. Dazu muss er in einem Zustand der Offenheit und Empfangsbereitschaft sein (siehe unten: "Unsere innere Vorbereitung"). Empfangsbereit zu sein bedeutet, dass unser Verstand aufhören muss, die Untersuchung leiten zu wollen, was zum Beispiel der Fall ist, wenn er nach einem Schuldigen suchen will. Der Weise zeigt uns, wo es lang geht. Während des ganzen Frageverlaufs bitten wir den Weisen immer wieder um Führung und Hilfe, auch was das Stellen der "richtigen" Fragen angeht, das heißt der Fragen, die uns auf der Suche nach den Ursachen wirklich weiter bringen.

Normalerweise besteht das Ziel der Untersuchung einer Störung, wie zum Beispiel des Konflikts, den wir mit jemandem haben, darin, ein äußeres Ergebnis zu erzielen – ein "happy end" des Konflikts oder eine Veränderung, die es uns erlaubt, "besser in der Beziehung zu funktionieren". Im Unterschied dazu besteht das Hauptziel des Weisen darin, uns zu helfen, erstens die Ursache des Konflikts zu verstehen, und zweitens unsere Anhaftung an die Idee (oder Ideen), die seine Ursache waren, aufzulösen. Der Weise verfolgt dieses und kein anderes Ziel. Mit jedem Schritt, den wir zur letztendlichen Auflösung unserer Anhaftung an die unharmonischen Ideen machen, werden wir nicht nur aus unseren Schwierigkeiten herausgehoben, sondern machen auch Fortschritte auf dem Weg der Rückkehr zu unserer wahren Natur. Die Lösung des Konflikts ist eine erfreuliche Nebenwirkung dieses Prozesses.

Diese Beschreibung mag dem noch unerfahrenen Leser den Eindruck vermitteln, es würde "ewig" dauern, bis sich ein greifbarer Erfolg einstellt. Das Gegenteil ist der Fall: Sobald wir mit Klarheit erkennen, was unsere Schwierigkeit verursacht hat, fühlen wir Erleichterung. Das Gewinnen dieser inneren Klarheit trägt uns bereits dreiviertel des Wegs zu ihrer endgültigen Lösung. Das letzte Viertel wird durch das Deprogrammieren der Ursachen gewonnen. Wenn wir es versäumen, auch dieses letzte Viertel des Wegs zu gehen, besteht eine große Wahrscheinlichkeit, dass die Ursache in der Psyche verbleibt.

Fehlgeleitete Glaubensvorstellungen, die unser Verständnis blockieren

Der Weise kann uns nicht wirksam helfen, wenn wir die Gewohnheit haben, zu berühmten Leuten und spirituellen Führern aufzuschauen. Der Grund ist, dass wir dann die Antworten des Weisen als Bestätigung dessen nehmen, was diese Personen "schon immer" gesagt haben. Die Gewohnheit, im Außen Hilfe zu suchen, kommt von einem Geist, der unter der Herrschaft des Egos steht, und verdeckt die Tatsache, dass der Zugang zur Hilfe vom Kosmos in uns, das heißt in unserer persönlichen Beziehung zum Weisen liegt. Dies ist nicht mit "Channeling" zu verwechseln. Der Weise hat uns erklärt, dass es beim Channeling um eine Verbindung mit einem Menschen, der verstorben, aber noch nicht transformiert ist, geht. Die Verbindung zu unserem persönlichen Weisen kann nur dadurch hergestellt werden, dass wir aufrichtig aus unserem Herzen um Hilfe bitten und offen dafür sind, was uns der Weise zeigen möchte. Die Art der Beziehung, die wir mit dem Weisen haben, ist für jeden Menschen einzigartig; der Weise kommuniziert mit jedem von uns, wie es für sie oder ihn am besten ist.

Was unserer Selbstprüfung häufig im Wege steht

Um eine Störung zu untersuchen, müssen wir uns nach innen wenden. Wenn Sie zu den Menschen gehören, die damit Schwierigkeiten haben, weil es Schuldgefühle in Ihnen hervorruft, dann müßten Sie als erstes die fehlgeleitete Idee deprogrammieren, dass Selbstprüfung etwas "Selbstsüchtiges", "Nabelschau" oder eine "Zeitverschwendung" ist. (Ein Beispiel dafür ist der Satz: "Du bist nicht auf die Welt gekommen, um Nabelschau zu halten.") Solche Sätze stammen oft aus unserer Erziehung und hatten die Aufgabe, uns im Bann des "Wir-Denkens" zu halten. Beispiele für ähnliche Sätze sind: "Deine erste Treuepflicht besteht Deiner Familie (Nation, sozialen Schicht, Rasse usw.) gegenüber." – "Diese Treue verlangt, dass du deine privaten Ansichten der Zugehörigkeit zu deiner Familie opferst." Alle Sätze dieser Art sind von einer Schuldzuschreibung begleitet, die lautet: "Du machst dich schuldig, wenn du die Treue zu deiner Familie nicht an die erste Stelle stellst," "Du machst dich schuldig, wenn du die Tradition deiner Vorfahren verrätst", oder "Du machst dich schuldig, wenn du Ziele verfolgst, die nur etwas mir dir zu tun haben." Falsche Zuschreibungen dieser Art können uns davon abhalten, Ideen und Glaubensvorstellungen zu hinterfragen, die tabuisiert sind oder die von anerkannt weisen Menschen oder spirituellen Führern für wahr erklärt worden sind.

Beispiele für den spezifischen Gebrauch der DMR-Methode im Kontext des vorliegenden Buches

Wir benutzen die DMR-Methode,

- um herauszufinden, ob die alleinige Verwendung dieser Methode (d.h. ohne Hexagramm) genügt, um die Ursache einer psychischen Störung oder einer körperlichen Beschwerde herauszufinden. (Beispiel: "Kann ich durch die alleinige Verwendung der DMR-Methode zu einem ausreichenden Verständnis der Ursache meines Energieverlustes gelangen?" Lautet die Antwort "Nein", dann fragen wir weiter: "Soll ich das Buch *I Ging – Das Kosmische Orakel* befragen?" Oder "Finde ich einen passenden Hinweis in dem Buch *Heile dich selbst im Einklang mit dem Kosmos?*" (Wir können die DMR-Methode benutzen, um das betreffende Kapitel und anschließend den betreffenden Abschnitt zu finden.),
- um mit Hilfe des Weisen die innere Wahrheit einer Angelegenheit herauszufinden und zu erfahren, was wir auf der inneren Ebene tun können, um sie zu berichtigen,
- um festzustellen, ob etwas, von dem jemand behauptet hat, es sei wahr, wirklich wahr ist. Diese Frage ist insbesondere angebracht, wenn es sich um eine negative Prognose handelt (allerdings müssen wir uns klar machen, dass, wenn der Weise sagt, die Prognose sei nicht wahr, er damit *nicht* sagt, das Gegenteil sei wahr. Vielmehr will er damit sagen: "Du hast die Möglichkeit, gesund zu werden, wenn du dich mit deiner wahren Natur in Einklang bringst."),
- um zu vermeiden, dass wir automatisch davon ausgehen, wir hätten die Botschaft des I Ging richtig und vollständig genug verstanden,
- um zu überprüfen, ob wir uns von einer vom Ego kommenden Begeisterung haben hinreißen lassen. Beispiel: Wenn das Ego uns etwas als Allheilmittel angedient hat, das alle Probleme ein für allemal lösen wird,
- um die Ursache und Quelle einer Störung herauszufinden,
- um zu klären, welche Deprogrammierungsmethode im speziellen Fall die geeignete ist,
- um herauszufinden, ob wir unsere Haltung gegenüber dem Weisen oder den Helfern berichtigen müssen; oder um andere mögliche Hindernisse in unserer Kommunikation mit dem Weisen oder in unserer Fähigkeit, die Helfer zu engagieren, zu identifizieren (siehe unten: "Problematische Fragestellungen"),

- um die genauere Bedeutung einer “Nein”-Antwort, die wir erhalten haben, zu klären. Wir fragen zum Beispiel: “Wolltest du dies (oder jenes) mit deinem Nein sagen?”.

Unsere innere Vorbereitung

Bevor wir damit beginnen, die drei Münzen zu werfen, um Ja/Nein-Antworten auf unsere Fragen zu erhalten, müssen wir sicherstellen, dass wir innerlich neutral sind. Mangelnde Neutralität verzerrt unbewusst die Antworten. Solche Verzerrungen rühren von Voreingenommenheiten her, was das Funktionieren der Dinge angeht. Andere mögliche Gründe sind: grundsätzliche Skepsis oder der Wunsch (bzw. die Angst), eine bestimmte Antwort zu erhalten, oder die Angst, die Antwort würde von uns verlangen, etwas zu tun, das uns schaden würde.

Voreingenommenheiten spielen häufig unbewusst in unseren Frageprozeß hinein, weil die Ego-Denkweise, in der wir zu denken gewohnt sind, über einen Mechanismus verfügt, der kosmische Wahrheiten automatisch so zurechtbiegt, dass sie in unser vorhandenes Glaubenssystem passen. Jedes Glaubenssystem verfügt über einen eigenen Bezugsrahmen, sodass ein und dieselbe Person eine ganze Anzahl solcher Bezugsrahmen haben kann wie zum Beispiel einen für Fragen der Religion, einen anderen für Fragen der Naturwissenschaften und wieder einen anderen für Fragen, die die Mythologie oder das New-Age-Denken angehen. Allen Bezugsrahmen gemeinsam ist, dass sie unseren Geist entweder für jedes Lernen von unserer inneren Wahrheit (die mit der kosmischen Wahrheit identisch ist) verschließen oder umgehend die Worte des Weisen in die Sprache des jeweiligen Bezugsrahmens “übersetzen”. Um unsere innere Wahrheit mit Hilfe des Weisen zu erkennen, ist es notwendig, vorübergehend alle vorhandenen Bezugsrahmen außer Kraft zu setzen. Sie außer Kraft zu setzen bedeutet nicht, sie aufzugeben. Es bedeutet lediglich, dass wir sie auf die Seite stellen, während wir vom Weisen lernen. Tun wir dies nicht, dann blockieren wir die Möglichkeit, eine neue Erfahrung zu machen, und das wiederum bedeutet, dass wir in dem Problem, das wir gern lösen möchten, gefangen bleiben.

Carol erinnert sich noch lebhaft an ein Erlebnis aus ihrer ganz frühen Zeit mit dem I Ging. In dem Bemühen, das I Ging besser zu verstehen, las sie andere Bücher, die möglicherweise ein Licht auf die

Texte des I Ging werfen würden. Eines davon war D.T. Suzukis Buch *Zen-Buddhismus*. Bestimmte Ideen, die darin beschrieben waren, schienen das I Ging zu "erklären". Doch alle Lektionen, die sie in der Folge vom I Ging erhielt, warnten sie vor "falscher Begeisterung" und davor, das I Ging mit anderen Büchern zu vergleichen. Sie sollte dem Weisen uneingeschränkt Raum geben, für ihre eigene innere Wahrheit zu sprechen.

Übung: Unsere Bezugsrahmen vorübergehend außer Kraft setzen

Bevor wir den Weisen befragen, bitten wir die kosmischen Helfer, vorübergehend alle Bezugsrahmen, die uns daran hindern würden zu verstehen, was uns der Weise in Bezug auf die innere Wahrheit der infrage stehenden Angelegenheit zeigen möchte, außer Kraft zu setzen. Diese Bitte wirkt für einen Zeitraum von etwa zwei Tagen. Danach ist sie bei Bedarf zu wiederholen.

Die Wirkung ist lediglich vorübergehend, weil es uns nicht möglich ist, fehlgeleitete Glaubensvorstellungen, die wir für gültig erachtet haben, aufzugeben, bevor wir nicht genügend Klarheit darüber erlangt haben, dass sie ungültig sind. Aus diesem Grund ist eine Befragung des Weisen nicht für jeden Menschen das Richtige, insbesondere, wenn jemand todsicher an seine Vorstellungen glaubt. Dann ist es für den Betreffenden das Beste, seiner eigenen Wege zu gehen.

Übung: Innere Neutralität herstellen

Um innere Neutralität herzustellen, können wir eine kurze Medi-tation machen (nicht länger als zehn Minuten). Dazu nehmen wir eine aufrechte, bequeme Sitzhaltung ein. Wir schließen die Augen und bitten den Helfer der Geistreinigung, unseren Geist von allen Voreingenommenheiten bezüglich der Ursachen unseres Problems zu reinigen. Ferner bitten wir diesen Helfer, unseren Geist von jeglichen Schuldzuweisungen, mit denen wir uns selbst oder jemand anderen belegt haben, zu reinigen. Wenn wir nach zehn Minuten Meditieren das Gefühl haben, noch nicht neutral genug zu sein, brechen wir die Übung ab und stellen keine Fragen; die Fragen würden nur vom Ego kommen und die Antworten kämen aus derselben Quelle. Wir erkennen den Mangel an Neutralität daran, wie wir uns innerlich fühlen: Fühlen wir uns getrieben, schmort oder wütet und tobt etwas in uns, oder sind wir von Zweifeln hin- und hergerissen? Um Abhilfe zu schaffen, bitten wir den Weisen, die Helfer zu aktivieren, die wir brauchen, um unsere Ego-Emotionen zu glätten, und übergeben dann die Angelegenheit diesen Helfern. Wir kehren zu einem späteren Zeitpunkt zu unserer Meditation zurück.

Wir führen schriftlich Protokoll über unsere Fragen und die erhaltenen Antworten

Es ist wichtig, unsere Fragen und die erhaltenen Antworten schriftlich festzuhalten. Auf diese Weise wissen wir, welche Fragen wir bereits gestellt haben, und vermeiden es, dass wir zweimal die gleiche Frage stellen. Außerdem ermöglicht uns ein solches Protokoll, noch einmal unseren Frageverlauf zu überprüfen, falls wir in Verwirrung geraten oder die Richtung verlieren. Es empfiehlt sich, die Protokolle im Komputer abzuspeichern für den Fall, dass wir später noch einmal nachschauen wollen, an welchen Themen wir bereits gearbeitet haben.

Das Ende unserer Sitzung mit dem Weisen

Das Ende wird dadurch bestimmt, dass wir den Weisen fragen: "Habe ich alles gelernt, was ich im Augenblick zu wissen brauche?" Ist die Antwort Ja (d.h. ++- oder +++), dann bedanken wir uns für die erhaltene Hilfe. Ist die Antwort Nein, dann bitten wir den Weisen um zusätzliche Klärung entweder in einer Meditation oder durch einen Traum. Es gibt jedoch eine Ausnahme: Wenn wir meinen, wir müssten unsere Sitzung fortsetzen, obwohl wir total erschöpft sind, dann erhalten wir auf unsere Frage Ja, weil wir unseren gesunden Menschenverstand mißachten. Ein solches Verhalten ist ein Hinweis darauf, dass wir den Weisen als "Meister" betrachten, dass wir Bescheidenheit fälschlicherweise mit Unterwürfigkeit gleichsetzen oder dass wir eine falsche Norm von Perfektion haben, die uns treibt, unseren gesunden Menschenverstand außer acht zu lassen.

Allgemeine Richtlinien

Die erste Richtlinie zum erfolgreichen Gebrauch der DMR-Methode lautet: Folgen Sie der Richtung der Fragen, auf die Sie bejahende Antworten (++ oder +++) erhalten haben; vermeiden Sie in solchen Fällen, das Thema zu wechseln. Wenn Sie zum Beispiel erfahren haben, dass es sich bei dem gesuchten negativen Gedanken um eine Schlußfolgerung handelt, die Sie gezogen haben, dann ist es nicht hilfreich zu fragen, ob der Gedanke von dritter Seite kam.

Fragen Sie auch gelegentlich nach, ob die Ja-Antwort tatsächlich in Richtung der Ursache des Problems führt, oder ob das Ja lediglich eine Bestätigung war, dass Ihre Frage korrekt war, ohne jedoch zu implizieren, dass sie für den Gegenstand der Untersuchung relevant war. Sobald wir merken, dass wir in Bezug auf eine erhaltene Antwort innerlich zögern, fragen wir nach: "Traf meine Frage den springenden Punkt, den der Weise machen möchte?" Unsere Fragen müssen stets in die Richtung des springenden Punktes zielen. Normalerweise wissen wir, wann eine Frage abwegig ist; dennoch liegt es in der Natur des Egos, uns abzulenken, um diese oder jene Neugier zu befriedigen. Solche Fragen führen unweigerlich in die Verwirrung.

Der Weise gibt uns oft eine Ahnung. Beim Gebrauch der DMR-Methode ist es äußerst wertvoll, solchen Ahnungen zu folgen. Für diejenigen von uns, die jahrzehntelang von ihren wahren Gefühlen getrennt gelebt haben, weil sie gelernt haben, ihre Zuverlässigkeit anzuzweifeln, bedarf es einer gewissen Übung im Fragenstellen, bevor wir unseren Ahnungen gefahrlos folgen können. Wenn wir den Umgang mit der DMR-Methode anfangs etwas schwierig finden, ist es eine große Hilfe, ein dreifaches Nein zu dem Giftpfeil "Deine Gefühle sind nicht vertrauenswürdig" zu sagen. Das dreifache Nein zu dieser unwahren Behauptung können wir immer dann wiederholen, wenn wir merken, dass unser Kopf anstelle unserer Gefühle die Führung übernommen hat. Um diesen Giftpfeil ein für allemal zu deprogrammieren, folgen wir den Anweisungen in Anhang 3: "Deprogrammieren".

Problematische Fragestellungen

Unter problematischen Fragestellungen verstehen wir Fragen, die vom Weisen nicht beantwortet werden können, weil sie auf fehlgeleiteten Vorstellungen beruhen. Beispiele:

- Fragen die Zukunft betreffend, wenn diese implizieren, die Zukunft sei ein bereits existierendes Skript. Tatsache ist, dass unsere Glaubensvorstellungen und inneren Haltungen unsere Zukunft bestimmen. Haltungen, die auf unharmonischen Ideen beruhen, führen zu Unheil, während Haltungen, die im Einklang mit dem Kosmos sind, zu Erfolg führen. Oft spiegeln Fragestellungen in Bezug auf die Zukunft Hoffnungen wieder, die in Wirklichkeit der Versuch sind, Zweifel und Ängste zu bewältigen. Ein Beispiel dafür ist die Frage: "Werde ich wieder gesund werden?" Die wahre Antwort darauf könnte lauten: "Ja, wenn du dich in Einklang mit deiner wahren Natur bringst," aber nicht, weil es in den Sternen geschrieben steht. Es geht darum, die Ego-Elemente herauszufinden, die den Einklang verhindern, und sie dann mit kosmischer Hilfe zu deprogrammieren. Ein Beispiel für eine angstbesetzte Frage ist: "Werde ich auf Dauer behindert sein?" Eine solche Frage impliziert, dass uns keine Hilfe vom Kosmos zur Verfügung steht. Die Münzen spiegeln in solchen Fällen unsere Angst wieder, die vom Ego kommt.

- Fragen, die auf der Idee eines Tauschhandels beruhen, wie zum Beispiel: "Wenn ich dies tue, werde ich dann Erfolg haben?" Eine solche Frage verstößt gegen die Integrität des Kosmos. Wenn wir die Frage aber aus dem wahrhaftigen Bemühen heraus stellen, unser Verständnis zu erweitern, wie der Kosmos funktioniert, dann stellt sie kein Problem dar. Wenn wir unsicher sind, in welche Kategorie unsere Frage gehört, können wir mit den Münzen nachfragen, ob unsere Frage vom richtigen Platz in uns kommt.
- Fragen wie: "Soll ich dieses (oder jenes) tun?" Der Weise beantwortet solche Fragen nicht direkt. Er möchte uns vielmehr zu innerer Klarheit verhelfen. Eine hilfreiche Frage wäre in diesem Fall: "Ist mein Ziel im Einklang mit meiner inneren Wahrheit?" Lautet die Antwort Ja, dann gilt es als nächstes den Weg zu dem Ziel zu prüfen: "Gibt es irgendetwas in meiner Haltung, das noch zu berichtigen ist?" Möglicherweise gilt es, etwas zu deprogrammieren. Fragestellungen wie "Soll ich dieses (oder jenes) tun?" können darauf hindeuten, dass wir unserem gesunden Menschenverstand nicht trauen. Wenn wir zum Beispiel eine Wut auf jemanden haben und denken, wir sollten ihm frei heraus sagen, was Sache ist, dann vergessen wir, dass es zuerst darum gehen muss, die innere Wahrheit der Angelegenheit herauszufinden und die notwendige innere Arbeit zu tun. Durch Berichtigung der Angelegenheit auf der inneren Ebene vermeiden wir, mit dem Ego in Streit zu geraten.
- Fragen, die eine sklavische Abhängigkeit vom Weisen wiederspiegeln. Der Weise antwortet nicht auf Fragen, die gegen unseren gesunden Menschenverstand verstoßen. Beispiele: "Ist es Zeit, dass ich aufstehe?" Oder: "Sollte ich dieses (oder jenes) essen beziehungsweise nicht essen?"
- Fragen, die unsere Natur herabsetzen oder darauf beruhen, wie wir

glauben, in den Augen anderer dazustehen. Beispiele: "Bin ich ein böser Mensch?" oder "Stimmt etwas nicht mit mir?" Die Quelle solcher Fragen sind negative Selbstbewertungen und Selbstzweifel. Urteile dieser Art sind grundsätzlich unzutreffend und müssen als Giftpfeile deprogrammiert werden.

- Anzweifelnde Fragestellungen. Sie deuten darauf hin, dass wir die gleiche Frage zweimal gestellt haben, und zwar entweder, weil uns die erste Antwort nicht gefallen hat oder weil wir sie anzweifeln. Es ist auch möglich, dass wir vergesssen haben, dass wir diese Frage bereits gestellt hatten. In allen Fällen dieser Art zieht sich der Weise zurück, weil unsere Fragen vom Ego kommen. Wenn wir das Gefühl haben, dass uns dieser Fehler unterlaufen ist, können wir den Weisen durch die Münzen befragen, ob unsere Vermutung stimmt: "War dies eine anzweifelnde Frage?" Wenn wir ernsthaft die Bereitschaft haben, uns zu berichtigen, wird der Weise diese Frage beantworten. Anzweifelnde Fragestellungen kommen auch vor, wenn wir eine Frage stellen, die gegen unseren gesunden Menschenverstand verstößt oder auf die wir bereits aus vielen Erfahrungen die Antwort kennen. Wenn dies der Fall ist, dann will uns der Weise durch seinen Rückzug bedeuten: "Vertraue auf deinen gesunden Menschenverstand."
- Fragen, die auf einer Angst beruhen, wie zum Beispiel der Angst, vom Weisen bestraft zu werden, falls wir einen Fehler machen; dahinter steckt entweder die fehlgeleitete Glaubensvorstellung, es sei schwierig, mit dem Weisen zu kommunizieren, oder die Angst, wir würden möglicherweise mit dem Teufel kommunizieren. Solche Ängste können uns davon abhalten, überhaupt Fragen zu stellen. Der Weise lehrt uns, dass Fehlermachen zum Lernprozeß dazugehört. Worauf es ankommt, ist, dass wir uns dem Weisen mit einer Haltung der Wahrhaftigkeit nähern und bereit sind, unsere Fehler zu berichtigen.
- Fragen, die ungefragt davon ausgehen, dass bestimmte Ideen oder Glaubensvorstellungen gültig sind.
- Fragen, die von dem Wunsch getragen werden, der Weise möge unsere liebgewonnenen Glaubensvorstellungen absegnen, oder der Weise möge einen Herzenswunsch von uns oder eine Entscheidung, die wir bereits getroffen haben, absegnen. Fragen dieser Art kommen nicht aus einer neutralen Haltung.

Fragen zur Überprüfung unseres Frageverlaufs

- "Bewege ich mich mit meinen Fragen noch auf den springenden Punkt zu?"
- "Gibt es noch etwas, das ich *jetzt* zu dieser Angelegenheit verstehen muss?"
- "Gilt es nach etwas zu suchen, das zu deprogrammieren ist?"
- "Ist es Zeit, zum Deprogrammieren überzugehen?"

Wenn wir verwirrende Antworten erhalten

Verwirrende Antworten sind ein Zeichen dafür, dass wir uns in unseren Fragen verrannt haben. Wir legen eine Pause ein, um herauszufinden, was die Ursache dafür ist. Der Weise hilft uns bei unserer Suche. Die folgenden Fragen können uns helfen, die Ursache zu identifizieren:

- "Enthält meine Frage eine falsche Annahme, die mich daran hindert, die Antwort des Weisen zu verstehen?" (Beispiel: Wir haben den Weisen gefragt, was wir [im Außen] tun sollen. Diese Frage beruht auf der Annahme, dass alle Abhilfe für Probleme in äußerlichen Maßnahmen besteht, während ein Handeln im Einklang mit dem Kosmos darin besteht, die Dinge zuerst auf der inneren Ebene, das heißt im Bereich des Bewusstseins, zu klären und zu berichtigen. Dies ist in der Regel ausreichend, um die Schwierigkeit zu beheben.)
- "Kamen die Antworten vom Ego, weil meine Fragen vom Ego kamen?" (Ist die Antwort Ja, dann können wir mit Hilfe der Münzen noch einmal unseren Frageverlauf daraufhin überprüfen, welche Fragen und Antworten vom Ego kamen.)
- "Habe ich in meiner Frage ein Wort gebraucht, das keine kosmische Gültigkeit besitzt?" Solche Wörter führen uns in die Irre. (Ist die Antwort Ja, dann gilt es, mit Hilfe des Weisen nach Wörtern oder Ideen in unserer Frage zu suchen, die wir automatisch für gültig gehalten haben.) Beispiele für solche Wörter sind "etwas Besonderes", "böse" oder "der Schuldige".
- "Ist meine Herangehensweise zu kopfig oder zu mechanisch?" Wenn Ja, können wir fragen: "Wäre es hilfreich, wenn ich jetzt den Weisen bitten würde, mir hilfreiche Fragen einzugeben?"
- "Wäre es am besten, wenn ich meine Fragen jetzt einstellen und etwas anderes tun würde?" Zum Beispiel: eine Nacht darüber schlafen, meditieren oder allgemein um Hilfe bitten.

- "Wäre es jetzt hilfreich, den Weisen zu bitten, die Helfer heranzuziehen, die ich brauche, um meine Blockierung aufzulösen?"
- "Wäre es hilfreich, den Weisen vor dem Einschlafen um einen Traum zu bitten?"
- "Enthält dieses Buch irgendeinen Hinweis, der mir jetzt weiterhelfen würde?" Wenn Ja, benutzen wir die DMR-Methode, um zuerst die Seite, dann den Absatz und dann den betreffenden Satz herauszufinden.
- "Gibt es ein Hindernis in meiner Haltung?" (siehe die untenstehende Liste möglicher Hindernisse)
- "Ist das Hindernis durch einen Kobold, Dämon und/oder Drachen verursacht?"

Einige Beispiele:

— Ein Drache der Angst vor dem, was der Weise antworten wird. (In diesem Fall spiegeln die Münzen lediglich unsere Angst wider; die Antworten kommen nicht vom Weisen.)

— Ein Kobold eitler Neugierde

— Ein Kobold, Dämon oder Drache der Besserwisserei

— Ein Kobold, Dämon oder Drache der Ungeduld

— Ein Kobold oder Drache des Ehrgeizes

— Ein Kobold oder Drache der Spiritualität

Um uns von dämonischen Elementen dieser Art zu befreien, folgen wir den Anweisungen in Anhang 3: "Deprogrammieren". Dann entschuldigen wir uns unzeremoniell beim Weisen; wir enthalten uns jeglicher Selbstbeschuldigung (wie zum Beispiel: "Ich hätte nicht … sollen"; "wie konnte mir so etwas passieren …"); ferner lassen wir nicht den Gedanken zu, der Weise habe uns verlassen, weil wir "böse" waren oder uns seiner Hilfe als "unwürdig" erwiesen haben. Die Ideen, die hinter Annahmen dieser Art stehen, stammen vom kollektiven Ego und sind zu deprogrammieren. Diese innere Arbeit an uns berichtigt den Fehler.

Mögliche Hindernisse in unserer Haltung:

- Wir haben Zweifel in Bezug auf die Antwort, bevor wir überhaupt unsere Frage gestellt haben.
- Wir haben bereits beschlossen, etwas Bestimmtes zu tun, und fragen den Weisen nur in der Absicht, unsere Entscheidung abgesegnet zu bekommen.

- Wir sind wie selbstverständlich davon ausgegangen, dass uns der Weise vor Schaden beschützt, selbst wenn unsere Haltung nicht im Einklang mit dem Kosmos ist. (Tatsache ist, dass wir nur so-lange kosmischen Schutz genießen, wie wir ernsthaft bemüht sind, unsere Haltung zu berichtigen.)

Was "Nein"-Antworten bedeuten können

Ein zweifaches "Nein" kann zum Beispiel bedeuten:

- "Nein zu deiner Hypothese."
- "Deine Frage zielt in die falsche Richtung."
- "Ich kann deine Frage nicht beantworten, weil sie ein Wort enthält, das keine Gültigkeit im Kosmos besitzt."
- "Ich kann deine Frage nicht mit einem einfachen Ja oder Nein beantworten, weil das zu einem Mißverständnis führen würde; die Antwort erfordert ein Hexagramm, damit ich dir den Gegenstand deiner Frage aus der kosmischen Perspektive zeigen kann."
- "Deine Frage kommt vom Ego" (d.h. sie kommt von einer unkorrekten Haltung; siehe die oben unter "Problematische Fragestellungen" aufgeführten Möglichkeiten).

Ein dreifaches Nein kann zum Beispiel bedeuten:

- Ein uneingeschränktes Nein.
- "Du hast diese Frage bereits gestellt."
- "Du bezweifelst die Antwort, die ich dir bereits gegeben habe."

In allen Fällen können wir beim Weisen nachfragen: "Hat dein Nein eine der oben genannten Bedeutungen?"

Wenn wir eine ganze Serie von Nein-Antworten erhalten, kann es sein, dass uns der Weise auf etwas aufmerksam machen möchte, das außerhalb der Möglichkeiten liegt, an die wir denken. Bestätigt der Weise uns, dass dies der Fall ist, dann halten wir mit unseren Fragen inne und bitten den Weisen, uns die nächste hilfreiche Frage einzugeben. Dann stellen wir – in einer Kurzmeditation – unseren Geist auf Empfang ein. Nachdem wir eine Eingebung erhalten haben, fragen wir sicherheitshalber mit den Münzen nach, ob wir die Frage richtig und vollständig verstanden haben.

Eine Serie von Nein-Antworten kann auch heißen, dass sich der Weise zurückgezogen hat. Wir können diese Frage ganz direkt mit den Münzen abklären. Der Weise zieht sich zurück, wenn wir uns ihm mit einer arroganten Haltung nähern, ihn wie einen Diener behandeln oder wenn wir meinen, alles besser zu wissen. Der Weise zieht sich auch zurück, wenn wir von Ehrgeiz getrieben sind, was häufig geschieht, wenn wir "besonders spirituell" sein wollen. Sobald wir unseren Fehler bemerkt und unsere Haltung berichtigt haben, kehrt der Weise zurück und beantwortet wieder unsere Fragen.

Anhang 2

Wie untersuche ich eine Störung

Es würde den Rahmen dieses Buches sprengen, wenn wir versuchen wollten aufzuzeigen, wie wir eine vielschichtige psychologische Störung untersuchen können. Es würde einige Erfahrung im Gebrauch der hier beschriebenen Methoden und natürlich einen längeren Zeitrahmen erfordern. Ziel dieses Kapitels ist es vielmehr, dem Leser einige allgemeine Richtlinien für die Untersuchung eines relativ einfachen psychologischen Problems an die Hand zu geben und einige Beispiele von Untersuchungen zu beschreiben.

Chips, in denen traumatische Erinnerungen gespeichert sind, kommen häufig als Ursache für psychologische Störungen in Betracht, über die der Verstand keine Kontrolle hat. Anleitungen zu ihrer Untersuchung wurden in Kapitel 20 gegeben.

Psychologische Probleme können viele mögliche Ursachen haben, und diese Ursachen können je nach Persönlichkeitsstruktur auf unterschiedliche Art und Weise verknüpft sein. Grundsätzlich gilt jedoch, dass wir diese Ursachen nicht in der *Natur* des Betreffenden suchen, sondern im Bereich des dämonischen Bewusstseins, dessen Urheber das kollektive Ego ist. Ziel der Untersuchung ist es, diese Ursachen (in Form von Sätzen, Bildern, Selbstbildern und/oder dämonischen Elementen, einschließlich Ego-Komplexen) zu identifizieren, um sie dann im nächsten Schritt zu deprogrammieren. Wenn wir sie mit kosmischer Hilfe deprogrammieren, werden sie ein für alle Mal aus unserer Psyche, unserem Körper oder Gehirn – je nachdem, wo sie gespeichert waren – entfernt. Je länger der Betreffende an einer psychologischen Störung gelitten hat, desto mehr Dinge sind erfahrungsgemäß der ursprünglichen Ursache hinzugefügt worden wie beispielsweise:

(a) Schuldgefühle für das Vorhandensein der Störung,

(b) Zweifel daran, dass es möglich ist, uns von der Störung durch Deprogrammieren mit kosmischer Hilfe zu befreien,

(c) heroische Selbstbilder, die der Störung einen positiven Anstrich geben,

(d) Prognosen in Bezug auf die Möglichkeit, sich von der Störung zu befreien,

(e) eine falsche Zuschreibung in Form des Namens, der der Störung gegeben wurde, sofern dieser Name lediglich ihre Symptome beschreibt,

(f) Bewältigungs- beziehungsweise kompensatorische Verhaltensmechanismen,

(g) verallgemeinernde Schlußfolgerungen, die wir aus der Störung gezogen haben.

Obwohl relativ einfache psychologische Probleme norma-lerweise nicht von allen oben genannten Faktoren umgeben sind, ist es möglich, dass der eine oder andere Faktor zu berücksichtigen ist. Wir benutzen die DMR-Methode, um herauszufinden, welche davon zutreffen. *Es ist wichtig, sie zu deprogrammieren, bevor wir die eigentliche(n) Ursache(n) erfolgreich deprogrammieren können. Dabei halten wir uns an die oben genannte Reihenfolge.* Der Grund für diese Vorgehensweise ist, dass die unter a) – g) genannten Faktoren einen Verteidigungswall um die eigentliche Ursache gebildet haben. Wir können sie mit einem Komputerprogramm vergleichen, das ein eingebautes Selbstschutzprogramm besitzt. Würden wir diese Faktoren nicht als erste beseitigen, dann würden sie die Ursache(n) wieder installieren, nachdem wir sie deprogrammiert haben. Bestimmte dämonische Elemente wie Schuldgefühle und Zweifel werden aktiviert, sobald das Programm in Frage gestellt wird. Aus diesem Grund müssen wir ihnen beim Deprogrammieren erhöhte Beachtung schenken.

Das Ergebnis der Untersuchung einer Störung und des Deprogrammierens ihrer Ursachen

Der erfolgreiche Abschluß einer Untersuchung und des damit verbundenen Deprogrammierens transformiert die Situation von innen heraus. Die Ego-Elemente, die die Störung verursacht hatten, werden für ungültig erklärt und mit kosmischer Hilfe entfernt.

Transformationen manifestieren sich auf viele Art und Weisen: Wir fühlen uns wie aus einem inneren Gefängnis befreit; oder jemand, der vorher nicht zu kleinen Gesten der Freundlichkeit bereit war, fühlt sich plötzlich dazu motiviert; oder jemand nimmt plötzlich einen gemäßigten und fairen Standpunkt ein; oder ein äußerer Konflikt erhält keine Nahrung mehr. Kurzum, die Transformation, die stattgefunden hat, überrascht uns, und im Gegensatz zu rein äußerlichen Veränderungen führt sie zu einer dauerhaften

Lösung. Das I Ging rät uns davon ab, das Ergebnis als "Wunder" zu bezeichnen, denn es ist nichts anderes als die gewöhnliche Art, wie der Kosmos funktioniert.

"Kein Makel"

Die Worte "kein Makel" – im Sinne von "keine Schuld" – tauchen häufig im I Ging auf, um uns daran zu erinnern, dass der Zweck einer Untersuchung nicht darin besteht herauszufinden, wer schuld an den Schwierigkeiten ist, an denen wir leiden, *sondern darin, uns von falschen Schuldgefühlen zu befreien.*

Wenn wir uns bewusst machen, dass die Schwierigkeiten, die wir auf ihre Ursache hin untersuchen, auf unsere Konditionierung und traumatische Erlebnisse zurückgehen, die jeder von uns in der einen oder anderen Form erlebt hat, dann können wir nicht von wirklicher Schuld sprechen. Reue über das, was geschehen ist, wäre oft der adäquatere Ausdruck. Wir suchen also nicht danach, wer schuld ist, sondern wir suchen Erkenntnis. Wir erlangen diese Erkenntnis, wenn wir die negativen Dinge, die geschehen sind, im "gelben Schein der Mäßigung" und nicht im "grellen weißen Licht des Verurteilens" betrachten. (Vgl. Hexagramm 30, *Das Erreichen von Klarheit*, Platz 2.) Außerdem ist es wichtig, dass wir keine Angst davor haben, die Ursachen in Gedanken oder Handlungen zu finden, deren Urheber wir selbst oder Menschen in unserer intimsten Umgebung, wie etwa unsere Eltern, sind. Wir machen uns klar, dass auch sie denselben schädlichen Erziehungsmaßnahmen unterworfen waren und dieselben Sorten von dämonischen Elementen in ihrer Psyche beherbergen wie wir. Dieses Erkennen gibt uns die Weisheit, von der wir uns wünschen, dass sie die ganze Welt regieren möge. Während es einerseits wichtig ist, dass wir niemandem die Schuld geben, ist es doch auch ebenso wichtig, dass wir niemanden entschuldigen oder Verhaltensweisen akzeptieren, die nicht im Einklang mit dem Kosmos sind. Dies würde nur dazu beitragen, die Energie des kollektiven Egos zu stärken, denn jegliches Akzeptieren von unkorrektem Verhalten beziehungsweise jedes uns darin Einrichten trägt dazu bei, das, was wir als "das Böse in der Welt" bezeichnen, zu ermöglichen. Stattdessen sagen wir ein entschiedenes inneres Nein zu solchen Verhaltensweisen und stärken dadurch das wahre Selbst in den Menschen.

Das I Ging stellt klar, dass es Teil unseres Lernprozesses ist, Fehler zu machen, was etwas damit zu tun hat, dass unser Verstand der am wenigsten erfahrene Aspekt unserer Persönlichkeit ist. Wie jeder gute Lehrer möchte der Kosmos, dass wir aus unseren Erfahrungen lernen; er hält uns daher unsere Fehler nicht vor. Im Gegenteil: Ein Fehler kann zu einer sehr tiefgreifenden Lektion führen und zur Quelle unseres Wachstums werden.

Solange wir bereit sind, unser Denken zu berichtigen, erhalten wir die Hilfe, die wir brauchen, um diese Lektionen zu lernen und die notwendigen Berichtigungen vorzunehmen. Sind wir hingegen nicht dazu bereit, dann verlieren wir mutwillig unseren kosmischen Schutz und die Hilfe des Kosmos.

Solange wir noch ungeübt im Fragenstellen sind, werden wir unweigerlich Fehler machen. Das ist kein Grund zur Besorgnis, solange wir den ernsthaften Wunsch haben zu verstehen, was uns der Weise sagen will; unsere Ernsthaftigkeit überbrückt unsere mangelnde Erfahrung und bringt uns die Hilfe des Weisen. Es gibt also keinen Grund, uns für etwas zu schämen oder uns selbst für etwas zu beschuldigen, was letzten Endes unserem Fortschritt dient.

Das Untersuchen eines psychischen Problems für Dritte

Ein psychisches Problem für Dritte zu untersuchen, ist grundsätzlich zulässig. Die einzige Bedingung ist, dass wir die Integrität und Würde der betreffenden Person respektieren, das heißt unsere Motivation zu helfen darf nicht vom Ego kommen. Sie kommt vom Ego, wenn wir am Helfersyndrom leiden oder wenn wir wollen, dass sich die Person "ändern" soll, um besser den Wünschen des Egos in uns zu entsprechen, oder wenn wir Macht über diese Person gewinnen möchten. Eine weitere Einschränkung gilt, wenn der Betreffende erklärtermaßen die Entscheidung getroffen hat, sich vom Ego beherrschen zu lassen; in diesem Fall würde jede Einmischung unsererseits vom Ego in uns selbst kommen. Dadurch würden die Egos auf beiden Seiten gestärkt. Wir müssen auch berücksichtigen, dass jeder Versuch, jemandem, der vom Ego beherrscht ist, etwas erklären zu wollen, den Egos auf beiden Seiten Energie zuführt. Um dies zu vermeiden, bewahren wir unsere innere Neutralität und überlassen es dem Kosmos, sich der Situation anzunehmen.

In Fällen, in denen die betreffende Person keine ausdrückliche Erklärung abgegeben hat, befragen wir den Weisen, ob es korrekt ist, ihr zu helfen, sich von einem psychischen Problem zu befreien. Ist die Antwort bejahend, dann kann die Untersuchung und das abgeschließende Deprogrammieren mit oder ohne Wissen der betreffenden Person geschehen (siehe die unten aufgeführten Beispiele). In allen Fällen besteht das Ziel darin, die Person mit Hilfe des Weisen und der anderen Helfer ein wenig mehr mit ihrer wahren Natur zu verbinden.

Häufig geht es bei dieser Arbeit darum, einen bestimmten Satz zu finden, der in der Psyche der dritten Person gespeichert ist. Dazu können wir sogar den "Suchhelfer" in unserer eigenen Psyche bitten, uns den betreffenden Satz ins Bewusstsein zu bringen. Dies ist dank einer inneren Verbindung möglich, die der Weise zwischen uns und der anderen Person herstellt.

Allgemeine Richtlinien

Die erste Frage, die wir stellen, lautet: "Kann ich die in Frage stehende Angelegenheit allein mit Hilfe der DMR-Methode untersuchen? Lautet die Antwort Ja (++ oder +++), dann können wir den unten genannten Richtlinien folgen. Bei Bedarf kann die Reihenfolge der Schritte verändert werden.

Schritt 1: WAS? Das Identifizieren der schadenstiftenden Ursache

Wir fragen, wonach wir suchen müssen:

- nach einem Satz?
- einem Bild?
- einem Selbstbild?
- einem dämonischen Element?
- einem Chip?

Wenn die schadenstiftende Ursache ein Satz und/oder Bild ist und nicht spontan ins Bewusstsein kommt, können wir den Suchhelfer in unserer Psyche in einer kurzen Meditation bitten, den Satz oder das Bild ins Bewusstsein zu bringen. Nachdem wir innerlich den Satz gehört oder das Bild gesehen haben, vergewissern wir uns mit der DMR-Methode, dass der gesuchte Satz oder das gesuchte Bild ausreichend identifiziert ist.

Abschließend fragen wir, ob wir hinsichtlich der Ursache noch nach weiteren Dingen suchen müssen. Dazu verwenden wir wieder die obige Liste.

Wenn als Ursache ein dämonisches Element zu suchen ist, fragen wir weiter: Ist es

- ein Kobold, Dämon oder Drache?
- eine Ego-Mechanik? (Beispiele s. Kap. 16)
- ein Wechselbalg? (Beispiele s. Kap. 12)
- ein Egokomplex? (Beispiele s. Kap. 13)

Ist die Ursache ein Chip, so finden wir zunächst heraus, welche Art von Chip es ist:

- ein körperlicher Erinnerungs-Chip?
- ein psychischer Erinnerungs-Chip?
- ein körperlicher und ein psychischer Erinnerungs-Chip?*
- ein Ego-Chip?
- ein Geburts-Chip?
- ein Empfängnis-Chip?
- ein Stop-Chip?

*Nur diese beiden Arten von Chips können gleichzeitig auf-treten. Alle anderen schließen sich gegenseitig aus.

Genaue Anleitungen zum Identifizieren der Komponenten eines Chips befinden sich am Ende von Kapitel 20.

Schritt 2: VON WEM? Das Identifizieren der Quelle der Ursache

Es kann unsere Suche nach dem WAS erleichtern, wenn wir wissen, wer die Quelle der Ursache ist.

Wenn die Ursache in uns selbst liegt, können wir direkt zu Schritt 3 gehen. Liegt die Ursache jedoch in einer anderen Person, so gilt es herauszufinden, um wen es sich handelt. Dabei beginnen wir bei unseren nächsten Angehörigen und weiten den Kreis bei Bedarf aus. Ist es

- jemand aus meiner Familie?—Jemand aus meinem Freundeskreis?
- jemand von meiner Arbeitsstelle/aus der Schule?
- eine Gruppe?
- die Kultur, der ich angehöre?
- etwas, das ich gelesen habe?
- etwas, das ich im Radio gehört oder im Fernsehen gesehen habe?
- eine verstorbene Person, mit der ich noch durch eine unerledigte Angelegenheit verbunden bin?

Schritt 3: WANN? Die Zeitkomponente

Es kann hilfreich sein herauszufinden, wann die Ursache gelegt wurde. Wir können mit allgemeinen Fragen beginnen wie “Ist es etwas altes?" oder "Ist es neueren Datums?" Ferner können wir in Zeitabschnitten fragen:

- bei meiner Empfängnis?
- im Mutterleib?
- bei meiner Geburt?
- im Alter von 0– 10 Jahren?
- im Alter von 11– 20 Jahren?
- im Alter von 21– 30 Jahren? und so weiter

Es ist hilfreich, durch weitere Fragen das genaue Jahr herauszufinden. Wenn wir das Jahr und die verursachende Person wissen, erinnern wir uns möglicherweise spontan an etwas, das uns damals beunruhigt hat.

Untersuchungsbeispiele

Zweifel an den erhaltenen Antworten

Als Tom eines unserer Seminare besuchte, fiel uns auf, dass er ständig die Antworten, die er durch die drei Münzen erhielt, anzweifelte. Das Ergebnis waren verwirrende Antworten. Um die Ursache seines Zweifels zu verstehen, halfen wir ihm drei Fragen zu stellen:

Ist die Ursache in einem Satz zu finden? (++) Nachdem Tom seinen Suchhelfer um Hilfe gebeten hatte, kam ihm folgender Satz: "Du wirst nie gut genug sein." (++) Muss ich noch nach einer anderen Ursache suchen? (- -)

Tom konnte klar erkennen, dass dieser Satz von seinem Vater kam, er brauchte daher nicht nach einer anderen Quelle zu suchen.

Ein plötzlicher Stimmungsumschwung

Eine Frau, Anfang Zwanzig, bat uns um Hilfe bei der Klärung der Ursache ihres plötzlichen Stimmungsumschwungs. Mit unserer Unterstützung stellte sie folgende Fragen:

Muss ich nach einem Satz suchen? (- -) Ist die Ursache ein Kobold, Dämon oder Drache? (- -) Ist die Ursache eine Angst? (++) Kommt diese Angst von einer Quelle, die außerhalb von mir liegt? (+++) Von einer bestimmten Person? (- -) Von etwas, das ich in der Zeitung gelesen habe? (- -) War es etwas, das ich im Fernsehen gesehen habe? (++) War es die Werbung für die XY-Medizin? (++)

Die Frau hatte folgende Dinge zu deprogrammieren: 1. das Bild der Frau in der Werbung mit dem depressiven Gesichtsausdruck, 2. die Botschaft, dass plötzliche Stimmungsumschwünge typisch für die Tage vor der Menstruation sind, und 3. ihre Angst, unter Stimmungsumschwüngen leiden zu müssen, bis sie in die Wechseljahre käme.

Kopfschmerzen, die durch Schuldgefühle verursacht sind

Dora hatte bemerkt, dass sie immer dann Kopfschmerzen bekam, wenn sie etwas tat, dass nur sie selbst betraf. Als sie uns davon erzählte, kam ihr die Ahnung, dass Schuldgefühle im Spiel waren. Sie stellte folgende Fragen:

"Sind Schuldgefühle die Ursache?" (++) "Ist die Quelle in mir zu suchen?" (- -) "In jemandem aus meiner Familie?" (++) "Meiner Mutter?" (++) "Sonst noch jemand?" (- -) "Gilt es nach einem Satz zu suchen?" (- -) "Einem Chip?" (++) "Ist es ein psychischer Erinnerungs-Chip?" (++) "Ist es auch ein körperlicher Erinnerungs-Chip?" (++) "Stammen diese Chips aus einer Zeit, als ich zehn Jahre alt oder jünger war?" (- -) "Zwischen elf und zwanzig?" (++) "Fünfzehn oder jünger?" (++) "War ich fünfzehn?" (++) "Hat es etwas damit zu tun, dass ich damals von zu Hause weggelaufen bin, um bei meinem Freund zu wohnen?" (++)

Nun war Dora in der Lage, sich an die Worte ihrer Mutter zu erinnern:

- "Wie kannst Du es wagen wegzulaufen!"
- "Wir sind fast gestorben vor Angst!"
- "Tu das nie wieder!"

Dann fragte Dora: "Gibt es sonst noch etwas, das meine Mutter gesagt hat und das hinzugefügt werden muß?" (- -) "Sind Schuldgefühle in diesen Chips gespeichert?" (+++) "Außerdem Wut meinerseits?" (++) "Habe ich damals eine Schlußfolgerung gezogen?" (- -) "Muss ich sonst noch nach etwas suchen?" (++) "Eine Ego-Emotion?" (++) "Der Wunsch nach Vergeltung?" (++) "Habe ich alle Komponenten gefunden?" (++)

Um das Gefundene zum Deprogrammieren vorzubereiten, fragte Dora: "Ist ein Wechselbalg mit einem oder beiden Chips verbunden?" (- -) "Enthalten beide Chips dieselben Komponenten?" (- -)

Mit Hilfe der DMR-Methode sortierte Dora aus, welche Komponenten in welchen Chip gehörten. (Anmerkung: Manche Komponenten sind in beiden Chips gespeichert.) Ihre nächste Frage war: "Kann ich dieselbe Deprogrammierungsmethode für beide Chips verwenden?" (- -) "Ist die Wassermeditation für den psychischen Erinnerungs-Chip die richtige?" (- -) "Die Feuermeditation?" (++) "Und die Wassermeditation für den körperlichen Erinnerungs-Chip?" (++)

Auf der Suche nach der Ursache für Schlafstörungen

John, ein Mittvierziger und Angestellter in leitender Stellung, hatte den Wunsch, einer leidigen Gewohnheit auf den Grund zu gehen, die ihm erhebliche Schlafstörungen jeweils in der Nacht vor einer wichtigen Konferenz verursachte: Er sagte, er sei ständig im Geiste damit beschäftigt, sich auf mögliche Fragen vorzubereiten, die ihm in der Konferenz gestellt werden könnten, in Wirklichkeit aber nie gestellt werden. Der Weise ließ ihn wissen, dass er kein Hexagramm brauchte, um die Ursache herauszufinden. Daraufhin stellte John folgende Fragen unter Verwendung der DMR-Methode:

"Liegt die Ursache in einem Satz?" (++) (John schloß die Augen und bat den Suchhelfer in seiner Psyche, ihm den Satz ins Bewusstsein zu bringen.) "Ist es der Satz: 'Du weisst nichts, es sei denn du bist gut vorbereitet'?" (++) "Wäre es hilfreich herauszufinden, wann ich mir diesen Satz zu eigen gemacht habe?" (- -) "Würde es helfen, wenn ich als nächstes herausfände, wer die Quelle dieses Satzes ist?" (++) "Die Schule?" (- - -) "Universität?" (- -) "Ein Buch, das ich gelesen habe?" (++) (John erinnerte sich an das Buch.) "Gilt es noch nach einer weiteren Ursache zu suchen?" (++) "Noch einen Satz?" (++) "Aus dem gleichen Buch?" (++) "Ist es der Satz: 'Um einer Blamage vorzubeugen, müssen Sie eine Antwort parat haben'?" (++) "Gibt es sonst noch etwas aus diesem Buch, wonach ich suchen muss?" (- -) "Muss ich noch nach irgendeiner anderen Ursache suchen?" (- -)

Eine plötzliche Persönlichkeitsveränderung bei einem Kind

Die dreieinhalbjährige Madeleine war von ihren Großeltern zurückgekehrt, wo sie die Weihnachtsfeiertage verbracht hatte, als ihre Mutter eine plötzliche Veränderung in Madeleines Persönlichkeit bemerkte, die ihr Sorgen machte. Nach einem von Madeleines Wutanfällen sagte die Mutter zu ihr: "Das ist aber gar nicht die Madeleine, die ich kenne." Madeleine geriet daraufhin völlig außer sich und flehte ihre Mutter an: "Bitte, bitte, gib mich nicht weg!" Die Mutter hatte das Gefühl, dass Madeleine sie sehr wörtlich genommen und den Schluß gezogen hatte: "Weil Mammi mich nicht mehr kennt, wird sie mich weggeben." Die Mutter war überrascht von Madeleines extremer Reaktion und der Veränderung in ihrer Persönlichkeit, und bat uns daher, die Sache zu untersuchen.

Wir haben dem Weisen folgende Fragen gestellt:

"Brauchen wir ein Hexagramm, um die plötzliche Veränderung in Madeleines Persönlichkeit zu verstehen?" (- -)

"Haben die Großeltern zu ihr gesagt: 'Wenn du dich nicht ordentlich benimmst, schicken wir dich weg'?" (+++)

"Haben sie auch gesagt: 'Das ist nicht die Madeleine, die wir kennen'?" (++)

"Hat Madeleine dies so verstanden, dass sie einem Fremden übergeben würde?" (++)

"Hat sie einen Ego-Komplex entwickelt?" (- -)

"Hat sie ihre Persönlichkeit verändert, um sich zu schützen?" (+++) "Wird diese neue Persönlichkeit durch die Worte akti-viert: 'Das ist nicht die Madeleine, die ich kenne'?" (++) "Reicht es aus, diese Worte zu deprogrammieren?" (--) "Geht es darum, die Angelegenheit besser zu verstehen?" (++) "Hat sie falsche Schlussfolgerungen aufgrund dieser Worte gezogen?" (++) "Hat sie daraus gefolgert, dass ihr etwas fehlt?" (++) "Hat sonst noch jemand diese falsche Schlußfolgerung bestärkt?" (- -) "Gibt es noch etwas, das ihre Angst verstärkt hat?" (++) "Eine weitere Drohung?" (- -) "Schuldgefühle?" (- -) "Eine Beschuldigung?" (++) "Haben sie gesagt, sie sei ein böses Mädchen?" (++) "Haben sie etwas darüber gesagt, was mit bösen Mädchen geschieht?" (- -) "Gibt es sonst noch etwas, das sie gesagt haben, das wir wissen müssen?" (++) "Haben sie das Kind auf irgendeine Weise bestraft?" (- -) "Haben sie gesagt: 'Du bist schrecklich'?" (++) 'Niemand wird dich haben wollen, wenn du so bist'?" (+++)

"Hat Madeleine den Schluss gezogen, sie würde zu einem Fremden geschickt, der sie auch nicht haben wollen würde, sodass sie am Ende ganz allein dastünde?" (++) "Hat sie sich mit der falschen Zuschreibung belegt: 'Ich muss eine andere werden'?" (++)

"Müssen wir wissen, was die Großeltern dazu bewogen hat, diese Dinge zu Madeleine zu sagen?" (++)

"Wollte sie etwas tun, das die Großeltern nicht zulassen wollten?" (++)

"Hatte es damit zu tun, dass sie ihre Genitalien anfassen wollte?" (+++) "Sonst noch etwas?" (+++) "Hat Madeleine beschlossen, dass es 'schrecklich' ist, so etwas zu tun?" (++) "Bezog sich das noch auf irgendetwas anderes, das sie mit ihrem Körper machen wollte?" (++)

"Nackt herumlaufen?" (- -) "Wüsste ihre Mutter, was damit gemeint ist?" (++)

"Kam dies alles von ihrer Großmutter?" (++) "Auch vom Großvater?" (- -)

"Wäre damit die Grundlage für den "Selbstzweifler" gelegt worden, wenn diese ganze Sache nicht verarbeitet und deprogrammiert würde?" (++) (Anmerkung: "Selbstzweifler" ist der Name für die dämonische Mechanik, auf der die gesamte Entwicklung des individuellen Egos beruht. Der Selbstzweifler verdankt seine Existenz der Behauptung: "So wie du von Natur aus beschaffen bist, bist du nicht besonders genug.")

Folgende Dinge wurden aus obiger Untersuchung mit Hilfe der DMR-Methode extrahiert, um deprogrammiert zu werden:

- "Du bist ein böses Mädchen; wenn du dich nicht ordentlich benimmst, schicken wir dich weg."
- "Das ist nicht die Madeleine, die ich kenne."
- "Du bist schrecklich."
- "Niemand wird dich haben wollen, wenn du so bist."

Madeleines Schlussfolgerungen:

- "Mit mir stimmt was nicht."
- "Es ist meine Schuld, weil ich mich da angefasst habe."
- "Sie werden mich wegschicken zu einem Fremden."
- "Sie werden mich wegschicken; keiner wird mich haben wollen, und am Ende würde ich ganz allein dastehen."
- Der Entschluß, dass es sie schützen würde, wenn sie sich in eine andere verwandeln würde: "Ich muss eine andere werden."

Wie der dreieinhalbjährigen Madeleine geholfen wurde, die öffentliche Einstellung zum Thema Sexualität zu verarbeiten

Es stellt sich die Frage: Wie konnte Madeleine aus kosmischer Sicht geholfen werden, sich bewusst zu machen, dass es nicht schicklich ist, ihre Genitalien anzufassen, wenn sie in der Öffentlichkeit ist?

Eine Möglichkeit bestünde darin, dass ihre Mutter ihr erklärt: "Jede Familie hat ihre eigene Art und Weise, die Dinge zu sehen. Deine Großeltern sehen die Dinge als gut oder böse. Wir denken so nicht. Niemand hat einen bösen Körper. Aber weil deine Großeltern so denken, ist es besser, wenn du deine Vagina (oder ein anderer Name, den die Mutter dafür benutzt) nicht anfasst, wenn du bei ihnen bist."

Das Ergebnis dieser Untersuchung und der anschließenden Verarbeitung und Deprogrammierung war, dass alle Veränderungen in Madeleines Persönlichkeit verschwanden und sie binnen kurzer Zeit wieder ihr normales Selbst war.

Ein unangenehmes Verhalten der Partnerin verstehen

Beths Partner wandte sich an uns, weil er verstehen wollte, warum Beth dazu neigte, im wahrsten Sinne des Wortes ihre Ellenbogen zu benutzen, wenn sie sich eingeengt fühlte. Der Weise gab uns die Erlaubnis, die Sache mit Hilfe ihres Partners zu untersuchen. Wir stellten folgende Fragen:

"Tut Beth dies aus einem Selbstbild heraus?" (- -) "Tut sie es aufgrund eines Versprechens, das sie sich irgendwann gegeben hat?" (- -) "Ist ein Ego-Komplex im Spiel?" (++) "Etwas, das aus ihrer Kindheit herrührt?" (++) Es stellte sich heraus, dass es sich um den "Du-musst-deine-Ellenbogen-gebrauchen"-Komplex handelte. Dieser Komplex beruht auf mehreren falschen Zuschreibungen: "Du musst mit Entschiedenheit deinen Platz verteidigen." – "Du musst dir deinen Weg durchs Leben mit deinen Ellenbogen erkämpfen." – "Du musst dir deinen Platz im Leben erkämpfen."

Um herauszufinden, wann die Wurzeln für diesen Ego-komplex gelegt wurden, fragten wir: "War es im Mutterleib?" (+++) Nachdem wir diese Auskunft erhalten hatten, brauchten wir nicht weiter zu suchen. Beths Partner wusste, dass sie ursprünglich ein Zwilling war, was uns der Weise bestätigte. Daraufhin fragten wir: "Wollte Beth den anderen Zwilling zurückdrängen, um Raum für sich zu haben?" (++) Das war alles, was wir zu wissen brauchten. Beths Partner fragte den Weisen, ob es erlaubt sei, dass er diesen Ego-Komplex an Beths Stelle deprogrammiere, und erhielt ein dreifaches Ja zur Antwort.

Die Bedeutung eines Traums verstehen

Beispiel 1: Ein Hindernis auf dem Weg zurück

Der Traum: "Ich, Hanna, fuhr mit dem Auto auf einer unbefestigten Straße, die von der Hauptstraße abbog. Die Straße führte bergab. Irgendwann merkte ich, dass ich zur Hauptstraße zurückmußte, und wollte den Rückwärtsgang einschalten. Es begann dunkel zu werden. Neben mir saß ein Mann. Als ich begann, im Rückwärtsgang zu fahren, machte mich der Mann darauf aufmerksam, dass hinter mir ein Baumstamm quer über der Straße lag und ich nicht einfach darüber hinwegfahren könne. Ich dachte, es wäre am besten, den Wagen zu wenden, um besser sehen zu können, was mir den Weg versperrte. Doch der Wagen begann, bergab zu rollen, und die Bremsen funktionierten nicht richtig. Genauer gesagt, ich konnte nicht mehr sagen, ob der Wagen vorwärts oder rückwärts rollte; er war ganz einfach außer Kontrolle."

Im Anschluß an den Traum stellte Hanna folgende Fragen: "Handelt der Traum von mir?" (++) "Steht der Wagen für die Helfer meines Körpers?" (- -) "Hat der Wagen etwas mit meiner Psyche zu tun?" (++) "Wäre es zutreffend zu sagen, dass die bergab führende Straße ein 'Abweg' war?" (++) "Ging es darum, dass ich versuchte, auf den Pfad meines kosmischen Schicksals (die Hauptstraße) zurückzukehren?" (++) "Stand der Baumstamm, der den Weg zurück blockierte, für eine falsche Zuschreibung?" (++) (Hanna bat den Suchhelfer in ihrer Psyche, ihr den Wortlaut der falschen Zuschreibung ins Bewusstsein zu bringen.) "Es gibt keine Möglichkeit zurückzugehen. Die einzige Möglichkeit ist, nach vorn zu gehen." (++) Einer Eingebung folgend fragte sie: "Geben diese Sätze mein Gefühl wieder, als mir im Mutterleib die Botschaft gegeben wurde, dass ich unerwünscht bin?" (+++) "Gibt es sonst noch etwas, das ich zwecks Deprogrammieren identifizieren muss?" (- -) Hanna fiel ein, dass der "Mann", der neben ihr gesessen hatte, ihr geholfen hatte, indem er sie auf den Baumstamm hingewiesen hatte, den sie im Rückspiegel nicht sehen konnte. "War dieser Mann der Weise?" (- -) "War er ein Helfer meiner Psyche?" (++) "Der Helfer der Reue?" (++) "Hatte die falsche Zuschreibung die Reuefunktion in meiner Psyche blockiert?" (++)

Beispiel 2: Das Entdecken eines körperlichen Erinnerungs-Chips

Im Jahr 2004 hatte Hanna folgenden Traum: "Ich war bei einem großen Kongress. Auf den ersten Blick erinnerte er mich an einen Kongress der FDP, an dem ich Anfang Zwanzig teilgenommen hatte; die Szene ging dann in einen Frauenkongress über, bei dem es um Frauenrechte zu gehen schien. Zuerst verhielt ich mich abwartend; als aber fast alle Plätze besetzt waren, trat ich vor, weil mir der Gedanke kam: "Ich sollte." Sofort beugte sich eine der Frauen im Vorstand zu mir vor und sagte: "Das bedeutet natürlich, dass du meine Position unterstützen wirst?" Ihr Annäherungsversuch ließ mich zurückweichen. Ich antwortete weder mit Ja noch mit Nein."

Um die Botschaft dieses Traums zu verstehen, stellte Hanna folgende Fragen:

"Will mich der Traum auf etwas in meiner Psyche aufmerksam machen, das deprogrammiert werden muss?" (++) "Etwas, womit ich mich selbst belegt habe?" (++) "In den vergangenen zehn Jahren?" (++) (Sie fand heraus, dass es im Jahr 2002 war, demselben Jahr, in dem das Buch *I Ging – Das Kosmische Orakel* auf Englisch erschienen war.) "Hat die Sache etwas mit dem Erscheinen dieses Buches zu tun?" (++) "Hat sie etwas mit meinem damaligen Verständnis zu tun, ich müsse 'Stellung beziehen'?" (++) "Geht es darum, eine falsche Zuschreibung zu finden?" (++) Hannas Suchhelfer brachte ihr den Satz ins Bewusstsein: "Ich muss mich entscheiden." (+++) Entstand diese falsche Zuschreibung, als mich der Weise darauf aufmerksam machte, der kosmischen Wirklichkeit oder in der Parallelwirklichkeit des kollektiven Egos leben wolle? (+++) "Geht es um die Wirkung dieser Botschaft auf meinen Verstand?" (++) "Wurde damals in meinem Verstand das Bild erzeugt, dass 'eine Entscheidung treffen' gleichbedeutend war mit 'Stellung beziehen in Opposition zum kollektiven Ego'?" (++) "Verstehe ich richtig, dass sich das Ego im entscheidenden Augenblick eingemischt hat, um meine Oppositionshaltung aufrecht zu erhalten?" (+++) "Sind noch andere Ego-Elemente an dieser Sache beteiligt?" (++) "Ein Chip?" (++) "Ein psychischer Erinnerungs-Chip?" (- -) "Ein körperlicher Erinnerungs-Chip?" (++) (Hanna war verdutzt, dass es sich um einen körperlichen Erinnerungs-Chip handelte. Doch dann fiel ihr ein, dass der Verstand ebenfalls einen körperlichen Aspekt besitzt.) "Ist es ein Chip, der in den Zellen meines Verstandes gespeichert war?" (++) "Hat dieser Chip das Bild von Opposition aktiviert, wenn ich mich mit Leuten verglich, die nicht das I Ging benutzten?" (++)

Hanna war erschrocken zu erfahren, dass sie in diese Ego-Falle getappt war. Doch zugleich machte der Traum deutlich, dass der Weise Mittel und Wege findet, uns auf solche Fehler aufmerksam zu machen.

Die Benutzung der Methode der Befragung unserer fünf inneren Wahrnehmungssinne in Kombination mit der DMR-Methode (s. auch Anhang 4: "Übungen")

Bei dieser Methode benutzen wir unsere fünf inneren Wahrnehmungssinne: unseren inneren Geruchssinn, Geschmackssinn, Hörsinn, Tastsinn und unser inneres Sehen. Jeder Mensch verfügt über diese inneren Wahrnehmungssinne, die uns Auskunft über die innere Wahrheit einer Angelegenheit geben wie zum Beispiel die innere Wahrheit eines Wortes, eines Satzes, eines Bildes oder eines Erlebnisses.

Hanna wollte herausfinden, was die Ursache für das Tränen ihrer Augen war, das sich einstellte, sobald sie auch nur bei der geringsten Kälte nach draußen ging. Sie beschloß, eine Meditation mit Hilfe ihrer fünf inneren Wahrnehmungssinne zu machen. Der Weise bestätigte, dass alle diese Sinne funktionsfähig waren und für die Untersuchung benutzt werden konnten. Sie befragte jeden ihrer inneren Wahrnehmungssinne und erhielt folgende Antworten:

- Wie riecht es? – "Schrecklich".
- Wie schmeckt es? – "Eine bittere Erfahrung".
- Wie klingt es? – "Unerhört" und "schnell".
- Wie sieht es aus? – Das Bild von Trümmerhaufen nach dem Zweiten Weltkrieg. Einige Frauen und Kinder standen verloren zwischen den Trümmern
- Wie fühlt es sich an? – "Wie ein verworrenes Knäuel".

Als nächstes benutzte Hanna die DMR-Methode, um genauer zu identifizieren, was sie erfahren hatte. Hier ihre Fragen:

"Verweist dies auf etwas, das ich kurz nach Ende des Krieges in Deutschland erlebt habe?" (++) "Ist es in einem Chip gespeichert?" (++) "Geschah es, als ich zwischen drei und vier Jahre alt war?" (++)

"Gilt es nach etwas zu suchen, was meine Eltern damals gesagt haben?" (++) "Beide Eltern? (- -) "Nur meine Mutter?" (+++)

Hanna bat den Helfer dieser gespeicherten Erinnerung, ihr die Worte ihrer Mutter ins Bewusstsein zu bringen. Es kamen die Worte: "Dass sie uns gezwungen haben, die Tschechoslowakei zu verlassen, ist eine bittere Erfahrung." Und: "Es ist unerhört, uns zu zwingen, das Land so schnell – binnen 48 Stunden – zu verlassen!" Hanna benutzte die DMR-Methode, um zu überprüfen, ob dies die Worte waren, die deprogrammiert werden mussten, und ob dies alles war, was ihre Mutter gesagt hatte.

Dann identifizierte sie das Gefühl, das in dem Chip als Verwirrung (das verworrene Knäuel) gespeichert war.

Als nächstes fragte sie, ob es etwas zu identifizieren gab, womit sie sich selbst damals belegt hatte. (++) Es waren die Worte: "Ich muss jetzt tapfer sein. Ich darf jetzt nicht weinen."

Der Weise bestätigte, dass es weiter nichts zu identifizieren gab.

Im nächsten Schritt war herauszufinden, um welche Art von Chip es sich handelte: "War es ein psychischer Erinnerungs-Chip?" (- -) "Ein körperlicher Erinnerungs-Chip?" (- -) "Ein Ego-Chip?" (++) Die Tatsache, dass es ein Ego-Chip war, machte sie darauf aufmerksam, dass dieser Chip dazu beigetragen hatte, eine Familienidentität zu bilden: Mitglied einer Flüchtlingsfamilie zu sein.*

Zuletzt stellte Hanna die Komponenten des Ego-Chips zusammen, um sie deprogrammieren zu können:

— das Bild von Frauen und Kindern, die verloren zwischen den Trümmern standen,

— die Worte ihrer Mutter: "Dass sie uns gezwungen haben die Tschechoslowakei zu verlassen, ist eine bittere Erfahrung." Und: "Es ist unerhört, uns zu zwingen, das Land so schnell – binnen 48 Stunden – zu verlassen!"

— das Gefühl der Verwirrung,

— die Sätze, mit denen sie sich selbst belegt hatte: "Ich muss jetzt tapfer sein" und "Ich darf jetzt nicht weinen".

Ein Wechselbalg hatte diesen Ego-Chip bewacht.

*Ihre Identifizierung mit einer Flüchtlingsfamilie erklärte ihr die Tatsache, dass sie eine Art "Nomadenleben" geführt hatte. Sie hatte sich nie für einen läneren Zeitraum ein "eigenes Zuhause" geschaffen.

Anhang 3

Deprogrammieren

Deprogrammieren ist wichtig, um unseren Geist, unsere Psyche und unseren Körper von der Konditionierung zu befreien, der das Ego seine Existenz verdankt. Sein vornehmster Zweck besteht darin, unsere Ganzheit wieder herzustellen. Dazu ist es erforderlich, ein entschiedenes Nein zu den Wörtern, Sätzen und Bildern zu sagen, die die fehlgeleiteten Ideen, Glaubensvorstellungen, Selbstbilder und dämonischen Elemente aller Art hervorgerufen haben. Ferner erfordert der Akt des Deprogrammierens kosmische Hilfe. Dazu enthält dieses Kapitel eine Liste mit den Namen der Helfer, die unter Umständen um Unterstützung beim Deprogrammieren gebeten werden müssen.

Das Deprogrammieren, das unserer Befreiung vom Ego dient, kann nicht in ein oder zwei Monaten erledigt werden. Es ist eher mit einem guten täglichen Hausputz zu vergleichen, der selbst die hintersten Ecken unseres Geistes und unserer Psyche von Staub, Schmutz und Unordnung befreit. Zwar sind wir von Natur aus vor unharmonischen Gedanken, einschließlich solchen, die von außen kommen, geschützt, doch hat unsere Konditionierung Löcher in diesen Schutzmantel gerissen, sodass unharmonische Gedanken unbemerkt eintreten können. Chips, in denen traumatische Erinnerungen gespeichert sind, erzeugen ebenfalls solche Löcher. Sie aktivieren Ego-Reaktionen auf das, was andere sagen oder tun.

Wenn wir schädliche Gedanken und Ego-Reaktionen von anderen empfangen, kann dies ein Zeichen sein, dass wir entweder selbst schädliche Gedanken oder Ego-Emotionen in bezug auf diese Personen unterhalten haben, auf die sie reagieren, oder dass wir ein Selbstbild angenommen haben, auf welches das Ego in anderen reagiert, um unsere Energie zu rauben. Es gehört zum Deprogrammieren, dass wir alle diese unharmonischen Dinge identifizieren und uns von ihnen befreien wollen.

Es kann sein, dass wir unser inneres Haus zu Beginn unseres Hausputzes in einem ziemlich verwahrlosten Zustand vorfinden. Das ist nicht verwunderlich, weil sich der Unrat, der nicht regelmäßig entfernt wird, über die Jahre ansammelt. Er macht sich in emotionalen und körperlichen Störungen bemerkbar. Unser inneres Haus in Ordnung zu bringen, kann viele Monate oder gar Jahre in Anspruch nehmen; während wir uns dieser inneren Arbeit widmen, fühlen wir uns zunehmend erleichtert und erleben mehr Freude am Leben.

Die Frage ist: Wo beginnen? Wir beginnen da, wo wir im Augenblick ein Hindernis spüren oder eine Schwierigkeit haben oder wo wir in einen Konflikt verwickelt sind. Diese Dinge signalisieren uns, dass es nötig ist, nach ihrer Ursache zu suchen.

Deprogrammieren dient dazu, alles zu entfernen, was nicht in unser inneres Haus gehört. Indem wir dies tun, werden auch unsere kosmischen Besitztümer, die vom Ego missbraucht wurden, befreit. Wenn wir uns ausgebrannt fühlen oder sich die Schwierigkeiten in unserem Leben häufen, dann ist es höchste Zeit, nach den Ursachen zu forschen. Es ist weder notwendig noch wünschenswert, nach Dingen zum Deprogrammieren zu suchen, wenn wir uns keiner Schwierigkeiten bewusst sind. Sobald sich Ehrgeiz in unsere Deprogrammierungsbemühungen einmischt oder wir ein Ritual daraus machen, ist das Ego am Werk. Dadurch kommt sowohl unsere Selbstprüfung als auch unser Deprogrammieren unter die Regie des Egos. Wenn das Ego die Führung übernimmt, sorgt es für seinen Selbstschutz. Außerdem macht es den Weisen, von dem wir annehmen, dass er derjenige ist, mit dem wir kommunizieren, zu einem Sklaventreiber. Dieser Sklaventreiber ist natürlich in Wirklichkeit das Ego.

Am Ende eines Tages möchten wir uns vielleicht ein paar Minuten Zeit nehmen, um zu reflektieren, ob unharmonische Gedanken und Gefühle anwesend sind. Falls wir an diesem Tag jemanden getroffen haben – welches Gefühl haben wir zu dieser Begegnung? War sie klar und nährend oder sind wir enttäuscht? Wenn letzteres der Fall ist, können wir den Weisen mit Hilfe der DMR-Methode fragen, ob wir der Sache nachgehen müssen. Lautet die Antwort Ja, könnten wir uns zum Beispiel fragen: Habe ich mich dem anderen gegenüber über- oder unterlegen gefühlt? Hat mir der andere das Gefühl gegeben, ich sei weniger wert, oder hat er mir geschmeichelt oder habe ich mich bedroht oder gar schuldig gefühlt? Dann finden wir mit Hilfe der drei Münzen heraus, ob ein Ego-Element zu identifizieren ist. Dazu können wir auf die in Anhang 1 ("Allgemeine Richtlinien", Schritt 1) gegebene Liste zurückgreifen. Zum täglichen

Deprogrammieren gehört auch das Deprogrammieren der Ursache eines plötzlich auftretenden Schmerzes oder einer Ego-Emotion wie zum Beispiel depressive Gefühle. All dies geschieht mit Hilfe des Weisen und der anderen Helfer.

Das Deprogrammieren negativer Dinge, mit denen wir andere belegt haben

Es gehört zu unserem Selbstrespekt, dass wir sicher gehen, anderen keinen Schaden zugefügt zu haben. Wir fügen ihnen Schaden zu, wenn wir sie mit Projektionen, Werturteilen, Beschuldigungen, Ängsten oder Zweifeln belegen oder wenn wir ihnen gegenüber Ego-Emotionen wie Vergeltungsdrang, Neid oder Hass hegen. Beispiele: "Ich hoffe, sie bringt sich nicht in Schwierigkeiten" (Sorge), "er ist hoffnungslos" (das I Ging nennt dies "jemanden geistig hinrichten"), "er steckt in seinen Schuldgefühlen fest" (wir implizieren, dass es keine Hilfe gibt), sowie der Gebrauch von Wörtern wie "Gauner", "Schuldiger" oder "gefühlskalt", "lieblos" oder "zu stolz". Es stimmt zwar, dass alle diese Beschreibungen auf das Ego zutreffen, das den Betreffenden beherrscht, doch wenn wir solche Feststellungen in bezug auf die *Person* treffen, dann fixieren wir sie in dem beschriebenen Verhalten. Wann immer wir ein Ego-Verhalten bemerken, sagen wir ein inneres Nein dazu und übergeben die Angelegenheit dem Kosmos. Wenn uns bewusst wird, dass wir jemanden mit einem schädlichen Gedanken oder einer Ego-Emotion belegt haben, berichtigen wir die Sache, indem wir den Gedanken oder die Emotion deprogrammieren; die Tatsache, dass wir dabei die Hilfe des Kosmos in Anspruch nehmen, berichtigt jegliche negative Auswirkung, die unsere Gedanken auf die betroffene Person gehabt haben, auch wenn es sich dabei um Dinge handelt, die schon lange zurückliegen.

Was verstehen wir unter Deprogrammieren?

Was beim Deprogrammieren grundsätzlich geschieht, ist folgendes: Wenn wir ein inneres Nein zu einem unwahren Satz oder Bild sagen, dann löscht es das Ja, das wir irgendwann dazu gesagt haben. Selbst wenn wir uns nicht erinnern können, den Satz oder das Bild jemals bewusst akzeptiert zu haben, ist doch die Tatsache, dass sie in unserer Psyche gespeichert sind, Beweis genug, dass wir sie in irgendeiner Weise anerkannt haben. Auch unfreiwillige Akzeptanz kommt einem Ja gleich. Dies trifft auf viele allgemein akzeptierte Ideen und Glaubensvorstellungen zu, die uns im Kindesalter beigebracht werden, obwohl sie im Widerspruch zu unserer wahren Natur stehen. Unser heutiges innerlich ausgesprochenes Nein hat die Wirkung, unsere frühere Akzeptanz rückgängig zu machen, ähnlich wie eine -1 in der Mathematik eine +1 auslöscht.

Wir möchten betonen, dass das Deprogrammieren den besten Erfolg hat, wenn der Satz, zu dem wir das innere Nein sagen, so originalgetreu wie möglich formuliert ist. Anderenfalls kann es sein, dass die mathematische Gleichung unvollständig bleibt. Es empfiehlt sich ferner, uns anzugewöhnen, unser Nein zu Sätzen oder Bildern wie folgt zu sagen: “Ich sage Nein zu dem Satz: Ich bin ein Versager”. Deprogrammieren bedeutet *nicht*, die Originalsätze umzuformulieren, wie etwa: “Ich bin kein Versager” oder “Ich lehne es ab, ein Versager zu sein.”

Das hier beschriebene Deprogrammieren leitet die Transformationen ein, die notwendig sind, um die schädlichen Sätze, Bilder, Ego-Komplexe, Chips und so weiter ein für alle Mal aus unserer Psyche zu entfernen.

Im Laufe der Jahre hat uns der Weise verschiedene Deprogrammierungsmethoden gezeigt. Manche Menschen haben die Methoden als “zu kompliziert” abgetan und gefordert, dass das Nein-Sagen genügen sollte. Die Antwort des Weisen darauf war aber, dass diese Einstellung unbescheiden und unwahrhaftig ist und daher von den Helfern ignoriert wird.

Das Deprogrammieren für andere

Obwohl der Hauptzweck des Deprogrammierens darin besteht, unsere eigene Ganzheit wieder herzustellen und zu bewahren, gibt es Anlässe, Dinge für andere Menschen zu deprogrammieren. Wir denken insbesondere an Kinder, Kranke oder Menschen, denen es an Wissen oder Energie fehlt, es für sich selbst zu tun. Bei Kindern können wir dies grundsätzlich als zutreffend annehmen. Bei Erwachsenen müssen wir den Weisen fragen, ob es angemessen ist. Lautet die Antwort Nein, so behalten wir im Sinn, dass die Antworten des Weisen sich immer nur auf den Zeitpunkt unserer Befragung beziehen. Das Nein gilt für Jetzt oder für diese spezifische Situation. Das Nein des Weisen kann bedeuten, dass der Betreffende so starrsinnig ist, dass er durch sein widriges Schicksal hindurchgehen und das Ausbrennen der Idee oder Glaubensvorstellung erfahren muss, die sein widriges Schicksal verursacht hat.

Für Eltern ist es wichtig, alle negativen Zuschreibungen, mit denen sie ihre Kinder belegt haben, zu deprogrammieren, ganz gleich, wie alt die "Kinder" inzwischen sind. Wir können immer den Kosmos bitten, Kinder zu schützen und zu heilen, von denen wir erfahren haben, dass sie mißbraucht worden sind.

Die Rolle des Weisen im Deprogrammierungsprozess

In allen Phasen des Deprogrammierungsprozesses bitten wir den Weisen, uns mit Hilfe der DMR-Methode dabei zu helfen, 1. den genauen Wortlaut eines Satzes zu bestimmen, den wir deprogrammieren wollen; 2. die geeignetste Deprogram-mierungsmethode auszuwählen (zum Beispiel: Feuer, Wasser, kosmischer Reißwolf und so weiter; siehe unten); 3. die Helfer auszuwählen, die wir brauchen, um den Vorgang erfolgreich abzuschließen, und 4. uns wissen zu lassen, wann wir unsere Deprogrammierungsbemühungen einstellen können.

Deprogrammieren ist ein Bemühen, das Herz und Verstand einschließt

Das Deprogrammieren kann nicht erfolgreich sein, wenn es ritualistisch, das heißt unter Ausschluss unserer Gefühle, vorgenommen wird. Der Grund ist, dass die Helfer ausschließlich auf unsere Gefühle reagieren; sie können nicht durch eine rein geistige oder mechanische Herangehensweise engagiert werden. Aus diesem Grund sind Rituale kontraproduktiv.

Die Helfer, die wir brauchen, um unsere Deprogrammierungsbemühungen erfolgreich zu machen

Das Deprogrammieren erfordert sowohl die Unterstützung durch bestimmte Helfer unserer eigenen Natur wie auch durch bestimmte kosmische Helfer. Das I Ging spricht von ihnen als "Freunde" und als "Experten auf ihrem Gebiet."

Im folgenden geben wir eine Liste solcher Helfer, die möglicherweise gebraucht werden, um unsere Deprogrammierungsbemühungen zum Erfolg zu bringen. In jedem einzelnen Fall fragen wir den Weisen, ob zusätzliche Helfer gebraucht werden und wenn ja, welche. Normalerweise sind es jeweils nur einige wenige. Die am häufigsten benötigten Helfer sind zuerst genannt:

— der Weise
— unser Persönlicher Deprogrammierungshelfer
— die kosmischen Helfer (allgemein)
— das kosmische Heer
— der Helfer der Transformation
— der kosmische Arzt
— der kosmische Chirurg
— unsere Gesundheitshelfer
— unser Gefühlsmanager
— der Helfer der Auflösung
— der Helfer zur Reinigung unserer Psyche
— der Helfer zur Reinigung unseres Körpers
— der Helfer zur Reinigung unseres Geistes
— der Helfer zur Reinigung unseres Gehirns
— unser Persönlicher Helfer
— der Helfer der Befreiung von Schuld und Schuldgefühlen
— die Helfer unserer Inneren Wahrheit
— der Helfer, der widrige Schicksale beendet
— der Helfer, der uns von Selbstbildern befreit
— der Helfer, der falsche Zuschreibungen bricht
— der Helfer, der Giftpfeile bricht
— der Helfer, der Projektionen unschädlich macht
— der Helfer, der Kobolde tötet
— der Helfer, der Dämonen tötet
— der Helfer, der Drachen tötet

Wenn wir außerstande sind, die benötigten Helfer namentlich zu identifizieren, können wir den Weisen bitten, "alle benötigten Helfer heranzuziehen".

Andere hilfreiche Methoden

Lange bevor wir etwas vom Deprogrammieren wussten, hatte Carol eine andere Methode gelernt. Sie hatte häufig Hexagramm 50, *Der Tiegel*, erhalten. Sie verstand dies in dem Sinne, dass es darum ging, etwas zu "opfern", das Hindernisse in ihrem Leben erzeugte. Einer Meditation aus jener Zeit entnahm sie, dass es darum ging, ihre lange aufgestaute Wut zu opfern. Vor sich sah sie einen kosmischen Altar. Sobald sie ihre Wut darauf abgelegt hatte, verschwand diese. Unmittelbar darauf empfand Carol eine große Erleichterung. Einige

Zeit später, als es darum ging, eine ganze Reihe von Ego-Emotionen zu opfern, stellte sie fest, dass der Altar verschwunden und durch einen kosmischen Müllcontainer ersetzt war, der groß genug war, ihren gesamten emotionalen Müll aufzunehmen. In einer anderen Meditation, in der sie ihr inneres Haus in einem ziemlich verschmutzten Zustand gesehen hatte, war sie auf einen "kosmischen Staubsauger" aufmerksam gemacht worden, den sie fortan benutzte, um ihren Geist von allen Sorgen und dem "Alltagsmüll" zu reinigen. Der Nutzen dieser vertrauten Geräte war enorm. Als Carol Jahre später ihre zweijährige Enkelin für mehrere Jahre in Pflege hatte, fand sich eine weitere Verwendung für den kosmischen Staubsauger: Wann immer die Kleine einen Alptraum hatte, liess Carol sie imaginieren, dass ihr Kopf so etwas wie Kellertüren hatte, die sich öffneten. Carol pflegte dann alle schrecklichen Bilder aufzusaugen, wobei sie das Geräusch eines Staubsaugers nachahmte. Auf der Stelle verschwanden die schrecklichen Bilder, und das Mädchen ging beruhigt zurück in sein Bett. Jahre später, als die Enkelin dreizehn war und wieder bei ihrer Mutter lebte, trug es sich zu, dass ihr jüngerer Bruder darüber klagte, dass sich das Videospiel, das er gespielt hatte, in seinem Kopf festgesetzt hatte und er es nicht mehr loswerden konnte. Sie rief Carol an und bat sie, die Staubsaugerübung mit ihrem Bruder zu machen. Carol praktizierte die Übung mit ihm durchs Telefon. Sofort fühlte er, wie sein Kopf frei wurde. Binnen eines Jahres stellte der Junge aus freiem Willen alle negativen Videospiele ein.

Das Beispiel soll zeigen, wie der Weise und die anderen Helfer die vertrautesten und alltäglichsten Dinge benutzen können, um uns von schädlichen Bildern, die durch den falschen Gebrauch von Worten entstanden sind, zu befreien.

Der Vorgang des Deprogrammierens

In der Regel braucht das Deprogrammieren drei Tage. Während dieser Zeit wiederholen wir den Deprogrammierungsvorgang einmal pro Tag. Danach brauchen die Helfer weitere drei Tage, um die Transformationen im Bewusstsein auszuführen. Diese bewirken, dass die psychischen Funktionen, die entweder blockiert oder pervertiert worden waren, ihr gesundes Funktionieren wieder aufnehmen können. Chips, die traumatische Erinnerungen beinhaltet haben, werden dauerhaft aus der Psyche entfernt.

Chromosomen, die möglicherweise geschädigt waren, kehren zu ihrem normalen Zustand zurück.

Der Vorgang des Desprogrammierens besteht aus zwei Teilen: 1. Wir sagen ein dreifaches Nein zu dem Wort, Satz, Bild und so weiter; 2. wir bitten die Helfer, unsere Bemühungen zu ergänzen.

Wenn wir etwas deprogrammieren, womit uns eine dritte Person belegt hat, sagen wir zuerst ein dreifaches Nein zu dieser Person, etwa in folgendem Wortlaut: "Ich sage nein, nein, nein zu der Tatsache, dass du mich mit dem Satz … (hier fügen wir den Satz ein) belegt hast."

Um die oben beschriebene Deprogrammierungsmethode mit Erfolg benutzen zu können, müssen wir uneingeschränkt im Besitz der Fähigkeit sein, ein inneres Nein zu sagen. Bei den meisten Menschen ist diese Fähigkeit aber durch Stop-Chips blockiert. (Siehe Kapitel 19: "Die Befreiung von entwicklungshemmenden traumatischen Störungen" sowie Kapitel 20 für Hinweise, wie wir uns von ihnen befreien können.) In jedem Fall fragen wir den Weisen mit Hilfe der DMR-Methode, ob wir im uneingeschränkten Besitz dieser Fähigkeit sind. Ist dies der Fall, dann können wir einfach den oben beschriebenen Schritten folgen.

Um auch denjenigen Menschen zu helfen, bei denen diese Fähigkeit blockiert ist, hat uns der Weise andere Deprogrammierungsmethoden gezeigt, die weiter unten beschrieben sind. Diese Methoden ermöglichen es den Helfern, das notwendige Nein für die Betreffenden zu sagen.

Das Töten dämonischer Elemente als Bestandteil des Deprogrammierens

Dämonische Elemente in der Psyche müssen getötet werden. Diese Aufgabe übernehmen bestimmte Helfer wie zum Beispiel die Helfer, die Kobolde, Dämonen oder Drachen töten oder die Helfer, die auf bestimmte dämonische Mechaniken spezialisiert sind. Es gibt Menschen, die zögern, die Bitte auszusprechen, etwas zu töten, weil sie fälschlicherweise annehmen, es gehe darum, etwas zu töten, das Teil ihrer Natur ist. Oder sie zögern wegen des absoluten Gebots "Du sollst nicht töten". Wir müssen uns klar machen, dass es sich bei dämonischen Elementen um Parasiten in unserer Psyche handelt, die ihre Existenz unharmonischen Ideen verdanken, die ein Eigenleben angenommen haben. Sie benutzen das biblische Gebot und die Idee, sie seien Teil unserer Natur, um ungestört weiterhin ihr Unwesen zu treiben. Solange sie existieren, sperren sie die Helfer unserer wahren Natur ein.

Bevor Sie sich erfolgreich von dämonischen Elementen befreien können, müssen Sie gegebenenfalls zuerst die fehlgeleitete Idee, diese seien Teil Ihrer Natur, sowie das Gebot "Du sollst nicht töten" in Bezug auf diese Elemente deprogrammieren.

Das Deprogrammieren von Schuld und Zweifeln

Unsere Erfahrung hat gelehrt, dass unsere Deprogrammierungsbemühungen durch Schuldgefühle oder Zweifel zunichte gemacht werden können, wenn diese nicht vorher ausgeräumt werden.

Was Schuldgefühle anbetrifft, so muss sich der Leser möglicherweise zuerst von dem falschen Schuldbegriff des kollektiven Egos befreien, wonach Schuld mit dem Bild eines "unauslöschlichen Flecks auf unserer Natur" verbunden ist. Ferner muss möglicherweise die fehlgeleitete Idee der Erbschuld beziehungsweise Erbsünde deprogrammiert werden. Anleitungen dazu finden sich weiter unten. Um diese erfolgreich deprogrammieren zu können, gilt es, sich zuerst ausreichende Klarheit darüber zu verschaffen, dass diese Ideen unwahr sind (vgl. Kapitel 4 zum Verständnis des Unterschieds zwischen dem falschen Schuldbegriff des kollektiven Egos und Schuld im kosmischen Sinne). Sind diese zwei grundlegenden Ideen betreffs Schuld erst einmal deprogrammiert, dann brauchen wir uns nicht mehr um sie zu kümmern. Allerdings müssen wir auch weiterhin Schuldgefühle deprogrammieren, wenn sie mit etwas verbunden sind, das wir deprogrammieren, wie zum Beispiel Chips, bestimmte Selbstbilder, fehlgeleitete Ideen und Glaubensvorstellungen oder Ego-Komplexe. Wenn diese Schuldgefühle nicht mitdeprogrammiert werden, dann sorgen sie dafür, dass unsere Deprogrammierungsbemühungen zunichte gemacht werden.

Es kann auch vorkommen, dass sich bei bestimmten Dingen, die wir deprogrammieren, ein Zweifel einschleicht, ob diese Sache wirklich durch Deprogrammieren ausgeräumt werden kann. In solchen Fällen müssen wir zuerst den Zweifel deprogrammieren.

Das Deprogrammieren durch Kurzmeditationen

Unter Kurzmeditationen verstehen wir Meditationen, die nicht länger als drei Minuten dauern. In diesen Meditationen übergeben wir die Worte, Sätze, Bilder und so weiter einem Mittel zur Transformation, das uns der Weise empfiehlt, wie zum Beispiel Wasser, Feuer, kosmischer Staubsauger oder kosmischer Reißwolf. In jedem Einzelfall gilt es den Weisen zu fragen, welches das angemessene Mittel ist. Das Deprogrammieren geschieht auf der Ebene des Bewusstseins. Kein Teil unserer Natur oder Psyche wird bei diesem Vorgang verletzt; im Gegenteil, unsere Natur wird von einer unterdrückenden Energie befreit.

Eine schrittweise Anleitung zum Deprogrammieren

Schritt 1: Stellen Sie eine Liste der Dinge auf, die Sie deprogrammieren wollen.

Beispiel: a) Der Satz: "Ich mache immer alles falsch," b) das Selbstbild des "hilflosen Menschen", c) allgemeine Schuldgefühle.

Schritt 2: Fragen Sie in Bezug auf jeden Punkt auf Ihrer Liste, welche Deprogrammierungsmethode zu verwenden ist.

Schritt 3: Fragen Sie in Bezug auf jeden Punkt, ob ein Wechselbalg mit dieser Sache verbunden ist. Wenn ja, stellen Sie fest, wieviele. Es genügt, ihre Zahl aufzuschreiben.

Schritt 4: (nur auszuführen, wenn dies Ihre erste Erfahrung mit Deprogrammieren ist): Beginnen Sie mit dem Deprogrammieren des Schuldbegriffs des kollektiven Egos, wie unten unter 1. beschrieben. Fragen Sie dann den Weisen, ob Sie auch die unter 2. beschriebene Idee der Erbschuld/Erbsünde deprogrammieren müssen. Es kann sein, dass Sie sich diese Idee unbewusst zu eigen gemacht haben aus dem einfachen Grund, dass Sie einer bestimmten Kultur angehören.

Schritt 5: Fragen Sie, ob zusätzliche Helfer benötigt werden, um Ihre Deprogrammierungsbemühungen erfolgreich zu machen. (Siehe die obige Liste mit Namen von Helfern.)

Schritt 6: Deprogrammieren Sie anschließend Punkt für Punkt auf Ihrer Liste unter Verwendung der Methoden, die Ihnen der Weise genannt hat.

Schritt 7: Am nächsten Tag: Gehen Sie Punkt für Punkt auf Ihrer Liste durch und fragen Sie nach, ob das Deprogrammieren für diesen Punkt zu wiederholen ist. Fragen Sie in dieser Weise täglich nach, bis der Weise bestätigt, dass Sie das

Deprogrammieren für diesen Punkt einstellen können. Normalerweise dauert das Deprogrammieren eines Punktes drei Tage. Ausnahmen: a) Es kann sein, dass Sie bereits nach einem Tag die Auskunft erhalten, ein bestimmter Punkt sei ausreichend deprogrammiert; in diesem Fall, können Sie Ihre Bemühungen einstellen. b) Erhalten Sie selbst nach fünf Tagen noch die Auskunft, das Deprogrammieren sei fortzusetzen, dann kann dies auf Hindernisse hindeuten, die zu identifizieren sind (siehe unten, im Anschluss an die Deprogrammierungsmethoden: "Was tun, wenn das Deprogrammieren fünf Tage überschreitet?").

Das Führen eines Tagebuchs

Wir empfehlen das Führen eines Tagebuchs (oder einer Komputerdatei), in welchem Sie

— ein Protokoll Ihrer Befragung
— die Liste der zu deprogrammierenden Punkte
— und die jeweils zu verwendenden Deprogrammierungsmethoden festhalten.

Es hat sich als hilfreich erwiesen, die zu deprogrammierenden Punkte noch einmal in einer separaten Liste am Schluss des Dokuments aufzuführen. Von dieser Liste können sie dann nach erfolgreichem Deprogrammieren gestrichen werden.

Deprogrammierungsmethoden

1. Das Deprogrammieren des falschen Schuldbegriffs des kollektiven Egos

Um sich von diesem Schuldbegriff im Bild eines unauslöschlichen Flecks auf Ihrer Natur zu befreien, bitten Sie – in einer Kurzmeditation – den Helfer der Befreiung von Schuld, Sie von diesem falschen Schuldbegriff zu befreien; bitten Sie ferner den kosmischen Arzt, alles Notwendige zu tun, um die Wirkung, die dieser Schuldbegriff auf Sie gehabt hat, zu löschen. Wiederholen Sie diese Übung einmal täglich, bis der Weise Ihnen den Erfolg bestätigt.

2. Das Deprogrammieren der Idee der Erbschuld beziehungsweise Erbsünde

Stellen Sie sich – in einer Kurzmeditation – vor, dass Sie den Satz: “Der Mensch ist mit einer Erbschuld/Erbsünde geboren” und das Bild eines unauslöschlichen Flecks auf der Natur des Menschen in Wasser tauchen, bis der Fleck gelöscht ist. Bitten Sie anschließend Ihren Persönlichen Deprogrammierungshelfer, diese falsche Zuschreibung für Sie zu deprogrammieren. Wiederholen Sie diese Übung einmal täglich, bis der Weise Ihnen den Erfolg bestätigt.

3. Das Deprogrammieren von Schuldgefühlen

Wann immer Sie sich für etwas schuldig fühlen, sagen Sie ein dreifaches Nein zu dem Gefühl, Sie seien schuldig für … (bitte einsetzen). Bitten Sie anschließend Ihren Persönlichen Deprogrammierungshelfer, die Schuldgefühle für Sie zu deprogrammieren.

Wenn Sie eine ganze Liste von Dingen haben, für die Sie sich schuldig fühlen, können Sie – in einer Kurzmeditation – das Bild des Wassers benutzen, in das Sie die ganze Liste tauchen. Bitten Sie anschließend Ihren Persönlichen Deprogrammierungshelfer, die ganze Liste für Sie zu deprogrammieren. Wiederholen Sie diese Übung einmal täglich, bis der Weise Ihnen den Erfolg bestätigt.

4. Das Deprogrammieren von Wechselbälgern

(a) Wie wir der Produktion von immer neuen Wechselbälgern ein Ende bereiten können

Wenn Sie der Produktion von immer neuen Wechselbälgern, die das Denken in Ego-Kategorien unterstützen, ein Ende bereiten wollen, dann sind zwei grundlegende Wechselbälger zu deprogrammieren, die für die Produktion neuer Wechselbälger verantwortlich sind: der “Erfinder von falschen Begründungen” und der “Erfinder von falschen Gegenbegründungen”. Um sie zu deprogrammieren, sagen Sie ein dreifaches Nein zu folgenden Sätzen: “Unser Verstand ist das Einzige, das wir besitzen, das uns Antworten liefern kann.” – “Wenn es hart auf hart kommt, ist der menschliche Geist das einzig verlässliche Organ, das wir besitzen.”– “Alles muss Sinn machen” (d.h. alles muss der Logik des Egos folgen). Der Satz, der zum Erfinder von falschen Begründungen gehört, lautet: “Es gibt nie nur einen Grund, warum die Dinge so sind, wie sie sind.” Nachdem Sie ein dreifaches Nein zu obigen Sätzen gesagt haben, bitten Sie den Weisen, die nötigen

Helfer heranzuziehen, um diese beiden Wechselbälger zu töten. Wiederholen Sie diese Übung einmal täglich, bis der Weise Ihnen den Erfolg bestätigt.

Obwohl nach dem Deprogrammieren der beiden oben genannten Wechselbälger keine neuen mehr produziert werden, müssen wir doch weiterhin die Wechselbälger deprogrammieren, die mit Dingen verbunden sind, die in unserer Psyche gespeichert waren. Wir achten jeweils darauf, sie mit zu deprogrammieren, wenn wir uns von solchen Dingen befreien.

Von übergeordneter Bedeutung ist ein weiterer Wechselbalg namens "Hüter uralter Weisheit". Er holt alte falsche Begründungen hervor, die unvollständig sind und daher Halbwahrheiten darstellen. Ein Beispiel ist der Satz: "Das Leben ist Leiden." Dieser Satz ist eine als *absolute Wahrheit* formulierte Behauptung, und daher eine Halbwahrheit. Er ist aber nur dann zutreffend, wenn wir die Existenz der Vielzahl der kosmischen Helfer, die uns zur Verfügung stehen, leugnen. Die Wahrheit wäre so zu formulieren: "Wenn wir die Existenz der unsichtbaren Helfer leugnen, dann erleben wir unser Leben als Leiden." Der "Hüter uralter Weisheit" steht für den einzigen Satz: "Die Weisheit der Vergangenheit darf nicht außer acht gelassen werden." Das Ego verkauft uns diese Halbwahrheiten als "von unserem gesunden Menschenverstand kommend" oder auch als "Brauchtumsdenken". Wenn wir uns von diesem Wechselbalg befreien, wird unser Verstand von seinem Verlaß auf diese Halbwahrheiten befreit und kann sich stattdessen auf die harmonischen oder unharmonischen Gefühle verlassen, die von unserer Inneren Wahrheit kommen. Um sich von diesem Wechselbalg zu befreien, sagen Sie ein dreifaches Nein zu obigem Satz; bitten Sie anschließend den Weisen, den nötigen Helfer heranzuziehen, um diesen Wechselbalg zu töten. Wiederholen Sie diese Übung einmal täglich, bis der Weise Ihnen den Erfolg bestätigt.

(b) Wie wir uns von anderen einzelnen Wechselbälgern befreien können

In Kapitel 12 haben wir eine ganze Reihe von Wechselbälgern mit ihren Namen vorgestellt. Sie sind für die falschen Begründungen verantwortlich, die sich hinter den Äußerungen des Egos verbergen – hinter Sätzen, Bildern, Ego-Komplexen, Chips und so weiter. Wenn wir letztere identifiziert haben und den Weisen fragen, ob Wechselbälger damit verbunden sind, ist die Antwort häufig Ja. Es kann vorkommen, dass bis zu neun Wechselbälger mit einer einzigen Sache verbunden sind. Wir brauchen sie in diesem Fall nicht namentlich zu identifizieren, sondern nur ihre Anzahl herausfinden. Wenn wir die Sache, mit der sie verbunden sind, deprogrammieren, bitten wir gleichzeitig den Weisen, die nötigen Helfer heranzuziehen, um die ... (Anzahl) Wechelbälger zu töten.

Wechselbälger können auch unabhängig von Sätzen, Bildern und so weiter vorkommen. Wenn wir bei der Untersuchung einer Sache die Auskunft erhalten, dass ein Wechselbalg die Ursache ist, können wir den Weisen bitten, diesen zu identifizieren und den nötigen Helfer heranzuziehen, der ihn tötet. Wir brauchen nicht seinen Namen herauszufinden.

(c) Frei herumschwimmende Wechselbälger

Frei herumschwimmende Wechselbälger entstehen, wenn wir etwas deprogrammiert und dabei übersehen haben, dass ein Wechselbalg damit verbunden war. Ein Beispiel dafür, wie wir die Anwesenheit von frei herumschwimmenden Wechselbälgern bemerken, ist das Wandern von Schmerzen von einem Teil unseres Körpers zum anderen. Um sich von ihnen zu befreien, klären Sie zunächst mit der DMR-Methode, um wieviele es sich handelt. Dann sagen Sie: "Ich sage Nein, Nein, Nein zu diesem frei herumschwimmenden Wechselbalg (bzw. Sie nennen ihre Zahl) und bitten den Helfer, der frei herumschwimmende Wechselbälger tötet, ihn (bzw. sie) zu töten." Wiederholen Sie diese Übung einmal täglich, bis der Weise Ihnen den Erfolg bestätigt.

5. Das Deprogrammieren von Zweifeln

(a) Das Deprogrammieren von Selbstzweifel

Wir deprogrammieren unseren ursprünglichen Selbstzweifel, indem wir das dämonische Element "Der Selbstzweifler" deprogrammieren. Dieser besteht aus dem Giftpfeil: "So wie wir von Natur aus beschaffen sind, sind wir nicht besonders genug," und der falschen Zuschreibung: "Nur die Augen können die Wahrheit sehen."

Sagen Sie zuerst ein dreifaches Nein zu dem Selbstzweifler sowie zu jedem der beiden obigen Sätze. Bitten Sie anschließend den Expertenhelfer für Selbstzweifler, diesen unschädlich zu machen.

Wiederholen Sie diese Übung einmal täglich, bis der Weise Ihnen den Erfolg bestätigt.

b) Das Deprogrammieren eines Zweifelkobolds, eines Zweifeldämons oder eines Zweifeldrachens

Folgen Sie den Anweisungen unter "Kurzmeditation mit dem Bild von Wasser" (siehe unten). Bitten Sie anschließend das kosmische Heer, den betreffenden Kobold, Dämon oder Drachen zu töten.

Wiederholen Sie diese Übung einmal täglich, bis der Weise Ihnen den Erfolg bestätigt.

(c) Das Deprogrammieren des Selbstbildes des "Skeptikers" oder des "ungläubigen Thomas"

Stellen Sie sich das Selbstbild als Maske vor und folgen Sie dann den Anleitungen unter "Kurzmeditation mit dem Bild von Feuer" (siehe unten). Bitten Sie anschließend den kosmischen Arzt, den kosmischen Chirurgen und den Helfer der Transformation, Sie von dem betreffenden Selbstbild zu befreien.

Wiederholen Sie diese Übung einmal täglich, bis der Weise Ihnen den Erfolg bestätigt.

6. Kurzmeditationen unter Verwendung eines Mediums

Kurzmeditation mit dem Bild von Wasser

Stellen Sie sich vor, dass Sie den Satz, das Bild oder was immer Sie deprogrammieren wollen, in Wasser tauchen oder mit Wasser bespritzen. Bitten Sie anschließend die Helfer, die Ihnen aus der oben aufgeführten Liste genannt wurden, Ihr Deprogrammieren zu unterstützen.

Handelt es sich um einen Satz, bespritzen Sie ihn mit Wasser. Falls es sich um ein Selbstbild handelt, stellen Sie es sich als Maske vor, die Sie mit Wasser bespritzen.

Wiederholen Sie diese Übung einmal täglich bis der Weise Ihnen den Erfolg bestätigt.

Kurzmeditation mit dem Bild von Feuer

Stellen Sie sich vor, dass Sie den Satz (auf ein Blatt Papier geschrieben), das Bild (als Zeichnung, Malerei oder Foto) oder die Maske einem Feuer übergeben.

Wiederholen Sie diese Übung einmal täglich, bis der Weise Ihnen den Erfolg bestätigt.

Kurzmeditation mit dem Bild eines "kosmischen Staubsaugers"

Stellen Sie sich vor, dass die Dinge, die Sie deprogrammieren möchten, von einem kosmischen Staubsauger aufgesaugt werden.

(Es sind keine weiteren Helfer hinzuzuziehen.)

Wiederholen Sie diese Übung einmal täglich, bis der Weise Ihnen den Erfolg bestätigt.

Kurzmeditation mit dem Bild des "kosmischen Reißwolfs"

Stellen Sie sich die Sätze, die Sie deprogrammieren wollen, auf einem Blatt Papier vor, das Sie dem kosmischen Reißwolf übergeben. (Es sind keine weiteren Helfer hinzuziehen.)

Wiederholen Sie diese Übung einmal täglich, bis der Weise Ihnen den Erfolg bestätigt.

7. Das Deprogrammieren von Chips aller Art

Überprüfen Sie zunächst mit Hilfe der DMR-Methode, dass Sie alle in dem Chip enthaltenen Komponenten ausreichend identifiziert haben. Stellen Sie sich den Chip wie eine Kapsel vor, in die Sie nun alle Komponenten zurücklegen.

Finden Sie als nächstes heraus, welches der Medien – Wasser, Feuer, oder kosmischer Reißwolf – zu verwenden ist, um den Chip unschädlich zu machen. Falls ein Wechselbalg (oder mehrere) mit dem Chip verbunden sind, bitten Sie den Weisen, die nötigen Helfer heranzuziehen, um die …(Anzahl) vorhandenen Wechselbälger zu töten.

Wiederholen Sie diese Übung einmal täglich, bis der Weise Ihnen den Erfolg bestätigt.

8. Wie Sie sich von Ego-Mechaniken befreien können

Ego-Mechaniken müssen unschädlich gemacht werden. Dazu sagen Sie ein dreifaches Nein zu der Ego-Mechanik, die Sie identifiziert haben. Anschließend bitten Sie den "Spezialistenhelfer für … (fügen Sie den Namen der Ego-Mechanik ein)", diese unschädlich zu machen.

Beispiel: Um sich von einem "Greifer" zu befreien, sagen Sie zuerst ein dreifaches Nein zu dem spezifischen Greifer, den Sie identifiziert haben (zum Beispiel ein Sorgengreifer, ein Angstgreifer oder ein Greifer von Zweifeln). Bitten Sie dann den Spezialistenhelfer für Sorgengreifer und so weiter, diesen unschädlich zu machen.

Fragen Sie mit Hilfe der DMR-Methode nach, ob ein Wechselbalg (oder mehrere) mit der Ego-Mechanik verbunden ist. Lautet die Antwort Ja, dann bitten Sie den Weisen, die nötigen Helfer heranzuziehen, um diesen zu töten.

9. Das Deprogrammieren eines Ego-Komplexes

Ego-Komplexe werden in einer Feuermeditation deprogrammiert. Stellen Sie sich dazu vor, dass die Sätze, aus denen der Komplex besteht, auf ein Blatt Papier geschrieben sind, das Sie dem Feuer übergeben. Selbstbilder, die zu dem Komplex gehören, stellen Sie sich als Maske vor, die Sie verbrennen. Anschließend bitten Sie den Weisen, den Wechselbalg zu töten, der den Ego-Komplex bewacht hat, sowie alle etwaig vorhandenen weiteren dämonischen Elemente zu töten, die mit diesem Ego-Komplex verbunden sind. Bitten Sie außerdem den Helfer der Transformation, den Prozess zu vollenden. Abschließend bitten Sie den Helfer der Heilung, den Schaden zu heilen, den dieser Komplex in Ihrer Psyche und in Ihrem Körper verursacht hat.

Anmerkung: Wenn wir uns vom Überlegenheitskomplex befreien wollen, müssen wir bedenken, dass dieser seine Existenz dem Minderwertigkeitskomplex verdankt. Je größer der Überlegenheitskomplex, desto größer der Minderwertigkeitskomplex, der ihm zugrunde liegt. Jeder Versuch, nur den Überlegenheitskomplex zu deprogrammieren, würde zu einem traumatischen Erlebnis führen, weil wir in das Loch des Gefühls "ich bin wertlos" fallen würden. Beide Ego-Komplexe müssen gleichzeitig deprogrammiert werden, und auch das erst, nachdem wir die Ungültigkeit des Minderwertigkeitskomplexes klar erkannt haben. Um zu vermeiden, dass wir solche Fehler begehen, die unserer Psyche schaden würden, ist es notwendig, den Weisen um Führung zu bitten.

10. Das Deprogrammieren eines Konfliktknäuels

Ein Konfliktknäuel verdankt seine Existenz der fehlgeleiteten Idee, es gäbe so etwas wie einen "Schuldigen". Dieses Wort besitzt keine Gültigkeit in der kosmischen Ordnung. Um ein Konfliktknäuel zu deprogrammieren, sagen Sie ein dreifaches Nein zu dem Wort "Schuldiger" und bitten anschließend den Helfer der Auflösung, Sie von dem ganzen Konfliktknäuel zu befreien.

Wiederholen Sie diese Übung einmal täglich, bis der Weise Ihnen den Erfolg bestätigt.

11. Das Deprogrammieren von kristallinen Ego-Emotionen oder einer kristallinen Erinnerung

Stellen Sie sich vor, die kristalline Emotion oder Erinnerung in *flüssiges Licht* (wie das weiße Licht, das von einem großen Wasserfall ausgeht) zu tauchen, und bitten Sie den Helfer der Transformation, sie zu transformieren.

Wiederholen Sie diese Übung einmal täglich bis der Weise Ihnen den Erfolg bestätigt.

Was tun, wenn das Deprogrammieren fünf Tage überschreitet?

Normalerweise dauert das Deprogrammieren drei Tage, aber es gibt Ausnahmen von dieser Regel. Wenn der Weise sagt, wir müssen im Deprogrammieren fortfahren, dann empfiehlt es sich, nach den Gründen zu forschen. Hier einige Anregungen für entsprechende Fragen:

- "Habe ich nur vom Kopf her deprogrammiert und meine Gefühle außen vor gelassen?" Lautet die Antwort Ja, empfehlen wir folgendes Vorgehen: Jedes Mal, bevor Sie beginnen, einen Punkt oder eine ganze Liste von Punkten zu deprogrammieren, sagen Sie ein dreifaches Nein zum Getrenntsein von Ihren Gefühlen; bitten Sie außerdem den Weisen, Ihre Deprogrammierungsbemühungen zu unterstützen.
- "Habe ich einen Wechselbalg (oder mehrere) übersehen, der mit dem Punkt, den ich deprogrammieren möchte, verbunden ist?" (Ein übersehener Wechselbalg kann Ihre Deprogrammierungsbemühungen zunichte machen.)
- "Geht es darum, den Wortlaut des Satzes, den ich deprogrammieren will, zu berichtigen?" Oder: "Habe ich einen Satz übersehen, der ebenfalls in diesen Zusammenhang gehört?"
- "Brauche ich noch weitere Helfer zum Deprogrammieren dieses Punktes?"
- "Hat sich ein Schuldgefühl in Gestalt eines Kobolds oder Drachens in meine Deprogrammierungsbemühungen eingemischt?" Wenn Ja, gilt es, diese zu deprogrammieren, bevor Sie mit dem Rest fortfahren.

Was tun, wenn Ihre Deprogrammierungsbemühungen durch Schuldgefühle oder Zweifel zunichte gemacht wurden?

Wenn Sie bemerken, dass die Symptome erneut auftreten, kann dies ein Zeichen dafür sein, dass Ihre Deprogrammierungsbemühungen durch *Schuldgefühle*, die mit dem deprogrammierten Material verbunden waren und die übersehen wurden, zunichte gemacht wurden. Dies ist kein Grund zu verzweifeln: Finden Sie heraus, wofür Sie sich schuldig fühlen, und folgen Sie den Anleitungen, die oben unter Punkt 3 beschrieben sind. Bitten Sie anschließend den "Helfer, der wiederinstallierte Dinge nochmals für uns deprogrammiert", alles, das wiederinstalliert wurde, nochmals für Sie zu deprogrammieren. Sie brauchen sich nicht zu erinnern, um welche Dinge es dabei im einzelnen geht. Wiederholen Sie diese Übung einmal täglich, bis der Weise Ihnen den Erfolg bestätigt. Anschließend bedanken Sie sich bei diesem Helfer.

Wenn Sie herausfinden, dass *Zweifel an der Wirksamkeit des Deprogrammierens* Ihre Bemühungen zunichte gemacht haben, dann gilt es, einen "Kobold und Drachen des Zweifels am Erfolg des Deprogrammierens" zu töten. Folgen Sie dazu der Anleitung, die oben unter "Kurzmeditation mit dem Bild eines kosmischen Staubsaugers" beschrieben ist.

Bitten Sie anschließend den "Helfer, der wiederinstallierte Dinge nochmals für uns deprogrammiert", alles, das wiederinstalliert wurde, noch einmal für Sie zu deprogrammieren, wie oben beschrieben.

Anhang 4

Hilfreiche Übungen

Eine tägliche Übung

Bevor wir den neuen Tag beginnen, bitten wir den Weisen, uns den ganzen Tag über zu helfen und alle anderen Helfer, die wir brauchen, zu organisieren. (Dies enthebt uns allerdings nicht der Notwendigkeit, bestimmte Helfer um Unterstützung für unsere Deprogrammierungsbemühungen zu bitten.)

Das wahre Selbst im anderen sehen

Hierbei handelt es sich weniger um eine Übung als um eine Änderung unserer Denkgewohnheit: Immer wenn wir Zeuge sind, dass jemand vom Ego beherrscht wird, erinnern wir uns an die Tatsache, dass sein wahres Selbst vom Ego unterdrückt ist; wir können seinem wahren Selbst dadurch helfen, dass wir ihm etwa die folgende innere Botschaft geben: "Ich erkenne dich als wahrer Führer der Persönlichkeit an." Dadurch wird das wahre Selbst im andern gestärkt. Außerdem wird verhindert, dass wir den anderen als "hoffnungslos" aufgeben, einen Akt, den das I Ging als "geistige Hinrichtung" bezeichnet.

Wir bitten den Weisen, das Ego in uns zu kontrollieren

Wenn wir merken, dass wir vom Ego dominiert sind, bitten wir den Weisen, es zu kontrollieren. Die Wirkung hält zwei bis drei Tage an. Danach müssen wir unsere Bitte gegebenenfalls wiederholen.

Wir bitten den Weisen, das Ego in anderen zu kontrollieren

Immer wenn es ansteht, dass wir uns mit jemandem treffen werden, den wir als "schwierig" einstufen, können wir den Weisen an seiner Seite bitten, das Ego in ihm zu kontrollieren. Das gleiche gilt für eine Gruppe von Menschen, wenn wir zum Beispiel eine geschäftliche Besprechung oder einen öffentlichen Vortrag vorbereiten.

Optimal ist es, unsere Bitte am Tag vor dem Treffen auszusprechen, mindestens jedoch eine Stunde vorher.

Es ist von großer Wichtigkeit, andere Menschen nicht als "Gegner", "Rivalen", "Mitbewerber" oder "Schuldige" zu betrachten, da eine solche Sichtweise uns im dämonischen Bewusstsein gefangen hält; in diesem Fall kann der Weise nicht intervenieren. Wenn wir feststellen, dass wir diese Sichtweise haben, gilt es das negative Bild zu deprogrammieren: Wir sagen Nein, Nein, Nein zu dem betreffenden Bild und übergeben es dann dem Weisen. Wir wiederholen das Deprogrammieren so lange (1x täglich), bis der Weise uns bestätigt, dass es genug ist.

Eine Übung mit Hilfe unserer inneren Wahrnehmungssinne

Diese Übung kann zu folgenden Zwecken benutzt werden:

1. um in Kontakt mit einer gespeicherten traumatischen Erinnerung zu kommen,
2. um die Wahrheit oder Unwahrheit eines Wortes oder einer Behauptung zu prüfen,
3. um genau die Helfer anzuziehen, die wir zur Lösung einer Angelegenheit benötigen.

Bei unseren inneren Wahrnehmungssinnen handelt es sich um folgende: unseren inneren Geruchssinn, Geschmackssinn, Tastsinn und unser inneres Hören und Sehen. Sie haben die Funktion, unserem Verstand ihre Wahrnehmung der inneren Wahrheit der in Frage stehenden Angelegenheit mitzuteilen.

Bevor wir diese Übung ausführen können, müssen wir mit der DMR-Methode überprüfen, welche unserer inneren Wahrnehmungssinne genügend funktionsfähig sind, um uns wahrheitsgemäß Auskunft zu geben.

Wir machen diese Übung im Rahmen einer kurzen Meditation, in der wir einen nach dem anderen unserer genügend funktionsfähigen inneren Wahrnehmungssinne bitten, uns zu melden, wie er die in Frage stehende Angelegenheit wahrnimmt:

- Wie riecht sie?
- Wie schmeckt sie?
- Wie klingt sie?
- Wie sieht sie aus?
- Wie fühlt sie sich an?

Zu 1. siehe das in Anhang 2 gegebene Beispiel unter der Überschrift: “Die Benutzung der Methode der Befragung unserer fünf inneren Wahrnehmungssinne in Kombination mit der DMR-Methode”.

Zu 2. siehe das folgende Beispiel:

Um die Wahrheit oder Unwahrheit der Behauptung: “Du musst ein spiritueller Mensch werden” zu prüfen, bat Hanna ihre inneren

Wahrnehmungssinne um ihre Wahrnehmung:

- Wie riecht die Behauptung: "Du musst ein spiritueller Mensch werden"? – Antwort: "Sie riecht wie ein Leichnam."
- Wie schmeckt sie? – Antwort: "Sie schmeckt bitter."
- Wie klingt sie? – Antwort: "Sie klingt verrückt."
- Wie sieht sie aus? – Als Antwort kam das Bild einer ätherischen Flamme, die über einem Leichnam schwebt.
- wie fühlt sie sich an? – als Antwort stellte sich ein Druck im Kopf ein, den Hanna kannte, wenn sie eine Antwort allein mit dem Kopf suchte; das Gefühl von Nichtwissen

Zu 3. sei angemerkt, dass es genügt, alle Wahrnehmungen aufzuschreiben. Wenn wir unsicher sind, ob wir die eine oder andere Antwort richtig verstanden haben, können wir sie mit der DMR-Methode überprüfen. Im übrigen gilt, dass die bloße Tatsache, dass der Verstand sie zur Kenntnis genommen hat, genau die kosmischen Helfer anzieht, die für die Lösung der infrage stehenden Schwierigkeit benötigt werden. Wir brauchen die Antworten unserer inneren Wahrnehmungssinne nicht zu analysieren, sondern lassen die Angelegenheit völlig los und lassen uns dann freudig überraschen!

Geistreinigungsmeditation

Der Hauptzweck dieser Meditation besteht darin, unseren Geist zu reinigen. Darüber hinaus kann sie angewendet werden, um einen Zustand innerer Neutralität zu erlangen, damit der Weise mit uns kommunizieren kann. Nachdem wir unseren Geist gereinigt haben, können wir den Weisen bitten, uns zu helfen, eine uns bedrückende Schwierigkeit zu lösen.

Wir nehmen eine bequeme, aufrechte Sitzhaltung ein und schließen die Augen. Dann bitten wir den "Helfer der Geistrei-nigung", unseren Geist von allen ausgedachten Lösungswegen, Voreingenommenheiten, Sorgen und Ego-Emotionen (im generellen Sinne) zu reinigen. Dieser Vorgang kann zwischen drei und zehn Minuten beanspruchen. Wenn wir uns danach noch immer nicht innerlich neutral fühlen, brechen wir die Meditation ab. Wir wissen, wann dies der Fall ist, wenn wir auf unser Gefühl achten: Fühlen wir uns getrieben, oder schmort oder wütet etwas in uns oder fühlen wir uns von Zweifeln hin- und hergetrieben? Um Abhilfe zu schaffen, bitten wir den Weisen, die nötigen Helfer heranzuziehen, und übergeben ihnen die Angelegenheit. Nach einer Weise kehren wir zu unserer Meditation zurück.

Eine Herzmeditation

Eine Herzmeditation ist angesagt, wenn wir das Gefühl haben, nicht genügend Energie zu haben. Es ist von großer Wichtigkeit, dafür zu sorgen, dass unser Herz gesund funktioniert, weil unser Körper durch Herz-Qi belebt wird.

Wir beginnen mit einer Meditation zur Reinigung des Geistes wie oben beschrieben; wir nehmen uns etwa drei Minuten für diesen Vorgang, bis unser Geist frei von allen Gedanken und/oder Erwartungen ist. Dann bitten wir den Weisen, uns den Zustand unseres Herzens zu zeigen. Wir bewerten nicht, was wir gezeigt bekommen. Wenn wir irgendetwas "Anormales" sehen, bitten wir den Helfer unseres Herzens, was immer nötig ist zu tun, um unser Herz wieder gesund zu machen. Für diese Meditation genügen 15 Minuten. In den meisten Fällen genügt eine einmalige Ausführung. Wir fragen den Weisen, ob dies genügt. In keinem Fall braucht die Übung länger als drei Tage hintereinander ausgeführt zu werden.

Meditationsübung: In unserem Urbild "Platz nehmen"

Wir verwenden diese Meditation für verschiedene Zwecke: 1. um mit unserer wahren Natur in Berührung zu kommen, 2. um auf einen traumatischen Erinnerungs-Chip, ein Selbstbild, eine Projektion, falsche Zuschreibung oder einen Giftpfeil aufmerksam gemacht zu werden, oder 3. wenn wir einem verletzten Teil unseres Körpers helfen wollen zu heilen.

Als erstes bitten wir den Helfer der Geistreinigung, unseren Geist zu reinigen. Dafür lassen wir uns etwa drei Minuten Zeit beziehungsweise wir warten, bis unser Geist von Gedanken und/oder Erwartungen frei ist. Dann bitten wir den Helfer unseres Urbildes (dieses hat die Form eines Hologramms) um Erlaubnis, darin Platz zu nehmen. Wie fühlt es sich an? Wie maßgeschneidert? Wenn nein, untersuchen wir die Ursache, nachdem wir die Meditation abgeschlossen haben (siehe Anhang 2).

Wenn wir diese Meditationsübung machen, um einem verletzten Teil unseres Körpers heilen zu helfen, bitten wir den Helfer unseres Originalbildes, das Bild, das diesen Körperteil als beschädigt zeigt, zu vernichten und durch das Bild zu ersetzen, das ihn gesund zeigt.

Eine angemessene Dauer für diese Meditation ist fünfzehn Minuten.

Wir bitten den Weisen, einen anderen Menschen zu sich zurückzurufen

Wenn ein Kind oder Erwachsener vor Zorn völlig "außer sich" geraten ist oder sich in einem Zustand tiefer Depression befindet, kann eine zufällig anwesende Person den Weisen bitten, den betreffenden Menschen bei seinem Namen zu rufen. Dann ruft ihn der Weise zu sich zurück.

In die eigene Mitte kommen – uns zentrieren

In der eigenen Mitte zu sein bedeutet, im Einklang mit unserem wahren Selbst und somit auch im Einklang mit dem Kosmos zu sein.

In die eigene Mitte kommen heißt, unseren wahren Platz in der kosmischen Ordnung einzunehmen, indem wir prüfen, ob wir uns in irgendeiner Weise als etwas Besonderes oder als besser als andere Aspekte des Kosmos betrachten. Wenn ja, dann sagen wir ein inneres Nein zu dieser unharmonischen Sichtweise. Damit erkennen wir unsere Verbundenheit mit allen Dingen im Kosmos und mit dem Weisen an. Indem wir dies tun, wird uns klar, wie kleinlich unsere Ärgernisse, unsere Unzufriedenheit und andere Ego-Aspekte sind, die uns daran hindern, die guten Dinge im Leben zu sehen.

Indem uns diese Meditationsübung in unsere Mitte bringt, ermöglicht sie es dem Weisen, uns zu zeigen, was wir im Augenblick wissen müssen. Häufig bedeutet dies, unser Verständnis für die wahre Natur der Dinge zu vertiefen.

Diese Übung besteht aus einer kurzen Meditation, in der wir den Helfern alles übergeben, was uns im Augenblick negativ bewegt:

Erster Schritt: Wir stellen unseren Unglauben beiseite, das heißt, wir bringen Gedanken des Unglaubens, wie "ja, aber…" zum Schweigen, weil sie versuchen, unseren inneren Raum einzunehmen und dadurch den Weisen verdrängen. Wir bringen sie zum Schweigen, indem wir ein inneres Nein zu ihnen sagen. Falls solche Gedanken in Gestalt von Figuren erscheinen, bitten wir den kosmischen Arzt und unseren Persönlichen Helfer, sich ihrer anzunehmen.

Zweiter Schritt: Wir laden bestimmte Dinge auf den "Wagen" des Helfers der Transformation. (Dieser "große Wagen zum Beladen" wird auf Platz 2 von Hexagramm 14, *Der Besitz von Großem* beschrieben.) Es ist möglich, dass uns ein anderes Bild dazu kommt, das den gleichen Zweck erfüllt; dann verwenden wir dieses persönliche Bild. Wichtig ist nur, dass es sich um ein Fahrzeug handelt, das alles entfernt, was nicht zu uns gehört. Wir beladen es mit allem, was uns im Augenblick negativ bewegt, und lassen es los. Dadurch wird unser innerer Raum befreit mit dem Ergebnis, dass der Weise unsere Sorgen und Nöte in der wirksamsten Weise ansprechen kann. Dinge, die auf den Wagen gehören, sind zum Beispiel:

- Selbstbilder
- alles Intellektualisieren, Kritisieren und Analysieren
- Ego-Emotionen wie Sorgen, Wut, Begehren, Vergeltungsdrang, Hass, übermäßige Trauer, Melancholie und so weiter
- die Angst, wir könnten etwas tun, was uns schuldig werden läßt
- Ideen, die Meditationstechniken betreffen
- Selbstbeschuldigungen, Schuldgefühle und Schuldzuweisungen an andere; die Idee, es gäbe so etwas wie einen Schuldigen (nicht einmal das Ego ist ein Schuldiger; siehe Glossar: Schuldiger)
- jeglicher Ehrgeiz sowie die Vorstellung, wir müssten nach der Perfektion irgendeines Vorbildes streben
- die Idee, die besagt, das Befreien unseres wahren Selbst sei "harte Arbeit" oder mit asketischen Übungen verbunden (siehe Glossar: Arbeit)
- alle Glaubensvorstellungen, die unseren Körper auf irgendeine Weise herabsetzen

Nachdem wir alle Dinge, die auf uns zutreffen, auf den Wagen geladen haben, stellen wir uns unseren inneren Raum als Kreis um uns herum oder als einen Raum vor, den wir gereinigt haben. Dieser Raum gehört uns allein. Wir nehmen bewusst von ihm Besitz. Nun sind wir frei von falschen Anhaftungen. Wir verharren still in unserem inneren Raum, sodass der Weise eintreten kann, wenn und wann er will. Wir überlassen dies völlig dem Weisen.

Wir warten, bis wir das Gefühl haben, dass es Zeit ist, die Meditation zu beenden. Selbst wenn nach zwanzig Minuten Meditation "nichts" geschehen ist, ist es genug. Dann war die gründliche innere Reinigung das Wichtigste. Wenn wir diese Übung täglich ohne die Erwartung, dass etwas geschehen muss, praktizieren, ermöglichen wir es dem Weisen einzutreten. Setzen wir jedoch die Meditation fort aus dem Gefühl heraus, nicht genug getan zu haben, dann ist dies ein Zeichen, dass sich das Ego mit Ehrgeiz eingemischt hat, um den Prozess zu kontrollieren. Dann ist es höchste Zeit, die Übung abzubrechen und gegebenenfalls zu einem späteren Zeitpunkt wieder aufzunehmen. Durch wiederholtes Üben und Reinigen wird dem Ego mehr und mehr seine Kontrollmacht entzogen.

Glossar

(Querverweise zu anderen Begriffen im Glossar sind durch > gekennzeichnet)

Arbeit: Da das Wort "Arbeit" in unserem Sprachgebrauch normalerweise verwendet wird, um auszudrücken, wie Dinge aus der menschenzentrierten Sicht getan werden, müssen wir uns die Gefahr bewusst machen, die damit verbunden ist, wenn wir dieses Wort benutzen, um unser Tun in der kosmischen Wirklichkeit zu beschreiben. Der Begriff der Arbeit wird üblicherweise mit "mühsam" und "schwer" verbunden; wir wachsen mit einem zwiespältigen Verhältnis zu diesem Begriff auf, weil Arbeit einerseits als "Fluch" gilt, der über die Menschheit verhängt wurde; andererseits gilt harte Arbeit als der Gipfel der Tugend. Alle diese Definitionen blenden die Hilfe, die uns vom Kosmos zur Verfügung steht, völlig aus. Die Idee, dass Arbeit etwas Schweres ist, macht es uns schwer zu verstehen, dass die Dinge, die wir mit Hilfe der kosmischen Helfer angehen, mühelos und ohne Widerstand getan werden, weil die Helfer durch Transformationen im Bereich des Atoms wirken. Wenn wir die Helfer in all unser Tun einbeziehen, dann gehen die Dinge leicht von der Hand.

Ego: Das individuelle Ego setzt sich aus negativen und positiven Selbstbildern zusammen, die wir im Zug der Kindheitskonditionierung entwickeln. Der Keim für diese Entwicklung wird in sehr frühem Alter in unserer Psyche gelegt, indem ein Zweifel an der Ganzheit und vollkommenen Güte unserer Natur in uns angelegt wird. Dieser Selbstzweifel führt dazu, dass unser >*wahres Selbst* unterdrückt und durch ein falsches Selbst – das Ego – ersetzt wird. Das Ego verführt uns dann dazu, für die Befriedigung aller unserer Bedürfnisse, einschließlich der Autorisierung unserer Existenz (!), zum kollektiven Ego zu schauen. Dessen Autorisierung wird daran geknüpft, dass wir die Vorschriften und moralischen Werte des kollektiven Egos und seiner Institutionen als gültig akzeptieren. Der Name für dieses Akzeptieren ist "die Entwicklung unseres höheren Selbst durch Unterdrückung unseres niederen tierhaften Selbst."

Alle Selbstbilder, fehlgeleiteten Ideen und Glaubensvorstellun-gen, Ego-Emotionen, kurz, alle Dinge, die das Ego ausmachen, stehen im

Widerspruch zu unserer wahren Natur und sind die Hauptursachen für geistige, emotionale und körperliche Erkrankungen.

Falsche Zuschreibung: Eine falsche Zuschreibung ist eine Gedankenform, die einem Ding falsche Eigenschaften zuschreibt. Dies geschieht häufig bei Beschreibungen, die lediglich die äußere Erscheinung des Dinges wiedergeben, ohne sein wahres Wesen zu erfassen. Falsche Zuschreibungen fixieren das Ding in einem oberflächlichen Verhalten, das nicht seiner Natur entspricht. Dadurch verursachen sie Störungen in seinem Verhalten, die zu emotionalen und körperlichen Erkrankungen führen können. Die schädlichen Auswirkungen können behoben werden, indem wir die Wörter oder Sätze der falschen Zuschreibung identifizieren und mit kosmischer Hilfe deprogrammieren.

Geist: Der menschliche Geist besteht aus zwei Teilen: dem Verstand oder Wortgehirn und dem Bildergehirn. Namen für die physiologische Seite des Geistes sind: *das Großhirn oder die vorderen Hirnlappen.*

Gesunder Menschenverstand: Dies ist der Name für die Übereinstimmung aller unserer *inneren* und *äußeren* Wahrnehmungssinne und unserer *metaphorischen* Sinne. Unser gesunder Menschenverstand ist unserer "innerer Richter", der unterscheidet, was mit unserer inneren Wahrheit (und folglich auch mit dem Kosmos) in Einklang ist und was nicht. Sein Urteil ist ein *gefühltes* Ja oder Nein. Da unser gesunder Menschenverstand von der DNA unserer >*Tiernatur* abgeleitet ist, wird er dysfunktional, wenn wir unsere >*Tiernatur* verleumden, indem wir ihr ihre Intelligenz absprechen und/oder sie als Ursprung des Bösen bezeichnen, und wenn wir unsere Gefühle als unzuverlässig herabsetzen (siehe auch >*Sinne*).

Giftpfeil: Giftpfeile sind eine besondere Art von >*falschen Zuschreibungen.* Sie erzeugen eine negative Energie, die die Psyche und/oder den Körper des Empfängers verletzt. Ähnlich wie bei einer falschen Zuschreibung kann der Empfänger ein Mensch, ein Tier, eine Pflanze oder andere Dinge in der Natur sein. Der Name "Giftpfeil" deutet darauf hin, dass diese Art von falscher Gedankenform nicht nur Gift enthält, sondern auch giftige Reaktionen im Körper hervorruft.

Dies rührt daher, dass diese Reaktionen von Ego-Emotionen begleitet sind, wie zum Beispiel Neid, Hass oder Vergeltungsdrang. Giftpfeile erzeugen insbesondere Unwohlsein, stechende Schmerzen und allergische Reaktionen. Die schädlichen Auswirkungen können behoben werden, indem wir die Wörter oder Sätze des Giftpfeils identifizieren und mit kosmischer Hilfe deprogrammieren.

Helfer: Die Helfer sind individualisierte Aspekte des >*Kosmischen Bewusstseins* und der Natur, einschliesslich der >*Tiernatur* des Menschen. Wir können auch sagen, die Helfer sind Aspekte des *Fühlbewusstseins* der Natur und des Kosmos als Ganzem. Als solche sind sie meist unsichtbar. Wie jedoch das Foto in Kapitel 3 illustriert, können sich die Helfer bisweilen in digitalen Fotos zeigen. Jeder Helfer ist ein "Experte auf seinem Gebiet" und erfüllt eine spezifische Funktion im Gesamtorganismus des Kosmos. Bei den Helfern handelt es sich nicht um unsichtbare menschliche Wesen, jedoch können sie uns ihre Hilfe *durch* Menschen zukommen lassen, wie zum Beispiel durch einen Arzt, Therapeuten, Rechtsanwalt, Arbeitgeber, Beamten und so weiter. Sie führen viele ihrer Aufgaben durch >*Transformationen* auf der Ebene des Atoms aus. Da die Helfer imstande sind, auf eine Art und Weise zu helfen, über die wir als Menschen nicht verfügen, ist es wichtig, davon Abstand zu nehmen, uns im Geiste vorzustellen, wie sie ihre Aufgaben ausführen, wieviel oder wie wenig Zeit sie brauchen, um sie zu vollenden, und wie das Ergebnis aussehen wird. Die Helfer führen ihre Aufgaben ausschließlich im Einklang mit den Kosmischen Harmonieprinzipien aus.

Kollektives Ego: "Kollektives Ego" ist der Name für die Gesamtheit der fehlgeleiteten Ideen und Glaubensvorstellungen über den >*Kosmos*, die Natur im allgemeinen, die Natur des Menschen und den Platz des Menschen im Kosmos, wie sie von Gesellschaftsformen aller Art im Laufe von Jahrtausenden entwickelt wurden. All dieses Denken beruht auf der gemeinsamen Annahme, der Mensch nehme eine Sonderstellung in der Schöpfung ein und alle anderen Dinge seien ihm untertan. Da diese Sichtweise den Kosmischen Harmonieprinzipien widerspricht, trennt sie die meisten Menschen und ihre Kultur von der harmonischen Ordnung des Kosmos. Die sichtbare Seite des kollektiven Egos finden wir in sozialen Strukturen und Institutionen, die auf dieser Sichtweise gründen. Das kollektive Ego erschafft das individuelle >*Ego*.

Kosmische Schuld: siehe *Schuld*

Kosmisches Bewusstsein: siehe *Kosmos*

Kosmisches Schicksal: Jeder Mensch kommt mit einem kosmischen Schicksal auf die Erde. Es ist ausschließlich positiv zu verstehen. Wir erfüllen unser kosmisches Schicksal, wenn wir die einzigartigen Gaben und Talente, die wir in dieses Leben mitbringen, entwickeln und zur Anwendung bringen. Unsere >*Tiernatur* ist so beschaffen, dass sie uns die optimale Erfüllung unseres kosmischen Schicksals ermöglicht. Eine Metapher für das Erfüllen unseres kosmischen Schicksals ist die des Teppichs, an dem unsere Psyche webt. Sein Muster spiegelt wider, ob und in welchem Maße wir unseren natürlichen Gaben Ausdruck verleihen. Unser kosmisches Schicksal erfüllen bedeutet, den Sinn unseres Lebens zu erfüllen.

Kosmos: (aus dem Griechischen) bedeutet "das ganze Universum in seiner harmonischen Ordnung". Der Kosmos besteht aus dem unsichtbaren *Kosmischen Bewusstsein* und seinem Ausdruck in den sichtbaren Formen der *Natur*. Das I Ging zeigt uns, dass der Kosmos Dauer hat, weil er auf einem System von Harmonieprinzipien beruht.

Zu den kosmischen Harmonieprinzipien gehören die Prinzipien der Gleichwertigkeit, Ganzheit, Einzigartigkeit und Bescheidenheit aller Aspekte des Kosmos. Diese Prinzipien verleihen jedem Ding seine kosmische Würde. In ihrer wechselseitigen Verbundenheit stellen alle diese Prinzipien die harmonische Ordnung sicher.

Das Kosmische Bewusstsein setzt sich aus mehreren Sorten von Bewusstsein zusammen, von denen die meisten *Fühlbewusstseine* sind. Wenn wir im Einklang mit dem Kosmos sind, fühlen wir seine Gegenwart als Liebe. Jede Manifestation des Kosmischen Bewusstseins in Form, einschließlich dem Menschen, ist ein Ausdruck dieser Liebe. Weil aber die kosmische Gabe der Sprache an uns Menschen auch mit der Freiheit einher geht zu erfahren, was es bedeutet, Teil des liebenden Kosmos zu sein, haben wir auch die Freiheit, Fehler im Gebrauch dieser Gabe zu machen. Dies geschieht, wenn wir Wörter erfinden und benutzen, die der kosmischen Grundlage entbehren. Die Folgen davon sind Mißklang und Leiden.

Das unharmonische Bewusstsein, das wir Menschen durch den Mißbrauch unserer Sprachbegabung erschaffen haben, hat uns aus der Einheit mit dem Kosmos herauskatapultiert und dazu geführt, dass wir in einer Parallelwirklichkeit leben, die mit dem Kosmos konkurriert. Von diesem Ort der Isolation wirkt die negative Energie, die durch die anhaltenden Konflikte erzeugt wird, zerstörerisch auf Mensch und Natur, wie ein "schwarzes Loch". Die Parallelwirklichkeit des kollektiven Egos ist durch Konflikt, Mangel an Ressourcen, den Gebrauch von Macht und die Abwesenheit von Liebe, Frieden und Gedeihen gekennzeichnet. Die Rückkehr zur Einheit mit dem Kosmos steht jedem Einzelnen offen, der bereit ist, anzuerkennen, dass sein wahres Zuhause in seinem Inneren zu finden und der willens ist, sein Denken zu berichtigen.

Projektionen: Projektionen gehören ebenso wie >*falsche Zuschreibungen* und >*Giftpfeile* zu den falschen *Gedankenformen*, die das Ego hervorbringt. Projektionen sind Sätze, die sich mit der Zukunft beschäftigen, das heißt Erwartungen (Hoffnungen, Ängste, Versprechungen sowie Festlegungen und Entscheidungen die Zukunft betreffend) und Vorhersagen aller Art wie zum Beispiel Wettervorhersagen, Katastrophenvorhersagen, Krankheitsprognosen sowie Prognosen über den Verlauf des Wirtschaftsgeschehens und so weiter.

Projektionen verletzen das kosmische Harmonieprinzip der *Unschuld des Geistes*. Sie greifen in die Tätigkeit der unsichtbaren Helfer ein und können genau die negativen Dinge, die projiziert werden, Wirklichkeit werden lassen.

Psyche: Unsere Psyche ist die unsichtbare Seite unseres Seins. Zusammen mit unserem Körper und unserem Geist bildet sie eine unteilbare Ganzheit. Die Psyche besteht aus allen Sorten von Bewusstsein, die wir besitzen. Dazu gehören unter anderem das *Fühl*bewusstsein unseres Körpers, das *Denk*bewusstsein, das für die Bildung von Sprache zuständig ist, das *reflektierende* Bewusstsein, das Gedankenblitze empfängt, sowie das *intuitive* Bewusstsein, das für die Erschaffung von Bildern zuständig ist. Unsere Psyche ist der Ort, an dem alle diese Bewusstseine zusammentreffen. Sie verfügt über Funktionen, die es den verschiedenen Sorten von Bewusstsein ermöglichen, ihre Erfahrungen auszutauschen und voneinander zu lernen. Die Psyche fungiert auch als Speicher, in dem die Erinnerungen an alle Erfahrungen, die wir je gemacht haben, in komprimierter Form aufbewahrt sind. Gespeichert sind auch alle unverarbeiteten traumatischen Erinnerungen, die mentale und emotionale

Funktionsstörungen hervorrufen. Durch Verarbeiten dieser negativen Erinnerungen und ihr Deprogrammieren mit kosmischer Hilfe können wir uns von ihren schädlichen Wirkungen befreien. Die Psyche enthält auch das "Unterbewusstsein", ein Kerker, der durch die Entwicklung des individuellen Egos und die damit einhergehende Unterdrückung des wahren Selbst entsteht. Dieser innere Kerker wird durch Drohungen bewacht, die dämonische Gestalt angenommen haben.

Qi-Energie: Wir haben gelernt, folgende Arten von Qi-Energie zu unterscheiden:

- die Lebenskraft, die alles belebt.
- Herz-Qi: die kosmische Liebe, die wir direkt durch unser Herz empfangen. Anders als das Qi, das wir durch andere Teile unseres Körpers empfangen, belebt das Herz-Qi Körper, Geist und Psyche und dient dazu, uns das Erfüllen unseres kosmischen Schicksals zu ermöglichen.
- Qi-Energie, die wir durch unsere Gefühlsbeziehung zur Natur von dieser empfangen; sie gibt uns Kondition und versorgt uns mit emotionaler Energie.
- Qi-Energie, die wir durch das Sonnenlicht empfangen; wir brauchen sie für einen gesunden Stoffwechsel.

Die oben genannten Arten von Qi-Energie sowie andere hier nicht genannte sind alle Teil des Kosmischen Bewusstseins und der Natur.

Schicksal: Das I Ging unterscheidet klar zwischen unserem >*kosmischen Schicksal* und >*widrigem Schicksal.*

Schuld: Das I Ging trifft eine klare Unterscheidung zwischen dem Schuldbegriff im Sinne des >*kollektiven Egos* und Schuld im kosmischen Sinne. Der Schuldbegriff des kollektiven Egos entbehrt jeglicher kosmischen Grundlage. Dies gilt auch für die Idee der Erbschuld oder Erbsünde. Der Schuldbegriff des kollektiven Egos ist mit dem Bild eines unauslöschlichen Flecks auf unserer Natur verbunden und dient damit dem kollektiven Ego, die Menschen unter seiner Kontrolle zu halten.

Es kann sein, dass wir bei der Untersuchung einer irgendwie gearteten Störung auf etwas stoßen, das uns im Sinne des Egos schuldig macht. Tatsächlich ist die Drohung, uns schuldig zu machen, mit *allen vom kollektiven Ego vergebenen Rollen und mit allen tugendhaften Selbstbildern* verbunden. Wenn wir es versäumen, Schuldgefühle im gleichen Atemzug zu deprogrammieren wie die Dinge, mit denen sie verbunden sind, dann sorgen die Schuldgefühle dafür, dass diese Dinge wiederinstalliert werden. Schuldgefühle sind nicht nur die Ursachen bestimmter Störungen, sie haben auch die Wirkung, uns darin gefangen zu halten.

Schuldgefühle treten meist auf, wenn wir gegen die Vorschriften des kollektiven Egos verstoßen.

Kosmische Schuld: Wir machen uns im kosmischen Sinne schuldig, wenn wir Ideen folgen, die gegen Kosmische Harmonieprinzipien verstoßen. Damit verstoßen wir gleichzeitig gegen unsere eigene wahre Natur. Kosmische Schuld ist immer löschbar. Sie wird entweder automatisch durch ein > *widriges Schicksal* gelöscht oder durch Selbstberichtigung mit Hilfe einer natürlichen Funktion unserer Psyche: der Selbstberichtigungsfunktion, die uns die Möglichkeit der Umkehr zum Einklang mit dem Kosmos gibt. Was wir dann fühlen ist Scham. Wenn dieses Gefühl nicht vom Ego ergriffen und in Ego-Scham umgewandelt wird (was einem unauslöschlichen Fleck gleichkommt), dann weicht die Scham dem Gefühl der Reue. Unsere Reue löscht unsere Schuld dem >*Kosmos* gegenüber. Leider kann das Ego diese Funktion auch dadurch stören, dass es unser Gefühl der Reue in *Schuldgefühle* verwandelt.

Sinne: Zu den Sinnen gehören unsere fünf äußeren Wahrnehmungssinne (das Riechen, Schmecken, Hören, Sehen und Tasten) und unsere fünf entsprechenden inneren Wahrneh-mungssinne. Ferner gehören dazu unsere metaphorischen Sinne wie unser Sinn für Ganzheit, unser Sinn für die Treue zu unserer inneren Wahrheit, unser Sinn für Angemessenheit, Fairness und Gerechtigkeit sowie unser Sinn für Vorsicht, um nur einige zu nennen. Ebenso gehört unser Wille zu unseren metaphorischen Sinnen.

Die Funktion unserer inneren Wahrnehmungssinne ist es, uns über die *innere* Wahrheit der Dinge zu informieren. Wir erkennen sie, wenn wir Ausdrücke benutzen wie "da stinkt etwas," ein Verhalten ist "geschmacklos", eine Nachricht "klingt schrecklich," ein Verhalten ist "grob" oder der Ausgang einer Sache "sieht gut aus".

Tiernatur: Aus der Sicht des Kosmos sind wir Menschen Teil des Tierreiches. Es ist unsere Tiernatur, die uns unsere kosmische Würde verleiht und uns unseren wahren Platz im Kosmos aufzeigt. Unsere Tiernatur ist es auch, die uns mittels unserer Gefühle und unserer DNA mit dem >*Kosmos* verbindet. Die Idee, wir Menschen nähmen einen besonderen Platz in der kosmischen Ordnung ein, weil wir die Gabe der Sprache besitzen, hat zu der fehlgeleiteten Idee geführt, unser Selbst sei in ein "höheres" (spirituelles) und ein "niederes" (tierhaftes) Selbst geteilt. In diesem Buch wird der Begriff *Tiernatur* häufig als Synonym für unsere Körpernatur benutzt, insbesondere wenn von unserer Sexualität die Rede ist.

Das Akzeptieren der oben genannten, unsere Tiernatur verteufelnden Ideen hat die tragische Folge gehabt, uns von der Einheit mit dem Kosmos abzutrennen und uns für geistige, körperliche und emotionale Erkrankungen anfällig zu machen.

Tod: Im Bereich der Natur markiert der Tod die >*Transfor-mation* eines Menschen, eines Tieres oder einer Pflanze von ihrer sichtbaren Form in eine unsichtbare Form der Existenz im Kosmischen Bewusstsein (siehe unter >*Kosmos*).

Was uns Menschen betrifft, so geschieht diese Transformation, wenn ein Mensch sein einzigartiges kosmisches Schicksal erfüllt hat. Sein ungeteiltes Bewusstsein lebt in seiner einzigartigen Identität fort und übernimmt neue Aufgaben. Denjenigen Menschen, die ihre Einzigartigkeit noch nicht entwickelt und ihr >*kosmisches Schicksal* noch nicht erfüllt haben, wird eine neue Gelegenheit gegeben, eine menschliche Gestalt anzunehmen. Wenn sie auf die Erde zurückkehren, sind sie frei von jeglicher "Erbschuld" oder sogenanntem negativem Karma. Wenn sie unter einer solchen Last leiden, dann nur, weil sie sich selbst mit dem fehlgeleiteten Glauben an die Gültigkeit dieser Ideen belegt haben oder von anderen bereits vor ihrer Geburt damit belegt wurden. Jeder Mensch hat die Möglichkeit, sich von dieser Last zu befreien, indem er sich von der entsprechenden Glaubensvorstellung befreit. Das I Ging zeigt uns, dass es nicht im Einklang mit dem Kosmos ist, Schulden in ein nächstes Leben zu übertragen.

Es kommt vor, dass der Verstorbene vor der Vollendung seiner Transformation einen Hinterbliebenen kontaktiert, um ihm deutlich zu machen, dass seiner Transformation noch etwas im

Wege steht. Dabei kann es sich zum Beispiel um eine ungelöste Anhaftung an den Verstorbenen oder um Schuldgefühle handeln. Das Anhaften an den Verstorbenen hindert beide Beteiligten daran, Fortschritte zu machen. Während der Lebende daran gehindert wird, sein einzigartiges Schicksal zu erfüllen, wird der Verstorbene daran gehindert, seine Aufgaben in den unsichtbaren Dimensionen zu erfüllen. Wenn wir ein inneres Nein zu den Ego-Emotionen sagen, die uns an den Verstorbenen binden, und den "Helfer, der uns von Ego-Emotionen befreit" bitten, dies zu tun, dann kann die Transformation vollendet werden.

Die Hauptangst vor dem Tod rührt daher, dass unser Körper mit dem falschen Glauben belegt worden ist, der Tod sei "das Ende des Lebens". Dieser Glaube ist häufig mit Schreckensbildern vom Tod gepaart. Die Angst vor dem Tod wird vom kollektiven Ego geschürt, weil sie uns dazu bringt, bei seinen Institutionen Hilfe zu suchen. Die Wahrheit ist, dass das Ego das einzige ist, das stirbt, wenn wir unser Leben *in einem Körper* vollendet haben. Um sich über seinen eigenen Tod hinwegzutäuschen, hat das Ego die Idee einer unsterblichen Seele erfunden, die es nach unserem Tod zu bewohnen hofft.

Wenn wir unser >*kosmisches Schicksal* erfüllt haben, fühlen wir, dass unsere Zeit zu sterben gekommen ist. Bei diesem Vorgang bedürfen wir keiner Hilfe; das Sterben geschieht auf friedliche Weise, es sei denn, wir sind krank. Wir können einem Menschen, der im Prozess ist, an einer Krankheit zu sterben, helfen, indem wir ein Team von >*Helfern* bitten, ihm dabei behilflich zu sein, diesen Schritt im Einklang mit der Natur zu vollziehen. Das Team besteht aus folgenden Helfern: dem Helfer der Transformation; dem Helfer des raschen und unkomplizierten Todes (um die Wirkung der Platitüde zu überkommen, der Tod sei schwer); dem Helfer des Akzeptierens des Todes und dem Helfer der Erkenntnis der eigenen inneren Wahrheit. Bevor wir einem Menschen in dieser Weise helfen können, ist es jedoch unbedingt notwendig, den Weisen zu fragen, ob dies der Situation angemessen und ob es stimmig ist. Schreiten wir einfach zur Tat, ohne nachzufragen, dann hat das Ego die Führung übernommen und wir erzeugen Schuld im kosmischen Sinne. Die Tat als solche kann dem Sterbenden keinen Schaden antun, weil die Helfer nicht gemeinsame Sache mit dem Ego machen.

Transformation: Transformation bezeichnet die Art und Weise, wie die unsichtbaren >*Helfer* alle Dinge durch die Anziehung zwischen zwei komplementären Aspekten erschaffen. Die Hauptanziehung findet zwischen der dunklen Kraft der Natur und der lichten Kraft des Kosmischen Bewusstseins (siehe unter >*Kosmos*) statt. Alle Wachstums- und Sterbevorgänge in der Natur erfordern *Transformationen.* Wachstum ist die Folge von Transformationen von Nichtform in Form, während der Tod die Transformation von Form in Nichtform ist.

Da die Kräfte des Lichten und des Dunklen die beiden primären Kräfte des Kosmos sind, die für alle Transformationen notwendig sind, sind sie unteilbar. Das chinesische Schriftzweichen für "I" in "I Ging" steht für *Transformation* und nicht für "Wandel", wie es fälschlicherweise interpretiert wurde. Die Tatsache, dass es als Wandel interpretiert wurde, hat zu der irrtümlichen Annahme geführt, das Leben sei vom Wandel beherrscht, das heißt von etwas, das mechanisch funktioniert. Diese Annahme hat wiederum die menschenzentrierte Sichtweise geprägt, wonach es der Mensch ist, der "alles bewegt".

Diese Sichtweise unterstellt fälschlicherweise, dass die Kräfte des Lichten und des Dunklen miteiner um die Vorherrschaft konkurrieren. Die Transformationen, die zur Erneuerung unserer Lebenskraft notwendig sind, finden auf der Ebene des Atoms statt. Soviel wir Menschen uns auch anstrengen mögen, wir besitzen nicht die Fähigkeit, Transformationen "herzustellen". Dies ist die Funktion eines bestimmten >*Helfers*, der im Bereich des Fühlbewusstseins operiert.

Wenn wir eine fehlgeleitete Idee oder Glaubensvorstellung mit kosmischer Hilfe deprogrammieren, geschieht eine Transformation, bei der die unharmonischen Worte oder Bilder mitsamt ihrem destruktiven Effekt aus unserer Psyche gelöscht werden. Unser bewusst innerlich gesagtes "Nein" zu diesen Ideen und Glaubensvorstellungen engagiert den Helfer der Transformation und macht es dem Kosmos möglich, die positive Auswirkung auch äußerlich zu manifestieren.

Unbewusste, das: "Das Unbewusste" ist der Name, der dem Fühlbewusstsein unseres Körpers und unserer Psyche gegeben wurde. Es übt seine vielfältigen Funktionen außerhalb der Mitwirkung durch unser Denkbewusstsein aus.

Unterbewusstsein: Im Unterschied zum >*Unbewussten* ist das Unterbewusstsein nicht Bestandteil unserer wahren Natur. Es ist vielmehr ein Kerker, der im Zuge der Entwicklung des individuellen >*Egos* in unserer Psyche installiert wird und in dem unser wahres Selbst von dem Zeitpunkt an, da das Ego die Führung der Persönlichkeit übernommen hat, gefangen gehalten wird. Danach bleibt es an diesem Ort eingesperrt in der Illusion, das Ego sei mächtiger als es selbst. Diese Illusion beruht auf dem Selbstzweifel, der im frühen Kindesalter angelegt wurde. Ein zweites Schloß zu diesem Kerker ist die Angst, schuldig zu werden, wenn es seiner inneren Wahrheit, das heißt dem Wunsch folgen würde, sein kosmisches Schicksal zu erfüllen.

Wahres Selbst: Wir besitzen ein "*denkende*s Verständnis dessen, wer wir sind" und ein "*fühlendes* Verständnis dessen, wer wir sind". Letzteres bezeichnen wir als unser *wahres Selbst.* Infolge der Konditionierung, der wir als Kinder unterzogen wurden, ist unser wahres Selbst unterdrückt und ins >*Unterbewusstsein* gesperrt worden. Gleichzeitig hat das >*Ego*, das ein falsches Selbst ist, die Führung der Persönlichkeit übernommen. Der Sinn und Zweck unserer inneren Reise in unsere Psyche ist es, unser wahres Selbst aus seinem Gefängnis im Unterbewusstsein zu befreien. Unser wahres Selbst, nicht das Ego, ist der rechtmäßige Führer unserer Persönlichkeit.

Widriges Schicksal: Widriges Schicksal ist der Name für ein Kosmisches Harmonieprinzip, das uns wieder zur Erde zurückbringt, wenn wir uns davon abgehoben und damit unsere natürlichen Grenzen überschritten haben. Widriges Schicksal ist die natürliche Folge von Ideen und Glaubensvorstellungen, die uns dazu bringen, fortgesetzt gegen unsere wahre Natur und damit auch gegen die harmonische Ordnung des Kosmos zu verstoßen. Die betreffenden Ideen erzeugen eine negative Energiebahn, die wie ein Bumerang zu uns zurückkehrt. Diese Bahn kann durch das selbstgerechte Eingreifen von dritter Seite unterbrochen werden. Ein widriges Schicksal will uns auf die unharmonische Idee oder Glaubensvorstellung aufmerksam machen, damit wir unser fehlerhaftes Denken und unsere selbstzerstörerische Haltung berichtigen können. Wenn wir dies tun, kann unser widriges Schicksal vorzeitig beendet werden.

Ein widriges Schicksal ist immer von begrenzter Dauer – wie ein Gefängnisurteil. Es ist nicht mit unserem kosmischen Schicksal zu verwechseln, sondern hat die Aufgabe, uns zur Rückkehr zum Weg unseres kosmischen Schicksals zu bewegen. Mit dem Ende eines widrigen Schicksals ist auch unsere Schuld gegenüber dem Kosmos gelöscht.

Register

G

H

N

O

P

Q

R

S

T

W